"大学堂" 开放给所有向往知识、崇尚科学，对宇宙和人生有所追问的人。

"大学堂" 中展开一本本书，阐明各种传统和新兴的学科，导向真理和智慧。既有接引之台阶，又具深化之门径。无论何时，无论何地，请你把它翻开……

后浪出版公司
大学堂038

主编：李峰
副主编：张跃明 郭力　执行主编：吴兴元

Michael Stanford
A Companion to the Study of History

历史研究导论

（英）迈克尔·斯坦福 著　刘世安 译

世界图书出版公司
北京·广州·上海·西安

谨以本书献给众孙儿

Anna, Laura, Michael, Alexandre,
Eleanor, Emma, Christopher,
Dominic, Victoria, Maria–Lluïsa and William

附上挚爱

译　序

译者在网络书店史学类见到此书,颇感好奇,细观其目录,知本书乃通论历史知识之作,坊间类此书籍不知几许,然自其出版以来,短短五年,竟然印刷五次,不免引起兴趣,购来一读,阅后即深觉此书对于初入历史学门之学子,亦或喜好读史之人,均有大益,遂于去年六月主动向麦田雨航兄推荐,当时推荐二书,一是本书,一是波兰历史学家埃娃·多曼斯卡(Ewa Domańska)所编之访谈录(*Encounters：Philosophy of History after Postmodernism*)。雨航兄仅取得本书翻译权,并将它交付笔者,近一年之辛劳,本书中文版终将问市,对于雨航兄默默为史学新知承担推手工作,真是不知如何言谢。

笔者初入淡江历史学系时,当时系主任周培智老师坚持,举凡世界史或世界国别史,必由外籍教师以英语授课,教材亦采用英文本,阅读英文作品,成为笔者初入大学时最感苦恼的差事,幸好有郭德士(John E. Geddes)师由浅入深悉心教导,经过郭老师课堂三年训练,始能不视读英文历史著作为畏途。如今周老师仙逝多年,郭老师亦已退休,然而感激之情仍然铭之于心,学生不才,未能于历史方面有所专著,仅以译文作为怀念恩师的献礼。

笔者乐于从事历史与思想方面的翻译工作,并非鼓励学子弃外文原著,专门阅读译文。而是期望借译文迅速吸收若干西方知识后,可利用更多时间,直接阅读更多的外文作品。在C-3PO发明之前,多几种语言能力,仍然十分有利。

学生时代读世界史原著,专有名词与术语,亦多以原文记忆,长此以往,竟成习惯。好处在于阅读坊间译书,纵然各家译名不一,亦能就其译音,而知其所言。可是轮到自己译书之时,难免于译名前后不一,或与学界惯用译名有别,此书译文亦然,为本书校稿人增添许多麻烦。麦田陈毓婷小姐尝细心予译名以校正,特于此致谢。

刘世安

2001年7月

导 读

迈克尔·斯坦福(Michael Stanford)是英国历史学家,早年求学期间,曾获历史与哲学双学位,长期执教于西英格兰大学(University of the West of England),担任该校资深历史讲师多年,直至 1983 年退休。他退休以来,并未松懈,致力于史学著述,迄今先后出有三本书,《历史知识的本质》(*The Nature of Historical Knowledge*,1986,Blackwell)、《历史研究导论》(*A Companion to the Study of History*,1994,Blackwell)、《历史哲学绪论》(*An Introduction to the Philosophy of History*,1999,Blackwell)。其中导论一书,亦即本书,自出版以来颇受欢迎,又陆续印刷了四次(分别于 1995,1996,1997,1999)。

斯氏在本书前更说:"谨以本书献给众孙儿——附上挚爱。"足以显示本书主旨,乃是一退休老教师,将毕生所学及领悟化为著作,以造福后生。而其对象就是大学中有志研习历史的青年学子。

斯氏自称本书当置于史学书目之下,并以常见语词说明史学的意义与范畴。他认为史学就是历史著述之学,并细分为三方面,一是描绘性的(descriptive),讨论历史学家标准方法与标准程序,简单地说就是单纯的史学方法学;二是历史性的(historical),属于史学史范畴;三是分析性或批判性(analytical or critical)史学,讨论撰史时衍生之哲学问题或观念问题,也就是分析性或批判性历史哲学,本书正属此方面之著述。

分析性或批判性历史哲学不同于传统思辨性(speculative)历史哲学。后者多为讨论历史本质与目的之作,也是注重本体论与目的论方面的探索。至于前者,乃是将历史视为一种知识,就其作为知识之地位,考察其所衍生之哲学问题,主要属于认识论方面之探讨,乃是 20 世纪以来始渐流行的史学分支。

历史在认识论方面的问题,并非新颖,而是一古老论题,几乎可说自有历史著作之初,有关争论就不曾中断,只是时起时伏。然而自后现代主义意识兴起以来,这方面的争议又成为显学,仅需观察出版状况,即可知情。笔者无意将斯氏定位为现代主义或后现代主义史家,仅借王晴佳、古伟瀛二人合著之《后现代与历史学》(巨流,2000)一书参考阅读书目中一段话,说明本书的性质:"……有一本虽然很了解后现代主义的内容,但却绝口不提后现代主义及其专有名词,只是将其所重视的议题加以分析讨论……"(伊格尔斯[Iggers]访台餐会间,古兄坦认此段评语为古兄所加,古兄之评语极是。)任何思潮皆非争对错、争权力或发言地位之工具,而应该是人类社会不断自我反省以求更好的利器。斯氏书中,随处可见这样的论调,其用心或许是使读者免于门户之见,直接就事论事。记得后现代一词初流行之际,介绍这一新思潮之书颇多,笔者曾购得一本有关后现代主义文化研究的巨著,但因其中满纸术语,乃使笔者这等初学者无法理解书中深义。因此,更加感觉斯氏著述能予以初学者之助益。

本书另一特色,就是作者经常以提问方式进行,往往在提出一种立论之后,立即加以反问,并且不提出答案,而要读者自行思索。反复深入诘问,是学问进步的重要方法之一。关于这种方式,古人已经行之有素。唯于近几十年来的教育,在此方面给予学生的训练不足。常听说本地学生很少提问题,也曾亲身经历,或许不知如何提问题也是关键之一。读本书,对斯氏反复诘问方式多加留心,相信在思维上必有收获。

不论治史者是否以时代关怀为己任,是否重视历史之用途,世人运用历史经验以寻求对现世的了解和作为行动的依据,乃是不争的事实。即使历史学家闭口不谈历史用途,问题依然存在。斯坦福对历史的用途与误用,有深入浅出的分析,并针对历史教育不足之下,政治人物凭一己私欲,借所谓的历史来蛊惑世人,尤感痛心。说明历史知识之性质与限制,就是上述乱象的解药,而本书内容正符合上述需求。重视历史的用途乃是本书特色之三。

由于本书属介绍性质,故不拟在导读中多做赘述,仅借导读最后部分,为译文稍做说明。

初读本书时对斯坦福将历史分为甲类、乙类,而不直接用历史事件与历史著述或记载,颇感不习惯。等到译书过半,始觉历史(甲)、历史(乙)之分,就本书内容而言,亦颇称合宜,历史(甲)乃是广义的历史事件,历史(乙)乃是广义的历史著述与记载。单以历史事件及历史著述或记载,对理解本书内涵,恐或有所缺失,不如以历史(甲)、历史(乙)的朦胧概念来得适当,故保留斯氏原有历史(甲)、历史(乙)之分。

原书有注释,多是出处或详见某书,故几乎不加译文,仅有数条属阐释性质,始予以翻译,但原文注释依然保留。每章结尾,都有推荐著作,备有作者及出版年代,必须配合原书所附参考书目,方见分晓。

或许有读者有意将译文与原文对照阅读,笔者十分鼓励。倘若因此发现译文疏漏不妥或错误,并予笔者以指正,笔者在此先献上由衷感激。

笔者接受及从事历史教育多年,每每感觉本国学子,思维方法及语言皆训练不足,以笔者而言,译书时常面临的困扰就是找不到合适中文词语以表达原文精义。自国小毕业以来,就属译书时间查中文字典次数最多,每有所得,即窃喜不已,可是往往一读古人作品,发现更好的语汇,早已存在多时,又顿时为之气结,次数不知几许。故深觉欲从事文史乃至文化事业者,在自身语言传统上,训练尤待加强,愿就此与有心者共勉之。

刘世安
2001 年 7 月于台北寓所

导 论

1989年，中欧及东欧诸国纷纷摆脱苏联的桎梏，宣布改建为自由、民主的共和国。西方世界欢腾不已，其中有一位是政治理论家弗朗西斯·福山（Francis Fukuyama），他如同一般典型美国公民一样，认为自由、民主就是进步的终点，因而提出一声名远扬的结论，声称此即"历史的终结（the end of history）"，已无更多变革可以期待。据报道，许多中学生曾殷切追问，历史的终结是否也意味着代数的终结。

这则故事表明了本书将和读者探讨的若干要点，例如历史关心变革，历史进程可视为走向佳境的演进，历史活动多坐落于政治场景之中，历史既关系到往昔，也关系到现时。然而最紧要的，它彰显出"历史"一词的含混性。

在深入探讨之前，我们务必铭记作为事件的历史（history-as-event）与作为记述的历史（history-as-account）之间的重要区别。1989年，东德人民曾有若干行动，包括拆毁柏林墙。这些事迹（deeds）不仅见诸报端、电视，更有政论家如福山等加以讨论。随后，这些事迹必然载入史册。先有行动，继而有图像、口头或书面描述。根据我的叙述，对拆毁围墙一事，读者脑海中便留下了大致清晰的印象，但却不可能详细的了解此事的细节。"历史"一词，既可指世间曾经发生的一连串事件，也可指通过文字或理念将发生的事件进行的基本连贯的记述，二者混淆不清也在所难免。然而二者的区别却非常明显。为了区分，若干学者采用作为事件之历史[history(e)，简称历史事件]、作为记述之历史[history(n)，简称历史叙述]加以区别，其中(e)代表事件（event），(n)代表叙事（narrative）。其他学者则以甲类历史[history(1)，简称历史（甲）]、乙类历史[history(2)，简称历史（乙）]为之区分，甲或乙表明其究竟属于一级或次级事实。本书在必要之处采用后一种区分。

吉本（Gibbon）评论说，历史"不过是人类罪行、蠢事与不幸的记录"。与许多人一样，笔者总以为一生过短，不够鉴赏所有历史学家笔下早先存活于世之男男女女。然而传颂先人者又岂止历史学家而已，大诗人华兹华斯（Wordsworth）的名诗《序曲》（*The Prelude*），就是一名青年在1790年7月（巴士底狱失陷一周年）前往法国时的所见：

> 一人的欢愉就是千万人的欢愉时
> 他所显现的容颜又是何等的光辉

稍后则

> 漫步在幽僻乡间
> 只见仁爱幸福四溢
> 犹如芳香,犹如春天

后续诗句紧接着描绘当时的宴乐、欢舞。若能亲身前往分享他们的快乐,尤其是分享他们的希望,岂不快哉。

撒去这种特殊场景,在笔者的想象(imagination)中,始终留有17岁时阅读威尔斯(H. G. Wells)的《世界史纲》(Outline of History)一书时曾经获得的印象。人在读史时,常有一种倾向,好将恺撒、克伦威尔、林肯视为小说中的英雄、女英雄。但威尔斯塑造的英雄却是"人",所有叙述完全围绕在这个饶有趣味的角色上。从此以后,笔者心中除了各种专门历史外,总有一部凌驾于其余历史之上的历史,它始自旧石器时代猎人塑造女性小雕像、在洞穴墙壁上涂画野兽,绵延至今日的你我,并且将绵延至你我的儿辈、孙辈……我们既有如此绵长系列的先世,又有如此众多的同辈,还能遥望聪慧、幸福将甚于你我的无数后裔。历史予人以一个大家族的感觉。

上述思想着实鼓舞人心,然而,一个令人震惊的事情随之而来,即我们对整个人类大家族所知何其少。关于它的历史,显然绝大部分不为我们所知。当然,若是即使我们知道得更多,却不太可能很大程度地改变我们的观念,那么所知甚微也就无关紧要了。另一方面,正像某人抛妻弃子使我们视如恶徒,然而日后,我们在对其妻儿认识较多后,或许足以了解他何以如此,也就可能以更宽恕之心看待他。因此,凡是人们相信的历史,都有修正的可能,因为关于历史,我们只能确定一点,即我们所知甚微。

从另一方面来说,人对往昔并无直接认识,所知也就极为有限。凡人们自称的认识,概属间接认识。也就是说,人只能就当时可得的**直接**认识,例如从所谓的证据之中,推理出可信事物。犹如在森林中漫步的孩童,由于不曾听到、也不曾看见,所以无法断定眼前洞穴之中是否有熊。可是却因为发现地面留有大型爪痕一路向洞穴延伸,却不见有离开洞穴而去往他处的爪痕,所以相信洞中有熊。这种推想可能正确,然而我们也能举出若干设想,足以说明孩童的推想有误,比方说熊可能已由洞穴后面出口去往他处,可能爬上山石去往他处,因此不曾留下爪痕,或者这些爪痕根本出于他人的恶作剧。孩童认为洞中有熊,乃是就证据间接推想而得,除非大胆入洞一探究竟,而且还真的撞见熊,否则就无法确知洞中是否有熊。历史与此类似,只是我们永远无法进入这个洞穴。

若如以上所言,为何笔者又撰写本书?笔者用意乃是要显示,若能给予恰当认知,历史对所有人都十分重要。同时,我还要更进一步说明如何方能恰当认知历史。

首先,历史为何重要?因为历史与政治一样,是出自自由社会的自由人士的活动(activity)。正如永恒的警惕是自由的代价,不断留心分歧则是知识的代价。不论历史或科学,人皆没有理由期盼获得完美知识。即便如此，人仍然能够而且应该为可能获得的最佳知识不懈努力，期望能够不断改进。在封闭社会中，人心已被无知和偏见蒙蔽，政府决策一味压制疑虑和诘问，自由及历史均与绽放无缘。

历史与政治活动一样，不容固定与绝对。在开放社会中，政治由本人治理，历史由本人创造，绝不容许他人越俎代庖。此处我所说的由本人创造的"历史"又是何意？

笔者所说的历史乃是兼具历史（甲）与历史（乙）双重含意的历史。就历史（甲）来说，马克思（K. Marx）有句名言："人们自己创造自己的历史，但是他们并不是随心所欲的创造历史。"他进一步说明，人虽可以创造历史，但所依循的途径却非出自人心所愿，"而是在直接的、既定的、从过去继承下来的条件下创造"，最后以一句警句收尾："一切已死的先辈们的传统，像梦魇一样纠缠着活人的头脑。"①现在已经很明显，不论将往何处前行，人都得由当下启程。但在我们要想有所作为，并考虑如何前行乃是最佳之际，必得斟酌心中所认定的形势。这包括对往昔至今的认识。但认识往昔，绝非意味着任由往昔摆布。其实正好相反，就如普拉姆（J. I. Plumb）在《过去的死亡》（*The Death of the Past*）一书所指出的论断：我们对往昔了解越多，就越能免受它的控制。越是高明的历史学家，马克思所留下的警语就越为失真，"一切已死的先辈们的传统"乃无复"像梦魇一样"压在心头。在这个意义上，通过质疑甚至拒斥由政府、教会或传统强加我们身上的模式及政策，我们能够为自身创造较佳的历史。反之，我们应当认识到，未来的历史完全操控在我们手上。因此，我们自当齐心协力以赴，认识并分担彼此的责任。

此外，历史（乙）含意中的历史又何指？依循何种途径，方能使历史为我所用？

今日，历史研究是一项对真相进行严肃的、必要的、值得尊敬的探求。若与物理或生物研究相比，历史在严谨方面毫不逊色，然而其间毕竟有差异。在自然科学中，很大部分须仰仗数学与经验性观察。权衡相互冲突的判断和所谓的直觉猜测（inspired guesses）在其中则仅占一小部分。历史却不然，数学与经验性观察甚少，涉及诠释、影响及意义方面的问题，以及平衡不可计数的可能性，则起着重要作用。因此，历史允许更多的个人判断，允许分歧。在历史中，并无通往全部真相的通道，因此，我们必须时时保持开放心态，承认既有信念容易失误，同时敏于求知，随时准备从不愿看到的事实以及相反的意见之中，认识可能的真相。如果说研究历史有任何有价值的教诲，那就是从问题的各方面进行观察来理解问题的重要性。和科学一样，历史也是通过审慎地、毫无偏见地检验证据，并借证据作出中立的判断来进行理解。

证据向来不完整、不充分，所以历史学家众说纷纭亦不足为怪。历史学家间的分歧，主要并非针对个别证据，而是在于从全部证据导出的结论，如这样的大问题：罗马帝国因何灭亡？1948 至 1990 年间，美、苏谁是潜在的侵略者，只是因为核威胁才隐而不发？既

---

① Marx（1973b），p. 146.

然专家之间都不能达成一致见解,那么毫不奇怪,非历史学家在重大问题上的分歧更大,特别是涉及宗教、种族和国家等高度情绪性议题的时候。然而,人们普遍对往昔有见解,且此见解影响着他们的政治行动和日常行为。是故,熟知往昔,不仅是权利,也是责任。许多政治见解即是历史判断,而不论其如何粗糙,如何知识不足。就某方面说,每个人都是自身的历史学家,此言果然不虚。[1]

笔者曾说,若能予以恰当认知,历史对任何人都很重要。在本书中,我希望展示历史何以重要,以及如何才能恰当认知历史——即呈现"历史"一词的双重含义。

历史编纂学

图书馆员可能将本书置于"历史编纂学(Historiography)"类目之下。历史编纂学就是"历史撰述(the writing of history)",此处或有必要稍作说明。该词可用来指称历史撰述的三个方面中的任一方面或多个方面:描绘性、历史性及分析性。

描绘性史学(descriptive historiography)认可历史学家通常所作的历史,并就标准方法、标准程序加以描绘。1990年,笔者所著《历史知识的本质》(*The Nature of Historical Knowledge*)一书就属于这一类。相似内容亦在下列各书中占有相当篇幅,例如克拉克(Kitson Clark,1967)、埃尔顿(Elton,1967 and 1970)、马威克(Marwick,1989,chapter 5 and 6)、塞尔敦(Seldon,1988)、夏弗(Shafer,1974)、托什(Tosh,1984)等。若以史学研究概论而言,笔者尤其推荐马威克与托什二人的作品。

历史性史学(historical historiography,以下简称史学史)追究自希罗多德(Herodotus)以来两千五百年间的历史撰述方式。此类通论著作中的佳作如汤普森(Thompson,1942)、巴恩斯(Barnes,1962)、富特(Fueter,1968)等。就像历史本身一样,史学史亦有分类,通常是根据分期、国家或专题而定。每一类别下都有围绕同一主题的许多著述。当然,也有以个别历史学家为题的史学史,例如《布莱克威尔历史学家辞典》(*The Blackwell Dictionary of Historians*,eds. Cannon et al.,1988)、伯克(P. Burke,1990)、坎农(Cannon,1980)、卡尔博奈尔(Carbonell,1976)、费罗(Ferro,1984)、海厄姆(Higham,1963)、霍夫斯塔德(Hofstadter,1968)、伊格尔斯(Iggers,1983)、伊格尔斯与帕克(Iggers and Parker,1980)、凯伊(Kaye,1984)、诺维克(Novick,1988)、帕克(Parker,1990)、佩罗(Perrot,1992)、斯托亚恩维齐(Stoianovich,1976)等。在此特别推荐凯利(Kelley,1991)的历代史学家观点汇编。它不但列举了回答卡尔(E. H. Carr)脍炙人口的命题《历史是什么?》的各种相异的答案,而且显示了,现代批判性史学中的众多议题古已有之。

分析性抑或批判性史学(analytical or critical historiography)则研究撰史时产生的观念问题及哲学问题。实际上,它与分析历史哲学或批判历史哲学相重叠。二者差别或许只

---

[1] See Stanford(1990),pp. 146 – 148,157 – 171.

在于前者从历史学家方向前进,后者则依循哲学家方向出发。本书属分析史学,拥有相同性质的著述还有柯林伍德(Collingwood,1961)、卡尔(E. H. Carr,1964)、巴特菲尔德(Butterfield,1960)、韦纳(Veyne,1984)。而较偏向哲学方向的则有柯林伍德(Collingwood,1961,柯林伍德是史学家也是哲学家)、阿特金森(Atkinson,1978)、怀特(H. White,1987)、奥拉夫森(Olafson,1979),当然也少不了黑格尔(Hegel,1975 or 1956)。

除了上述三类之外,还可加上史学要略或导读(survey or guide)。这类著述意在表述历史撰述的部分领域或方法。较近的作品有1991年伯克所编(P. Burke,1991),各章中包括妇女史、微观史学(microhistory)、口述史、阅读史、影像史、身体史(history of the body)等。同类作品还包括芬伯格(Finberg,1965)、达尔泽尔(Dalzell,1976)、吉尔伯特与格劳巴德(Gilbert and Graubard,1972)、拉布与洛特伯格(Rabb and Rotberg,1982)等。此类作品当然重要而实用,只是辑取的内容远少于省略的部分。自"二战"以来,可供历史学家选取的主题大为增加,几乎无穷无尽。部分原因显然出于年鉴学派及其"整体史或全球史"观念的影响。① 于是各种人类活动,自天文学、母乳喂养至快艇竞赛、古筝弹奏等,莫不有自己的历史(抑或即将就有)。至于各种人类群体,如渔民、修道院长、禅宗佛教徒、犹太复国主义者(Zionist)等,亦复如此。

每当新主题或新界定的族群引起人们的注意,必将有人为之撰史。这些主题乍看可能怪诞、难以界定,但只要这些史著符合严肃的历史学术规范,就没有理由说它们不可有历史。确实,有足够理由说它们应该有历史。尽管传统形式的历史撰述者不屑一顾,尽管拓荒者在过度热情之下可能会过分夸大所属意的主题的重要性,仍然应当严肃看待这些主题。因为人类生活并非发生在历史学家划定的独立的区域内:人口统计的实际情况将影响到政治史,宗教信仰可影响到经济史,地理有可能是军事胜负的关键。年鉴学派筹划的全球史,并非只着眼于无数个别历史的搜集;相反,它诉诸对经济与社会结构的认识,并期盼能将一切历史现象纳入该结构之中。② 他们的特定方案或许难以实现,然而他们的观念,即原则上每一类历史均可与其他任一类历史相整合,则正确无误。不仅新的历史事实,而且新的历史洞见或认知,都能够而且应该改写既有历史。故每一世代均重写历史,其原因在此。

截至目前,笔者所说的似乎只有历史编纂学上的创新才构成新的研究主题,其实不然,只需略作浏览上述伯克一书(P. Burke,1991)的章节便知,至少有两章(口述史、影像史)关涉所运用的证据类型。③ 这二者并非历史领域的分支,而是不同的方法路径,与传统历史学家惯用的材料——史料文献大不相同。同样的,历史学家可用的方法几乎也是

---

① See Stoianovich(1976),especially ch. 4.
② See Stoianovich(1976) and Braudel(1975;1980;1981-4).
③ For oral history see below,ch. 6,pp. 143-145.

无限的。电脑已经广泛应用,至少已有一份颇具内涵的期刊——《历史与电脑》(*History and Computing*①)。历史学家可用的辅助方法极多,如印章学(sigillography)、纹章学(heraldry)、地方志(chorography)、外交学(diplomatic)、古文字学(palaeography)、钱币学(numismatics)、统计学(statistics)等等,若一一列举,必嫌冗长。若再加上可供历史学家援用的许多社会科学方法,也许清单尚未完稿,就已过时。

  创新的第三个领域是历史描述。人们习惯于设想,往昔主要是通过史书得以展示,然而这一点已经越来越不正确。传统上,历史的展示(或展现)亦可借由绘画、铭刻、雕像、戏剧、庆典、仪式等。如今,又可加上电影、广告、电视、新闻摄影,以及将历史遗址或建筑商业化,然后展示于公众(通常是无知者),称之为遗迹历史(heritage history)。直到最近(1993年),伦敦塔(Tower of London)及其卫兵、断头台始不复为英国最吸引观光客的景点。由此产生了历史的真相、历史学家的正直、历史的认知等恼人问题。② 每一种情况都得就其本身做判决。希望阅毕本书之后,读者再次面对遗迹历史以及所有这些创新时,纵然不能有所定论,至少能更明了其中的疑点和可信之处。

性别与历史

  此外,另有一点,也是史学创新中最有意义的一点,需略加说明。它就是上个世纪最后三十年兴起的对女性的角色与认知的变化。此创新比上述创新影响更大,理由有以下几个。第一个理由是它考查的对象实为人类中的多数而非少数。再者,不断有更多技艺娴熟的专业女性(这项研究的主要对象)加入。的确,在妇女史出现之前很久,已有不少女性历史学家在专业上展示了相当成就。第三个理由则是这项研究在历史编纂学的许多层次,如历史事件、史料来源、历史证据、历史诠释、意识形态立场、历史呈现(包括书面、口述及影像形式),以及民意回应——大致相当于我们所界定的历史性(historicity)等——引发了许多饶有意味的问题。③ 然而这个创新或许有一个缺陷。因为,它与时下争议的现今世界男、女两性功能及相互关系的认识转变相关,这固然引起世人投注很多时间、精力研读或撰写妇女史及(由前者发展而来的)两性关系史,却仍然难免落入现世中心论历史(present-centred history)的窠臼。有许多历史学家坚信,应当只为往昔自身的原因研究往昔,并以为对现世利益的关注将不可避免的扭曲往昔。

  据笔者所知,鼓吹相反见解的人士首推法国杰出历史学家米歇尔·佩罗(Michelle Perrot),她曾说:"我们的目标并非是创造一个称为妇女史的新领域……毋宁是透过两性关系为中心的议题,以转移历史的注意方向,此即妇女史不可豁免的代价。"对该主题的介

---

 ① Oxford University Press,1989 - .
 ② For more on this, see ch. 3, pp. 44 – 52. See also K. Walsh (1992).
 ③ For historicity see below, chapter 3, pp. 41 – 42. For the importance of their own history to women, see below, chapter 6, p. 145.

绍,亦无人能超越佩罗本人所著《撰写妇女史》(*Writing Women's History*)[①]。

笔者期望借由本书将历史研究的基本论题阐释明白。笔者确信,一旦读完本书,聪明学生必能就问题的两个方面的争论中,获得个人心得。历史促成进步,并非是通过一种流行思潮取代另一种思潮,而是通过逐步扩大和加深我们对人类境况的认识促成的。

本书使用

为求参阅便利,书中各章乃采相同格式。各章又均可自成体系,并无一定阅读顺序。然而各章之间仍有逻辑顺序,故亦可认为本书有可自首章顺次阅读至末章的整体结构。

历史文献中有许多经常运用却无适当定义的重要术语。的确,不少作者在同一术语运用上,经常有微妙差异,然而却不曾向可能感到困惑的读者预先警示。鉴于此,大凡这类术语,如证据(evidence)、事实(fact)、事件(event)、原因(cause)等等,笔者皆予以定义,并期望在本书中一以贯之,尽量与公认用法相符。

与其他作者一样,笔者也因人身代词困惑不已,例如学生、历史学家等词,到底该赋予何种性别?以"他或她(he or she, s/he)"来表示,抑或以"他们(将 they 置于一单数名词之后)"来表示,还是在书中不胜其烦附上说明此处的"他"是代表"他或她"?几番考量之后,笔者仍然排斥上述设计,历史学家显然有时为男性,有时为女性,笔者使用"他"抑或"她"时,并无性别区分含意。期望不致有人会计较书中用词,笔者实无偏好。无论笔者如何做,势必冒犯一些人,故在此处先行致歉,请求宽恕。

最后提一个请求:若你阅读时感到厌烦,请暂时略过,但是不要放弃。

---

① See Perrot(1992), p.8. See also Perrot and Duby(1990,1992). The subject is pursued in the journal, *Gender and History*.

目 录

译　序　1
导　读　2
导　论　4

第1章　作为统一体的历史 ……………………………………… 1

1.1　经验——历史关怀 …………………………………… 4
共同经验　4
社群与想象　4
历史是可能的吗?　5
我们如何面对历史?　6
我们如何解说历史?　6

1.2　时间与变迁——历史精髓 …………………………… 7
恐惧变迁　7
编年与承续　8
历史的韵律　8

1.3　累积——历史总和 …………………………………… 9
历史记载有累积性吗?　9
历史事件可否累积?　9

1.4　历程——历史进程 …………………………………… 10
什么样的历程?　10
成　长　11
进　步　11

结　语　12
　　延伸阅读　13

第 2 章　作为行动的历史 …………………………………… 15

2.1　行动的分析 ………………………………………………… 17
　　如现在之往昔　17
　　行动与行为　18
　　行动的分析　19
　　往昔的影响：亦即历史（甲）　19
　　往昔的认知：亦即历史（乙）　20

2.2　行动的背景与结果 ………………………………………… 21
　　三种背景　21
　　背景：意义　22
　　背景：意义的轴线　23
　　背景：不同意义　23
　　结果：失败　23
　　避免失败：物质方面　24
　　避免失败：人　24
　　文化背景　24
　　心　态　25
　　后果的解说　26
　　两种回答方法　27
　　墨菲定律　27
　　我们了解历史吗？　27

2.3　历史的运用与滥用 ………………………………………… 28
　　你我有何用？　28
　　历史学家的用途何在？　28
　　历史对行动的作用：(a) 目的　28
　　以保存往昔为目的　29
　　目的是重现往昔　29
　　有所行动时历史的功用：(b) 评估　29
　　历史对行动的作用：(c) 手段　30
　　历史对行动的作用：(d) 驱策　31

　　　　作为鼓舞的典范　　31
　　　　为尊者讳，可行吗？　　32
　　　　分析滥用　　33
　　　　我们是不是拥有太多的历史？　　33
　　　　忘怀既往是否更好？　　33
　　　　理论的专横　　34
　　　　政治的专横　　35
　　　　偏见危机　　36
　　　　劣　史　　37
　结　语　　37
　延伸阅读　　38

第3章　作为观念的历史 …………………………………………… 39

3.1　个人对历史的态度 …………………………………………… 41
　　历史感　　41
　　个人对历史的态度　　42
　　依三种方式寻求历史　　43
　　延续感　　43

3.2　公众对历史的态度 …………………………………………… 44
　　诚挚的方式　　44
　　社群的历史感　　45
　　邪恶的操纵　　46
　　为世变过程编纂情节　　46
　　找寻替代品　　46
　　自历史中学习？　　47
　　历史不应成为某种号召的工具　　48
　　教育与历史　　48
　　孩子该知道些什么？　　49
　　历史无定律　　50
　　历史具有理性吗？　　51
　　我们所寻获的是否就是我们所置入的？　　52

3.3　历史与社会科学 ……………………………………………… 52
　　历史与社会学　　52

社会变迁　53
　　时段的多重性　54
　　历史是否是社会科学？　55
　　自内在进行了解　55
　　意　义　56
　　解释与理解　57
　　量化解释　58
　　历史计量学　58
　　分界线？　59
　　比较研究　60
　　类似不能证明任何事　61
　　历史学家对通论的疑问　61
　　社会科学的回答　62
　　社会科学予历史以帮助　63
　　历史予社会科学以帮助　64
结　语　64
延伸阅读　65

第4章　作为论述的历史 …………………………………… 67

4.1　沟　通 ……………………………………………………… 70
　　借沟通可分享某些事物　70
　　构成良史的条件　70
　　出问题之处　71
　　字句如何表达意义？　72
　　历史学家究竟致力于何务？　72
　　历史的不正当利用　73
　　欲沟通就必须羁留另一方　73
　　历史著作是否应当有所针对　74
　　历史是否应遵循我们的利害？　75
　　尚未解决的问题　75

4.2　叙　事 ……………………………………………………… 76
　　故事是什么？　76
　　虚拟叙事与历史叙事有何不同　77

叙事史的发展　　80
　　叙事的褪色　　81
　　我们能否舍弃叙事？　　82
　　见诸事件之中的叙事　　83
　　叙事出自历史学家创作：(a)韦纳的观点　　83
　　叙事出自历史学家创作：(b)闵克的观点　　84
　　叙事出于历史学家创作：(c)怀特的观点　　84
　　同样的事件，不同的故事　　84
　　编织情节的方法　　85
　　叙事形式寓于行动之中：奥拉夫森　　85
　　叙事形式寓于行动之中：卡尔及个体　　86
　　叙事形式寓于行动之中：卡尔与社会　　88

4.3 非叙事性历史 88
　　为何撰写非叙事性历史？　　88
　　需要更广阔的视野　　89
　　静态的记载如何处理变迁？　　90
　　分析的困境　　90
　　马克思与年鉴学派　　91

4.4 其他相关论题 92
　　风　格　　92
　　叙　事　　92
　　非叙事　　92

结　语　93
延伸阅读　93

第5章 作为知识的历史 95

5.1 历史知识是什么？ 98
　　知识之界定　　98
　　历史知识必须依赖证据　　98
　　历史知识的三个前提　　99
　　时间的维度　　99
　　三种形式的知识　　100
　　关于往昔的知识：一个范例　　101

关于往昔的一手知识　　102
　　　关于往昔的二手资料　　102
　　　关于往昔的三手知识　　103
　　　演绎与归纳　　103
　　　历史通论　　104
　　　二手知识的重要性　　104

5.2　建构还是重建？ ……………………………………………………………… 105
　　　展现往昔　　105
　　　往昔的重建　　105
　　　模式的价值　　105
　　　历史中模式的问题　　106
　　　模式的改进　　106

5.3　事实、真相与客观性 …………………………………………………………… 107
　　　我们如何知晓它是正确的？　　107
　　　人们定义的客观与主观　　108
　　　文字与客观知识　　109
　　　事　实　　109
　　　历史中的真相　　109
　　　全部真相？　　110
　　　意　义　　111
　　　应当消除的疑虑　　111
　　　波普尔的示意　　112
　　　接近真相　　112
　　　人们能否知晓往昔？　　113

5.4　另一个相关主题：想象 ………………………………………………………… 114

结　语　　114
延伸阅读　　115

第6章　作为遗迹的历史 ………………………………………………………… 117

6.1　证据的概念 ……………………………………………………………………… 120
　　　意在证明　　120
　　　判断证据　　121

适当的证据　　121
　　　有关证据的四个问题　　121
　　　17世纪英格兰的巫术　　122
　　　四个议题　　123
　　　证据的适当性——第三个问题与第四个问题　　124
6.2　历史证据的性质 …………………………………………… 125
　　　观察的限制　　125
　　　间接知识　　125
　　　所有事物都是证据　　126
　　　历史学家所用的证据是什么　　126
　　　一手证据与二手证据　　126
　　　一手或二手？　　126
　　　同时代的意见　　127
　　　证据的类型　　128
　　　硬性证据与软性证据　　128
　　　刻意证据与非刻意证据　　130
6.3　证据的运用 ………………………………………………… 130
　　　历史学家的工作方式　　130
　　　著作的成型过程　　131
　　　选择主题　　131
　　　筛选证据　　132
　　　研读资料　　133
　　　建构模式　　134
　　　出　版　　134
　　　证据的放置　　134
　　　横向知识与纵向知识　　135
　　　辨识证据　　136
　　　遗迹并不发言　　137
　　　三种诠释　　137
　　　诠释的多样化　　138
　　　事实与诠释　　139
　　　证据的关联性　　139
　　　引述证据　　140

6.4 证据的渊源 ·············· 141
证据的桥梁　141
四类桥梁　141
哪些已不复存在　142
起源的背景　142

6.5 另一个相关论题：口述历史 ·············· 143

结　语　145
延伸阅读　145

第7章 作为事件的历史 ·············· 147

7.1 什么是事件？ ·············· 150
发生了什么变化？　150
留心变化　151
"事件"的定义　151
历史中的事件　151
事件的时限长度　152
历史的多重步调　153
持续与变化　153
事件不是物件　154
事件并非事实　154

7.2 历史的形式与结构 ·············· 155
历史著作映照历史　155
时序虽然必要，却不充分　156
历史领域及其范围　156
历史领域中的居民　157
组织与群体　157
历史运动　158
历史中的合与分　158
国家、民族、帝国　159
通　史？　160

7.3 时　间 ·············· 161
时间是什么？　161

　　　　它是内容还是容器？　　161
　　　　时间不真实吗？　　162
　　　　现代观念　　163
　　　　什么是时间的速度？　　163
　　　　我们为何不能造访往昔？　　164
　　　　时间的车轮　　164
　　　　柏拉图的时间理论　　165
　　　　更多的周期　　166
　　　　个人之时与公众之时　　167
　　　　提醒历史学家的五个要点　　168
　结　语　　169
　延伸阅读　　170

第8章　作为顺序的历史 …………………………… 171

8.1　历史中的因果关系 …………………………… 174
　　　　自然的力量及其方向　　174
　　　　利用自然：社会规律　　175
　　　　四种能量渠道　　175
　　　　四类因果关系　　176
　　　　原因的选取　　176
　　　　寻找历史原因　　177
　　　　事件发生的必要条件或充分条件　　177
　　　　历史中的必要原因　　178
　　　　历史中的充分原因　　178
　　　　最近原因　　179
　　　　什么是"重要"原因？　　180
　　　　反事实条件　　181

8.2　历史的动力 …………………………… 182
　　　　机　遇？　　182
　　　　不，唯有自然与人　　182
　　　　自然力量　　182
　　　　人类意图　　183
　　　　来自往昔，抑或走向未来？　　184

自然法则与人为法则　184
意图性的体制　185
历史中无神秘力量　186

8.3 解释 ……………………………………………………………… 186
何时解释？　186
历史学家如何解释？解释什么？　187
何者需要解释　187
历史是否有特殊类型的解释？　188
全盘解释与妥当解释　188
对历史的全盘解释是否可能？　189
覆盖律之争论：亨普尔理论　190
何以历史中不流行亨普尔的方法？　191
支持亨普尔的论点　191
对亨普尔学说的批判　192
历史的独特性　192
判断的重要性　193
解释"如何"的需求　193
普遍法则能解释吗？　194
预　测　194
言之有理　194
设身处地式解释　195
设身处地是恰当的解释方式吗？　196
通过设身处地做出用来解释的假设　196
德雷与行为原则　197
性情与典型行为　197
重温思想　198
感受重要吗？　199
文化研究　199

8.4 其他相关主题 ……………………………………………………… 200

结　语　200
延伸阅读　200

第 9 章　作为理论的历史 ·········· 203

9.1　思辨历史哲学? ·········· 206
什么是历史哲学?　206
两种历史哲学　206
思辨历史哲学　207
反驳思辨历史哲学的论点　208
历史学家思辨的一个范例　209
我们需要历史哲学吗?　210
寻求历史的意义　211
对实用的历史哲学的需求　212
古典历史哲学的倒退　213
活人的历史　214

9.2　历史模式 ·········· 214
试图通过找出规律及模式来理解历史　214
规　律　215
模　式　216
历史学家寻求模式　216
历史学家的模式通常对实际目的无用　217
历史学家的模式无效?　218
模式是强加的?对更具批判性的方法的需求　219

结　语　219
延伸阅读　220

第 10 章　升华的历史——形而上学、马克思、神话与意义 ·········· 221

10.1　形而上学:历史主义、实证主义和唯心主义 ·········· 224
特殊与普遍　224
历史上的个人独一无二　225
民　族　226
历史主义与德意志民族　227
历史主义的界定　227
波普尔的变体　228
历史主义的十个要点　228

启蒙运动仍在继续　229
社会科学？　230
历史学家适用的模式？　230
实证历史　231
构建知识　232
科学与历史　232
心智重要吗？　233
黑格尔的哲学　233
宇宙的自我认识　234
历史就是宇宙过程　235

10.2 马克思 ………………………………………………………… 235
重点在于改变世界　235
历史哲学的五个问题　236
对黑格尔的诘难　236
费尔巴哈的影响　237
"一切批判的前提"　237
无产阶级　238
1848 年和《共产党宣言》　239
马克思对第一个问题的回答　239
对第二个问题的回答　240
对第三个问题的回答　241
对第四个问题的回答　242
对第五个问题的回答　243
马克思与历史　243

10.3 神话与真相 ……………………………………………………… 244
流行故事　245
神话时代的魔力　245
神话的功能　246
历史神话　246
历史中的真相　247
一致还是符合？　247

10.4 意义 ……………………………………………………………… 248
"意义"的意义　248

    历史中的意义　249
    结　论　252

10.5　其他相关主题 ……………………………………………… 253

结　语　253
延伸阅读　253

参考文献　255
出版后记　268

第1章

作为统一体的历史

历史学家首要义务之一是尊重逝者,而非刻薄地批评逝者。

约翰·坎农:《工作中的历史学家》

何谓"历史"？答案之一就是"时间之下的人类生活经验"。众所周知，生活充满起伏，因此"变迁(change)"便成为历史的一个基本概念。人的注意力往往集中在此刻(即我们所谓的"现在")发生的事。倘若我们留心的是每一片刻间的一次经历，那么我们就是生活在一连串的现在之中。当然，我们也能留心曾经发生但如今已不复存在的经验，这可以归类为"往昔"。再者，人还能设想过去不曾、现在没有，但将来可能发生的事情或经验。这些事物属于臆测(hypothetical，透过各种方式想象而得)，但我们能清楚地将它与虚构(fiction)区别开来。编造故事和听取他人编造的故事，便是人类想象能力的常见的杰作。乍看之下，它与揣测未来的能力相似，其实早自孩童时期，我们就知其间差别。描绘一个虚妄世界，与描绘事物在未来的可能状态，相当不同。人们的确知道"未来"究竟何指。

生活有很大一部分无法预知。设想一件事可能发生或不发生容易，列举可以确定**永不发生**之事，纵然理论上可行，实质上却困难重重。生活若能预测，人生就不致充满起伏。正因其中包含许多偶发事故、无法预见的事故，故"经验"成为历史的一个关键概念。

最后，读者或许注意到笔者将历史界定为生活经验总和(the experience)，而非零散的个人经验(the experiences)。原因并非出于人人皆有相同经验(纵然我的许多痛苦或欢愉与你的相似)，而是在于最终我们全体分享一种共同的生活经验。多恩(John Donne)曾说："没有人是一座孤岛，可以自全；每个人都是大陆的一片，整体的一部分。"人非独居，而是生活在具有共同经验的社群之中。不分男女、不分地域，即使遥远如霍屯督人(Hottentot)、巴塔哥尼亚人(Patagonian)，亦不例外。更重要的是，这种共享经验父子相承，代代相传。这种经验的整体就是我们所称的"历史"，故历史乃是一个统一体。

有关历史本质(nature)、类型(types)及方法的问题如下：

1. 何谓"历史"？
2. 历史是否完全与"往昔"相关？
3. 历史是否与现世相关？
4. 人何以需要历史？
5. 我们是否不可能获得历史？
6. 是否存在不同种类的历史？

7. 是否存在多种历史,抑或只有一种历史?
8. 如果历史只有一种,那么它又是何种统一体?
9. 历史是否就是进步(progress)的故事?

本章主题为"作为统一体的历史",分为四节:

1. 经验——历史关怀
2. 时间(time)与变迁(change)——历史精髓
3. 累积(cumulation)——历史总和
4. 历程——历史进程

1.1 经验——历史关怀

共同经验

一天,有个朋友问我,格林(J. R. Green)的《英国人民简史》(*A Short History of the English People*)如何?笔者回答说:"颇值得一读,然而必须提醒的是,它可有一百多年的历史了。"她反问说:"那有什么关系,历史就是历史,不是吗?"显然,她把历史事件和历史叙述弄混了。往昔不可能变化,就此而言,她实无误。但格林的著作并非历史事件,而是历史叙述。历史叙述当然一直在变。

我们已审慎分析"历史"的两个含意,现在我想论述二者为何经常混淆。1991年春,波罗的海诸国——拉脱维亚、爱沙尼亚、立陶宛等,宣称脱离苏联而独立。这年夏天,伊拉克政府兼并科威特。这些争端中的双方,皆将理由建立在他们关于往昔的某种信念上。这些信念就是历史(乙)的一部分,即人们曾经相信、传述或撰写的往昔中的一部分。同样清楚的是,这些冲突源自历史(乙),复又在1991年制造了历史;这就是历史事件,是这一年历史(甲)的一部分。如今,这些历史事件已成为往日的历史,却又作为历史(乙)继续流传在记忆、新闻、政治,以及相关的书籍论文中。人们撰写或相信的往昔(历史叙述)可以促成历史事件的变革,而这反过来又成为新历史叙述的一部分,前引事例不过是这种转化的众多方式之一。因此,人类共同经验的各个部分,以及所谓的历史(甲)和历史(乙),都应该被视为整部历史的成分。

社群与想象

历史整体性也深植于人们的想象(imagination)中。人必成长在一个具体的社群中(如村落、城市、国家、民族等),它们往往构成各种历史的主题。这类作品反映了某一地域的政府、社会、经济生活的连续性。但社会的一些元素,如语言、贸易、艺术等,却不受社会的限制,经常跨越地域界限。因此,在城市史、国别史之外,我们也有巴洛克音乐史、香料贸易史、政治理论史等。旅行家与征服者、商人与传教士、学者与艺术家等已经将人类合为一体。即使我们足不出户,也能超越时空界限在想象中追随他们。我们不仅可以阅读游记,也可以设想生活在希罗多德时代的古希腊,抑或生活在10世纪日本的《源氏物语》时代,生活在茹安维尔(Joinville)、傅华萨(Froissart)的中世纪骑士时代。

想象因而使历史成为可能。然而它也给历史学家提出了难题。人类乃生活在物质世界的物质动物,然而人类生活中最重要、最有趣的部分,却又是非物质性的:人的观念、情绪、理性。不幸的是,遗留下来的关乎往昔的证据,几乎全都是物质的。我们要了解古人的思想,只能依靠他们的著述,小部分则依靠他们的艺术与手工制品。这些纵然不充分、不可靠,却几乎是历史学家了解我们最想知道的古人思想的唯一指南。

我们不应忘记,一个社会可能在物质条件上贫乏,却在文化上富裕。欧洲人在与澳大利亚土著第一次接触时,常因误判认为这批裸身游荡、全副家当一手挑起的土著,在文化上必定十分贫乏。事实却不然,土著的宗教、语言、艺术等,均显示出他们拥有高级的思想体系。你能否想象相反的形势———一个物质充沛的社会,却在深奥思想方面荒凉贫瘠?

历史是可能的吗?

我们所从事的,是不是一个不可行而且注定失败的事业?我们先看看一些论点。

首先,重建往昔是否荒谬?在物质上,我们只能进行小规模的重建,比如某一时代的一个村落或一个城堡。然而,若将它所处的大环境排除,岂非使它失真?倘若让现代人身着古装,居住在模拟情景之中,我们能否改变这些人的心智?他们既不具祖先的身躯,亦不具祖先的心智。此外,卫生方面又如何?中世纪村落中猖獗的细菌与病毒,足使现代卫生部门惊骇,它将迅速制止任何重建行为。

在大多数情况下,我们阅读史书时将重建工作局限在精神方面。这种工作立足于证据。但是,正如我们将在后面看到的,证据可能被扭曲、捏造、误解,甚至根本欠缺。如果无法获得相关认识,我们以幻想代替无知,又是否明智?

即使证据与诠释均可靠,我们又能否期望深入去世已久的人们的心智之中?1099年7月15日,基督教大军进入耶路撒冷,将所有穆斯林和犹太人,不分男女老幼,屠戮一空,然后穿过齐膝深的血水、尸体,"在圣墓教堂(Church of the Holy Sepulchre)向神谢恩"。[①] 在他们心目中,神代表何意?

若上述困难不够,还可再添上一个,如刻意篡改历史证据。我们能否完全相信,苏美尔众王或埃及法老刻在泥板或石碑上的自诩之词(古埃及人确实用铁锤及凿子改动记录,尤其在埃赫那吞的宗教改革及随后的复辟时期)?奥威尔的《一九八四》中的"真理部(Ministry of

---

① Runciman(1965), vol. I, p. 287.

Truth)",不过是当时独裁者专门制造谎言的反映。如今民主政府即使已拒斥这种手法,却又采用了其他方式。许多从事调查的新闻记者与律师,见证了中世纪时期的古老罪行——**压制真相及散播谎言**(suppressio veri and suggestio falsi),仍然大行于现代政府。

最后,还有来自建构主义(constructionism)的激烈谴责,指斥历史学家并未发现往昔,而只是在为往昔编造故事。稍后章节将予以讨论。①

我们如何面对历史?

不论可能与否,历史确实令人着迷。我们在记忆中首次接触了历史,如卡莱尔(Carlyle)说的那样:"记忆完全是按照年鉴。"其次则是在家庭生活中接触历史。马克·布洛赫(Marc Bloch)注意到祖父辈的影响,他说:"每一个新心智的形成过程当中,都有倒退的步调。人们将最可塑的心态加入最无变更可能的心态之中,却忽视了主导变迁的那一代。"②几乎所有的儿童都注意到,他们祖父辈熟悉的是另一个世界。一旦入学,他们的这种与日俱增的往昔的观念,即化为历史观念。在学校中良师的协助下,儿童遂能将其对老人、旧书、往事的经验与相类主题编成的课本联系在一起。③

然而,有时往昔也遭排斥。通常年轻人以为旧习俗和旧道德观念令人生厌。或许他们乐于记忆的是那些试图打破过去,获得不同程度胜利的历史伟大时刻,如文艺复兴、宗教改革、启蒙运动、美国革命和法国大革命等。

然而,过去并非永远如人心所见。历史足以显示,若干传统(不论是好是坏)可能最近才出现,而非传之久远。1836年,狄更斯曾描述匹克威克先生偕朋友在丁格利·戴尔庄园庆祝圣诞节的情况,当时英格兰尚不知圣诞树为何物。事实上,许多传统是出于一时创造。④

不论如何接触历史,我们应当尊敬前人的尊严,万不可落入粗鄙错觉,以为古人在世,只是为我们铺路。汤普森(E. P. Thompson)曾宣称自己的目的乃是要将工业革命初期的贫困人们"自其后裔予以的无比卑微中"解救出来。兰克(Ranke)则更加沉重地坚称:"每一时代都直接与上帝沟通,它的价值根本不在于能够留给后人多少东西,而是在于它的存在,它的自身。"⑤

我们如何解说历史?

过去面貌多样,并因多样而有趣。纵然大多数古人的生活比我们今天的生活平凡单调,仍不免偶有好莱坞电影式的戏剧性与精彩点缀其间(事实上,古人的生活也经常被拍成好莱

---

① See Runciman(1965), vol. I, ch. 5, pp. 129–130.
② Bloch(1954), p. 40.
③ For more on history in education, see chapter 3, pp. 49–50.
④ See Hobsbawm and Ranger(1984).
⑤ See 'On the Epochs of Modern History', in Ranke(1973), p. 53.

坞电影)。因此,对某些人来说,历史永远有一种浪漫的吸引力。对另一些人来说,探索历史则变成智力挑战——犹如国际象棋或数学。历史学家必备的技艺是多元的,视研究方向而定,所研究方向若为维也纳会议(Congress of Vienna),当于外交有所学,若为东印度公司(East India Company)则于贸易有所学,若为意大利风格主义(Mannerism)画风,则于艺术有所学,若为早期的卫理公会(Methodism),则于宗教情操有所学,等等。因此,历史学家不仅必须掌握文献和其他证据,还必须从具体上洞察个人,从总体上洞察人性。仅是将这些技艺予以综合运用,本身就具有吸引力。

由于人类非由克隆人或机器人组成,因此人们因循自己的国家、宗教、种族、性别或意识形态的特征回顾历史,也就不足为怪。人们看待生活,各有不同,此乃事实。人们能看出其他人的观点,也应该是事实。关于这方面,历史对我们大有帮助。并且,历史著述是针对如此兴趣广泛的人,以各种不同风格撰写而成,任一方向的著述都避免了该方向的专业术语,而用一般读者能理解的词句,这正是我们的幸运之处。上述两种意义的历史,与所有人都相关。

1.2 时间与变迁——历史精髓

恐惧变迁

不像人类,大多数动物如同永远生活在现在之中。这是因为人能知往昔与未来,人会留心变迁。要做到这样,人们必须觉察,现在的一部分事物与以往相同,一部分则与之不同。若无更新(novelty),则仅存延续;若无延续,即仅存更新。兼有二者,乃有变迁,也有了历史。人类事务变化多端的更新与延续结合而成的万花筒,正是这门学问的迷人之处。

如果不曾有变迁,历史学家将无事可做。往日有一些人的确不希望变迁,以为变迁只带来懊悔,以为只会造成社会动乱。比如1549年英格兰西南地区,克兰麦(Cranmer)所撰写的英语祈祷书初次推行之际,反对者声称:"我们宁愿如以前一般用拉丁语做弥撒……而无意接受新式仪式,它看起来就像圣诞节的游戏。"[1]康沃尔人以不会英语为由,要求用拉丁语做弥撒。这种说法完全不顾另一个事实,即他们会的拉丁语更少。关键在于熟稔。受过教育的人亦然,喜欢回顾所谓昔日的黄金时代,亦即《圣经》与古典著述所记述的时代。直到17世纪,人们才开始认为近代文明不逊于上古时期,并且开始放眼于进步的未来,不再回顾落后的往昔。[2]

恐惧变迁深植人心,可溯自史前时代。许多早期人类从时序循环有则,而战争、饥馑等

---

[1] See Fletcher(1968), p.135.
[2] See Bury(1924), ch. IV.

不寻常事件实非常态等信念中,寻获心理上的安全感。一位近代学者描述早期人类对历史的恐惧时说:"远古人类……为护卫自己,无所不用其极,反对历史带来的更新与不可逆转的事情。"①

更令人吃惊的则是往日也有少数人憧憬未来。最著称的当数《旧约》中的先知(及其追随者)。他们期盼"神的日子"与救世主的到来。基督教的建立,更是将这种期盼从现世转到来生。然而整个中世纪及其后,又有少数的异端,则是期盼千禧年(Millennium)———个人类可以即时完全善良、完全幸福的时代,并持此说度日。② 更为人所熟知的马克思学说,与上述学说相似,可说是千禧年思想(millenarism)的近代世俗化版本。整体而言,历史经验似乎证明,为一个预允的未来而活,比为消逝的往日懊悔更不明智。

编年与承续

延续与变迁相反。人类对时间的度量反映了延续的实况。人若视世间每一分钟都是新鲜的(如同大部分动物一般),世上就无可度量之物,亦无可记录之事。最早有长期记录的人类,可能是古代埃及人。从大约公元前 3000 年起,埃及人就以法老在位期和王朝来计算岁月。此后,各种编年史遂纷纷出笼,大约可区分为三类。第一类,即埃及人所记,基于统治者及王朝编成。第二类,如罗马人采用的,以一重大事件(对于罗马人则是罗马城的建立)为基准来计算时日。第三类,则是玛雅人(Mayan)和暹罗人(Siamese)使用的,依据周期纪年,二者分别为 260 年和 60 年。至于今日常见为基督徒、穆斯林、犹太教徒所采用的纪年体,则属第二类。将各种纪年体系进行对比是牵强的,然而它们的背后却有共同想法,即借过去来界定现在。(至于相反的行动——由现时界定过去,则是历史学家的职责。)

历史的韵律

在法国史学界的年鉴学派(Annales school)③的著述中,延续性被赋予特殊的意义。这个学派的代表作则是布罗代尔(Braudel)所著《菲利普二世时代的地中海和地中海世界》(*The Mediterranean and the Mediterranean World in the Age of Philip II*),该书法文版于 1949 年问世。无论在此书还是稍后的著述中,布罗代尔莫不贬低事件的重要性,并提倡**长时段**(la longue durée)。他认为叙史则因循三种步调进行,分别为:地理时间(geographical time)、社会时间(social time)及个体时间(individual time)。人类关切方向的移转甚缓(指处于地理时间中——亦即是结构实体的缓慢展开),对人类而言,变迁难以察觉,故当时人们采用周期观点来看历史,自然不足为奇。若改以稍短的时间段,以世纪和数十年为单位来衡量,则是经

---

① Eliade(1989),p.48.
② See Cohn(1952),p.xiii. For contrasting views of time,see Cohn(1993).
③ For their stress on time,see Stoianovich(1976).

济、政治及文化体系,布氏称之为局势(conjonctures)或趋势(trends)。直至巨著最后部分,布氏始考量事件,认为是"历史洪流不断地强劲将其回拉的表层乱流、浪花顶峰"。① 对布氏而言,唯有长期性韵律才是历史中的凝塑力量。我们可以这样想:正如同乘小船航行,对于波浪的拍打、浪水的浸濡、船只的摇晃与颠簸,生活在陆地上的人必然十分警觉,而水手则视若无睹,他关切的则是具有潜在危险且力量强大的潮汐与海流,这些反而是生活在陆地上的人根本不曾注意的。因此,确实需要以长时段来观察历史。

历史事件并非只是一串,而是多串,甚至在同一地点也是如此;而历史现象有短周期、中等周期和长周期之分,彼此交织重叠,犹如巴赫的赋格曲(fugue)的和音。上述乃真知灼见。旧式叙事仅把一串事件局限于一段时限。布罗代尔则正确指出,历史并非按照一种步调运行,而是在同一时间中按照不可胜数的步调前行。②

1.3 累积——历史总和

历史记载有累积性吗?

布罗代尔的另一个坚定信念是**编史(历史的编写)**必须是一项合作事业,然而大多数历史学家却是单打独斗。历史有可累积性吗? 历史(依据字典中的含意)是否可借后续添加而扩充? 历史能否像沙堆可由任何人添一铲沙粒而为之扩充? 历史著作是否如此? 抑或历史著作犹如艺术作品? (若有人为贝多芬的交响乐添加乐符,或为达·芬奇《蒙娜丽莎》添上几笔,结果是否更好?)

相信历史应是合作事业的不止布罗代尔,伯里(J. B. Bury)1903 年在剑桥大学著名的就职演说中就有类似评论。他谈到"莘莘学子"时说:"我们堆积史料,并以所知的最佳方法予以整理……我们的工作成果将可供未来各时代运用。"③伯里的沙堆说是隐喻,真正用意在于指出历史(乙)确实可以累积,但人们忍不住认为最终的著述仍应出自一人之手。

历史事件可否累积?

作为历史事件的历史又如何? 倘若属周期性质,则其累积当然不得跨越每一周期的范畴。若历史是射线式,其中又是否有间断? 法国哲学家福柯(M. Foucault)认为他已从西方思潮中寻获两处间断或不连续,一是 17 世纪中叶,一是 19 世纪初期。④ 那么 1453 年君士坦丁堡的陷落是否是另一次间断呢? 至于互不来往的文明与社会之间,比如马可·波罗之前

---

① Braudel(1975), pp. 20 – 23.
② For further discussion of Braudel, see ch. 3, pp. 52 – 55.
③ See Bury(1930). p. 17; also printed in Stern(1970), pp. 219 – 220.
④ See Foucault(1970), p. xxii.

的欧洲和中国之间,哥伦布之前的欧洲和美洲之间,又如何说呢?它们难道不是完全彼此隔绝的历史积累吗?

最后,我们可以诘问,现今是否就是一切往昔的总和。严格地说,没有答案。任一过去的事物,我们均不能指称其对现在毫无贡献;我对它所具有的知识就是它的一种贡献。然而,我们并非知悉所有往昔,因此还有可能存在着塑造了现世的未知往日旧事。

众所周知,当今人们所处的位置,可能等同于古希腊人。如今世人皆知,古希腊的大部分文化乃承袭自迈锡尼人(约处于特洛伊战争时代),而迈锡尼文化(Mycenae)又大部分源自克里特(Crete)岛的米诺安文化(Minoan cultures)、米诺安人又从埃及有所学习,而上述事实皆非古希腊人所知。人常不自知其渊源何在,不自知其何以如此行为,上述事例亦非唯一。就文明理论而言,此说与弗洛伊德学派无意识说(Freudian unconscious)类似,后者认为人类文明仍处于婴儿时期。波威克(Sir Maurice Powicke)曾给予历史学家一个正确忠告:"去找寻路途中遗落和丢失的财富,若能寻获,必可丰富我们的文明。"①悉数寻获,显然不可能,不必奢望。因此,上述诘问也就肯定无法解答。

1.4 历程——历史进程

什么样的历程?

本章所言乃历史的统一性,是故,必然促使人们追问,能从中找出什么样的统一性?历史是否具有某一类型的过程(若果真如此,又是什么类型?),抑或只是一事接一事形成的无序排列?人们可以使用照相机中的胶片去拍摄一连串的事件,却无法获得影片结构的统一性。后者甚至可以说是一种艺术作品。对许多人来说,所有的历史亦是如此。至于我们是否只是某一神明向另一神明讲述故事时的剧中人物?我们素来无法知悉。

假如作为事件的历史既不是喜剧小说,亦非事件的无序排列,那么,它是什么样的历程呢?"历程"在字典中的定义有三个特征——统一、有序、连续。

显然,仅因循常规程序,无法予以历史统一性。"历史"只有一回,独一无二。但是独特性就表示不具统一性。我们业已谈论世上有许多地区在千万年间彼此互无往来,若论统一性,绝非是历史的,唯有地理上的统一性还勉强称得上。然而今天,世界各地区相互交往,而人们亦觉察到这个事实。如此,世界史(双重含意之历史)岂非事实?历史或许具有统一性——如同水系之许多支流汇入主流而合一的统一性。

再者,历史是续发事件,然而是不是有秩序的续发事件?尽管历史具独特性(至少,我们

---

① Powicke(1955),p.95.

所知的同一历史事件仅有一回),然而看起来又像具有明显的因果顺序。① 这是因为我们从历史中罗织出来了这样的规律,历史并非真有待人发现的规律。只有相信历史循环重复的人才对历史规律论深信不疑。

成　长

成长的历程最为人们所熟知——成长历程乃是任何一种生命必备的特征。于是经常有人将历史与人类生命相类比。这种做法是否适合认真看待?(我们是否处于世界的老年期?抑或是成熟期?还是仍然停留在孩童期?)比如古希腊艺术与神话,若依据马克思文化植根于经济基础的理论,应该早已被抛弃,然而却流行不衰,为解释这一现象,即使头脑冷静、理智如马克思者,亦不得不背叛己说,诉诸古希腊艺术与神话的成长历程,足见它是如何的深入人心。于是,马克思质问说:"在罗伯茨公司面前,武尔坎(Vulcan)又在哪里?在避雷针面前,丘必特(Jupiter)又在哪里?在动产信用公司面前,海尔梅斯(Hermes)又在哪里?"而他本人给予的答案则是,古希腊人生活在人类的孩童期。"为什么历史上的人类童年时代在它发展得最完美的地方,不该作为永不复返的阶段而显示出永久的魅力呢?"②

更通俗的看法,则是把历史看作发展过程。如今这个观念表示的是,一事物从开始以来展现的演变或结果。然而它发展的是什么?是慈善、勇气、智慧、美感吗?人类素来皆能在这方面有所表现吗?它们在今世是否较从前更显而易见呢?显然不是如此。

自达尔文以来,人们通常以进化的形式来理解发展。这种理论意指持续复杂化的过程,并包含有不可避免性与不可逆转性。19世纪思想家中,许多人很快将达尔文学说应用于社会,并试图从人类故事中考察适者生存的痕迹。不幸的是,此举曾导致若干民族(通常是有色民族)地位低落,白人甚至仅仅是盎格鲁—撒克逊人处于顶尖地位。种族主义的影响长期玷污文学与政治,历史也为之蒙羞。③ 其实,自五万年前智人(Homo Sapiens)首次出现以来,并无任何证据足以证明人类体质曾有所进化。真正涉及进化的是科技(technology)。至于适者生存说,如卡尔·波普尔(Karl Popper)表明,仅适用于各种观念之中,即让各种观念能在无偏好、无特权之下公平竞争,以使最佳者获胜。如此,人们可期望在停止杀戮的同时获得进步。

进　步

什么是进步?是否如同众人所信,人类故事就是稳步前进的故事?进步代表改善,也就是说变得更好。所谓更好又来自何种观点?如果历史就是进步的故事,是否意味一切事物都有所进步?抑或仅是部分事物有所进步?如果只有部分事物有所进步,则改进之处是否

---

① See ch. 8, 'History As Sequence'.
② Marx(1977). pp. 359–360. Also Prawer(1978), pp. 278–289.
③ See, for example, C. Parker(1990), ch. 2.

多于退步之处？进步是呈持续状态，还是其间有停顿、有跃进？是否曾经有过倒退？进步是遍及各地，抑或仅见于部分地区？倘若过去果真是进步的，则其得益于人为，还是来自超自然力量——神明、命运或绝对权威？进步得以实现，是必然现象，抑或仅是巧合？更重要的是，进步是否会永远延续？

探究上述问题自有其价值，因为，诚如某位历史学家所坚信的，"近代人类观念之中，进步是人类赖以为生的最重要的观念之一"。我们几乎可视其为"近代的一种宗教，抑或宗教的代替品"。① 若对进步说持怀疑的态度，也是可行的。比如说环境状况，历经 50 个世纪后，污染是否降低？文学呢？索福克勒斯（Sophocles）、柏拉图（Plato）、荷马（Homer）、维吉尔（Virgil）、但丁（Dante）、奥古斯丁（Augustine）、莎士比亚（Shakespeare）等，难道已经被近现代同行超过？道德又如何呢？如今比基督教义抑或比早其数百年的犹太先知、佛陀、孔子、琐罗亚斯德（Zoroaster）等的教义更高明吗？

假设人真有意就某一时代某一领域确立进步的事实，那就免不了要面临下列难题：比如关于证据，能有一致诠释；进行比较的可行性；建立一系列令人信服的统计；不同族群根深蒂固的信念、价值观和期许等的确立；有关特殊成就及事务形势的评估；得失之间的衡量等。若不能视进步为当然，那么，耗费力气去证明进步又是否值得呢？今天的多数历史学家（异于他们的前辈）已经很少有人从事这类研究。

我们曾考察的一般往昔历程，并不能成为真正的历史单元。它所拥有的，实为更为晦涩、艰难的一类，笔者将在后续各章揭示这一情况。

结　语

历史实为一整体。首先，它犹如由血缘关系、教养、相互依赖及互相关心而组成的家庭。我们与亲长、子女、后代或许相貌不同，然而他们却仍然是我们本身的一部分。并且，尽管个体来而复往，家庭则依旧续存。

第二，"历史"一词有两种含义：一是这个家庭的事迹，二是这些事迹的记录。然而这些记录的特质有助于后来的事迹的形成。因此，历史整体就是事迹与记录这两股线的交织物。

第三，上述交织点通常多半是有所行动之处。下一章讨论的是行动（action），既是历史的成长点，也是事迹与记录结合之处。下一章将进入探索历史精妙统一性的另一阶段。

---

① Pollard（1971），p.13.

延伸阅读

Bloch 1954
Braudel 1975;1980
Burke,P. 1969;1990
Bury 1903 (in Stern 1970);1924
Butterfield 1960
Carr,E. H. 1964
Hobsbawm and Ranger 1984

Nietzsche 1957
Nisbet 1969
Parker 1990
Plumb 1973
Pollard 1971
Renier 1965
Stern 1970

第 2 章

作为行动的历史

人的心智是事务的巨轮，带动了世界的转变与变革，让自由大显身手并得以扩展。

约翰·沃尔（1659年）

在上一章的论述中，我们视历史为整体的变迁。本章我们将讨论"人的心智"如何导致了"世界的变革"，而历史学家关注的焦点就是变革。诚如沃尔所言，这种自由形势，乃是人们致力于历史研究的最大鼓舞。

行动的意义何在、历史中的行动、历史的用途与滥用等的相关问题如下：

1. 历史的用途何在？
2. 历史是以何种方式遭到滥用的？
3. 我们能否避免历史？
4. 我们能以史为鉴吗？
5. 人们如何在历史中起作用？
6. 行动（action）的意义何在？
7. 行动是如何获得意义的？
8. 政治介入起自何处？

本章主题是"作为行动的历史"，分为三个部分：

1. 行动的分析
2. 行动的背景和结果
3. 历史的运用与滥用

2.1 行动的分析

如现在之往昔

历史是研究往昔之学，此乃不争事实。我们能影响的，则是未来。纵然决定无所作为，我们仍可预期它带来的结果。不论态度是积极或者消极，人类生活总是面向未来。人若有所为，不是想导致某些事物的发生，就是想防范某些事物的发生，就如同汽车上的油门与刹车。

由于行动之前人经常有所思，因此，大部分思考是针对未来之事。然而，人却永远不能**预知**未来。人总是处于部分无知的状态之下行事，惊奇也由此而生，不论来者令人愉悦，抑或令人厌恶。（赌马商、证券商、保险商的事业也因此而兴旺。）

人们在研究往昔时经常遗忘上述事实。因此，我们有必要不时自我提醒，历史主要是由人类的活动构成的。它在今夕业已化作往日，而在当时，却是处于"今夕"之下的活动。往日活动的目标等于今夕人们的活动，都是朝向未来。在预见未来方面，前人所能，未必胜于今人。与我们一样，他们对未来充满希望和恐惧。

视未来无定数，古今皆然。古人之未来，在今人看来，已是既往。或许古人自视出于抉择或自由意志之举，在今人看来，不过是必然和命运。其间可能有更多选择，而古人却不自知，盲目之处常令今人错愕。记得笔者讲授 20 世纪 30 年代国际关系史时，曾有学生（乐于与那个遥远时代的幸存者对话）以难以置信的神情诘问笔者："当希特勒 1936 年出兵占据莱因区（Rhineland）时，你们为何不加以制止？难道你们不知若不起身对抗，日后就会有那许多事故发生？"当然，我们无从获知（纵然有少数人曾如此揣测）。

因此，若不将历史当成一部已成定局的往日的记录，而是将历史视为一系列均无定数、充满机遇的"今日"，正如我们看待今日一样，相信必可更好地了解历史。

行动与行为

研究历史（一如研究其他人类事务）之时，区分行动与行为（behaviour），显然有益。二者皆出于人，唯前者包含"意图（intention）"。凡所见所闻的人类行动都算是行为，我们若认为其乃刻意之举，就视其为行动。然而，唯有自身的行动，我们得以确定意图何在，至于出于他人者，我们只能推敲其意图。推敲并不容易，可是却相当重要。倘若你踩到我的脚趾，这是可观察到的你的行为；如果你是故意如此，那就变成你的行动。（一般观念认为只有人有行动，其他动物只有行为，大多数动物都能行走，唯有人能"去"散步。马球场上，奔驰的是马，打马球的则是骑手。）

人是社会动物，了解他人的意图自然重要。诚如所知，他人的意图只能从他人行为（包括自宣意图的行为）中推敲而得。"她召唤了侍者"，她有何行为？招手示意、大喊大叫、还是让其他侍者传信？"他高举着手"，他的行动何意？打招呼？求救？是挥手还是挣扎？

行为的意义并不明确（如挥手，就有多重可能），然而行为背景却能凸显意图。但对历史学家而言，除非清楚所有背景，否则推敲意图绝非易事。需知，历史中（日常生活中亦然）当事人有所行动时，看得到的只是他们的外在行为，对行为的诠释也有可能出错，乃至误判行为的意图。克里木战争期间 1854 年巴拉克拉瓦（Balaclava）之役著名的轻骑兵冲锋（charge of the Light Brigade）就是出于这样的误判。当时英军统帅拉格兰（Raglan）曾下了一道含意不明的命令给骑兵司令卢坎（Lucan）。卢坎询问传令官诺兰（Nolan），应该攻击何处炮阵。诺兰转过头来，以激动的神态指着错误的炮阵说："大人！你的敌人就在那里。那就是你的炮阵。"撰写这次战役的历史学家写道,"就这样几个字,再加上那个神情,轻骑兵旅的命运就此注定"。该历史学家诘问说:"诺兰真意何在?……真相永远无法揭晓,因为他很快阵亡了。"① 由于我们永远无法得知诺兰的真正用心,他的行动也就随之不明。至于卢坎对诺兰的行为所作的诠释(无论对错)就变成丁尼生(Tennyson)诗句中"数以百计人马的死刑令"。

我们接下来转向行动本身。

行动的分析

将行动分成五个部分非常方便。第一部分是我们业已讨论过的"**意图**"。凡人有所行动时,多半有意为世事或自身带来变革。行动的第二部分为"**评估**(assessment)",而其材料则是事态现况。事态不仅关系到我们欲有行动的原因——即所谓的意图,并且还有助于我们权衡成功的几率,同时促成我们决定如何最好地实现目标。第三部分是我们借以达成目的之"**手段**(means)"。当然,众所周知,做任何事都需要动力,心理方面的和物质方面的。因此,我们必定是在某种情绪驱使下而有所行动,比如爱、恨、恐惧、野心等(此乃我们最易误判之事)。由是,**驱策**(drive)或**意志**(will)遂成为第四部分。至于第五部分则涵盖所有,它就是**背景**(context)。**透过背景,我们乃得以了解整个环境——社会的、物质的、文化的,而行动就在其中发生。**

以上分析又如何运用到历史当中?有多种途径。原因就在于往昔事件有时影响上述因素,有时本身就构成上述因素。另一方面,我们还可以看到人的历史观念是如何深刻地影响这五个因素的。因此,这种分析有助于历史学家更加深入了解它所研究的往昔事件。

往昔的影响:亦即历史(甲)

现在就行动的五大部分逐一检验。先以往昔的影响为起点。我们的现况,都是先前事件的结果。因此,欲了解现况,人就应该研究历史(例如,往昔事件的记录)。由于"历史"一词有双重含意,我们运用时难免有困惑。姑且先鉴别一下事件与记载在实践中的差异。我们以1989年秋东欧与中欧地区反共产党革命为例。

形势无疑是先前事件的结果。但是在该形势中,却有数以万计的男女,甚至儿童采取了许多刻意行动。确切地说,研究该系列事件的历史学家,必须了解形势何以走向这种结局。历史学家得出这样的结论:如果苏联的行动仍和1953年向东柏林、1956年向布达佩斯、1968年向布拉格派坦克镇压相同,1989年的革命就无成功机会。然而,是年苏联没有出兵意愿。至于何故,历史学家或许归因于苏联经济濒临崩溃,苏联政权有内在弱点,苏联外交政策,尤其是对美政策的转变,抑或是另一种可能,自阿富汗撤军以来,苏联政府就对苏联军方不信任。以上皆是历史学家极有可能给出的理由。这样的描述就是马克思学派所谓的"客观形

---

① Woodham-Smith(1953),p.239.

势"。然而这些原因,可能不为聚集在首都扬言推翻政府的所有群众所知。

人欲有所行动,往往不是取决于千里之外的发生的事情(他们甚至根本不知道),而是取决于人们脑海和心灵中发生的事情,此乃"主观形势"。历史学家必须予以考察的乃是二者。现在让我们来谈 1989 年 11 月的布拉格。我们以行动的五个元素中的第一个,即"**意图**"为起点。群众原意是要结束那个由外国政府强加于己身的残暴、笨拙的独裁政权。反叛者对形势的**评估**是捷克政府正为大失民心忧虑不已,眼见华沙、布达佩斯、东柏林等地共产党政权已纷纷垮台,下一个必是自己,更是忧虑的主要原因。

至于"**手段**",先是周五(11 月 17 日)学生示威,遭到警方的血腥镇压。翌日,所有学生继起游行。周日,演员及演艺界工作同仁宣布罢工,并号召全国大罢工以支持学生行动。因此,学生深受鼓励,提出更多要求,其中最重要的是结束共产党一党专政。追随学生、演艺界的脚步,著名剧作家哈维尔(Vaclav Havel)领导主要反对势力在另一个剧院集会。大规模示威与协商遂起,延续若干天,12 月 20 日新政府宣誓主政,29 日哈维尔就任总统。

成功的革命,通常前景不明。比如,1789 年三级会议(States-General)在凡尔赛宫开幕时,不仅无人预见,亦无意成立法兰西共和国及处死国王。至于布拉格,运动的首脑人物对意图及实现手段则了然于心。①

往昔的认知:亦即历史(乙)

借布拉格革命,我们业已讨论"意图"、"评估"及采行的"手段"。此处则转向谈论第四个因素——**驱策**。我们可以认为,仅仅渴望自由与期盼事情更好就足以提供必要动力,然而历史却在其中扮演了重要角色。11 月 19 日学生宣言公然申诉:"在法国大革命两百周年之际,特此敬告欧洲列国。"法国大革命乃是近代欧洲史上首次也是最伟大的革命,在它的鼓舞下,许多革命应运而生。然而捷克人欲寻求历史灵感,不必只依赖法国。他们记得,1918 年奥匈帝国战败后,捷克斯洛伐克共和国随之诞生,他们也记得,此前不久的 1968 年最终在苏联坦克下化为幻影的"布拉格之春"。当年,捷克历史学家弗里斯(Edo Fris)曾写道:"捷克人、斯洛伐克人……拥有一种民族记忆,历史遍藏于我们的社会意识之中,既是警示,也是激励。"②1968 年的领导人杜布切克(Alexander Dubcek),历经 21 年软禁后,又在国人的记忆中复活,并与哈维尔同时成为 1989 年的革命偶像。哈维尔就任总统三天后(1990 年元旦),向全国发表演说,他引述 1918 年马萨里克(Thomas Masaryk)出任首任捷克斯拉夫共和国总统就职演说中的名言:"人民,你们的政府还给你们了!"回溯此言,又岂止 71 年,此乃 17 世纪伟大的捷克学者夸美纽斯(Comenius)名言的回响。③

暂时不考察第五个因素——**背景**,我们先回味一下,因往昔而生的观念对研讨中的行动

---

① For details of the Prague revolution I have relied on Ash(1990).
② See Fejtö(1974),p.213.
③ See Ash(1990),p.7.

所含的以上四个因素,究竟有何影响。首先,历史有助于"**意图**"的形成。捷克人知道,不受欢迎的政府曾遭推翻,比如 1618 年与 1918 年的布拉格,以及其他地区,如法国等。同时,1918 年至 1939 年间曾经出现的自由、繁荣及民主的共和国,仍然存在于他们的记忆中。及至"**评估**"1989 年的形势之际,他们就考虑了上述事例。然而更为重要的,乃是捷克人对最近波兰、匈牙利、东德等地形势的认知。至于"**手段**"或"**做法**",则采取自身及他人的经验,包括游行、示威、宣言、成立反对势力总部(如哈维尔领导的"公民论坛"〔Civic Forum〕)、工人有组织的罢工、庞大群众集结于公共场所、借助大字报、宣传手册、报纸等迅速广泛传播信息等。第四个方面则是诉诸历史,以期激发必要的决心,故能为**驱策**奠下良好的基础。若想验证其他类似的事例,如 17 世纪英格兰克伦威尔革命对百年后美国革命时杰斐逊、华盛顿等人的影响,如古代罗马对 18 世纪 90 年代法国革命的影响,同样不难。总之,通过上述事例,我们应当明白,影响不是来自客观的往昔旧事,而是来自主事者对往昔的主观信念。而这些信念若以今日眼光来看,显然部分与史实十分不符。① 不过,我们即将讨论的第五个因素——**背景**,则又是另一番情景。

2.2　行动的背景与结果

三种背景

　　我们已经谈到行动的前四个因素——意图、评估、手段、驱策。任何行为均非孤立(异于自由悬浮在太空中的星体),必然在一定背景中出现。故行动的背景是整个大环境——社会的、物质的(自然的)、文化的,而行动就在其中发生。

　　首先谈社会背景。人的行动多半会影响他人,而方式甚多,如感动、协助、挫折、阻碍等等。因为有影响,我们的行动才有意义。

　　第二是物质或自然背景。诚如马克思所言:"一旦人开始生产自己的生活资料的时候,人本身就开始把自己和动物区别开来。"② 因为食物、居所、衣物,无不取材于自然环境。沿着这一方向前进,人类技术已达到危殆地球的境界,至少是在主要由马克思学说鼓舞而成立的国家中,这才使我们痛苦地意识到人类活动不可忽视自然背景。无需阅读整套马克思主义哲学,亦知人类行动中极大部分是为了满足生活上的物质需求。然而,人类从物质需求出发,制造出越来越多的奢侈品。如今,人类已觉察到可供开发的资源为数有限。在社会背景下,人对自然的影响,既可带来支持与协助(如农场主与大自然相配合),然而人也可能遭遇打击(如洪水、大火、饥荒、风暴、地震),抑或资源耗尽。大部分历史、经济史,所涉及的都是

---

　　① 有关重现这一观念,Trompf(1979) 曾予以详细审视。然而依笔者所见,他未能充分强调下列二者之区别:一是历史当事人之刻意"**摹仿**"往昔,一是历史学家观察所见某一时代在另一时代中之**重现**。
　　② See Marx(1977), p. 160.

人类在自然背景下的行动。如农、林、渔、矿、航运、制造等。当然,并非唯有经济活动受到自然背景影响。人们会提醒我们不要在下雨时外出野餐或举行乡村节庆。更严重的则是战争与大自然的密切关系,不论浮现于脑海中的是1914至1918年战争时佛兰德斯(Flanders)的血腥泥泞,还是1991年海湾战争中的荒漠和大火中的油井。总而言之,人类行动不可忽视自然背景。

第三是文化背景。**透过"文化",人能了解,所谓语言、技术、艺术、宗教与哲学的态度和信念,以及其他的各种物品、技术、习惯、风俗、解释体系之类的事物,莫不出自生活在某特定社会中汇集而成的众多个体的社会传承。**① 固然,文化乃承袭而来,但是每一世代亦有所变革。文化大多是由观念组成的,并非具体实物,所以当文化以风俗习惯的形式出现时,我们几乎无所觉察,也就不足为怪了。此说对任何文化的主要部分——文化象征,尤其正确。

象征(symbol)是习俗的符号(sign)。自然符号有乌云(表示雨水)、脚印(表示动物)等。习俗的符号(不论与自然有关与否)则是社会特质。国旗、交通指示灯、巫医面罩等,均出自人工,并非自然符号。最重要的符号首推文字。语言是最古老、最重要的人类创造物。如同交通指示灯,某种语言并非仅限于一个社会,英语、西班牙语、阿拉伯语已证明这一点。语言的功能甚多:促进沟通、记忆和保存往昔、传递信息、激发感情、刺激想象、煽起行动、举行仪式庆典、赋予生活形式及尺度等,均在其中。

对历史学家而言,语言至关重要,但是其中也有不少陷阱。它包含,但是也隐藏了许多专属某时或某地的风俗、信念和假设。处于另一时空的历史学家,因读懂英语、西班牙语或阿拉伯语,于是自以为足以了解以该种语言撰述的作品,其实不尽然。唯有撰述者方能理解封藏其间的文化,历史学家不能。例如阅读最早的一篇福音(《马可福音》)时,需留心,耶稣口出之语与马可撰写所用文辞乃源于不同语言、不同世代,甚且是不同地域。再者,耶稣是在完全犹太教环境之中讲道,马可则是在基督教背景中撰文,而该篇福音的读者,几乎都只是意会到后者的背景。

背景:意义

背景有三种,社会的、物质的、文化的,历史学家需考虑到三者的全部。背景能形成或限制行动,然而更重要的是,背景赋予行动意义。

意义一词用法亦多,此处将它分成三种,分别为"意图"、"社会意义"及"历史意义"。由于撰写本文正值3月15日(the Ides of March,尤里乌斯·恺撒的殉难日),故以恺撒遇刺作为范例。密谋者的"意图"原是维护共和国,他们认为恺撒的野心业已威胁共和国。至于"社会意义",乃指当时的人们对谋杀的看法。政治性谋杀本身就流行于罗马世界,受过教育的罗马人皆知希腊文学中对诛除暴君称颂不已。恺撒曾是平民心目中的英雄,不过,苏埃托

---

① See Mandelbaum(1977),p.12.

尼乌斯(Suetonius)说过,恺撒也已经逐步丧失平民的爱戴。因此谋杀不致令人惊异,也非行之无理。谈到"**历史意义**",则大不相同,恺撒虽死,共和国却未得救。相反,恺撒之死导致了众多人登上帝王宝座。

背景:意义的轴线

意义的前两种用法,历史学家不可掉以轻心,至于第三种,则须更进一步探讨。历史意义可循两个方向的轴线予以追溯:一是横向(horizontal,亦即同时代事务),一是纵向(vertical,意指前后关系)。仍以同月份的大事为例,如1936年希特勒占领莱茵区。若循横向轴线,历史学家须留意当时德国的内部情况、法国政府的软弱、英国受制于日本的扩张、绥靖思潮的盛行、美国的孤立主义、国联因意大利进攻埃塞俄比亚陷入窘境,以及苏联近来重返强权政治舞台等。若循纵向轴线,则当追溯至1933年纳粹夺权、《凡尔赛和约》、第一次世界大战、19世纪德意志统一运动,甚至追溯至古罗马时期有关莱茵区的疆域纠纷。顺沿这条轴线,我们会发现慕尼黑会议、第二次世界大战、德意志第三帝国战败以来的长期冷战等。历史意义就在于两条轴线的交会点。

背景:不同意义

同一事件,在不同国家的历史中具有不同的意义。1805年纳尔逊(Nelson)在特拉法尔加(Trafalgar)的胜利,无疑导致英国的百年海上霸权。纳尔逊和特拉法尔加之名,迄今仍为英国人津津乐道。至于西班牙,海权的衰落无疑导致了其美洲帝国的迅速瓦解,故是役在西班牙历史或记忆之中毫无地位(法国也是如此,尽管当时对法国来说海权无比重要)。此等差异仅出于民族自尊?抑或是对因果判断的真正差异使然?意义究竟是历史学家所赋予的特质,还是原本就存在于事件本身之中?

结果:失败

行动衍生的结果,我们并未进行分析,然而不论基于现实还是历史,我们都予以其关切。通常,结果若与意图不符,行动就随之失败。为什么?通常的原因将在稍后讨论(第8章)。此刻只是暂时谈论若干与失败相关的陈述。

意外忽至,乍看下是挫折,稍后却可能证明此乃另一次成功的机会。伟人如克伦威尔、拿破仑,就有应付这种意外的能力。克伦威尔曾自称,从未有人能像他一样,对未来一片茫然,却能够攀升到如此高的地位。

真正的失败或许出自评估上的错误,误判现状和紧接的未来,亦即是误判了行动的背景。这些归结于自然或人类。在自然科学方面,人的能力已有大幅进步,至于审视人文背景方面,纵然社会科学已有若干成绩,却不见有多少突出表现。历史学家致力于了解往昔,却矢口否认可以预见未来。读史的人则感到他们正在人类事务上寻求更为深刻的洞察力和更切实际的判断。真是如此吗？历史著作本身已经显示出更为深刻的洞察力和更全面的了解吗？

避免失败：物质方面

农民耕耘、播种，只是为养家糊口，若有丰年，自当喜悦，可是往往失望，作物经常毁于风暴、虫害、野兽和士兵，因而感觉无助，转而乞灵于祈祷、迷信，或者听天由命。拥有较多闲暇和资源的人，则处理这类问题。强大的政府管理士兵、护林员控制野兽、生物学家和化学家对抗昆虫、气象学家预示风暴。如今农民已能指望丰收，可是总有一些事物（气候与国际市场）无法控制。

20世纪的历史学家已认清对人类尽力的事务中关乎成败的非人为因素的重要性，并且予以更多注意。史学界已有很多人士研究农业、工业、科学和技术等的历史。然而在留心非人为因素方面，仍以年鉴学派诸君最成气候。不过将历史局限于非人为因素亦是不妥，真正的大问题是人为因素与自然因素的互相作用引起的。好的历史学家必以同时度量二者为是。

避免失败：人

从另一方面来说，传统历史过分聚焦于人——尤其是少数人，以致历史看来像是个人传记的串连。信手翻阅茹安维尔的《十字军编年史》(Chronicle of the Crusades)，笔者所见的是：

> 大致定案如下：国王须在复活节前的周五登陆，并立即与萨拉森人交战，除非后者不愿应战。国王遂命令博蒙特大人(Lord John of Beaumont)分派大划桨船(galley)，以供布里埃纳大人(Lord Everard of Brienne)和我登陆使用。先前我们两个和手下武士就因船舰庞大而不能靠岸。
>
> 上天垂怜！当我回到船舰上时，就发现一艘小船。这是我与蒙特贝利阿大人(Lord of Montbéliard)的德意志堂姊妹贝茹特夫人(Lady of Beyrout)给我的礼物，上面还载有送给我的八匹马。①

七个世纪之后，若干历史学家仍以这种笔法撰史（仅以第三人称取代第一人称而已）。如同肥皂剧，这种历史只不过是一系列人物交替。若说今日历史学家的叙事中，背景描述较为丰富、深入，部分功劳归于自然科学，但大部分功劳仍归于社会科学。历史学家的工作正是将这些花样繁多的线索编织成一幅生活织锦。

文化背景

历史学家面临的最大挑战，可能就是文化背景。由信仰、态度、价值等（见本节之"三种

---

① Joinville(1908), p.173. The scene is Cyprus in the year AD 1249.

背景")组成的文化,大部分时间存在于意识(consciousness)水平之下。人们视为理所当然。如今,历史多立基于文献证据,人们认为应当把文献证据记录下来。它可能是一份皇家诏令,一项议会立法,一封信件或一则日记。然而,这些文献很少清晰地记述信念、道德及社会规范,而这些却是整个社会共享之物。这些东西唯有被讨论时才会提到,因而就不是(或不再是)无可置疑的假设。因此,17世纪议会抗议国王权力时,就明确了国王有哪些**并非**与众人共享的假设。旁人永远无法仅从当时国王的言论中悉获国王深信宗教法术(white magic),并且认为伊甸园中的亚当与夏娃是历史事实。

即使在今天,我们同样不会也不能明示心中所有的假设。在马克思、弗雷泽(Frazer)、弗洛伊德之前,很少有人意识到这个问题。因此,历史学家若有意为他关注的人群重建重要的内心世界,显然困难重重。同时,还有一个事实使上述问题更加复杂,即历史学家往往不曾觉察自身的假设与预想,以至于无意中将之加诸研究对象之上。

优秀的历史学家不至于忽略上述危险。三个世纪之前,英国学者布雷迪(Robert Brady)在《古英文史导论》(*Introduction to the Old English History*,1694)一书中引用了古代文献,他表示说:"引用之前,我曾考虑再三,是否曲解了它的真正含义,同时也考虑到了所有的情况。"①

18世纪的那不勒斯律师维柯(Giambattista Vico),在揭示人类语言常追随社会发展方面,曾有很大突破。"古代社会、经济及精神方面的问题与实况,以各种样式折射到祖先的心智当中,而语言、神话、古代习俗就是这些样式的直接反映。"②各种记录,尤其是历史文献,我们该问的不是"它是否真实",而是"它的意义何在"。我们应当掌握的,不是那些文献对我们而言有何意义,而是掌握它们在当时的文化背景之中代表什么意义。梅特兰(Maitland,另一名律师)曾从法律条文中寻求中世纪早期英格兰的情况,他的技巧足以证明他是历史学家中的佼佼者。梅氏能深刻体会到语言与意义之间的鸿沟:"8世纪时,我们的国王在一份以拉丁文撰写的充满罗马法术语的文献上签名时……我们万不可骤下结论,认为他确实领悟了其中的观念。"③梅氏著述,不论你自何处赏析,都能发现他(可能不自觉)遵循了维柯的教诲。

心 态

20世纪60年代以来,史学界(尤其是法国史学界)大为关注文化背景中的某一特殊方面。风气来自此前25年费弗尔(Lucien Febvre,《年鉴》期刊创始人之一,史学界年鉴学派即由此得名)倡议的"集体心态史(l'histoire des mentalités collectives)"研究。所谓"集体心态"乃指属于社会整体或大部分人共有的心态。正因人人皆有,通常反而不被人们觉察。一个

---

① See Douglas(1943),p.158.
② Berlin(1980),p.56. See also Collingwood(1961),pp.63-71.
③ See Maitland(1960a),p.270.

农民若想把一头阉牛卖个好价钱,他只须把牛养肥送到他预期有高价位的市场。这是常识。然而对伊丽莎白一世时代的卡那封郡(Caernarvonshire)克林诺(Clynnog)农民而言,若想保证卖到好价格,他必须先将牛赶到教堂广场向圣贝诺(St. Beuno)致敬。农民的目的古今皆同(卖到好价格),但所采取的方法不同。① 今天,人若跌倒、生病、损失财物、遭到火灾,必以倒霉之心接受事实,然后去医院、看医生、找警察或保险公司来帮忙。四个世纪以前,人们则是寻求"智者"或"术士(white witch)"帮忙,告诉人们是哪种邪门力量或人物将不幸加诸己身,又应该如何反制这些邪恶力量或人物。我们该嘲笑这种非理性的信念吗?难道时下报纸不是每天都有专栏分析星象,预告如何寻得好运吗?

已经有很多关注留心集体心态的影响的佳作。它们涉及婚姻与离异、童年与死亡、魔法与巫术、嘉年华会与寻欢作乐等所持的态度等方面。这些著作主要出自斯通(Lawrence Stone)、阿里耶(Philippe Ariés)、伏维尔(Michel Vovelle)、杜比(Georges Duby)、戴维斯(Natalie Zemon Davis)、托马斯(Keith Thomas)、勒华拉杜里(Emmanuel Le Roy Ladurie)、伯克等人。

集体心态史是文化史的一部分,然而它却不同于思想史、观念史及艺术史(此三者均属文化史范畴),集体心态史并非研究审慎行动,比如著述、雕塑等,而是探索文化背景中无人质疑、无人批判,且大部分出于定论者。将集体心态发掘出来的难度大于发掘形成著述或雕像的意识观念,然而它确实是任何行动背景中不可或缺的一部分,从这方面来说,它的历史在性质上较为近似往日社会的地理史或技术史。对意向中的行动方向而言,地理背景与技术成就不仅有助于前者成为现实,同时也为它设下限制。当我们发现先人在某些方面未能做出我们显然会做的事,并非是先人的文化或社会背景不容许先人去做那些我们会去做的事,而是那些事对先人来说,根本无法想象。因此,除非能对后者有所了解,如先人意识与潜意识中的思绪,以及先人可以在哪些方面有所行动,在哪些方面又不能有所行动,否则历史学家就无法指望获得正解。倘若可能,我们还应该深入研究他们从来不曾想象的事物。②

后果的解说

总而言之,不论是历史当事人还是历史学家,都有必要深入了解背景,不论它是自然的、社会的,还是文化的。了解背景,可使历史当事人预测其行动计划可能导致的后果,可使历史学家解释真正的后果。比起当事人,历史学家的优势在于他知道真正的后果。而当事人也有优势,他比历史学家更了解背景(哪怕只是潜意识的了解)。

还有两个较深入的论点。一是我们所谓的行动导致的"可能后果"。无论自然科学与人文科学有多大的进展,却永远无法确定未来。最多也只是预测可能性。二是历史学家知晓

---

① See Thomas(1978), p. 81.
② See for example Febvre(1962), in which he attempted to demonstrate the impossibility of atheism in the sixteenth century.

后果是**什么**,但是未必能知**何**以至此。比如说,历史学家确实知晓 1914 年 6 月 28 日斐迪南大公在萨拉热窝遇刺的后果,然而迄今仍无法明了这个事件何以会导致四年的恐怖野蛮的屠杀。

两种回答方法

考虑上述问题时,历史学家通常诉诸下述两种方法中的一种。有些历史学家倾向于强调人类事务的不可预测性,并指出偶然因素的作用。斐迪南大公的司机若不曾迷路,并且发现必须绕道折返正路,就不会为凶手提供出乎意料的第二次机会(凶手原已放弃行刺)——凶手趁机行刺而给欧洲带来惨烈的后果。泰勒(A. J. P. Taylor)就是强调国际事务中偶然事件的作用的历史学家之一。其他历史学家则强调人类事务深层的内在趋势,马克思学派历史学家就是其中的代表,但是有许多其他历史学家持相似的态度。民族主义学派历史学家多撰写本民族持续走向伟大的历史。宗教历史学家则忙于辨别存在某一教派或支派发展背后的上帝、安拉或耶和华的坚定意志。现在的学者,在某些经济理论、人类学理论、社会学理论影响下,刻意追求历史中隐含的模式或力量。比较历史学家在寻找它们;许多历史学家,尤其法国历史学家则认为他们已经找到了。这些以理论为依托的历史学家,有一个共同的特征,即不重视机遇的作用。他们倾向于相信事件因循进程而来,而此进程只需运用他们的理论即可判定。他们贬低偶然事件,并辩称,即使换个事件,结果仍然相同,仍然没有改变长远结果。他们为历史注入更多的科学,但却丢弃了历史的神秘感与令人兴奋之处。上述两种方法,何者正确?

墨菲(Murphy)定律

关于结果,有一个问题不可忽视。这就是事与愿违,即采取许多措施以期获得如愿的结果,有时就是这些手段导致了相反的结果。最常见的事例莫过于陷入困境的小银行。由于担心它可能倒闭,人们立即取出存款。结果致使银行周转失灵,银行反而因此倒闭。或许多给予一些信任,银行就能继续运转,而客户的钱财仍能安全无虞。历史上也充满了这类变数,如恺撒遇刺就充分显示,解决方案往往是造成问题的主要原因。

康拉德·拉塞尔(Conrad Russell)曾描述 1641 年英王查理一世如何因经费短缺背叛了他给予爱尔兰人的承诺。"具有讽刺意味的是,皮姆(Pym)成功阻止了英国普遍实施的吨税与磅税,结果却成为导致爱尔兰人走向反叛的最后一根稻草。意外结果定律亦称墨菲定律,就此而言,已经没有比上述范例更有戏剧性的了。"[①]

我们了解历史吗?

历史学家是否有能力理解历史的真相?维也纳诗人格里尔帕策(Grillparzer)就深表

---

① See C. Russell(1990), p. 129.

怀疑：

> 历史无非就是人的精神接受对他来说无法看透的事件的方式；把天知道是否共属的东西结合起来；用某种可以理解的东西替代不可理解的东西；把它对外的合目的性概念强加给一个也许只具有对内的合目的性的整体；而在千百万小原因起作用的地方又假定偶然。①

2.3 历史的运用与滥用

你我有何用？

常有人问，历史的用途何在？如果有人问，你（抑或你所爱的人）有何用处，你是否会感觉屈辱？当然，任何人自有其价值，内在的和被赋予的，不是吗？倘若像康德（Kant）所坚信的，所有人皆应以其自身为目的对待之，则此说可否用于死者，犹如用之于活人？② 想一想汤普森的用心，欲将贫苦的古人"从其后裔给予的无比卑微中解救出来"。③ 历史学家不可以贬低古人。有些人"心怀天真的信念，以为正义就包含在时下的流行观点之中，并按照这个观念编撰历史"，对这种人，尼采曾有很贴切的描述，"他们的工作就是使过去适应合乎时宜的平庸"。④ 因此，关于历史的用途何在，是个什么样的问题？

历史学家的用途何在？

这个问题绝不适用于历史（甲），因为此乃是同你我一样拥有价值与尊严的人们缔造而成的。唯有面对历史（乙）——历史研究时，我们方可问这样的问题。先前笔者曾分析过人为现实目的而采取的行动，在此则细谈一下历史（乙）对行动的四个因素有何作用。（我们在讨论捷克革命时曾有简短的描述。）

历史对行动的作用：(a) 目的

目的指向前途，是故由历史来提供目的，并不常见。唯有当人们刻意复制过去的事物时，才有这种可能。复制的方式有两种，一是人们刻意保持某个传统，做昨天做过的事，二是将过去的某件事再做一次。当然，许多合乎传统的行为是出于怠惰，人们一再做重复的事只因根本无心另起炉灶。然而，上述论说并无意义，因为此处所谈的行动目的并不是由历史提供的。

---

① Quoted in Nietzsche(1957), p. 38.
② 见康德(1956, p. 136 卷二第二章第五节)，同时又称："我们人格中的人性对我们来说本身必定是神圣的。"
③ See above, p. 6.
④ Nietzsche(1957), p. 37.

以保存往昔为目的

有些人对保持往昔生活方式抱有强烈欲望。以美国宾夕法尼亚州阿曼门诺教派(Amish)为例。他们身穿的老式黑色衣服和乘坐的马拉四轮车,显然属于另一个时代。然而,他们的生活方式与现代美国人的生活方式如此不同,并非出于对往昔的挚爱,而是出于一种宗教虔诚。倘若他们排斥电话、电视或汽车,他们并非认为上述东西**本质**邪恶,而是认为这些东西的功能可能**促使**成员堕落,进而走向邪恶。因此他们的行动,用意不在保存往昔,而是维护一种超越时间的宗教。

目的是重现往昔

倘若一丝不苟的遵从传统这种意图已经很不寻常,那么,谋求将事务恢复至往昔的状态的相关事例更属罕见。通常,历史提供的是我们在合适的主题下需要加以考虑的启发。在此,我们要寻求的乃是由历史提供目的与意图的事例。最符合此意的事例,可能就是公元前44年罗马共和国的终结,吊诡之处正在于共和国的终结竟源于捍卫传统之人刺杀恺撒。他们的原意是保存共和国,结果却摧毁了共和国。然而历经19个世纪,罗马虽由皇帝和教宗统治,共和国却并未遭人遗忘。

人们对共和国的记忆,曾鼓舞了12、13世纪意大利的许多城邦,鼓舞了1347年瑞恩佐(Cola di Rienzo)领导的短命的罗马革命,同时亦曾感动了15世纪及16世纪初佛罗伦萨的政治作家和历史学家(萨卢塔蒂〔Salutati〕、布鲁尼〔Bruni〕、马基雅维利〔Machiavelli〕、圭恰迪尼〔Guicciardini〕)。1848至1849年,加里波第(Garibaldi)和马志尼(Mazzini)甚至一度恢复了罗马的名号——罗马共和国。然而就拥护罗马的传统而言,没有超越法国大革命的,不仅见诸大卫的画作,拿破仑采用第一执政(First Consul)的头衔,以及18世纪90年代后期运用古典名称来称呼附庸的共和国,如巴塔维亚(Batavian)、赫尔维蒂(Helvetic)、奇萨尔皮尼(Cisalpine)、利古里亚(Ligurian)、罗马(Roman)、帕特诺珀(Parthenopean)。难道上述事例全是以历史为鼓舞,而非以历史为目的吗?的确,在上述事例中,我们不能说任一事件有恢复或返回至早期的事务状态的明显意图。事实上,在文艺复兴时期,曾有一位历史学家对上述意图特别提出警告。圭恰迪尼写道:"那些每走一步都要引述罗马人的人,那些期望拥有一个情况和罗马完全相同的城市,并模仿罗马的例子来行事的人,简直是错得离谱。"[1]因此,我们必须得出这样的结论:历史几乎不曾为行动提供清晰的意图或目的,即使有,也是凤毛麟角。

有所行动时历史的功用:(b)评估

采取行动之前,我们通常会检查时下的事务状态,或许会估算我们的成功的几率。评估

---

[1] See P. Burke(1974), p.225.

时况乃是任何考虑周全的行动的必要前提。我们必须自问：我们身在何方？是如何达到现在的境地的？该去往何处？有何样的元素关乎我们达到目的地的几率？

显然，对我们的往昔有所了解，对我们回答上述问题非常必要。可是这还不够，我们仍需对事务（政治、经济、社会等）的一般进程有所了解，如此方能形成一些可能即将到来的事件的概念。最后，我们必须考虑到我们要打交道的人群、团体、军队、国家等相似的历史情况。例如，倘若我们关切英国在欧洲事务中应该扮演的角色，我们需要参考的就不只是英国史，还应该参考其他欧洲国家的历史。倘若我们探究的是美国在世界上的作用，我们就应该考虑美国在 20 世纪的战争中的经验，及其为孤立主义、支持正义与自由、保卫美国的商业利益而斗争的传统。我们还必须考虑到美国的经济，包括它在昔日的发展、现有的形态，以及商人和经济学家对美国经济的共有预设。

上述各项毋庸细究。必须对工作对象的历史进行了解，这一点，几乎每一个有意撰述公共事务的人都心知肚明。不过，需要牢记三点。一是需有较为开阔的视野，比如说撰述美国经济发展，就必须对中东、中国及日本的历史有所了解。二是历史学家仍应对当代史有所学习，许多人对此心存排斥。诚然，若无十年以上事后认知，很难对世界事务提出中立的观点。在此，历史学家把不同方面（政治、经济、文化、语言等）的证据网罗在一起的能力，以及历史学家独到的在现时观察往昔，就往昔评论现时的能力，对当代史研究非常重要。如果历史学家拒绝这种工作，并不意味着没有人去做，然而却意味着是由一些能力较差的人去完成它。三是尼采提出的一个忠告。"因为既然我们是过去世代的结果，我们也就是他们的迷乱、情欲和错误乃至罪行的结果；完全摆脱这个链条，是不可能的事情。即使我们宣判那种迷乱，认为我们摆脱了它们，也没有抹杀我们是从它们起源的这一事实。"①

历史对行动的作用：(c) 手段

每当我们寻求达到目的的最佳手段时，参考历史仍然是显而易见的抉择。一部英国《习惯法》就是以援引先例为基础的。先例不仅在习惯法中扮演重要角色，同时也几乎是任何官僚政治的基本特征（有时难免过分重要）。之前在讨论传统时，我业已声明，仅是重复之前的行动，算不上利用历史。论述这点的合宜事例，可以举 1642 年史实说明。1642 年内战爆发前夕，英国议会领袖曾研议，若将王权与国王个人区别看待，该如何限制查理一世的权力。他们于是回顾中世纪史，找出历史上的同行曾有的作为，比如 1258 年亨利三世时的蒙特福特伯爵（Count Simon de Montfort）、14 世纪早期爱德华二世治下的诤议诸公（Lords Appellant），以及 1388 年理查二世时代的护法诸公（Lords Ordainers）。②

这些事例皆非宪政理论发展的结果，而实际上是为某一特定目的而寻求的手段。康拉

---

① Nietzsche(1957), p.21.
② See C. Russell(1990), p.159.

德·拉塞尔曾对此做过睿智的评论:"仅因国王不好相处,为使国王折翼,诸公乃效仿中世纪时期前辈,针对眼前目的,用手头现成资料建构理念。"① 另举一个当代事例,1990 年 8 月伊拉克入侵科威特之际,联合国安理会下令国际社会以经济制裁迫使伊拉克撤军。结果这个措施的可能效果引起了争议,讨论的要旨则是 20 世纪 30 年代对意大利,20 世纪 60、70 年代对罗得西亚(津巴布韦的旧称),20 世纪 80 年代对南非等,均曾施用类似制裁的成败如何。

历史对行动的作用:(d)驱策

就这方面而言,历史的主要作用就在于为行动提供鼓舞。尼采曾说:"对讲求行动且有实力进行一场伟大斗争的人来说,当他需要典范、教师及慰藉时,历史尤其有用,而这些作用无法得自同时代的人。"然而,非唯有英雄方有这种需求。对任何人而言,均可从有关"伟大事迹的实现及其得以实现的知识中获得帮助,以期再现丰功伟绩"。② 历史最早的功能之一,就是记录可以鼓舞后世的事迹。即使在成文历史著作出现之前的口述时代,这种功能就已存在。任何一位古希腊幼童皆学习大力神赫拉克勒斯(Hercules)、忒修斯(Theseus)、伊阿宋(Jason)、西米斯托克利斯(Themistocles)等人的英勇事迹,且从来不区分是出于神话、传奇抑或史实。乔叟的《坎特伯雷故事集》(Canterbury Tales)亦然,借书中法学之士,将阿基里斯(Achilles)、赫克托尔(Hector)、庞培(Pompey)、恺撒、参孙(Samson)、赫拉克勒斯、苏格拉底等同视为历史人物,而胡乱地堆砌在一起。③ 不像另外三类历史的运用(如目的、评估、手段等),以历史作为驱动力量时,并不要求十分精确。事实上,某一历史人物被敬仰为英雄,抑或把某一战役称为胜利(例如 1982 年福克兰群岛战争、1991 年海湾战争),就在这种过分单纯化、带有偏见及高度渲染的报道之下,很容易地激起了钦慕心、爱国心(抑或其他期望的情绪)。

作为鼓舞的典范

在此,我们应当注意到典范历史的一个特征。传统史书多半是从提供合宜事例(examples)或典范之中以使后世获益。古希腊历史学家希罗多德、修昔底德(Thucydides)、波利比乌斯(Polybius),以及罗马历史学家李维(Livy)、西塞罗(Cicero,严格地说不算历史学家,却擅长利用历史)、苏埃托尼乌斯、阿米亚努斯(Ammianus)等,莫不如是。即使近代初期欧洲人文主义历史学家代表人物如萨卢塔蒂、布鲁尼、盖冈(Robert Gaguin)、伊拉斯谟(Erasmus)、马基雅维利、圭恰迪尼、雷利(Ralegh)、博丹(Bodin)、培根(Bacon)等亦是如此。(如同西塞罗,上面列举的人物并非全是历史学家,但是他们都是援引往昔的典范。)至于所谓典

---

① See C. Russell(1990),p.160.
② Nietzsche(1957),p.12.
③ G. Chancer,*The Canterbury Tales*:*The Man of Law's Tale*,197-201. For the medieval failure to distinguish history and fiction, see Levine(1987),ch.1.

范史(exemplary history)，此处当注明其内在差异。笔者欲加以区分的乃是有些典范史意在鼓舞志气，有些则告知人们在特定形势下，当如何行事。前者的作用在于激励，以**刺激**人有所行动，后者则提供**手段**，藉由具体建议教人如何行事。

然而，很少有人进行这种有用的区分。由于它关乎何谓良史的问题，我们应当加以区分。只要有意将历史加以使用，审慎研究诸项事例就十分重要。所谓审慎研究乃是指细节上应尽量精确，而整体脉络上应持开阔且中立的观点。否则就容易列举错误教训，乃至让人运用不当策略。从另一方面而言，要想利用历史鼓舞人心，上述的审慎研究反而会使前景一片模糊。不仅资料详实的学术著述可能让一般读者产生困惑，有关某一英雄或胜利的精确记载，也可能因若干细节的揭露，造成其光辉减色。尼采有言(以非惯有的含蓄语调)："一旦往昔的作用只是作为模仿的典范，总会掺杂一些更改和修饰，乃至有近乎捏造之嫌。"①对有教养的19世纪的学者而言，即便是激进的偶像破坏者如尼采，对20世纪盛行的野蛮蒙昧，也根本无法接受。就在强迫性的崇拜领袖如列宁、斯大林、希特勒，以及程度稍逊的仿效者的统治之下，历史岂只是遭到修饰而已，根本就是完全的错置与扭曲，真相与尊严被一扫而尽。政治人物畏惧精确的历史记载可能暴露实情，将使最伟大的英雄和胜利失去鼓舞人心的作用。再次引尼采之言：

> (人)通过把过去拉到法庭前，严刑拷问，最后判决；但任何过去都是值得被判决的——因为人间的事物如今就是这样：在它们里面永远是人的力量和弱点起支配作用。②

凡是带有批判性且可信的史书，哪怕是记述最伟大的行动，仍然必定会将其中的错误、失败、弱点和罪行披露出来。不过，欲借历史鼓舞人心，以上所述就不应予以强调。

为尊者讳，可行吗？

恶行该不该一律省略？严肃地研究历史的好处之一，就是获知人类事务本来就是好坏交织无法分隔的。对于漠不关心的公众，原样展示往昔的英勇事迹与胜利，根本起不到鼓舞作用，它们顶多被当成一种出于诡计而虚有其表的恶劣模拟。若所提供的典范支持着某人的个人信念，就更是如此了。如同天主教徒不自觉地同情莫尔(Thomas More)、费舍尔(John Fisher)以及其他死于都铎(Tudor)王朝之手的天主教徒一样，新教徒很难忘怀女王玛丽一世时代惨烈的受害者，而福克斯(Foxe)所著《殉道史》(Book of Martyrs)将人们的记忆在数以百万计的英国家庭之中流传。特别爱国的美国人或英国人无法轻易接受华盛顿、邱吉尔的丰功伟业实乃渲染过盛之说。无数宪政派、自由派、共和派、民主派人士从伯里克利时代的雅

---

① Nietzsche(1957), p.15.
② Ibid., p.21.

典或罗马共和时代汲取鼓励与决心,却经常忽略、甚至忘记足使这些理想社会减色的残忍、腐败与奴役。如果你同情英国内战时的议会派,自然很难意识到那些"正大理由"其实经常是狭隘的,不宽容的,非法的。作为历史研究者,我们应当学习在荣耀伟大人士同时,却不致对他们的缺点视若无睹。也许正是这种人性上的缺陷,反而使他们的成就更加光辉。

分析滥用

眼下应当考虑何种情况下历史可能招致滥用。谈到这个主题时,历史学家顿感温馨,然而热情之余,却经常忽略辨别滥用的类型和原因。(若能确知不良风气的原因,自能容易避免不良风气。)因此列出滥用类型,或许能有所帮助。

我们是不是拥有太多的历史?

首先,我们应当弄清楚,是否有可能拥有太多的历史。由于历史只是二手的生活知识,因此人们是否应当在致力了解他人如何生活之前,先行亲身体验生活?笔者业已引述了尼采的历史用途之说,现在则听一听他的历史滥用说。在19世纪70年代尼采在世时的德国教育体制之下,学生必须

> 从关于教养的知识开始……而且这种关于教养的知识被当作历史知识灌输或强加给青年……他的头脑被一大堆概念所充满,这些概念是从对过去时代和民族的极为间接的知识取得的……他的欲望,即自己去经验某种东西……这样一种欲望被弄得晕眩了,仿佛是被灌醉了,这就是由于那生动的欺骗,就好像在短短几年里,就有可能把古老的时代,而且恰恰是那些最伟大的时代的最高而最值得注意的经验聚拢于自身之中似的。[1]

最终策略的决定者,可能是教育学家而非历史学家。然而值得一提的是,即便是二手的生活知识也并非全无价值。或许不曾有过爱情的人无法欣赏情诗,然而另一方面也不假,爱情经验可因情诗而更加深入、崇高。其他感情、经验、活动亦然。文字不单是生活的回音,也能帮助人们创造生活。

忘怀既往是否更好?

倘若一个国家对既往深为关切是否合宜?北爱尔兰经常遭受冲锋、游行、罪行、血腥和突发性谋杀暴力。政治与经济上的重担因宗教冲突而加剧。倘若能忘却克伦威尔和比利王(King Billy,指光荣革命时入主英国的奥兰治亲王威廉)以及此后的各个世纪,他们就有可能在21世纪拥有清晰、明朗的开端。就爱尔兰而言,人们可以辩称它拥有过多的历史。

---

[1] Nietzsche(1957),p.67.

英格兰难道不也是如此吗？1945年，英国终于从一场长期、痛苦且初期根本不敢指望会赢的战争中获得胜利。解脱的感觉无与伦比，而且可以理解。然而后果却不甚愉悦。由于英国未遭侵略或战败，从战争中浮现出来的生活方式因此也能免于批评。政府和人民，都志得意满的保持旧有的优越感、旧有的工业、旧有的阶级划分的社会形式。20世纪90年代英国的诸多问题就源自不能忘怀20世纪40年代的胜利。反观战败国（西德和日本），战后立即将不光彩的既往打入冷宫，重新开始，很快就取得了很大的成就，反而将英国远抛其后。在此重申，一个国家有可能拥有过多历史。①

理论的专横

其次，若将历史置于一种理论之下，不论该理论多精妙，也是滥用。伟大的德国哲学家黑格尔（1770—1831）就是这类典型。许多思想家曾努力使人类历史发展屈从于某种哲学理论之下，而数黑格尔为其中的翘楚。滥用历史之人，以他最称精明，故最能迷惑世人。

何以说黑格尔的哲学是滥用历史？第一个原因乃是他在讲到人类生命内在价值一节开头所说的话。他先将"没有历史"的民族（non-historical peoples）略去，然后从有历史的民族中挑出具有"世界历史性的个人"加以颂扬，认为他们生活的目的在于创造性的精神（creative Spirit）。② 应当服务于生活，而非让生活屈从其下，在这方面，理论应当更甚于知识。

诚如我们所见，生活构成历史（甲），然而若过渡到历史（乙），由过去的历史到记载的历史，我们能否将它化为某个理论的一部分？在这方面尤其需要谨慎。也有若干率直而不胡言乱语的经验主义历史学家（empirical historians，如埃尔顿在《历史学的实践》〔The Practice of History〕一书中所称的），他们只论实事而不与理论打交道。当然并非如此简单，在本书其他地方（第5章）可知，所谓史实（historical facts）只是历史学家公认的既存证据。至于如何诠释证据，历史学家的思路依据流行的各个路线运作，而某些路线对某位历史学家、某方面的历史学家、某世代的历史学家而言，可能是独特的。至于他用以表达结论的语言，如同所有人类语言一样，含有理论意味，那是因为语言本是人类社会构架成形之物。因此，常有人说，每一代人都应该重写历史。

即使我们的常用词汇含有理论意味，它并不是某种理论的产物。潜藏在我们思维与讲话方式之中的理念，多属于潜意识抑或不可言传的假设等，而非完全成熟的哲学理论。它们是各种七拼八凑的观念，有各种分歧的来源，其中有许多彼此不能协调一致。因此，当我们只能用我们的观念来了解世界的说法看似正确的同时，这些观念也是独立于理论覆盖之外的。欲将这些七拼八凑的观念化约成理论，必然不可避免地会把它们弄得贫瘠无力。同时，这也会为我们自由运用这些七拼八凑的观念（亦即我们现有的成套观念）带来限制。历史如

---

① 公平地说，应当留心普拉姆在《过去的死亡》（The Death of Past）一书中所言，扎实的历史知识就是这些错误的有效解药（见导论及15页以前）。不幸的是，公众与政治人物鲜能受过扎实的历史教育。

② Hegel(1956), pp.59-61, 29-32.

同日常生活,只要与我们的经验相符,我们便感觉可以自由的进行经验性的思考,而非理论性的思考。因此,可以得出这样的结论:大部分工作中的历史学家必然宣称他们对证据所揭示的真相保持忠诚,而非任何历史理论,不论这种理论如何具有说服力。马克思学派历史学家则不在此列。然而若处于压力之下,他们中的大多数也会说,他们只是利用马克思的理论作为探索方向(如阶级斗争)的指引,并且用来协助他们理解所寻获的证据,可是他们必定否认曾将寻获的资料扭曲以符合马克思的理论。人们仅需将希尔(Christopher Hill)、霍布斯鲍姆(Eric Hobsbawm)的著述与斯大林、勃列日涅夫统治下苏联历史学家的作品相比较,就可看出他们声称的正义。①

政治的专横

第三,历史绝不可屈从于政治。在此又得责怪黑格尔。他曾写道:"国家是存在于地球上的神圣观念。"②在一句令人难忘的话中,他接近于说任何存在的事物都是合理的:"世界的历史……就是世界的正义法庭。"③

历史与政治服务于不同的目的,政治关心社群内部的权力分配,历史探究往昔的真相,所以历史绝不可依附于政治。权力和真理之间并不融洽。黑格尔的宣言则是故意将二者混淆。然而,凡掌权者,素来认为真理站在自己这边。不仅是政客如此,教士、士兵、行政人员亦然。他们都能轻松说服自己,真理与权力之间存在若干必然的联系。(例如本党既然能在选举中获胜,必然就是对的一方。)这种观点当然不正确。真理究竟是在权力的一方抑或相反的一方,纯属偶然。在任一特殊场合,真理站在哪一方都需要经由公正的判断。而判断不能交付于掌权者,他们的抉择总是含有明显的利害关系。凡掌权者、追求权力者,抑或他们的友人所述说的历史,我们必须以高度怀疑心谨慎对待。

上述危险与其他危险一样,越是隐匿则越严重。权力不只驻于政府、教会、机构,也驻于民意。19世纪的英国人,对英国的各项成就以及各种必然的耀眼进步,普遍持有满足感。辉格(Whig)派历史著作(例如麦考利[Macaulay]的著作)就是彰显此说之作。这个世纪的稍后时期,英格兰因探险和帝国主义加强了与其他民族的接触。公众舆论中遂充满了种族主义味道,弗里曼(Freeman)、斯塔布斯(Stubbs)撰述的历史就有种族主义观点。④ 美国也因第二次世界大战打败了德国、日本,对抗极权主义捍卫自由世界之说在国内一时甚嚣尘上。美国历史学家亦跟随这个潮流。1952年特里林(Lionel Trilling)曾说:"知识界已将自身与权力相结合,并且达到了史无前例境界。"彼得·诺维克(Peter Novick)亦有评论说:"在第二次

---

① For more on Hegel and Marx, see ch. 10, below.
② Hegel(1956), p. 39.
③ It is even more impressive in the original: 'Die Weltgeschichte ist das Weltgericht' (*The Philosophy of Right*, para. 340) in Hegel(1967), p. 216.
④ See Christopher Parker(1990), pp. 43–45.

大战与冷战期间,除了物理学,很难想象有任何学术科目能如历史一般,是如此全心全力投注于这种(与权力)的结合。"结果则是"历史学家的能力发生很大转变,变成与弄权者相同"。①

若要论证在每个独裁政权如法西斯、纳粹等的统治之下,历史被权力所腐化,虽然容易但却乏味。更为重要的是要厘清在我们西方这样的开放社会之中,权力如何滥用历史,因为事实是在如此高度开放的社会中,我们竟然仍遭受蒙蔽步入腐化。只要民心为强烈的国家主义、种族主义、宗教偏见所虏获,就很难发现论调同于上述偏见的历史著作之中的偏失。笔者仅举一例,然而本例中的偏见确实由来已久。

在男性偏见中,女性为次等,而且无足轻重。结果,多少个世纪以来,历史学家总是忽略女性(也有少数例外,但多为如埃及艳后、俄国叶卡捷琳娜等统治者)。为弥补这一缺失,当代历史学家致力于妇女史。② 尽管已有若干成果,但总体上不如预期那么成功,原因相当简单,即欠缺足够的证据。直到最近,在历史的大部分时间中,妇女不曾居于掌权地位,而这却是多数历史记录的主题和历史关切的所在。由于这个原因,历史的这个偏失很难改善就不必多说了。

偏见危机

第四,即使最完备而精确的历史著作也有滥用历史的可能。譬如伦西曼(Steven Runciman)的三卷本《十字军东征史》(*History of the Crusades*,1965),基本上堪称良史。其中所展现的研究深度、广泛的运用各种资料、细节上严谨精确、角色描绘的生动、叙事的张力等,均属上乘。然而全书仍是以欧洲角度撰成,虽说不尽同情基督教徒,却是为前者设身处地着眼。笔者无法想象该书可以让阿拉伯回教徒产生共鸣。同样,人们亦可以编纂一部学术性的第三帝国(Third Reich)史,却仍然让读者产生反德国的共鸣。有关英国人在印度、英格兰人在爱尔兰、法国人在北非,抑或北美白种人与土著美洲人(印地安人)冲突的精确记载,均有可能流露出对当地人的厌恶与偏见。事关宗教裁判所(Inquisition)真实纪录的著作很难让天主教会感到亲切。幸运的是,今天有关各方人士(如德国人与波兰人、英国人与印度人等)关系不坏。是不是因为大部分人不曾阅读历史,抑或至少也是遗忘了他阅读过的东西?我怀疑有此可能。如果说这类作品就技术而言是完善的历史著作,那么差错出在哪里?总之,它们并非十分令人满意。一部历史著作,不论技术上如何正确无误,若是留下偏见,足使读者支持或反对某一团体或民族,应该吗?就另一方面而言,是否可以避免这种问题而又不违背真相呢?

---

① Novick(1988),p.301,304.
② See for example Perrot and Duby(1990).

劣 史

第五类,也是最后一类,凡是劣史皆属滥用。譬如说,只要在正确进行历史研究的准则上有缺陷,就是滥用历史,情况等同于假币就是滥用钱币。这不仅是欺骗作伪,按格雷欣货币法则(Gresham's Law of money)来说,当质量标准下降时,就会造成假币取代真币。而本书内容就是逐步厘清何为良史的进程。在此,我暂且先列出应当不计一切代价避免的三大罪状。第一,将历史依附于任何非历史的理论或意识形态之下,不论它是宗教的、经济的、哲学的、社会学的,还是政治的。第二,忽视广度(比如未能考虑到各个方面)以及不能公平地对待所有涉及的对象。第三,忽略或隐藏证据。最后一个乃是各种类型的政府都曾犯下的罪行。令人遗憾的是,即使是最为开明的社会,仍有若干历史学家对此视若无睹。诺维克在报道第二次世界大战后美国历史学家状况时说:"不经特殊渠道就无法接触(政府)资料。而此渠道的常客,乃是那些有特殊关系,且被认定为能小心处理相关资料的人士。"①只要设想,此处所言并非美国,而是极权国家,就能得出相似的结论。至于英国,情况更糟。许多人应该还记得,1985 至 1987 年间,英国政府曾试图禁止彼得·赖特(Peter Wright)的传世之作《捕谍人》(Spycatcher)出版,结果却未能如愿。

结 语

由于人类活动正是历史的主题,因此首先讨论人类行动涉及的事物应该合宜。以区别行动与行为为起点,并将行为乃是观察可得铭记在心,自有帮助。当事人的意图,亦即行动异于行为的标志,**无法**通过观察可得,而需另有参照,参照物可能就是我们熟悉的自身意图鼓动自身行动的方式。

上述考虑对历史学家来说至关重要,历史学家的知识多来源于同时代人对他人行为的了解与报道。不论同时代人还是历史学家均有曲解的可能,所以学习历史之人应当心怀警惕。

将行动分解为各个部分并加以分析,这样才能理解每一部分在历史中所扮演的角色,也可理解历史对各个部分的作用。在此借助 1989 年捷克革命事例加以说明。有关行动的背景和后果的讨论,可明了这个核心理念中这个方面的重要性。

本章以说明历史研究的若干用途与滥用结束。可以看出,凡将历史作为生活走向的替换品,或是生硬地将过去的邪恶加诸现世,或强迫历史为某一理论、政府或偏见服务,都会将历史推向坏的一端。最后则论及劣史(犹如假币)取代良史的错误情况。不论利用或错用,尤其后者,均能显示历史有经常的相互作用的两面性。正如历史事件塑造了历史记载,而此

---

① See Novick(1988), p. 305, n. 42.

记载(不论正、伪或扭曲)则又进一步为后续历史事件塑形。历史(甲)与历史(乙)间的相互作用永无止息。我们可在下一章看到上述诸事为我们了解一般生活所带来的影响。

延伸阅读

Ash 1990
Baron 1966
Berlin 1980, part 1
Burke, P. 1990; 1991
Collingwood 1961, pp. 63 – 71, 249 – 271
Febvre 1962
Gardiner 1974
Levine 1987, chapter 1
Maitland 1960a, pp. 23 – 32, 264 – 271
Mandelbaum 1977, chapter 1
Nietzsche 1957
Novick 1988, chapter 10
Olafson 1979
Parker, C. 1990, chapter 2
Plumb 1973
Skinner 1974
Thomas 1978
Trompf 1979
White, A. R. 1968 (for those with a taste for philosophy)
Winch 1958 (for those with a tast for philosophy)

第3章

作为观念的历史

论往昔
　　只因为已经发生,你便以为往昔就此终结且不可变更?非也,往昔只是披上五颜六色的丝绸罩袍,每一次看它,都有不同的色泽。

米兰·昆德拉

论现时
　　所谓浪漫,乃是一种真正地构想历史的能耐,化往昔为现时一部分的能力。

威廉·莫里斯

　　历史就是心智自身的生命,若非存活于历史过程中且又有此自觉,就算不上是心智。

柯林伍德

论未来
　　与其说宇宙是……一种伟大体系,不如说它是一大机遇。

约翰·雷恩·刘易斯

　　慈悲的眼神下,神所关切的,并非今朝你是什么,亦非你曾经是什么,而是你将来是什么。

《不知名的云彩》

上一章谈论的是行动，亦即是人之心智如何改变世界。本章所谈，乃是历史能如何协助人们认识并了解这个世界。

关于往昔的重要性、历史与近代社会，以及历史与社会科学的相关问题：

1. 人们何以如此关怀往昔？
2. 为何许多小说、影片总是涉足往昔而非时下？
3. 为何教师、政界人物、新闻业者执意向我们述说许多的往昔？
4. 为何有这么多人（通常还是离开学校之后）对历史着迷？
5. 对于了解人在未来应当如何行事，历史能给予何种帮助？
6. 真有理由去认识往昔吗？往昔已往，确实如此吗？
7. 历史的社会角色是什么？
8. 历史是不是社会科学中的一支？若还不是，未来应该是吗？
9. 历史知识真能让人以不同的眼光看世界吗？

本章的主题是作为观念的历史，可略分为三大部分：

1. 个人对历史的态度
2. 公众对历史的态度
3. 历史与社会科学

3.1 个人对历史的态度

历史感（historicity）

尼采曾说："请看一看在你身旁吃着草走过的牧群：它们不知道什么是昨天，什么是今天……"① 至于能分辨"昨天、今天"的我们，与它们相比是好还是坏，仍是一个有待讨论的主

---

① So Nietzsche begins his essay, 'The Use and Abuse of History' (1957), p. 5.

题。不论哲学家、牛群,抑或恐龙,全是时间的产物。

然而我们是否全是历史的产物?从某种意义上说,全是。不论我们是否知晓历史,历史均曾对我们起作用。若从另一种意义来说,则又不算全是。并非所有人能够意识到他身处历史之中,能知历史为何物之人,则又更少。上述的意识被称为"历史感"。① 有些作家运用该词,意指我们对时间历程的认识,这对于历史感虽属必需,但不够充分。

设想有这样的人群,从来不曾将事件加以记录,只知道昼夜更替、月亮的盈亏、季节的更迭。他们对时间当然有所感知,但却不知有历史。他们不会将事件确定为特殊时刻,因为它将永不会被重新提起。对于他们来说,曾经发生过的事将一次又一次发生,犹如旋转木马一样循环往复。这样的人群,不论出于想象抑或是真实存在,既无历史亦无历史感。

许多没有文字的部落,却有自身的记忆,长久而详实,不过仅限于重大事件。对我们来说,这种口述史似乎不够真实(许多事件相当不可能发生),同时也可能缺乏编年时序。即便如此,只要它们让人们相信往昔异于今朝(或者它们能在未来鼓舞人们做出更多的大事,这些大事将以同样的方式被记录下来),则这类人既有历史(因为他们自觉生活在历史之中),也有历史感。**因此,历史感实将历史的两种意义联系在一起,既代表记载之历史,亦代表事件之历史。**

上述两重意义经常交织在一起。假设我们根本没有记忆,对往昔毫无察觉,那么我们就像尼采笔下的牛群。事件之历史将继续运转,唯有对它有所认识,始有历史可言。所幸我们不像牛群,不仅能回忆事件,有时还能加以记录。并且,我们在采取行动时,对往昔的记忆和观念还会加以利用,我们将对未来的希望与计划寄足于其上。因此不论是何时,记载之历史都构成事件之历史的一部分,尤其当我们刻意立足往昔以塑造现世时(比如1848年、1871年巴黎发生的革命就出自法国大革命的指引),更为明显,然而并非仅限于此种情况。

个人对历史的态度

乔治·艾略特(George Eliot)曾说:"我们感情中的秘密并非仅针对对象而发,而是依赖它与我们自身往昔间的微妙关系。"②我们受往昔牵扯的,主要不在于观点、记忆,而是在于感情。正是这些感情,能使我们对自身往昔的记忆,以及对历史的观点,得以鲜明化,譬如我们的结婚纪念日、巴士底狱、柏林墙等。一封旧时信件、一张老照片,就能激发记忆的洪流。也正是个人的记忆,首先给予我们有关往昔的意识。更因家族中的老成员,上述记忆随之延伸。康拉德·罗素(Conrad Russell)是在世的杰出历史学家,他是哲学家伯特兰·罗素(Bertrand Russell)之子。而伯特兰·罗素清楚记得他的祖父约翰·罗素爵士(Lord John Russell)所描述的后者曾往厄尔巴岛(Elba)造访拿破仑之事。因此,只是上溯两代,今日该家族的回

---

① For discussion of this term, see Eagleton(1983), pp. 64–66; Olafson(1979), p. 93ff; Collingwood(1961), p. 227.
② *Adam Bede*, ch. 18, p. 191(Zodiac edn. 1952).

忆就可追忆近两百年之事。①

依三种方式寻求历史

人们如何树立他们脑中的历史景象？第一种方法就是笔者曾示意的经由记忆，先是自身的，然后是父亲及祖父的记忆。这种回忆也许是纯朴的、限制性的、不可信的和选择性的，但它实具有鲜活性和本真性："我在当场！"可是它们却很难构成历史知识。不过它们确实促使人认识到曾有所谓的往昔存在，而且当时的世界还异于今日。

个人记忆常常不确凿，多少有时间及空间上的限制。至于教育，则需要有关往昔的较正式、经过组织且更加广泛的知识。学校中教的历史，虽缺乏个人记忆的鲜活性、本真性，然而它却拥有（应该拥有）较清晰的解释，同时也较连贯、可靠。可是却经常枯燥无味，一旦离开校园，即多遭遗忘。仅剩少数人会在高等教育中探究历史。

可自往昔中获取印象的第三种方式，则更加缺少系统性。出于各种来源的资讯，如雪花般飘进我们的生活，包括历史学家的著述（尤其有关战争及时下历史的著述）；小说、电影、收音机、电视等多种媒体承载的历史故事（historical fiction）；导览指南、展示品目录、剧院节目表、多元媒体下的新闻；政治人物、传教士、时论家等的言论；还有许多往昔的无声的见证者——教堂、堡垒、绘画、雕像、罗马古道、磨坊、运河、蒸汽引擎、甚至寻常人家日用物如顶针、桌子等。（这些都是富裕国度的流行物品，一位新英格兰小镇的交易商告诉笔者，只要年份超过三十年，不论是何样廉价、微不足道的物件，他都能售出。）从上面列出的事物中，我们会找出令我们感兴趣之物，并可能进一步深入探索。

假如说，第一种方式觅获的知识有赖于真凭实据的经验，第二种方式有赖于正规教育下的智力发展，第三种方式则有赖于下列情怀，包括爱国心（如邦克山〔Bunker Hill〕美国独立战争一役）、厌恶感（如奥斯威辛集中营）、惊叹心（如希腊帕特农神庙，印度泰姬陵）、同情心（如苏格兰玛丽女王）、哀愁心（如美国内战古战场）、景仰心（如甘地）。至于人工制品（如军帽或老式枪械）人们对于战役、空袭、示威、庆典等的记忆，都能激起人们的好奇心。而这类热忱所激起人们的历史胃口，实非正规教育所能。

延续感

当然，这种胃口的成因中有超出好奇心与景仰心的成分。历史知识带来的历史感，就在于在这种历史情怀下，我们遂成为某种关系中的一部分，早在我们出生之前，这种关系就已存在，且在我们死亡之后，仍能长久存在。就因这延续感，化为人心深处对时间和死亡的抗议，并且同时肯定了共同的人性。不幸的是，它经常遭到滥用与利用，乃至于被种族、国家、宗教等方面的偏见所否定。

---

① B. Russell(1978)，p.14.

谱系学(Genealogy)的研究方法,是许多喜好追溯祖先的人士的嗜好,因此成就了许多社团、期刊,以及支薪的全职研究人员。亚历克斯·哈里(Alex Haley)所著的《根》(*Roots*,包括书籍与影片),就是试图为一个民族进行上述研究的大胆尝试。在北美与欧洲,地方历史社团数量不断增加,于是历史好奇心随树立社会认同之心而水涨船高。这又赋予个体生命更多意义。

然而,不论家族史还是地方史,人们的想象绝不同于国家民族史。这并非是范围大小的问题。以个人为例,笔者为斯坦福家族的一员,布里斯托尔(Bristol)人,英国人。显然,与前二者相比,英格兰乃是荣耀感的更大的源头,拥有较多令人引以为荣的事迹(虽然令人惭愧之事也更多)。可是更相关的事实则是身为英格兰人的一员,远比作为布里斯托尔或斯坦福家族一员有趣。笔者能想到的原因至少有一个,那就是直到目前,英格兰有一个多少自成体系的历史单元,至于笔者所属的家族和城市,就没有这种可能。**所谓历史单元乃指它本身内部包含一系列可以清晰说明的事件**。当然,这种说法,并未排除英格兰乃是不列颠一部分、欧洲的一员、大英帝国的一成员国、世界共同体的一分子之事实。即便如此,自成单元之说仍然属实,无数书籍均可提供佐证,大部分英格兰史,仅需少许参照境外事迹,就能明白述说。所关注的行动的起因和结果主要在其自身即可找到,也就是说故事的情节有它的单元性。不论笔者所属的城市还是家族,均无法达到这种自足境地。因此,只要通过新闻(当代史),笔者就能从国家大事上找到延续的叙事和连贯的情节,而地方或家族事务,则难与之比拟。其他地方的人亦有同感。能让我们感觉自己是正在上演的戏中的一个角色,根植于国民的身份,而非地方或家族成员的身份。① 当然笔者无意表示国民身份应比其他身份更伟大。笔者只是观察到,时人大多如此设想。至于为何如此,实有一个重大因素,那就是历史学家(多半循国家范畴著述)促使人们习惯这种历史连续剧。这也正是"历史感"的主要意义,人既是该戏剧的演出者,也是看戏者。

由此,我们由个体转向公众对历史的态度。

3.2 公众对历史的态度

诚挚的方式

个体态度与公众态度之间,存有一个极其重大的差异。个体对历史的态度来自个人的经验和记忆,来自上述经验鼓舞而兴起的特殊个人爱好,并因个人感情而强化。公众对历史的态度,却并非出自个人好恶,而是出自其他人设想之下个人应有的信念。因此,公众态度

---

① 将近代观念和科技运用于历史撰述,则以沙克斯(David Harris Sacks)就大西洋背景研究布里斯托尔市发展一书,尤其有惊人的表现。见Sacks(1991)。

是政治人物、政治评论家、教育家强加于公众的。或许他们是出于最好的动机,然而其间的区别正好像享受自己摘下来的桃子,与只因为对身体有益而吃掉盘中的蔬菜。这些所谓的为公众谋利益者(public benefactor),谋求借助我们对往昔的认识,增加我们的历史感。而问题就在于他们以为他们所知道的就是最好的,不论他们是否真的掌握更丰富的历史知识(其实通常不足)。可是,对我们应以何种态度来面对历史,他们却自认见识比我们高超。笔者的忠告则是不必理会这些政治人物、政论家,或专业教育家,因为他们的心意,不过是想将模式加诸你我对历史的态度之上。基于这种认识,唯一值得信任的是注意力集中在历史而非今朝之人,对应当如何写历史,他们并无个人目的,只一味在开放心态之下寻求真相,无论这种研究将会导向何处,无论研究成果将会颠覆何种信念。万不可仅为了强化自己的爱国心,抑或为强化自己的信念,为成为更坚定的社会主义者、保守主义者、天主教徒、新教徒、穆斯林、犹太人等,而去研究历史。也无需为了更睿智、更宽容而去研究历史,虽然其结果可能如此。我们要只为求得真相而去研究历史。倘若达不到这个层次,就是对历史女神克利奥(Clio, the Muse of History)的玷污。

社群的历史感

公众对历史的态度又如何能为我们带来益处?诚如笔者之前所说,可能因为我们都是同一出共同的国家戏剧的参演者的缘故。然而这种情况又是如何来的呢?首先,我们每个人都对我们的往昔有所记忆,此记忆无意中使我们对自身有所认识。这些记忆,是我们与家族或朋友共同拥有的。我们曾一起做过一些事,比如参加婚礼、欢度圣诞节、参与节庆等。因为曾在一起,稍后我们会互相提醒:"你还记得当时吧……"而我们乐在其中。这绝不只是好玩,它可促进我们每一个人对自身及家庭的认识。

除此之外,还有关乎我们社群的正式历史教育,这个社群可能是地方性的、宗教性的或政治性的,然而通常是国家性的。许多社群都曾授权一些人,为整体作决定——典型范例就是由政府决策而将全国带向战争。这类决策可能牵涉一个社群中的大多数人,甚至是全体。稍后,这类事迹并非以非个人的状态(比如"美国对外宣战"),而是作为我们的行动("我们参战")出现在人们记忆之中。诚如我们所见,一个人对自身的认识,往往来自他自身述说的自身故事。[①] 同样,任何一个家族、一个俱乐部、一所学校、一群人,都是透过他们对同一社群所共享的故事树立社群认同感。国家认同亦然。不仅是官方历史,神话、传奇、各种民间故事等亦是如此。凡是英国人(抑或西班牙人、日本人)都能述说我们在过去看到和经历的故事。因此我们自身的身份乃能与较大群体的身份相连,并且随之扩大。我们自身所处的时代,包括我们的过去、现时与未来,乃与社群或国家所处时代相同,也就是与我们这个社群的历史,以及对此社群的历史感(the sense of history〔historicity〕)相同。

---

① See Dennett(1991), pp.410-418.

邪恶的操纵(Sinister manipulation)

借由历史感的混同促成身份感的混同,得以显示,对任何社群,历史皆非常重要,也足以解释许多历史的用途及滥用。就是这个原因,促使笔者在本节开头提出警告。虽是老生常谈,却也确凿无误,谁能掌控公众历史,谁就能长此以往控制民心。直至今日,北爱尔兰地区大部分天主教与新教孩童,仍然在不同学校就读。不论左派、右派,只要是极权政府,在确定公众只能接触为该政府说好话的历史一事上,都做得过火。比如说托洛茨基,俄国革命时地位仅次于列宁,日后却遭到刻意抹除,不仅是史书,就连百科全书、照片,皆不容他出现。犯下此等罪行的,不只是极权政府。其他政治性或宗教性的政权,鲜有能抗拒捏塑人们历史态度的诱惑的。① 揭露上述意图,就是历史学家的义务。

正因公众态度至关紧要,以致政治人物、教会人士无不试图一手操控它们。不幸的是,历史又偏偏是如此容易遭人公然滥用的主题。历史对社会竟然如此重要,原因何**在**?

为世变过程编纂情节

先将历史(甲)自历史(乙)剥离。倘若我们诘问历史(甲)在社会中所扮演的角色,答案非常明显,现世多由往昔塑造而成,今日多为昨日之果。至于历史(乙)较为明显的功能,就是促使我们体会上述情况。能知现世也**是**由往昔塑造而成固然有益,若能确知往昔**如何**为现世塑形则更为有益,然而最重要的,乃是能知现世中有哪些**并非**由往昔塑形而来,仍然是人们可以选择的领域。虽非采用决定论者(determinist)的方法,我们仍应记得在某一时期必曾依循某种行动之道(将人力、物力投注其上),而其他抉择就随之抛弃。倘若突然间我们发现石油耗尽,欲返回马匹及蒸汽为动力的运输系统,绝非易事,而这种系统在一个世纪以前却能运作得宜。简单地说,在变化迅速的世界中,我们需要利用历史为我们编纂这些变迁的情节。

找寻替代品

编纂变迁情节还有其他好处。其中之一就是促使人们熟悉变迁这个观念,并教导人们期待变迁。

至于另一个好处,则可向人们昭示多种其他处理事务的方式,以能使人们得以健康地批判当前人们采用的方式。并且,对往昔多加留心,我们或许能碰上"遗落途中的珍宝",比如艺术作品、旧食谱、诗词、歌曲、故事,以及(较为隐匿的)遭人遗忘的价值观。关于最后一个,笔者可试举两个范例。第一个出自中世纪的戈特弗里德·冯·斯特拉斯堡(Gottfried von

---

① See remarks above on heritage history in the Introduction p. 9. Also p. 37 above and below in ch. 6, p. 144, for govermental manipulation.

Strassburg)的《特里斯坦》(Tristan)一诗(约写于 1200 年后不久)的开场白。诗句中曾标识特里斯坦之父的为人:"对那些他有责任赐予幸福的人们来说,这位主公在世之日就犹如颁赐欢愉的阳光。"① 倘若能体会,对环绕在我们身边的人们——家庭、朋友、同事,尤其是依赖我们生活的人,我们实有义务带给他们幸福,如果可能,还应该成为为他们颁赐欢愉的阳光,如此岂不甚好? 第二个范例则出自 15 世纪佛罗伦萨的公民人文主义。它源自亚里士多德,续存于 17 世纪的英格兰,18 世纪的美国,曾几何时,政治人物均不复见这种思绪。简单地说,共和的优越性就在于:对于公共事业,人均有分;所有人都可参与政府。倘若任何群体失势并处于另一群体的权势之下,则输家有三(绝非一个):一当然是输家,即受害者;二为凌驾于人者;三则是共和整体。"失去应有权威,抑或过分操控权威,皆有损美德……唯有所有公民皆得自主,且相互平等,而又能随时参与对普遍利益之追求,共和始能固存。"② 稍加留心,人们就不难发现,时下许多政权形势正与上述的社会观点相反。

自历史中学习?

可否从历史之中学到任何具体教训? 黑格尔曾说,唯一能从历史中学到的,就是人不曾从历史中学到任何东西。③ 依笔者所见,凡能从历史中学到的具体教训,多半亦可得自常识。比如说,"不可向强敌挑衅","凡在预期中还会再打交道的人,不可对之失信"。类似的教训可以得自历史,但无需必在历史中寻求,就在你的四周,俯拾即得。能自历史中吸取教训的幻想,通常来自史书本身。只因先将教训植入历史,我们自然能从中找出教训。

长久以来,历史撰写多依循典型做法(亦即在事例中加入哲学教导)。堪称不幸的,乃是不论所举事例如何,都有某处历史可以制造出反例。然而一旦遇上相似历史事件,人们顿时忘却上述说法。公元前 5 世纪,修昔底德声称意图说明"何以发生在往昔的事件(人间事),终必在某一时刻循相同的方式,在未来重现"。④ 他的说法是正确的,凡是读过他在其著述第三卷中所记载的发生在科西拉岛(Corcyra)的革命的人,必能体会这段描述简直就是对许多近代革命的描述。另举一例,美国内战前夕的形势实与 1991 年苏联形势十分相似,1860 年 12 月,即将卸任的总统布坎南(James Buchanan)曾提出警告,倘若继任者得以合法化,联邦将像沙绳,33 个州必然自行分裂为数个小型、不和谐、甚至互相敌视的共和国。⑤ 除去具体数字,其余的话几乎完全可用之于一百三十年后的苏联。作出这种类比实有无限的诱惑,对历史学家而言,有趣而无害。在位的政治人物则应抗拒此事,已有太多的情况证明运用历史教训的失当。(这本身算不算历史教训?)

---

① Von Strassburg(1960),p. 45.
② See 'Civic Humanism and Its Role in Anglo-American Thought', in Pocock(1972),p. 87. The idea is fully developed in Pocock(1975).
③ Hegel(1956),p. 6.
④ See *History of the Peloponnesian War*(1954),I,22(p. 24).
⑤ See McPherson(1990),p. 246.

历史不应成为某种号召的工具

我们前面谈过,共同的历史给予人们共同的身份感,这能极大地丰富人们生活的意义。然而历史的这个特殊功能是否值得推荐?承认某种共同身份,就意味你所在那群人,与别群的人有所不同。自此开始,仅需一小步,就足以让你所在的那一群人(相熟悉的)产生优越感,就如同发生在古希腊人与蛮族(barbarian,凡不说希腊语者,所说的就是吧啦、吧啦〔Bar-bar〕)之间的那样。简单地说,由于经济、交通、新式武器、环境危机等,如今人世间更加合为一体,已不容许排他性的存在。历史撰写通常是刻意营造或美化所谓的民族性,比如法国有米什莱(Michelet)、捷克有巴拉茨基(Palacky)、美国有班克罗夫特(Bancroft)。然而今天人们不需要此类历史。

历史的另一个社会角色,是促进人民与政府间的和谐。当然,以激烈批判撰史,亦有可能,比如英国的泰勒、希尔、霍布斯鲍姆、美国的威廉姆斯(William A. Williams)、吉诺维斯(Eugene Genovese)、霍华德·津恩(Howard Zinn)等。然而就整体而言,历史撰写的取向,若非保守,也必是因袭传统。若使我们能相信,昔日的争端中,我们总是站在正义的一边,抑或就整体而言,事情的结果都如预期的一样美好,总是令人欣慰的。① 因此,历史的这个特殊角色依然不值得被赞赏。历史既不应偏向当权者,也不应偏向反对派;历史只应用来批判,而且还须不偏不倚。笔者必须指出的是,正义并非永远都能获胜,历史多出于胜利者之手,遭排斥的行事方式有可能更好,并且"我方"有时是错误的一方。历史绝不应该成为任何号召的仆人。②

我们应当铭记于心,就最严肃的一面来说,历史还有一个社会角色,就是它乃是一个知识体,如同动物学、工程学、医药学、人类学或核物理学。所有类似的专业,都在寻求真相,只是方法不同。虽然未曾有一个在自己领域的可能知识上走到尽头,任何智识学科一旦获得最新发展,那些对这个学科有兴趣或关心这个学科的人,都应该接触并认识它。历史犹如动物学等,都是构成社会智识资源的一部分。

教育与历史

最后,历史所扮演的角色,即它的一个重要的社会功能——教育,居于何等地位?有一个或两个问题与此相关。人们要能欣赏历史,就必须先有对人间世事的经验。当然,孩童缺乏这种经验,依据一般观察,凡是能自成人生活发现历史令人着迷的人,必然会觉得课堂上的历史是无趣的。解决之道之一是,谨记人人都爱听好故事;以叙事形式教育任何年龄层次的人,都可能令他们对历史感兴趣。另一个问题是,历史犹如各种美好事物,倘若能像许多

---

① See the chapter on late nineteenth-century American historians, entitled 'Consensus and Legitimation' in Novick(1988), pp. 61–85.

② See also ch. 2, p. 37 above.

人日后所为,自己去搜寻历史,则更能引人入胜。好在学童非常活泼,即使教学课题**出自课程标准**,他们仍然可能从中找到乐子。

至于历史为什么应该有课程标准,理由数量足以成军。范围从华而不实的民族主义者的呼吁,说每个孩童都应该知道同胞们的伟大事迹(鼓号式历史[drum-and-trumpet history]),到教学专业者的呼吁——孩童应当熟悉历史学家的独特方法论。教育有两个层面,个人层面与社会层面。独自研究历史(在个人对历史的态度一节已经讨论过)就是个人层面的一部分。至于政府所坚持必须列入学校教育的若干课程,则是历史教育的公众层面。但是家长盼望什么呢?家长盼望孩子获得个人成长所需的若干资讯与技艺。但是他们也期盼他们的孩子成长为更广大的社区的一分子,并分享这个社区的历史知识。这又为移民带来了特殊的困扰。他们期望子女能享受新家园的公共教育,同时又期盼子女能传承自家的社会、道德及宗教传统。因此,课程标准给许多国家带来了难题,并引起热烈甚至痛苦的争论。

先将混合社区的难题放在一边,公共历史教育中还有其他难题。地方或国立教育机构,两者皆为吹笛人的出资者,曲调乃由他们指定。一个社区对未来公民所投资的历史教育,期盼什么样的成果?且将家庭与个人的一切考虑因素排除,仅就**公众利益**而论,一个孩子该知道些什么?答案可用一定的事实、一定的能力,和一定的态度来回答。

孩子该知道些什么?

传统历史教育塞入儿童记忆的东西,就是被视为国家历史主干的基本事实,通常只是统治者、英雄人物,以及战役的名单。① 这些事物是否能代表国家历史?就如最近一位政治人物的辩辞,其中说让每一个英国儿童了解1888年火柴厂女工的罢工,而不是了解1815年的滑铁卢战役,难道不是更重要吗?他无需忧虑。除非历史史实能被置于更加广阔而深入的背景之中,否则就会变得无意义,不久就会遭人遗忘。一旦有良知的教师试图提供这样的背景,他们就会遇到两个难题。首先,背景对时间及其他资源的需求非常大。若不能完整说明,便会有所遗漏,尤其是那些孩子期望能知悉的出自其他事实的东西,抑或是以牺牲掉趣味和理解为代价而受到很大的局限。第二个难题是,重要事件出现在政治、行政、司法、经济、宗教、社会、文化等背景之中,若将历史过程详尽编织成一整张地毯,并要求孩童有所了解,以孩童智力发展而言,此等要求为时尚早。因此孩童能长期记忆的历史事件数量,以及他们对这些历史事件的领悟程度,都是有限的。②

不过,第二种方式被证明更有实效。因为试图就事件出现的背景加以认识,也就是知"如何"与"因何",儿童能学到的必多于赤裸裸的事件。他们学到有关人世间的若干事务,比如说权力、财富、地位、传统,以及各机构(法庭、议会、军队)的功能运作。因此,历史乃能

---

① Cf. Sellar and Yeatman(1931).

② Sellar and Yeatman's classic work admirably illustrates this.

被描述为替代性经验的教育。学生可对其他生活模式、其他思维方式和其他解决问题的方式有所了解,这样就能面对虽不熟悉但仍属人间世的状况、感情及行为,并逐渐熟悉陌生而又奇妙的人物,远甚于各种小说中的角色,比如说汉尼拔(Hannibal)、神圣罗马皇帝腓特烈二世(Frederick Ⅱ,有"世界奇迹"之称〔Stupor Mundi〕)、叶卡捷琳娜大帝(Catherine the Great),以及富兰克林(Benjamin Franklin)等。

上述知识皆可来自历史教育。然而不幸的是,它多具有偶然性,而且未加组织。倘若要将它运用于特殊背景之外,还得经过概念化。目前并无任何理由不在学术领域建立人类情绪、军事、财富创造及流通等专业。事实上,已有这样的建树。然而此等专业多被视为社会科学的一部分,而不属于历史。另一方面,未曾有人提议,学校中读史的学生应该先对心理学、政府学、经济学、军事组织等方面的大量教科书有所学习之后,才能接近一段历史。即便历史学家,亦非如此工作。

因此,针对年龄较小的学童,最有效的历史教学方法就是鼓励他们为自己研习历史找出一套简易的方法。有关教学方法,相关巧妙构思不在少数,且业已整理成所谓的"历史技巧(historical skills)"。其中所涉及的,包括允许学童处理或检查博物馆中一些展览品、提供复制的历史文献供学童端详、鼓励学童自行演出历史事件、就一连贯的历史记载让学童进行整理和合并等。如此,儿童的想象力被激发、领悟能力也随之加深,技巧亦有所获。然而,若以时间、精力、资源需求较小的方式进行,是否能获得同样的成效呢?究竟需学得多少知识和方法,才能应用到其他事务上呢?假如未来他们从事历史研究的工作,上述种种便有实用。然而儿童教育的功能并不是要他们成为历史学家,而是(基于民众的观点)要他们成为有用而负责的公民。倘若从学习历史而获得的东西可运用到其他方面,比如管理、政治、文艺表达,上述种种方法就是正确的。然而按照这类方法获得的技艺,需达到何等程度,**方能**运用到其他活动上,迄今仍不明朗。我们较有信心的,乃是一旦能激起小学生的兴致与热情,必能在稍后,甚至长久以后开花结果。

上述方法难以在中学施行,这个阶段的课程主要针对考试需求。在此,我们面临的问题有两个。一是考试这个事实是否会扼杀许多学童追求历史的热忱?二是答案上强调"对"、"错"的考试方式是否有违历史本质?总而言之,施以有关人性的替代性经验的教育确实有好处,一旦日后需要了解人类,它总会有些价值。

历史无定律

以教育宗旨而言,历史在此有所不足,它没有成套的定律、公式。譬如化学,教学主要目的就在于传授这门科学的定律、理论和假说等,以期使学子能在这方面获得一定的知识与领悟。知道如何操作试管、喷灯、如何分辨一些化学元素,当然有益。若能在实验过程中了解各元素的若干特质,则更加有用。然而,这门科学的主要宗旨,仍是理论方面,历史则大为不同。若以事实性知识来说,化学亦可与之比拟,比如说装入试管予以加热的物质今晨业已汽化,即是如此;以普通知识而言,在化学中可见到的,例如氯化钠可溶于水;若以技艺而言,例如吸管的使用方法。这种实质方面的成效,可见于科学教育,亦可见于历史教育,唯后者不具理论方面的优势。

历史与化学的比较,提醒我们以理论为基础的科学的魅力所在。一旦某人掌握了某个定律或原理,就如同掌握了不可计数的情况,足以使人有一种权力感,而又能节省精力。并且,当人们发现事实可由更基础、更根本的的定律来解释时,比如说可由化合价、分子结构、原子等予以解释时,总是兴奋不已。特定现象的出现,必出于深层的普遍规律,这种认知常能满足智力需求。笔者犹记得二十余岁时读汤因比(Toynbee)大作《历史研究》时的兴奋之情。广泛了解历史信息,并把21种文明加以简单的概念化是非常令人陶醉的。笔者感觉,如今历史总算讲得通了。后来,笔者读了汤因比的许多批评著作并扩大了自己的知识面,终于发现,纵然聪明如是,汤因比仍然无法为历史找出普遍定律。这样的经验仍然有个好处值得一提,那就是懂得了马克思主义何以能为许多人带来智力上如此高昂的兴奋。有些人因其对政治、社会受害者的深切同情而为之感动,另一些人则为其中描绘的未来美景心动,总之,一个精巧的理论必然带有智性的魅力。吊诡的是这种诱惑在历史学中特别强烈,历史是一个宽泛而又令人迷惑的主题,一方面呼唤理论来加以整理,一方面却又顽固地抵制任何理论。

历史具有理性吗?

曾有两位伟大的德国哲学家试图克服上述困境,他们的决心实可理解。1784年,康德在其著作《世界公民观点之下的普遍历史观念》(*Idea for a Universal History with a Cosmopolitan Purpose*)中说:

> 对于哲学家来说,既然他对于人类及其表演的整体,根本就不能假设有任何有理性的**自己的目标**,那么他就应该探讨他是否能在人类事务的这一悖谬的进程之中发现有某种**自然的目标**:根据这种自然的目标被创造出来的人虽则其行程并没有自己的计划,但却可能有一部服从某种确定的自然计划的历史。这就要看,我们是否可以成功地找出一条这样一部历史的线索,而留待大自然本身去产生出一位有条件依据它来撰写这部历史的人物。①

康德后一代人中,确实有人具有上述禀赋——黑格尔,他可能就是摆平历史难题的最伟大的哲学家。(人们禁不住会想,倘若黑格尔失败了,其他人就无缘成功,而黑格尔确实失败了。)在《历史哲学》(1831)导论中,黑格尔写道:"哲学用以观察历史的唯一的'思想'便是**理**

---

① See Reiss(1977),p.42.

性这个简单的概念;'理性'是世界的主宰,世界历史因此是一种合理的过程。"① 这种对理性在历史中的作用所怀的信心,与吉本为历史所作的著名注解,大有不同。吉本说:"历史……不过是人类罪行、蠢事与不幸的记录。"②

吉本对人类经验过分悲观的同时,也在历史的不可捉摸性上,较黑格尔更为接近真相。当然,倘若黑格尔之断言无误,呈现在我们面前的世界历史,就是理性的历程。然而,这样的历程却未曾出现在我们眼前。可以这么说,即使有任何理性的历程(即各种历史理论的主题)的踪迹,那也是哲学家植入历史之中的。历史学家纵声大笑说:"当然是他们动的手脚!"且慢!面对这种责难时,历史学家真的是完全无辜吗?更确切地说,难道历史学家不曾将未出现在历史(甲)的事物置入历史(乙)之中吗?

我们所寻获的是否就是我们所置入的?

这个问题提醒我们,教导历史最有成效的方式,乃是促使人们了解历史事件出现的深入而广阔的背景。总之,在提供解释时,教师太容易去推论(若是武断明示,情况更坏)某些概论——比如这样论证,所有官僚体制都会越来越因循守旧。难道这不也是把非内在的模式强加于事件之上吗?事实上,一位历史学家的解释模式和另一位不同,若从历史当事人(agent)角度来看这些模式,必会令人有所踌躇。然而,倘若我们自绝于任何类型的概论,则我们又如何能在学生或公众面前履行我们的责任?倘若我们允许存在若干概论,则可行者与不可行者,又有何不同?倘若不加区别,我们又是否应该允许自身投身于思辨式历史哲学(speculative philosophy of history)?③

上述问题皆因将历史作为教育而来,并且导引我们进入下一节:历史与社会科学。

3.3 历史与社会科学

历史与社会学

有一回午餐时,笔者曾问邻座是干什么的。他是社会学家,笔者是历史学家。笔者就以讥讽之语伺候说:"哟!原来你就是那一票想要取代我们的人。"他立即反击说:"太迟了!我们已经取代你们了。"然而两个专业都还不能吞没对方,竞争仍然持续。或许,如今已完全不是布罗代尔曾描述的"聋子间的对话"的时代。

以前,各学科可由其处理的事物加以区分。历史学家考察的是少数伟人的行动,如国王、高官、教宗、将领等,而社会学家主要关切群体性的社会,除非是以"人民"、"平民"或"暴

---

① See Hegel(1956), p.9.
② Gibbon(1910), vol. I, p.77.
③ For these, see chs 9 and 10 below.

民"的称谓,少有群众在历史书中出现。然而20世纪以来,历史学家开始探索各个群体,如清教徒、贵族、海员、女性劳工、移民等等。因此,已无法以主题区分历史和社会学。

另一个区别则来自二者各自对"时间"的态度。就树立适用于所有时期、所有地域的定律(至少也是理论)而言,有人认为社会科学足以赶上自然科学,其定律犹如万有引力定律一般。这一点对历史来说显然不合适,历史记录非常重视事件所属的日期,相当重视时序的编排。布罗代尔曾说:"社会科学对事件的反应几乎是……一种恐惧感。"①启蒙时代的学者大多坚称可以为人性找到永恒的通则。在一部哲学经典——《人类理解研究》(*An Enquiry Concerning Human Understanding*)中,休谟(David Hume)曾如是说:

> 人们普遍承认,在各国各代人类的行动都有很大的一律性……你想知道希腊人和罗马人的感情、心向和日常生活吗?你好好研究法国人和英国人的性情和行为好了……人类在一切时间和地方都是十分相仿的,所以历史在这个特殊的方面并不能告诉我们以什么新奇的事情。②

对我们而言,这种看法实在令人难以置信,然而它却一度成为社会科学的基本假设。确实,有些公认的社会学奠基人,如孟德斯鸠(Montesquieu,1689—1755)、弗格森(Adam Ferguson,1723—1816)、米拉(John Millar,1735—1801),同时亦可视为分析(analytical)或哲学(philosophical)历史学家。③ 19世纪是历史研究大有进展的世纪(态度上欲与休谟一致,实质上是不可能的),社会学家有相当多的材料取自历史。到了20世纪,尤其是在人类学家的影响下,大部分社会学家渐而只留心现代。失去历史眼光,显然更容易恢复(历经两个世纪以后)以前的幻想,亦即人间现象犹如自然科学现象,不必参照所属时日而加以描述。(我们不必如此记录说,某年某月某日氢氧化合为水,因为向来如此。)大部分社会学作品均非致力于理论的建构及测验,仅是在描述时运用既有理论。这类研究,若无历史背景,用处不大。④然而不幸的是,有时,心理学、人类学和社会学已经陷入完全静态的社会观之中。⑤

社会变迁

然而,第二次世界大战以来,部分也是出于这次大战的经验,社会科学家逐渐注意到,不论是社会或人类本性,都未必始终不变,因此社会变迁理论应运而出。于是,他们承认变迁与时推移,并且他们业已建构了理论来解释变迁。如是,他们才保住了一门科学的声望。不过必须加以强调的是,此乃一时妥协,他们对理论的内容,虽曾考察时间因素,然而却又认为

---

① Braudel(1980), p.28. See also Cipolla's discussion of the 'short run' and the 'long run' in Cipolla(1991), pp.10 – 11.
② See Hume(1975), p.83.
③ See P. Burke(1980), p.15.
④ See Braudel(1980), pp.37 – 38.
⑤ See Stone(1987), pp.8 – 9.

理论本身的性质不受时间的影响——既不表明时日、又不说明渊源,奇波拉(Cipolla)认为这种尝试根本是"完全失败"。①

再者,这些理论留下许多重大疑问,足以令人认为它不过是以下所论历史的理论化。另一方面,真正的历史学家莫不觉察,不论她如何小心谨慎,她所撰述的历史,观点必来自某时某地的某人。她所强调的,乃是"观点自有其来源"。②

时段的多重性

布罗代尔曾在数本著述中介绍了时间的另一个层面。这就是历史时段具有多重性,每个历史时段的延续长度,可从刹那(刺杀肯尼迪的枪击)延伸至几乎是永远(古埃及的三千年)。"社会时间并非平均地流逝,而是有着不可胜数的各不相同的步调,时快时慢,它们几乎与编年史或传统历史的逐日计算的节奏毫无关联。"③布罗代尔本人则强调"长时段"(long time-span 或 la longue durée)。他曾指出,若以经济史或社会史而言,必须以连续多年观察某种现象,例如物价曲线、人口增长,唯有如此,人始能从形势中获得清晰景象。这乃是计量史学的常见模式。当然,布氏关切的事物非仅止于可计量者。同时,地理上的事实——气候、植物、地形等,无一不密切限制人类活动。所以一地居民的生活,历经许多世纪,却仍然依循同一经济渠道。文化史方面也有相同事例,布氏举出了中世纪欧洲的拉丁语文学、十字军精神、亚里士多德学派的宇宙观等例④,这些莫不持续成百上千年。最深刻的事例莫如约 1350 年至 1750 年间,以贸易为基石的资本主义经济。它由水路与船舶操控——因此几乎所有经济增长都发生在沿河、沿海地区,并以商人与贵重金属为主角,至于底层的农业经济,则受制于严重的季节性危机。以上所述皆见于布氏的三卷本巨著《15 至 18 世纪的文明和资本主义》(*Civilization and Capitalism, 15th – 18th Century*,1979;英译本 1981—1984)。至于成书较早且更负盛名的杰作——《菲利普二世时代的地中海和地中海世界》(*The Mediterranean and the Mediterranean World in the Age of Philip II*,1949;英译本 1972),乃是依据三种时段构造的——**结构的**(大体上是"长时段")、**局势的**(conjunctural,约指较短时段 20 年至 50 年间的趋势或系列)以及**事件的历史**。

布罗代尔提醒我们,传统历史学家采纳事件是将时日固定,社会科学的大部分著述则置时间于不顾,倘若二者想予社会实际以正确叙述,那么还须考察延展长度各有不同的各个时段,而且必须将它们编织在一起(历史学家、科学家均可)。简单地说,传统历史仅关切**某些**时刻,社会科学家**不**关切时间,布罗代尔则重视**长**时段。⑤

---

① See Cipolla(1991),pp. 10 – 11.
② See T. Nagel's study of subjectivity and objectivity under this title(1986).
③ Braudel(1980),p. 12.
④ Ibid.,pp. 31 – 32.
⑤ The dimension of time in the social sciences remains to be fully explored. A start may be made with Bendix in Burns and Saul(1967),Bock(1979),Nisbet(1969),Floud(1974) and Skocpol(1984),together with the works they cite.

历史是否是社会科学？

对布罗代尔来说，社会科学与历史之间并无任何重大差异。两者探究的，乃是同一领域的社会现实——亦即针对一个社会整体，着眼其中各个层面的生活。布氏也曾指出，历史学家和社会科学家皆从事于重建其所研究的社会现实。对中西部某一市镇进行社会学式的描述，与某位历史学家为某次十字军所做的撰述，乃是同等的重建。或许读者会说："是啊！不过历史学家重述某次十字军的故事时，是探索时间历程中的事件。而社会学家描述的则是某一时间点下的市镇。当然应该予以区分。"两三代人以前，情况或许如是，今日，这种区分很少存在。其实不少历史记载定格于某一时刻，而不追溯历程，也不讲故事。想想看，布克哈特的《意大利文艺复兴时期的文化》（Burckhardt's *The Civilization of the Renaissance in Italy*）、梅特兰的《末日审判书及其他》（Maitland's *Domesday Book and Beyond*）、纳米尔的《乔治三世在任期间的政治结构》（Namier's *The Structure of Politics at the Accession of George III*），抑或勒华拉杜里的《蒙塔尤》（Le Roy Ladurie's *Montaillou*）。同样，社会科学著述中也有叙述时间历程的，巴林顿·摩尔的《专制与民主的社会起源》（Barrington Moore's *Social Origins of Dictatorship and Democracy*）、福柯的《事物的秩序》（Michel Foucault's *The Order of Things*）、波考克的《马基雅维利时刻》（J. G. A. Pocock's *The Machiavellian Moment*），当然还有马克思的多本著作。因此我们得出这样的结论：时间维度的有无，并不构成历史与社会科学间的区别。

至于二者是否依循不同方法重建社会现实，过去有人坚信这种说法（19世纪末的文德尔班〔Windelband〕和里克特〔Rickert〕），提出历史重**表意**（描述特殊情况），而科学则重**释义**（比如找出或建构定律）。看起来有说服力（毕竟有些像亚里士多德偏好诗而非历史的理由），其实不然。有时候，科学只留心个别事件——如某火山的爆发，而历史学家如布罗代尔等，则又关切普遍真理的建立。整体而言，也许历史学家使用抽象与概述，但他擅长的仍是具体或特殊的事物。科学家则相反，纵然被单独现象吸引，却一心超越，以期进入理论领域。历史学家常羞于概括，而科学家（若他们对单一事件并非如布罗代尔所说的那样充满恐惧）则认为，阐明、测试、争辩，或至少也是应用某种普遍定律时，才是扮演自身角色的最佳境界。侧重点虽然不同，却没有根本区别。

自内在进行了解

具有唯心主义倾向的思想家对历史与科学进行了充分的区分，例如柯林伍德等。他们认为自然科学家发展的不过是对自身以外事物的研究方法，至于一颗星体、一块水晶、一条蚯蚓或一只狗的自我认知如何，他们则一无所知。[①] 他们必须完全依赖观察，借由多次运用

---

① For a profound but entertaining study of the problem, see Thomas Nagel, 'What is it like to be a bat?' in Nagel(1979).

仪器的协助之下,了解感观所得的证据。倘若处理对象是人,自可不必完全依赖感官观察;人明白人何以为人。故人在理解同类时,就会产生德国哲学家狄尔泰(W. Dilthey)所说的:"从你身上重新发现我。"① 并且,能自内在进行了解的不单是人,还有出自人的作品,例如法律、城市、语言、艺术等,以上事物皆无法出自自然之力,后者如暴风雨或树木等。而很早以前,那不勒斯律师维柯(1668—1774年)就有类似说法。他坚称,凡出自人手之物,人必能理解。由此而衍生的进一步的认识,更为历史学家的工作带来了亮光。

  但是在距离我们那么远的最早的古代文物沉浸在一片漆黑的长夜之中,毕竟毫无疑问地还照耀着真理的永远不褪色的光辉,那就是:民政社会的世界确定是由人类创造出来的,所以它的原则必然要从我们自己的人类心灵各种变化中就可找到。任何人只要就这一点进行思索,就不能不感到惊讶,过去哲学家们竟倾全力去研究自然世界,这个自然界既然是由上帝创造的,那就只有上帝才知道;过去哲学家们竟忽视对各民族世界或民政世界的研究,而这个民政世界既然是由人类创造的,人类就应该希望能认识它。②

  自然科学与人文科学间的差异,不可能有比这说的更明确的了。

  类似的看法曾引导柯林伍德提出那句著名的断言:"历史学家必须在自己的心灵中重演过去。"柯氏的结论颇为正确,所谓往昔,"决不是一件历史学家通过知觉就可以从经验上加以领会的给定事实"。他还分析称,"历史学家知道过去,并不是由于单纯地相信有一个目击者看到了所讨论的那些事件,并把他的见证留在记录上"。目击者所见,顶多构成一种靠不住的信念,而非知识。在此再次提醒,这类记录确实构成历史学家必备证据的一部分,相信无人会反对。然而柯林伍德却认为历史知识必为往昔思想的重演,而非事实与目击记录。事实上,他坚称,"除了思想之外,任何事物都不可能有历史"。柯林伍德超越了维柯与狄尔泰,他宣称:"因此,历史知识就是以思想作为其固定的对象,那不是被思想的事物,而是思维这一行动的本身。"③

  这也许就是有关历史知识的非实证观点的最佳措辞,然而任何人皆不得因柯林伍德走得太远而避而远之。维柯的人力与天工之辨、狄尔泰所谓的在人类事务方面我们是从他人之处寻获自己等说法更具说服力。务请留心,柯林伍德是用个人的历史知识观强化历史与科学的区别,而狄尔泰是在人文学科内部进行区分。

意 义

  一些人文科学研究者认为,对人类事务进行科学研究时,应当持不偏不倚的态度。这与

---

① See Dilthey(1976), p. 208.
② See Vico(1970), pp. 52–53, 331.
③ See Collingwood(1961), pp. 282, 304, 305.

化学家面对化学剂、生物学家面对细菌情况相同。**笼统的说,这就是行为主义学派(behaviourist school)的思想,该学派因主张只能用对人类行为的外在观察来研究人类而得名。**另一些研究者则认为,无论上述研究方式有何优点,欲知人类,仍需要其他研究方式。尤其是行为主义学派曾忽略了重要的东西——他们忽略了意义(meaning)。几乎所有人类举动,不论是说、写、画,抑或建造等,都附有意义。事实上,人类活动通常有**两层意义:一是我们的意图,即这么说、这么做,我们心意何在;二是他人对前者的了解。**意义的这两方面,很少吻合。即便如此,不论是哪一方面,与行为主义学派的方法毫不相干。至于相反方面,就是将意义加以考虑者,则被称为诠释学(hermeneutics)。该词源自众神间的神秘信差赫尔墨斯(Hermes,罗马人则称为墨丘利[Mercury]),这或许有助于我们对字义的记忆。因此,**诠释学在广义上或许可视为对信息的研究。**由于附有意义的行动多出于人,寻求诠释的社会科学家,可能认为若以行为学派的研究方式来探究人类,犹如研究不飞的鸟,不游的鱼。(有关意义的详细讨论请参阅第10章)

解释与理解

以上两学派思想之间的论辩,有时被描述为"解释(explanation)"与"理解(understanding)"的论辩。冯·赖特(von Wright)曾指出:"在一般用法中,'解释'与'理解'二者之间并无明显的区别。"由于这个原因,笔者偏好使用"行为主义"与"诠释学"。① 我们对常见术语的困惑,部分出于任何"解释"皆有助于加强"理解"。然而,冯·赖特还说:"理解……与**意图**之间有某种联系,而解释则没有。"他继续说道:"我们能理解当事人的目的与意图,一个记号或符号的意义,及一个社会机构或宗教仪式的重要意义(significance)。"②

社会学家中采用诠释方法的翘楚,可能是伟大的德国学者韦伯(Max Weber,1864—1920年)。他把社会学定义为"一门试图说明性地理解社会行为,并由此而对这一行为的过程和作用作出因果解释的科学。'行为'在这里表示人的行动,只要这一行动带有行为者赋加的主观意向"。③ 请留意"主观意向"和"说明性"等词。记住,诠释学通常被定义为"诠释的科学"。此外,韦伯还是历史学家,这并不令人惊异,他就曾以为社会科学就是历史科学(historical sciences)。对他而言,"所有社会事实,均可在时间范畴内借助历史学家的方法予以理解"。④ 然而,在人文科学中,争议仍继续存在。

不过,在此,我们瞩目的乃是历史。我们诘问的乃是历史与社会科学之间是否存有明显

---

① See von Wright(1971),pp.5,6 and 29ff. See also the discussion in Bauman(1978).
② Von Wright(1971),p.6.
③ See Weber(1947),p.88.
④ See MacRae(1974),p.63. For further reading, see Bottomore(1971),pp.31ff;Bock(1979),pp.39–79;Coser and Rosenberg(1969),pp.243ff;Ryan(1973),pp.7ff;for a more philosophical discussion,see Winch(1958) and Ryan(1970),pp.127ff. Gadamer(1979), is a thorough study of hermeneutics,and Schutz(1972) takes further Weber's notion of subjective meaning in social actions.

的区别。乍看之下,行为主义学派与诠释学派之间的区别就是这种区别,但是正如柯林伍德提出的,历史与科学之间并无分界线,上述区别不过是社会科学中两派思想间的区别。然而,令人讶异的则是历史内部也有类似的争辩。是否应对历史采取科学解释的方法,史学界存在很大争议,下一章会谈论这个问题。至于该争议的分界线(解释时应采取科学方法抑或本身特有的方法),我们应将它视为历史学的**内部**分歧,而非历史学与科学间的分野。①

量化解释

争议非仅限于历史哲学家之间,它也出现在计量史学(quantitative history,或 cliometrics)是否应采取统计方法方面。由于经济史本身业已接纳这种方法,计量经济史(又称"新"经济史或计量经济学〔econometrics〕)乃是出于经济学而非历史。它被定义为"探索并检验关于历史事件的假说,该假说乃是依循既定经济理论的基础框架而成"。② 上述工作通常被视为科学家的领域,如弗拉德(Floud)认识到,检验基于既有理论而成立的假说,不是历史学家工作的通常方法。他继续说:"所谓'新'经济历史学家目光集中在可计量的经济现象,并运用经济理论和这种现象相联系,主要原因就在于他们有意减少历史的复杂性,并聚焦于最足以解说他们研究的事件的各种现象。"③

在此注意这里的前提假设。计量经济学家多将目光集中于可计量事物,并认为凡不能计量的事物,多半与他们的旨意不符。再者,他们原意在于削除历史的复杂性,并假定他们确知走这条危险的捷径的方法。公正地说,没有历史学家可以涵盖一切事物,故历史学家莫不承认捷径实有必要。引起质问的,乃是这些方法应否交由其他学科的理论来确定。第三个假设,亦即"新"经济历史学家能够鉴别出可提供最佳解释的现象,最让人怀疑。再者,寻求解释因素,历史学家亦以为是常见的做法。许多人**不以为然**的,乃是可否在事前预知哪些解释因素是可计量的——这就是第一个假设。

历史计量学

另一位"新"经济历史学家特明(Peter Temin),曾将"新"经济史形容为"应用新古典经济学的一种形式",至于其方法则是"先选取经济行为某一方面的正式模式,据此模式搜集资料,将资料与模式结合,从中得出结论"。④ 同样,这个程序属于科学而不属于历史。在此,我们再次注意到这是将预设的模式加诸材料,而只有适合该模式使用的材料才会入选的做法。不能在经济模式中适用的资料(例如宗教或政治见解)又该如何?是否该予以忽视或排斥?

---

① See Skinner(1990),p.6.
② Floud(1974),p.2.
③ Ibid.
④ See Temin(1973),p.8.

另一位美国经济历史学家福格尔(R. W. Fogel)形容计量历史学为"'科学历史'的新派别"。他还说:"计量历史学家的共同特征,就是采用社会科学中的计量方法与行为模式来研究历史。计量历史学家执意以明显的人类行为模式和基础来研究历史。"①他更明确地表示,计量历史学不仅能应用于经济史,也可以应用于"人口及家庭史"。②

这里存在的问题,则是可否在典型历史学方法或认知不遭扭曲的情况下,引进社会科学中曾使用的计量方法与行为模式。同时,还必须提醒一点,诚如稍前所述,即使是社会科学家,也并非一致肯定行为模式与计量方法的价值。意大利经济历史学家奇波拉就排斥这种"新"经济史。他认为这种"新"经济史的缺点在于过分简化、主观,并且是**后见之明**(*ex post reasoning*),至于它所依据的"哲学及认识论的基础又非常粗浅"。并且,它将陷入下述危机,例如为迁就方法而限制结果,以及依据方法为结果定位。③ 总之,即使历史学家亦无权排斥任何能助其了解真相的方法。可是,历史学家绝不容许方法为他开处方,指使他预先选定材料,更不容许任何外来理论为他的解释塑形。在这些方面,历史学家期望享有自由抉择权,且对以理论为基石进行的探究深表怀疑。多少个世代的经验,乃使历史学家意识到,若在研究过程期间,就运用原先期望在收尾时方能发现的东西,可能导致危机。笼统地说,此乃本国国王、将领大多英勇,他国则不然的原因。

当然,我们都认为自己业已超脱这种自我欺骗,但是危机非仅止于此。经济学家曾考察第三世界国家的经济问题,并自信已获得补救之道,结果却对自己的失败感到非常惊讶。究其原因,不外乎当地若干社会、文化因素对经济的冲击,不在理论考察之内而遭忽视。历史方面也容易产生类似的错误,只是比较不容易发现。艾尔顿曾说:"纵然其他证据遭到忽视,总还会有某些证据存在于某地以供对过去的某个诠释所用。"④无论科学家还是历史学家总是容易将出于本身世代或社会的论断加诸他人之上。

分界线?

倘若有意在社会科学与历史之间画上一条分界线,很难得到简单的解答。答案的主要依据则是此人对这门学科的看法:布罗代尔的历史观念就与柯林伍德不同,把历史看作社会科学,对布罗代尔来说就没有任何困难,而柯林伍德与另一位法国历史学家韦纳则视其为诅咒。后者说:"历史不是科学,精确性却毫不逊色,只不过是在批判层面。"⑤同样,当社会科学家声称其理论亦适用于历史方面,首先该问,是什么样的理论。稍前所引述福格尔、特明、弗拉德之语,皆非出自追求诠释的社会科学家。

---

① See Fogel and Elton(1983),pp. 24 – 25.
② Ibid.
③ Cipolla(1991),p. 59,69.
④ Fogel and Elton(1983),p. 99.
⑤ Veyne(1984),p. 14.

比较研究

历史与社会科学还有其他层面的问题。首先是比较研究。每一种经验科学皆涉及比较,观察其间的异同。社会科学如此,有关珊瑚与蝴蝶的科学亦然。达到何种程度的比较才对历史学家有用?这么说,鸟类学家为何要比较鸟类?第一,比较是为了将飞禽按目(order)、科(family)、属(genera)、种(species)进行分类。唯经比较,他才能观察到划归为同一类的飞禽特质,喙若短粗多属于啄食谷物者,足若带蹼则多为泅水者等。这是分类的第二阶段,至于第三阶段,乃是基于上述关系而进一步得出普遍性结论,比如说所有海鸟都有油质表皮。

在历史学家进行社会、国家、制度、经济体系等的比较之时,他能走多远?奇怪的是,不论历史学家还是社会科学家,鲜有人意欲将其研究的社会现象进行细致的分类,也就是所谓的**分类学(taxonomy)**。诚然,亚里士多德仅列举了158个希腊城邦。而汤因比也只是制作了一个21个文明的表格。不过,至少有一位社会学家曾试图为所有的社会进行分类。① 然而,社会实体不像飞禽、走兽或花卉,并不存在公认的分类学。社会科学界缺乏林奈(Linnaeus)这样的人物。比较历史学的大部分著述,仅止步于第二阶段,对观察到的两组特征进行联系。有"历史之父"美誉的希罗多德的著述中就充分表现此类风格,而19世纪斯塔布斯主教的讲座标题"中世纪欧洲比较宪政史"(The Comparative Constitutional History of Medieval Europe)亦是如此。1928年布洛赫力劝历史学家从事欧洲社会比较史的研究。1959年,以上述为宗旨的学术期刊《社会与历史比较研究》(Comparative Studies in Society and History)创刊。② 质疑比较历史学的效用的,主要是马克思学说。马克思深信所有社会必然历经相同发展阶段,因此可进行全面性比较。1867年,马克思写道:"工业较发达的国家向工业较不发达的国家所显示的,只是后者未来的景象。"他还警告德国读者,不可无视工业革命时期英国劳工的命运,正因"资本主义生产方式的自然法则",这种命运即将出现在德国。这种法则"以铁的必然性发生作用并且正在实现"。③ 显然,马克思进入了第三阶段,从若干现象的比较中拟定普遍法则。(有关马克思的细节,请参阅第10章)。然而,马克思毕竟是训练有素的哲学家而非历史学家。少有历史学家试图从第二阶段(将两种观察到的特征进行联系)进入第三阶段制定普遍法则,更不要说"以铁的必然性"发生的"自然法则"了。一位英国历史学家(与美国计量历史学家福格尔针锋相对)曾对第二阶段有所述评,他说:"重点乃是不论进行多少类比,均无法在历史中证明什么⋯⋯真正的(传统的)历史中,类比亦有地位,不过微不足道,而其作用乃是构成思考与探索的刺激⋯⋯且仅此而已,因此在这种情况下获得的

---

① See Marsh(1967).
② See Stubbs(1906);Bloch(1967). See also 'Comparative History in Theory and Practice', *American Historical Review* 85, 4(October 1980).
③ Marx(1976),p.91.

类似,并不能证明任何事。"①

类似不能证明任何事

就严格的逻辑来说,艾尔顿确凿无误。比如我们设定若干相似而不相关的事件(例如各次成功的革命),并赋予代号革命(一)、革命(二)、革命(三)等。同时也假设革命(一)是出自向上攀升的社会团体,而非出自贫穷的贫民,并称这个因素为起源(一)。接着,检索革命(二)、革命(三),发现二者也有类似起源,为起源(二)、起源(三),继而检索革命(四),仍能找出相同因素,称为起源(四)。即使如此,我们是否足以正当地得出一般规则,凡是成功的革命必定源自向上攀升的团体? 显然不能,因为革命(五)可能有不同的起源,乃致驳斥此规则。假使我们能多找出十个符合一般规则的事例,这个一般规则是否可以过关? 严格地说,不能。假如我们能更加深入地考察所有革命,发现每个皆有相同起源,则这个法则是否就能过关? 仍然不能,因为出现在未来的下一次革命(或是已经发生在往昔却未为人所知的革命)仍有可能没有这种起源。因此,纵使类似起源(一)革命(一)、起源(二)革命(二)的事例再多,我们还是永远无法得出逻辑结论,声称此起源如果出现,必导致革命出现,或者说必先有此起源而后有革命。此乃归纳的困窘。

这种逻辑上的困窘并非只见于历史,所有其他科学亦然。如何化解它们呢? 方法至少有两种。一种因波普尔而闻名。他声称既然(如上文所说)并无更多实例足以**证明**某一法则,科学家就必须寻找相关假设的**反面**例证。一个反面例证就足以驳斥。然而,越多人去否决一个法则而该法则仍能立足,那么该法则接近真理的可能性就越高。②

另一种方法是说明,倘若两件事不断的一起重复出现,则必非偶然,而是有第三个因素将二者联系在一起。所有的哺乳类、鸟类、爬虫类都有四肢(鲸鱼与蛇亦然,只是四肢退化了而已),原因就在于它们全都起源于同一种拥有四肢的两栖动物。

历史学家对通论的疑问

事实上,如今社会科学家多已接纳上述的两种方法。许多历史学家也接受了这两种方法,虽然他们对建构通用结论仍然相当不情愿。为什么? 有时,历史学家认为并无足够的典型事例来说明得出的一般规律的正当性。③ 但是,历史学家和社会科学家一样有许多可用的事例,因为他们拥有共同的潜在工作领域——人在社会中生活的各种已知事实。社会科学家素来不以得出通论为耻,历史学家却多有踌躇(撇下少数情况中展现的自傲不说),笔者以为原因不外乎两种,一是怀疑自身对可能相当广阔范围中的各个事件所知不足(以成功的革

---

① See Elton in Fogel and Elton(1983),p.96.
② See Popper(1972a),p.33 and passim.
③ 'For statistical generalization…history is likely to be forever handicapped by the smallness of the sample'(Elton,1969,p.41).

命为例,可上起公元前 427 年科西拉到 1989 年东欧地区),另一个则是怀疑如何正确区分何种现象可进行这样的分类。18 世纪的美国革命与法国革命可确定为成功的革命,但是 17 世纪的英国革命是否成功?不仅两种说法都有人认同,甚至有人怀疑它是否真是革命。许多历史学家就予以否定的回答。假如真有一个历史现象曾经有如此谨慎详细的研究却仍经受如此长久的强烈质疑,那么对两千年来说,甚且更长时间里,亚洲列国的每一次的政权变更,可否予以正确鉴别,我们仍然能抱以信心吗?也许正是因为缺乏分类学(针对上述现象),乃至在范围更大的人类事务上,历史学家或许比社会科学家能深刻的体认到我们是多么无知。

这种无知的一个方面,解释了历史学家不断就同时出现的两种现象之间的关系,搜寻隐含的第三个因素的原因,何以历史学家较社会科学家怀有更多疑虑。前述四肢动物事例中,充作解释的第三个因素,乃是同为两栖动物的后代。① 倘若某人意欲在历史中搜寻类似的解释(就如同向上攀升的社会团体与成功革命的例子),那么人们必然会发现,缺乏类似进化论这样的东西。我们相信我们了解动物是如何进化的——也就是说,我们了解遗传机制。历史上事件的形势与传承,距了解其运转机制(如果真有的话)仍然遥远。(关于历史中因果的详细讨论,请参阅第 8 章。)

社会科学的回答

社会科学如何化解上述困境呢?它们又如何解释事情何以至此?概括地说,答案有两类,一类是忽略时间问题,另一类则不忽略。就前一类来说,是我们找出若干均衡模型,比如说功能主义(functionalism)的理论,以社会现象在将社会维系为一个整体中所具有的功能来解释它。后一类则是关于社会(亦或社会中某个部分)发展轨迹的若干理论,类似达尔文的进化论。此类理念已为人广泛接受,自这类言辞中就可看出,如"**不发达国家(underdeveloped nations)**"。**这种一般预期认为不论非洲、亚洲,抑或是欧洲与北美洲,所有国家必然会经历相同的经济及社会发展过程**——相同的假设可见于马克思《资本论》。不论这类理论是否仍见诸于世,但是它们没有必然性。并且,这种理论无法被证实。② 然而,自第二次世界大战以来,已极少有社会科学家能完全忽视亚洲、非洲和拉丁美洲的转型社会中所产生的问题。有关各种模式发展理论的著作急剧增多,尤其是经济学方面的。不过,大部分历史学家仍然以怀疑的眼光看待社会的自然发展轨迹方面的理论。③ 这些理论也没有一个表现出具有达尔文关于动物进化的原创性理论产生的效果。即使如若干人所信,有一套社会进化的理论业已确立,对社会何以产生变化的运作机制,我们仍然缺乏细节上的了解,基因理论已

---

① See also remarks on chemistry, p. 50 above.
② For a good account see Nisbet (1969).
③ See Cipolla, pp. 52–53 above.

可用以支持达尔文学说,而社会进化理论则缺乏这种理论支持。① 历史能提供的是对变化如何发生的近距离的了解。不幸的是,对满怀憧憬的科学家来说,这种了解不过是对不同背景中的个别事例的了解,对形成一般理论帮助不大。

社会科学予历史以帮助

在结束谈论历史与社会科学之前,我们理当诘问它们彼此曾予对方何种帮助。

50年来,历史研究已遍及各种人物,男性、女性、小孩,也确实遍及人类生活各个部分,不论如何卑微、如何怪异。所有事务,从卫生到房事,从盗匪到动物饲养,如今皆有其历史。几乎社会的每一方面都已经成为历史或科学的研究课题。在方法及课题上,历史学家受到社会科学家的影响乃是不可避免的。斯通就曾列举出其中的重点:

1. 在思考上,假设、前提、因果模式、社会结构模式等,鼓励历史学家更明确、更精确地进行思考。

2. 在界定或运用术语方面,如"封建体制(feudalism)"、"官僚制度(bureaucracy)"、"朝廷(court)"等,力促历史学家更加谨慎地界定或运用术语。

3. 社会科学帮助历史学家改进研究策略、界定其问题:尤其是进行审慎而系统的比较,以及采样的技巧。

4. 凡是合宜处,就使用计量方法。尤其是处理对象是一个群体而非少数个体时更有必要。(对17世纪的任何一个农民,我们知之甚少,甚至一无所知,然而通过古贝尔〔Pierre Goubert〕或勒华拉杜里的研究,我们对博韦〔Beauvaisis〕或朗格多克〔Languedoc〕的居民有所认识。)

5. 第五个贡献则是提供假说(hypotheses),不能以往昔为证据加以检测。②

综上所述,此类方法适合社会科学,却不适合全盘接受而不加以批判的运用于历史研究。历史学家在奋力认识原是陌生的方法程序,如统计方法的同时,也必须坚持他自身的标准与原则,并且还需小心翼翼,万不可因意图成为较好的社会科学家而沦为一个差劲的历史学家。时刻谨记于心,历史学家就可获益甚多。的确,他多半能在社会科学中为他的疑惑找到支持,以至能在多方面减少武断。一位杰出社会学家坚称,社会科学必须将它们的意义框架与业已建立的社会生活意义相联系。"社会科学不像自然科学,社会学立足于与'研究领域'相关的主体—主体间关系,而不是主体—客体间关系;它应对的是一个预先解释的世界,在这个世界中,由能动的主体发展的意义实际上参与了这个世界的构成或生成。"③ **"主体—**

---

① See, for example, the writings of Richard Dawkins: *The Selfish Gene* (1986), *The Blind Watchmaker* (1986), and *The Extended Phenotype* (1983).

② For the foregoing, see Stone(1987), pp. 17 – 19.

③ Giddens(1976), p. 146.

主体间关系"就是狄尔泰"从你身上重新发现我"的观念。犹如笔者之前所说,历史学家与社会科学家之间的重大区别不多,真正的问题在于面对人类问题时,若干历史学家或社会科学家采取的态度偏向"行为主义"还是"主体—客体"的态度。有些历史学家或社会科学家则援用"诠释学"或"主体—主体"方式来研究。

历史予社会科学以帮助

历史学家能提供给社会科学家的又是什么? 就行为主义学派(或实证主义学派)而言,答案相当简单:历史中有大量的事实可供社会科学来吸收——尤其是那些关于生育、死亡的记录,抑或进出口记录,而后者业已被计量化。至于偏向诠释学的一方,则不认为这种合作形式可行。追求这个方向的历史学家或社会学家,均曾意识到,历史并非由有待处理的大量个别事实——如同蛋糕的成分或实验室中的化学药剂——组成。

更有前景的合作领域,就是关于发展的研究。诚如先前所了解的,处于现代世界(the modern world)迅速变迁之下,社会科学被迫更加关注社会历程。迄今为止,有关这方面的研究,多立基于进化论模式探究,结果并不十分令人满意。[①] 然而,历史学家素来习惯以变迁为研究基础。历史中的因果关系,也就是说一系列情况如何导致另一系列情况,无需任何理论,仍然是历史学家思维的核心。难道科学家不能从中有所学习?

如果说历史学家比科学家更熟悉"纵向"时间维度的研究,对水平维度方面的研究,历史学家也同样相当熟悉。这就是说,历史学家通常有能力视时代为一个整体,并掌握其中各个部分间的相互作用。当然,社会科学家是依据他们立下的社会模式来进行这种研究,可是一个有经验的历史学家,凭第六感,就能揣测该模式将不适用于何处的历史实情。总之,不论困窘与艰难何在,相互了解与相互合作,仍是众人期望的气氛。彼此自对方有所学习之处仍多,只需各自不曾放弃自身特殊而独到的洞察力,互相学习自然大为有利。

结 语

本章首先谈论了历史(乙)在我们私人或公众生活中所扮演的角色。在二者之中,我们发现"历史感"的重要性,亦即生活在历史之中的意识。这实有助于个人或群体身份的界定。同时,我们也发现,可以获得这种意识所采用的各种方法,这使我们考察了历史在正规教育中所占的地位。上述种种,又促使我们请问,历史在何种程度上是一种由法则掌控、理性的活动,于是又将我们带到历史与社会科学关系之上。我们不仅看到二者的异同,更有趣的乃是最明显的区别并非存在于历史与社会科学**之间**,而是存在于各自的**内部**。在许多方面,历史与社会科学可以互补,因此合作乃值得鼓励。历史所带来的影响,大部分不在于它的理性

---

① See Nisbet(1969), chs 4,5,6. Also Cipolla, p.53 above.

结构和方法(情况同于任一科学),而在于它的交流方式,亦即它如何进行描述。因此,我们有必要检验历史是如何撰述而成的,又是如何展示的。这就是下一章的主题。

延伸阅读

Blackburn 1972
Bock 1979
Bottomore 1971
Bottomore and Nisbet 1979
Braudel 1975, especially pp. 13 – 24, 892 – 900, 1238 – 1244; 1980
Burke, P. 1980; 1992
Cippolla 1991, part I
Clark, S. 1990
Collingwood 1961, especially part V, § i
Elton 1969
Floud 1974, especially Introduction and Chapter II
Furet 1981

Gilbert and Graubard 1972
Iggers 1975
Jones 1972
Lipset and Hofstadter 1968
Marwick 1989
Nietzsche 1957
Nisbet 1969
Rabb and Rotberg 1982
Ryan 1970
Skinner 1990, Introduction
Skocpol 1984
Stanford 1990
Stern 1970
Stone 1987, part I
Veyne 1984

第4章
作为论述的历史

历史撰述向来都是政治讥讽之一,是人类行动如何招致事与愿违后果的一篇篇可理解的故事。这种历史撰述的先驱正是希腊人。

波考克

看一看历史,它的开端隐约伸向那遥远的时代,自永恒神秘的黑暗间浮现而出。它是真相的史诗,是寰宇的神圣铭文。

汤马斯·卡莱尔

循卡莱尔之言,历史乃是真相的史诗,是神圣铭文,然而它却必然出自人手。历史撰述(我们又称它为历史编纂学)业已发展多时,本文将在后面进行讨论。上一章所言,乃历史如何助人塑造观察世界的方式。本章则探索历史的撰述方式。

有关"如何"以及"为何"撰述历史,及"何者"才算良史的各个问题:

1. 构成一部良史的条件是什么?
2. 良史近乎科学还是近乎文学?
3. 如此众多历史著作行世,原因何在?人们何以阅读历史类作品甚于其他科目,如算术、动物学、经济学等?
4. 昔日历史著作是否业已过时,且无益于人?
5. 人为何撰写历史?
6. 历史该不该像故事?

本书开端,就曾为"事件之历史"与"记载之历史"进行明确的区分。后续各章之中,又得知二者多方交织,因此在实际中,很难将历史的这两个层面完全分开。本章则集中在历史的第二个含义——历史著述。人类撰史已近三千年,是故我们就不能完全无视这期间的社会与人类生活经历的变迁,同时亦不得遗忘,历史撰述有时也会影响到著述以外的事件,此影响已见于本书第二章。至于本章,仅就历史撰述进行讨论。

本章共分四节,分别为:

1. 沟通
2. 叙事
3. 非叙事性历史
4. 其他相关论题

4.1 沟通

借沟通可分享某些事物

众所周知,研究历史必定涉及许多阅读,所有这些阅读可视为进行某种沟通。同时,所有文献和书籍,都可视为信息的输送者。沟通一词乃意味着某些事物是两人或多人的共有财富。在历史沟通(historical communication)中,"某些事物"指的又是什么?

首先应该注意的,就是输送者与接收者之间偶有的误解。倘若输送人与接收人在时代上相近,且享有共同的兴趣、理解力以及意图等,就能进行良好的沟通,此处良好是指输送物与接收物较为一致。当代读者与当代历史学家之间的情况,多半如此。然而,若是一个历史学家阅读古代记载(比如说供历史学家作证据的文献),历史学家接收到的内容,就有可能与撰述者欲输送的不同(试想以阅读《末日审判书》为例)。通常有两个结果,一是收获颇丰,一是并非如此。

所谓收获颇丰,就是指历史学家得以优势知识加诸文献(优于输送人的知识可包括当时事态及后续发展等两方面)。历史学家可以精通该文献(例如从中有所收获),甚且大于输送人有意传递的信息。遇有文献撰述包含有影响、误导,或欺骗未来读者的意图时,上述状况就非常重要。①

然而,所谓并非如此,就是要了解人类生活是处在拥有不同理念体系的不同世界之中,若想完全掌握早期作家的意旨,恐怕不大可能。犹如先前所见,大众一度认为人类及其文化素来相同。② 因为史学已经有所发展(更不用说其他学科,如人类学),人们已经领悟到,先前时代人们的心智与我们的心智之间有极大的鸿沟。反讽的是,认识前人越深,距离前人越远。中世纪时期的艺术家描绘的古典人物和宗教人物如同中世纪之人,我们就曾予以嘲笑。反观我们自身,难道我们又能免于将时人心智的外衣加诸往昔人们心智之上?因此,在了解古人心智方面,我们已比前辈更缺少信心,并且怀疑我们所能接收的信息实**逊于**原著有意输送的信息。

构成良史的条件

让我们从历史证据转向历史论述(discourse),也就是历史撰述,或关于历史著作之撰述。(译者按:原文是 the writing of history or writing about history,并要求读者留心 history 一词有两种意义,是以将前者译为历史,后者译为历史著作。)此间,沟通行为已甚明显:历史学

---

① See below, ch. 6, p. 130.
② See above, ch. 3, pp. 52-55.

家心知（或自以为知）往昔若干事物，并且有意将其转告他人——比如说他的读者。

第一批问题的其中之一，就是构成一部良史的条件是什么？有三个方法可回答这个问题。首先，如果内容真实，就是好书。亦即它是否是关乎部分往昔的可靠记录或重现？其次，是根据史书能否成功地将前者传达给读者，以判断其优劣。第三，就著述本身是否达到艺术水平来判断其优劣。简单地说，就是它是否信、达、雅。后者并不常见，仅有少数历史经典之作，被公认为拥有高度而持久的文艺之美，读这类历史著作主要不是为了历史信息。

暂且撇开第一个标准——信，留待下一章讨论。第三个标准，在此也不宜说明。

那么第二个呢？历史著作能够良好沟通的条件何在？简单的答案是，若能将作者有意传递之物递送读者，就是良史。棒极了！然而事实上能使所有读者百分之百沟通的历史著作少之又少。问题出在哪里？

出问题之处

倘若仔细思考一下这类的文字（verbal）沟通，我们就可看出，使作者和读者合为一体的事物不是一系列字句（words），而是一系列理念（ideas）。历史著作中的这种理念，通常就是关于往昔的若干认识。而这种知识主要是透过文字来表达，但经常也伴有图片、图表（diagrams）、目录（tables）、统计表等。以上事物皆可视为代码（code），借助这些乃使成套理念（信息）从作者传达给读者，沟通模式大体如下：

输送人——编码——编码信息（coded message）——解码——接收人

倘若你不把编码当成日常语言，而视为密码（cipher）、摩斯电码，甚至外语，自有帮助。如此就容易明了，沟通有何缺陷，乃致不能百分百的成功。

第一个就是编码（encoding）。由于不小心或疏忽，输送者可能误用编码记号，因而递送出并非有意递送的信息。类似错误亦可能出现在解码（decoding）的过程中，以致读者误解信息。出问题的第三种可能较为隐晦。许多文艺批评深信文本（text）本身自有其生命，与作者的意旨，抑或读者自以为是的对文章的了解，均相去甚远。①

上文足以让我们警觉一个事实，即不论文本如何长而详细，均不能阐明作者全部思想，全部无意识的论断、寓意、细微差别、暗示、理念的表现形式等。同样亦不能包含读者从中获得的一切想法。你若拿一本字典，试着将一首好诗转译成另一种语言，或许更容易明白笔者所言。逐字转译（借助字典），就编码技术而言是正确的，不过若在第二种语言中原诗含意不失，那么阁下所完成的简直是罕见的天才之作。

---

① 福柯尝言："通过将自己的思想以自己并不能掌握的语言来表达，将自己的思想置于被疏忽了其历史维度的词语形式中，人们相信言语是自己的仆人，却认识不到自己在服从这些言语的要求。"见 Foucault(1970)，p. 297。

字句如何表达意义?

另外,成功沟通还有更多层面。目前所论只是历史学家将自身的知识化为文字或其他符号,以便将往昔用语言展现出来。但是切记,就描绘一场战役、一次海航、一次革命而言,文字所能不及画笔和颜料。文字不能**表现**血液、汹涌海洋或愤怒的人群。因此,**语言表达**就需要读者做大量的工作。最低限度,她必须学习阅读。虽然七岁儿童已能拼读字词,但是要理解一段文字记录,譬如攻占巴士底狱的记录,还需要其他更多的什么东西?作者必然假定读者具有足够的额外知识以解码他的文章,才能领悟他所说的事物:即对城市、堡垒、武器、群众、政治,尤其是人们的心理等有所了解。此处所说,并非当代的城市与人们,而是两百多年前巴黎的那些人民、武器等等。然而,不曾阅读过关于法国大革命的书籍,人们又如何能知晓那些事物是怎样的?唯有阅读过历史方能知晓历史。整个事情像不像一个恶性循环?其实不是。不过,相关解释需留给下一章。此处重点乃是强调,读者若想要正确的解码历史学家的信息,就必须吸取大量知识。倘若知识不足,就导致解读的失败。

另一困难出自编码。简单地说,作者必须确定,一旦他将信息编码纳入文本,**文本的意义就与他的原意完全一致**。这就是说,任何一位无偏好的读者,是否能在作者借以传达信息的文本之中,获取相同信息?例如,一位历史学家曾如是说:"亨利八世是一位真正杀人者。"他的意思是否是说这位国王亲手屠杀人民?抑或他的意思是指,这位国王下令处决他不喜欢的人,却毫无良心不安?在对话时,询问发言人其意何指不难。可是一位作家的意思,必须借其他的知识和周围背景,始能予以推论。即使如此,误解仍然可能存在。所以作者必须承受很大的折磨,以确定文章中的意义一定符合它的原意。(关于意义的深入讨论,请参阅第10章)

历史学家究竟致力于何务?

历史著作多为沟通知识。这几乎素来是撰述历史的表面目的。作者也经常有其他目的。让我们讨论其中若干可能目的。

首先,我们必须承认,读史对读者所产生的效果,素来不仅是增进读者的资料储备而已。比如说,她可能视读史为享乐。这得看作者在创作时,考虑的是否是给读者提供娱乐。寓教于乐,就是从希罗多德至泰勒之间若干历史学家的目的。再者,作者希望与读者分享的可能不只是他的知识,还包括他的热情。他也可能希望在想象力或智慧方面,激励他人更加努力。他也可能有意帮助她通过考试,或者鼓励她实行她个人的研究计划,这些都是历史作家值得赞许的意图。

确实,仅限于单纯地增加资讯这个目的的很少。读史通常在读者的信念、价值观、对事务的看法、理解等方面,都有潜移默化的作用。重返上述例子,就一位英国国教教徒(譬如笔者)而言,回忆起自己教会的开创者是一位杀人凶手,并不令人愉快。笔者自我安慰说,相比之下,16世纪以来英格兰的血腥记录较少。然而,笔者对这位国王的认识,使笔者更容易了解信仰罗马天主教的朋友们的态度。

因此,宗教改革运动史的知识可以影响一个人的宗教信仰。迄今可能仍无一部历史著作的强大效果堪与《圣经》相比。或许你会声称"然而它非史书而是宗教书籍"。当然,它主要是宗教书籍,它的编纂者的目的明显是宣扬上帝。可是他们用以宣扬上帝的方法是什么?乃是展示上帝**在历史中**的行动。不论是希伯来人能从埃及囚禁中获释、流亡巴比伦、耶稣的一生与死亡,还是基督教传播到罗马帝国全境,新、旧约各个作者的用心,都是传递历史知识——历史中的上帝。因此犹太—基督教(Judaeo-Christian)传统的重要性与其他传统重要性相比,不同之处就在于它依附于历史。

历史的不正当利用

一位现代的历史学家,倘若他撰史的意图是在转变读者的道德、政治、宗教态度,是否合适?许多人认为这是无的放矢的问题。他们说,管它合适与否,根本无法写出一部不影响这些态度的历史著作。就算历史学家根本无法避免产生这类效应,他是否仍应尽量在这些方面有所克制?假如历史著述披上了道德、政治、宗教宣传的外衣,会不会令人嫌恶,并且遭到扭曲?难道我们无意运用自身的道德、政治及宗教信念来构建自身的心智?

但是答案并非如此简单。在坚持历史学家当竭力避免影响我们的见解的同时,我们是否已将过多限制加诸历史学家?若对历史学家为促进我们对往昔认知而得以正当援用的若干方法稍加考察,或许我们的确加了太多限制。原因就在于两个字:情感(emotion)。假若历史学家的著述不能激起任何情感,我们就无所学习、记忆及认识,至于沟通,若想达到超越学童般的单纯拼字境地,也必然受挫。情感的回应确实必要。而情感出自人类生活,不论如何细微,也无法不容它来影响人们的道德、政治及宗教信念。倘若我们观察历史学家如何实现他们的意图,上述情况就更加明确。

欲沟通就必须羁留另一方

历史学家若想达到目的,就需要激起并羁留读者的注意力。达到这个目的的方法很多。他可以叙述一个故事,提出解释,阐明主题、建构逻辑结论,抑或只是进行简单的描述。且以笔者书架上摆放的著作题目来说明:《英国内战》(The English Civil War)就是叙述一个故事;《英国工业革命之原因》(The Causes of the Industrial Revolution in England)则是提供解释;《宗教及巫术之衰微》(Religion and the Decline of Magic)乃是阐明主题;《1873至1896年大萧条的神话》(The Myth of the Great Depression, 1873 – 1896)乃是建构结论(并无这种事实);至于《我们失去的世界》(The World We Have Lost)则是一种记述。

羁留读者的另一种方法则是作者的风格(style)。无人能给一位历史学家的风格提供处方。然而大多数研究历史学家的著作,都会就历史学家撰述风格有所说明。盖伊(Peter

Gay)的《历史著作的风格》(*Style in History*, 1975)曾比较四位历史学家的撰述风格,并提出若干有益的概论。克莱夫(John Clive)的《不只按照事实:历史撰述与阅读论文集》(*Not by Fact Alone:Essays on the Writing and Reading of History*, 1989),对风格也多有讨论。更深奥的,则是怀特(Hayden White)的《元史学》(*Metahistory*, 1973),他用文学理论观点,检视四位历史学家与四位历史哲学家。即便如此,仍然很难得出什么是好风格的结论。对作者而言,风格纯属个人的事(如布丰〔Buffon〕所称,风格即人)。能否得到欣赏,依赖于读者与作家间产生的共鸣——就如同某人个性上的癖好能令某些人感到亲近,却又能激怒其他人。讨论历史学家应当避免如何,则比较容易。这些缺点包括思维的混乱不清、未能明白表达自己、作品结构不严谨、用词艰涩、需做扎实陈述之处过分抽象,以及含混和模糊。除此之外,很难预先阐明构成好风格的条件是什么,唯有它出现时,人自能体会。就如同表现在人身上的"善"与"美",我们无法开处方,一旦碰上,却能领悟。甘冒不韪,笔者拟引述个人最欣赏的历史著作风格大师吉本解释罗马帝国裹足于哈德良长城(Hadrian's Wall)之前的原因的一段文字:

> 土著喀里多尼亚人在岛的极北部,过着狂野无羁自由自在的生活,并不是由于他们英勇过人,而是因为贫穷落后不值得征服。他们屡次向南进犯都被击退,损失很多人马,但是这片乡土从未降服。罗马人拥有世上气候最温和、物产最富饶的地区,因此对这块被冬季的暴风雪吹袭着的阴郁山丘,在蓝色烟雾笼罩下若隐若现的湖泊,遍布阴冷而孤立的石南树丛地区,嗤之以鼻,不屑一顾,此地只居住赤裸蛮族在森林里猎取麋鹿。(《罗马帝国衰亡史》〔*The Decline and Fall of the Roman Empire*, 1910, chapter 1, p.5〕)

历史著作是否应当有所针对

维持读者兴致的第三种方法是让历史有所针对。我们研究往昔只因它能与当下关切相关的说法,业已招致多方攻评。1931年,历史学家巴特菲尔德开始对辉格派历史诠释发起攻击说:"参照现代以研究往昔,乃是辉格派历史诠释的成分之一。……借由直接参照现代而成的体系,就能容易且无法抗拒的将历史人物划分为二,一是推动进步的人,一是试图阻碍进步的人。"①在这种诠释中,"进步"可理解为"任何能将事务引向今日状态者",其间暗藏的判断则是事务发展成今日的结局,乃是最佳的可能。巴特菲尔德此时心中的对象可能是麦考利。

两年后,一位青年哲学家欧克肖特(Michael Oakeshott)复对"实践之往昔(practical past)"与"历史之往昔(historical past)"进行严格的区分。唯有为往昔本身之故,方是历史学家的合适主题。他写道:"无论往昔仅仅是先于现在的东西、现在从中生成的东西,无论往昔在决定人们现在以及未来的命运中具有多大作用……这其中的往昔都是一个实践的往昔而

---

① Butterfield(1950), p.11.

不是历史的往昔。"(Oakeshott,1933,p. 103)就这点来说,不论是历史著作的作者还是读者,内心总是倾向于表面上或因果关系上与现代特别相关的时代。确实如此,卡尔就坚称,历史学家必然无法自绝于自身时代的世界观与利益。他还指出:"过去数百年来欧洲权力均势的变迁,业已改变了英国历史学家对腓特烈大帝的态度。"①他认为历史犹如一支"移动的游行队伍(moving procession)",历史学家并非站立在观礼台上,而是另一名不受关注的人物,在游行队伍的某一部分艰难跋涉。当游行队伍蜿蜒前行,甚至回转时,其中不同部分之间的关系都在不停转变。因此,"若说恺撒时代远较但丁时代更接近我们,岂不也是十分合理……"卡尔结语说:"历史学家是历史的一部分,他在游行队伍中的位置,决定了他观察往昔的视角。"②

历史是否应遵循我们的利害?

卡尔并非最早对此进行观察的人。一位杰出的德国历史学家兼社会学家就曾表示过,我们认为某些往昔事件值得纳入历史著作(比如欧洲各国之间的战争),其他的不必纳入(如非洲部落、北美印地安人等的部落战争)。③ 这些并非黑格尔排斥无历史民族的理由。④ 韦伯实另有所指。他认为我们选取研究的民族、事件或问题,往往随时空的转移而有所不同。此说当然真实。韦伯说历史与我们的价值观相关。我们去研究历史,只是因为我们能在其中的某一部分找到这些价值观。

史学的后续发展,看来像是指责韦伯胡说。自从年鉴学派崛起,几乎每个民族的生活的各方面都成为历史学家磨坊中待研磨的对象。该学派宣称他们的目标之一就是撰述一部总体历史。

韦伯还提出另一个论点,不过对象是历史的读者而非作者。大部分人读史,选择的历史著作多与自身兴趣相关(这并不令人讶异)。历史学家和他那留心市场的出版商,不得忽视这种兴趣,因此历史图书市场中充斥了大量的有关战争、女性、性关系或种族压迫的书籍。于是,历史学家为捕获读者的注意力,将著述与读者的兴趣联系起来,就是最合适的办法。

尚未解决的问题

凡历史著作必涉及交流——分享某个理念,抑或一个想法。这种分享至少分两个阶段,一是从历史当事人传递给历史学者,其间所跨越的时代、空间或文化,不知有几许,后续传递则由学者传递给相关公众。所以在传递过程中,欲传送的东西经常会变形,甚至连性质都会发生变化,也就不令人惊讶了。基于这种情况,我们该如何解释柯林伍德所坚信的,历史乃

---

① E. H. Carr(1964),p. 25.
② E. H. Carr(1964),p. 36.
③ See Weber(1949),p. 172. Also pp. 156 – 157.
④ See below,ch. 7,p. 160.

是"在心灵中重演过去"?① 历史留给我们的似乎是两个难题。一个是在执行上有无可能？即使有时能顺利完成,我们又如何确定我们所为正是这个事情？历史著作方面若干重大未决问题皆围绕在"沟通"这个事实的周围。对历史著作而言,沟通乃极其重要,然而我们却必须时时处于疑虑之中,到底我们所成就的沟通已达到何种境界。

4.2 叙事(narrative)

你可以观察,绝大多数人发言只是为了叙事。

卡莱尔:《论历史》

荷兰历史学家雷尼埃(G. J. Renier)曾写道:"历史就是人类社会生活经验的故事。"②注意！他将"历史"界定为一个"故事",并且号召我们看一看二者在语言中的类似表征。英语中是 story – history, 法语为 histoire – histoire, 德语为 Geschichte – Geschichte, 意大利语为 storia – storia, 西班牙语为 historia – historia(尽管还有其他的同义词)。

故事是什么？

亚里士多德曾说,所谓故事就是用情节来展现行动(representation of action)。因此故事和历史一样,与行动相关。它可经由字词——口语的或书写的——这种特殊媒介来展现行动。当然,展现用的媒介也可能是图像,如绘画、连环画、卡通、影片和电视上的图像。媒介也有可能是雕像、木偶,抑或舞台上活生生的演员,最后这个展现形式可能就是亚里士多德心目中的媒介。不论媒介是什么,都是以叙事形式展示行动。简单地说,就是包括人们承受的痛苦、经历和所作所为。亚里士多德曾这样说,历史是关于某人,"比如,亚西比德(Alcibiades)的作为和际遇"。③ 那么,展现之中需有情节,其用意何在？亚里士多德曾将情节界定为"事件的有序安排"。④ 这一定义留给故事编纂者两个重要问题。一是什么样的事件应当选取？什么样的事件应当省略？予事件以安排的秩序又是什么？倘若我们心存斯念,认为情节必涉及两个观念——连贯与意义,则有助于我们了解情节为何物。就如亚里士多德的观察,情节必然自成单元。故事必须前后一致。故事叙说者不可偏离主旨或掺入不相关的事物。然而,故事还得有若干重大意义,必须引起我们的共鸣,否则,我们会诘问它在讲什么。因此,再说一次,任何故事(不论是莎士比亚的悲剧、汗牛充栋的史书,还是酒馆中叙说的轶事)都是在展现带有情节的行动。然而这还不够。我们忘了提及听众。叙事(说故事)

---

① See Collingwood(1961). p. 282,288, Also ch. 3 above, pp. 55 – 56.
② Renier(1965), p. 33.
③ See Aristotle(1965), p. 44.
④ Ibid., p. 39.

就表示说故事有对象,是一个人或更多人。任何老练的说书人皆知,听众性质会影响故事,这涉及两个层面:应当选取何种情节,以及援用何种方式叙说。

显然,历史与叙事有很多相同之处。纵然在语言中表征近似,仍然不是同一回事。许多叙事是虚构的,因此并非是历史。而又有许多历史声称属实并非故事。让我们看看他们之间有何不同。

虚拟叙事与历史叙事有何不同

为了进行系统的比较,分别处理叙事的各个组成部分比较省事。至于以下所述,笔者多以小说作为虚拟的类型代表。不过笔者的阐述,可适用于各种类型的虚拟叙事。

(a)开端

为罗致开端,叙事人的惯常挑选,就是找出对后文关系重大的某个人或某件事。"就是阿波罗(Apollo),这位宙斯(Zeus)与勒托(Leto)之子挑起了争端……"这是荷马史诗《伊利亚特》(Iliad)的开场白。然而有哪位历史学家能在开场时,不曾中断历史的连续性?杰出的叙事历史学家,如修昔底德、吉本、普雷斯科特(Prescott)等,在开场首句中,提到的是某场战争、某个帝国和墨西哥。

(b)主题

虚拟故事中的主题的角色,就是聚焦于行动。整个叙事以主角为核心,叙述他的事迹、他的认知,如哈姆雷特、汤姆·索耶、伊丽莎白·本尼特(奥斯汀的小说《傲慢与偏见》中的主人公)等。历史缺乏这样的核心主题。仅有少数试图围绕一人来撰史(如卡莱尔的《腓特烈大帝》、施莱辛格[Schlesinger]的《一千天》[The First Thousand Days]),企图填补这一缺失的主题,然而在大多数历史中,几乎不值得一试。

男主角与女主角在虚拟故事中,不仅是读者感兴趣的核心人物。二者也提供了"单一的暂时性连续意识"——例如对书中大部分行动的认知。① 精确地说,这种核心意识并非永远来自书中的主角。有时则来自旁观者(比如勃朗特的小说《呼啸山庄》[Wuthering Heights]中的洛克伍德先生)。重点在于历史中欠缺这种东西。在虚拟故事中,行动的时间可能涵盖一生——通常没有这么长的时间。因此读者能认同它的核心意识——暂时将自己的真实生活遗忘。儿时,笔者曾自以为达达尼昂(d'Artagnan)或霍金斯(Jim Hawkins),从而度过许多欢乐时光。然而可曾有哪个人自以为是《美国宪法》或朗格多克的农民?

(c)事件

此乃指长、短时期内发生的重大事件。出于需要,小说家可以创作事件,而历史学家则不可。历史学家的工作乃是就其所叙,追寻那些至关紧要的真实事件。倘若她是一位有良知的历史学家,她必须能确定,她的撰述之中有重大意义的事件,就是历史上真有重大意义

---

① Olafson(1979),p.79. I am indebted to Olafson for several points here.

的事件。①

(d) 角色

此乃指参与行动之人,如亚里斯多德之言:"此人必须在个性及思想上,均显现出若干特质。"②许多有趣的故事,都出自个性鲜明的角色间的互动与对比。历史却不为它的叙说者提供此般享受。叙史者能处理的,仅是他所能发现的个别人物,此辈绝非素来就是个性鲜明或便于对比的角色。再者,还得处理各民族,以及根本不是人物的制度和机构。而这些又该如何角色化呢?虚拟故事叙说者鲜有处理这类事物的意愿,即使有,成功者也是凤毛麟角。

(e) 场景(setting)

场景构成背景,有人类、人造物和天然物,倚此背景,将角色烘托而出。有时,场景又能决定故事的情调——如《呼啸山庄》。然而,叙史者利用场景来衬托角色者少,作为角色延伸者多。即使是国王,亦不过是其行动情境的一部分。若是历史学家将场景延伸至地理、经济、社会及文化等情况,以上这些就成为故事的一部分,而不仅仅是演员的舞台。再者,还有不同之处,虚拟故事中场景是维持不变的(就如同在剧院中,至少持续相当长得时间),然而历史学家明白即使他忽略场景,场景仍然不断发生变化。我们应当明白,在非叙事性历史中,场景可取代故事及其角色。

(f) 序列(sequence)

在故事中,事件一个接一个,颇能激起读者的期待。性急的听众会追问"对这事,她说了些什么?""接着又发生了什么?"之类的问题,表面上是针对延续而发,事实上追问是针对叙事中更强烈的纽带(ties)而发。他们问的是原因与结果,将故事划分成一个接一个的事件。在虚拟故事中,因果关系必须向读者交代清楚,不是即时,也必须留待稍后,就如侦探故事所为。而这里的因果关系通常是由人们的意向与反应构成的。科学家感兴趣的那类因果,小说家很少关注。倘若小说家希望写出有说服力的故事,他也不能引用纯粹的巧合。至于在真实生活中,若有奇特的巧合发生,经常是表示,此种巧合即使小说家也不敢运用。历史学家的问题不同,首先,他必须决定(不是发明)事件间的顺序。其次,对什么样的顺序是时序性,什么样的顺序又是因果性,他必须做到能令自己及读者满意。第三,历史学家必须超越我们日常交往中那些简单易懂的行动和反应,去探寻更加深奥难懂的心理及社会因果力量。其中困难固然在所难免,历史学家仍必须搜寻,以供解释之用。最后,不像小说家,历史学家可以随意地承认巧合或纯属偶然的事件的力量。③

(g) 情节

虽然可以构成故事情节中的一部分,但是行动的推演并非故事情节。我们已经了解,情

---

① For a fuller discussion of events in history, see ch. 7, below.
② Aristotle(1965), p. 39.
③ For fuller discussion of causation, see ch. 8, pp. 174 – 181 below.

节是"事件之间有秩序的安排",纵然在发生场合中众多事变并非必然有序。① 安排事变的最佳形式就是容许读者能掌握故事整体。这时,在某些意义上,情节是一个整体。首先,情节大于各部分的总和。其次,每一部分均在整合下结成一体。第三,它是完整的,任何要点均不能省略。最后,它有意义,它能制造一个在人们脑海中徘徊的印象。以上各项要求乃给历史学家带来很大的困难。倘若一个历史学家符合以上所有要求,几乎可以确定,这个历史学家的叙述肯定失真,抑或多少有失历史的可信度(historical validity)。比如说,他怎么能确定他不曾省略任何要点,抑或在所关照的事件上,他确实能准确地认识到其中的意义?

(h)视角

虚拟故事叙说者可置身于故事之中或之外、接近或远离书中行动所处的时空,从温馨的同情到冷淡的嫌恶之间,他可持任何态度,并巧妙地邀请读者共享。小说开端的字句并非仅是启动一个行动,通常也是提示读者在哪个立场阅读此书。然而,历史学家只有一个立足点——他自己的立足点。同时,也只允许他采用一种态度,即当一个中立的观察者,不因景仰或憎恶而有所改变。并且,公众的期盼也不允许他来操纵读者的反应,他只是单纯地把事实联系在一起。

(i)逼真(verisimilitude)

虚拟故事不可能是真实的。为了具有说服力,虚拟故事必须像真实故事。不论多么神奇,其中的描述(例如《天方夜谭》或科幻小说)、人物,至少还有部分事件,应当如此可信,以致我们愿意中止我们的不信任。然而,历史叙事的作者却不可将事件塑形,以适应人们的轻信之心。不论它原本是如何怪异,他必须照实说。然而在描绘与解释上,他运用技巧,以使我们得以理解前人做了些什么,又为何这样做。

(j)内在时限

每个故事都有自己的时限——从故事开端到结局经历的光阴、时日长度。这种时限与我们阅读它耗费的真正时间不同。对于历史叙事,故事时限与真实时限的关联问题更复杂。不像虚拟故事,此处所指的故事时限与真实时限都属于同一时间序列。并且,故事中的当事人和外在的作者及读者,对他们在时间中的位置都有所觉察。② 比如说,罗马帝国的臣民、叙述该帝国崩溃的吉本,以及两个半世纪后阅读这本历史著作的我们,无不清楚这个帝国源自罗马共和国,后者乃因恺撒与奥古斯都而被推翻。两千多年来,欧洲人皆知这个共和国的往昔。

(k)结尾(ending)

一篇好故事不只是停止,而是得出结论。结尾如同开端,因有重大意义而被选定。一个好故事,可令人感觉其结尾是先前所有事物的延续,有时还足以解释先前发生的一切。历史

---

① Aristotle(1965),p.39. The *Odyssey* admirably illustrates the point.

② The theme is pursued further in Olafson(1979).

学家就没有这种运气。不论选取何种事物做为叙事结尾,他都知道这不是结论,生活仍在继续。他的停顿处,不可只是先前诸事的延续,历史中实有更多线索。更糟的则是,除非能为著述中的事件做全面描绘,否则他就无法给予完整的解释。就如丹托(Danto)曾指出的,不到最后时刻,结果不会出现,可是不知结果就无法给予任何历史事件合适的描述。① 仅仅这个原因,所有的历史著述都不过一时之报告。

(1) 真相(truth)

当然,这就是基本差异,历史主旨在于真实,虚拟故事则不然。然而,按照我们目前所见,它不过是历史与虚拟故事在叙事上众多不同层面中的一个。

叙事史的发展

叙事原是历史著作最早形式中的常用模式之一(如修昔底德、波里比乌斯、李维、塔西佗的著作)。自从文艺复兴时代他们的著作得以复兴以来,叙事派历史学家的技艺有了长足发展。英格兰史的撰述可能更容易说明这一点。

16世纪,似乎有不少首次出版的英格兰史问世。在这些著述中,很少有能超过从中世纪众编年史中剪裁资料并施以有秩序的编排的"剪刀加浆糊"式作品。这类著作不像是故事,反而像一条"沙绳"②。一旦历史学家学会探究因果,沙绳就获得了更多材质,叙事中也就更有延续性(continuity),于是,我们可以看出它已类似故事。这个教训得自编年纪事。所谓的"同时代史"(contemporary history)就经常引起争议。因为有此一说,事件必须在过去很久之后,方可为它撰史,如此才能从其后果予以透视,其意义也方能被理解。总之,撰述自己一生中经历过的事件,长久以来这些编年史家在方法上显然较历史学家更为高明。当历史学家只是在过去的著述中搜寻,然后进行拼拼凑凑之际,那些编年史家已经开始试图解释他们所记述的行动的原因。比如,《盎格鲁—撒克逊编年史》(Anglo - Saxon Chronicle)中对公元1100年有这样的记载:"其后,米迦勒节之前,坎特伯雷大主教安塞姆来到我国,**这是**亨利国王**根据**御前会议的建议而请他来的,因为他当初是**由于**威廉国王十分不公正地对待才离开这个国家。"③请留心,一个解释是如何在一句话中分三次给出的。再者,这类同时代史作家,经常查究他们可得到的各种资讯,包括口头的和文字记载的,甚至加以比较,以期得到最真实的记载。此类解释、研究及评判的进步,最初施行于同时代史,然后才运用于更正规的探究往昔的历史。就如巴特菲尔德所言,一个同时代人经历过生活中的事件,"就会对事务的流逝有所感受"。④

自17世纪历史学家,如培根、罗利、克拉兰敦(Clarendon)、伯内特(Burnet)等人身上,可

---

① See Danto(1965), p. 61 ff. See also Kermode(1967).
② Butterfield(1968), p. 167. I owe much of this section to Butterfield.
③ *Anglo - Saxon Chronicle*(1953), p. 235(my italics).
④ Butterfield(1968), p. 170.

找到进步的其他信号。罗利加入了政治箴言,克拉兰敦和伯内特生动的个人描述,而克拉兰敦写他自身经验,施以细腻描述,适当解释了极具争议与极为重要的 1641 年《大抗议书》(Grand Remonstrance)。欧克肖特箴言中有一佳句:"历史著作解释变迁所用的方法是予变迁以全面的记载。"①更重要、更精微的变化则出自培根和 18 世纪的休谟的著述之中。这就是视历史为一个过程,涉及了人与非人的因素,而过程亦有自身的驱动力。这种观点与早期看待历史的观点不同,在后者之中,所有事务亦被加以归类(和前者一样),但是归因于人,抑或归诸神意。或许是 17 世纪科技革命和 18 世纪启蒙运动的缘故,历史撰述也开始承认故事背景或场景所扮演的角色。在麦考利广受欢迎的《英国史》中,很容易看到这一点。一开始,他就宣称所涉及的不止政治:"本人撰述致力方向,既叙述政府之史,也叙述人民之史,所追溯的进步,兼涉实用与装饰用的技艺……"②在该书甚长的第三章,他致力于对 1685 年英格兰的叙述。此书可能是一流的历史学家把经济与社会的历史作为叙事的一部分的首次尝试。之后的 150 年中,历史研究与历史撰述均有长足进步,而麦考利已不复为权威,然而人们可以怀疑,至少在英语世界中,是否还有人在叙事历史学家这一方面能与之比肩。

叙事的褪色

着实令人惊讶的是,良好叙事的若干优点发展下去,结果竟然是几乎使得叙事不复成为历史著作的一个类型。其中之一就是筛选的运用。当然,任何历史必有所筛选,并非所有事件皆能加以描述。然而其中也有疑虑,筛选或将牺牲严肃的事实。若干相关史实遭叙事者省略,可能有些是在无意识下省略的,是否是因为这些史实或将打断故事,抑或是使之转向?即使最为审慎的有良知的历史学家,亦可能会省略若干他认为不重要、不相关的细节。而这些在我们看来,却并非这个历史学家认为的那样。这里涉及的问题乃是"确定"。由于所有历史必依赖尚存的证据,因此一个历史学家想要确定他完全了解某段往昔情况或某组行动,几乎不可能。就因为这个缘故,俾斯麦(Bismarck)反对保留外交档案。"若日后某时利用它们做为史料,一定会发现它们毫无价值……即使是往来信件,其间确实含有信息,然而对一个不了解当事人及当事人之间关系的人来说,很难获取那些信息。"③他的论点可以理解。诚恳的研究者能理解这种不可避免的无知,必然会承认既有证据并非完全绝对的指向某一特定结论。她必须按照可能性的大小作出决定。历史完全没有数学的确定性。假若每一种陈述等同于"似乎"、"也许"、"可能状况是"之类的词语,那么,历史学家很难以此创作一个吸引人的故事。麦考利是否曾经感觉到这种疑虑?他的朋友墨尔本(Melbourne)曾说:"我期望能如汤姆·麦考利那般,对所有事物都深信不疑。"因此,我们可带着怀疑说,最为审慎而精确的历史,并非最具可读性的历史。

---

① See Oakeshott(1933), p.143.
② Macaulay(1931), vol.I, p.2.
③ See E. L. Woodward, in Sutherland(1966), p.303.

然而,还有一个更大的困难。它出自人与环境(角色与场景)间的区别。早期历史学家几乎完全是将注意力集中在少数主要人物上,只是偶尔注意寻常人物。但是随着历史理解力的发展,历史学家逐渐意识到有必要多描述一下环境。目的只是使故事更具真实感,同时也能获得更深刻的洞察力。即使是国王和英雄,也不能忽略天气、财政、人们离家赶赴战场的意愿,及牧草的生长状况对骑士的重要性。一旦历史学家认识到地理、科技、宗教、社会、财政、心理因素等在人类事务中的重要性,讲述一个平铺直叙故事的可能性也就越来越少。

因此,故事中有越来越多的环境叙述,大量依附在人们的行动之上。如此一来,就衍生两方面的问题,关于上述因素的描述与分析越来越长、越来越详细,该如何将其纳入叙事之中而不致打断线索?更根本的就是这个或那个环境,在一个行动中扮演的到底是什么角色?然而最难的地方,还是如何把这些环境和人们的行动相结合,从而编织成我们称之为历史的那张复杂的巨网?

对于最后这个问题,很少有历史学家试图给出一个总体的回答。然而,必须把人与环境相结合,这已获得公认,并且有不同的解决方式。其中最常见,也是最不顺畅的一种,就是在撰写政治篇章时被打断,续以撰写经济、宗教、社会,抑或文化等"背景"的其他章节,并且很少有意图将这些素材与主要叙述相整合。人们或能发现这些辅助章节本身并未得以整合,它们所包含的甚至只是一系列互不相关的主题。有人如是评论说:"历史可能是叙事,抑或是说明,然而其间含有类目序列(itemization)的形式既非故事、亦非解释,我们很难从中发现这样做的目的。"①

我们能否舍弃叙事?

由于上述原因,有些历史学家放弃叙事,按照其他方法来进行他们的研究。(有关非叙事性历史的讨论请参阅第3节。)历史不必是叙事史。然而历史能否与故事完全分离——"histoire"与"histoire"分离、"Geschichte"与"Geschichte"分离? 加利(Gallie)曾断言:"历史理解就是领悟一个故事的能力的实践。"②其背后的意思是什么? 当利科(Ricoeur)说:"倘若历史与**我们在领悟一个故事的基本能力**完全断绝关系……它也就……不再具有历史属性了。"③利科所言正确吗?

假如我们在领悟历史时,的确存在不能削减的叙事元素,那么它又来自何处? 它是否能从历史本身——历史(甲)的进程中寻获? 抑或它乃出自历史学家的撰述——历史(乙)? 人们是否曾以故事形式叙述历史事件? 抑或故事乃是叙说人将其材料组合成一个吸引人的形式而架构成形的,就如委拉斯凯兹(Velasquez,17世纪西班牙画家)将调色盘上的颜料组合而绘成镜前维纳斯像(Rokeby Venus)? 下面就历史中叙事来自何处的问题,我将评论若

---

① Butterfield(1968),pp.172-173.

② Gallie(1964),p.105.

③ Ricoeur(1984),p.91.

干不同的看法。

见诸事件之中的叙事

第一种看法认为叙事乃历史本身所固有的。述说发生了什么事,你就已获得一个故事。此乃常识,只要查看不同语言中"故事"与"历史"两个词的相似性,就足以了解这一观点。普通人理所当然地认为他们从史书(那些经常被冠以《……的故事》的书)中读到的是真实故事,抑或近乎真实的故事。他认为事件塑造了他所读到的叙事。不只一般读者持此观点,加利的见解(如前所引)也是众所周知。较不为人知的是句子的后半部分:"只要这个故事确实是按照证据推论出来的,也就是在证据、作者的一般知识与智慧允许范围内,经过诚恳的努力而获得的故事。"①此处对"故事"的注解,表示真实故事存在于事件之中,以事件为基础。这是通常的看法。

知名历史作家卡尔承认说:"就我个人而言,一旦认识到我找到了一些重要的史料,我就手痒难当,立即开始下笔。"②笔者以为我们可这样假定,在撰述他那长篇的多卷本苏俄史时,他必然不曾怀疑他写下的叙事是一部塑造事件形式的故事。难道这不是所有信心十足的历史学家的态度吗?

加利说,了解历史如同理解故事般简单。我们从儿童时期,怀着愉悦的心情就已掌握了这种本领。由于加利不分历史(甲)、历史(乙),我们或许可以这样假定,他相信只要能领悟历史学家的叙事——历史(乙),读者就是在了解事件——历史(甲)。对他而言,如同对一般人而言,历史的进程与叙事的进程具有几乎完全相同的形式。

叙事出自历史学家创作:(a)韦纳的观点

第二种看法与前一种完全对立。这种观点认为,历史事件——历史(甲)本身并无形状,不能自然地形成叙事。在历史著作中,事件呈现出来的故事形态,乃是叙事人所赋予的。就这种观点来说,我们可先看看法国历史学家韦纳的观点,他说:"历史的领域完全是不确定的,只有一个例外:历史中所有的事情都真正发生过。"③对韦纳来说,直到某个叙事者或读者予事实以有组织的整理之前,事实并不能成为历史的材料。那么,故事又从何而来? 韦纳表示,故事来自情节。他对情节的定义如下:"纯粹出于人为且并不科学的混成品,材料有原因、目的和机运——生活的片断,简而言之,出自历史学家的任意剪裁,其中各个事实之间存在客观联系与相对的重要性……"④他视情节如历史学家在穿越事件领域时,追溯的路径或

---

① See Gallie(1964),p.105.
② E. H. Carr(1964),p.28.
③ Veyne(1984),p.15.
④ Ibid.,p.32.

行程。历史学家可完全自由地选择自己的路径,而所有路径同样地正当,只是未必一样有趣。① 没有历史学家能描述整个领域,因为路径必须有所抉择,不能通向每一个地方。路径中没有一条是真相,抑或是历史。而领域中并不存在历史学家的路径所途经的可被探访并被称为事件的地点;事件不是东西,只是可行路径的交会点。② 就如利科曾恰当地解说:"韦纳著述中的力量是……下述理念,历史只是情节的架构与理解。"③

叙事出自历史学家创作:(b)闵克的观点

美国哲学家闵克(Louis O. Mink)所持的观点,与上述观点相似,但稍有不同。他亦认为叙事是造作,但并未采用情节之说,而代之以纵观所有相关事实的观念。他曾这样说:"理解各个事件(各个分子事件)应采用的方法,并非逐事检索,而是一个足以将这些事件集结在一起的判断行为。"韦纳所见,是历史学家辛勤依循一个特殊路径穿越历史事件领域。然而闵克则立足于该领域之外,自领域中认知(或正或误)若干模式,并称此为"综观判断(synoptic judgement)"。④ 这实乃是一种鸟瞰的视野。

叙事出于历史学家创作:(c)怀特的观点

另一美国哲学家海登·怀特则更坦率,他否认历史自身呈故事形貌。他认为这个学说显而易见是不正确的,因为这个学说提出"历史本身就是成堆的活生生故事,只待历史学家将其化为借散文表达的对等物"。⑤ 历史叙事并非故事形貌历史的复制,而是"词语造作,其内容兼有创作与发现,而它的形式,与其在文学中对应者(counterparts)有很多相同之处,与其在科学中的对应者则相去较远"。⑥ 虚拟故事元素得以掺入,原因在于历史叙事是"一种语言创作,其主旨在于充作逝去已久且不能实验或观察的各个结构体与过程之范式(model)"。⑦ 简单地说,历史学家并不捏造历史事件,就此而言,所述皆实。然而,历史学家捏造的是相关故事。由此看来,历史叙事是一种"语言创作"。历史证据并不会给予我们任何故事,它给予我们的充其量不过是故事元素,而这些故事元素又可循不同方式予以编纂。

同样的事件,不同的故事

举例来说,倘若考虑数以百计的关于美国革命与法国大革命的著述,我们一定会发现它们之间大有不同。这些不同之处,一部分出于历史学家选取的证据不同,但是为数不多。沉

---

① Veyne(1984),p.36.
② Ibid.
③ See Ricoeur(1984),vol.I,p.174.
④ See Mink,in Dray(1966),p.178,191.
⑤ See H. White(1987),p.170.
⑥ See H. White,'Historical Text as Literary Artifact',in Canary and Kozicki(1978),p.42.
⑦ Ibid.

默的众多历史事件(例如萨拉托加投降〔surrender at Saratoga〕、巴士底狱的陷落等等)乃为历史学家周知。是故,深一层的差异则来自筛选,一个历史学家欲涵盖某些事件,别的历史学家却宁可予以忽略。即使如此,仍不足以解释何以读来犹如不同故事,而这些故事又可给予我们不同的效果,并且是刻意如此。每至故事结尾,我们都会质问"其宗旨何在?""其要点何在?"这与加利的论断,以为欲认识历史,我们必须能领悟一个故事,大异其趣。姑且如此假设,倘若我们这样做,我们看清与认识的,只是从头至尾的连续事件(亦即有些什么与如何至此)。但是,我们必须视故事为一整体。如是,我们就了解了该故事的情节,根据情节,方可理解故事。

编织情节的方法

故事的情节何以令人理解,加拿大文学批评家弗莱(Northrop Frye)解释说,因为(经由我们的生活以及近三千年的文学传统)人们业已熟悉若干类型的情节:如传奇(Romance)、悲剧(Tragedy)、喜剧(Comedy)、讽刺作品(Satire)。① 怀特曾说:"将所叙述的故事凝结成一个具体**类型故事**,并为该故事注入'意义',这就是对编制情节的诠释。如果在叙述过程中,历史学家"为故事注入悲剧结构情节,他就完成了一种诠释;若改以喜剧形式构造故事,历史学家又提供了另一种诠释"。② 历史学家"为各组往昔事件提供意义,它们所利用的乃是各组真实事件间的相似性与我们虚拟故事中的传统结构"。③ 在分析历史撰述的这种类型时,怀特提出,历史中根本不存在历史叙事的形态与意义,只是历史学家编造的。他曾坚称,若按照他的研究方法,历史可从两处获益,一是文学与历史间的亲密关系不是历史的缺点,而是其力量所在。二是倘若能发现可以赋予一组既定事件的所有情节结构,纵然并非各个结构皆适用于某组事件,历史仍然能因此而丰富。④

叙事形式寓于行动之中:奥拉夫森

第三种观点则又有所不同。不像第二种,第三种不认为历史撰述乃依循公认的文学形式——悲剧、讥讽作品等等而来。但也不像第一种观点,第三种观点并不坚持就一组事件只有一种(意即指唯一真实)故事可以述说。第三种观点提出,**叙事形式**可获自历史本身,然而能述说的故事不止一个。因此历史素来具有**故事形态**,但并非只有一种故事形态。这个观点的依据乃是人类的经验与行动,也就是先前章节曾讨论的事物。有两个美国学者支持这种论调,他们是奥拉夫森与大卫·卡尔。奥氏明确表示:"行动所含的理性结构(rational

---

① For his explanation and examples of these, see Frye(1971), especially pp. 162–163, 186, 206, 223.
② See H. White(1973), p. 7.
③ H. White, 'The Historical Text as Literary Artifact', in Canary and Kozicki(1978), p. 53.
④ Ibid., pp. 53, 62. Cf. Veyne's view of the plot as itinerary quoted on pp. 83–84 above.

structure）就是叙事的结构。"① 按照这种叙事结构,奥氏提出若干论点,这里仅参考其中相关的两个。第一个,"人类行动就是历史学家处理的首要事件,而历史叙事应该是一系列人类行动的重建,其中任一个行动及其后果,就是这一行动的前提,如此以往"。众所周知,历史学家基本工作素来就是叙说发生了**何事**,以及**如何**发生的。奥氏所说的历史中的"何事（Whats）",就是指人类行动。不论有意或无意,每个行动必有后果,而这种后果旋即化为人们后续行动的部分原因。至于所谓"如何",则是指人们的动机与抉择,而不是不具人性的历史法则。奥氏第二个论点则说:"欲掌握以行动连续性为基础的历史叙事,有一个条件,就是历史学家所选取之行动,在描述上应当同于当事人的描述,以及在某个方面受到上述行动影响的人的描述。"②例如1792年,巴黎市民在惊骇的冲击之下,允许"公民法庭"不经审判,就可直接处决犯人。历史上多称之为"九月大屠杀"（the September Massacres）。然而,在杀人者眼中,这是正义与爱国之举。奥氏的论点乃是表示,仅以我们个人所见来描述这些行动,必定不能了解这些行动。所以,无论如何的不情愿,我们都必须用"当事人曾施用的描述"来看待这些行动。比如说,视之为爱国与正义之举。当然,我们也应当以同于"某方面受到上述行动影响的人曾施用的描述"来加以描述。比如受害人的亲友就以为这些行动为真正屠杀,而奥氏之说仍然有用。欲了解人们的后续举动,我们就必须了解各方相关人士如何看待先前的行动,以及他们是采何种方式来加以描述。人有所行动,必然根源于一个共同的实际考虑,就是有意实现某些目标,至于现在,在人们看来或为障碍、或提供机会,皆必以此为基础而采取行动。这样,或许能产生一种新形势,并为个人及同代人带来目标、机会、障碍、方法或意义。然后,再根据前者再次采取行动,于是人类社会就能持续前进。正是基于这种实际考虑,当事人逐渐在既定形势下有所作为,历史学家亦能了解上述作为。因此,历史学家也得以把加以描述的同时又赋予解释的各个事件按顺序排列在一起。③

对历史学家至关紧要的行动延续性,儿童们非常了解。他们打断一个故事追问说:"然而他为什么要这样做?"故事的所有因素,宗旨、机会或障碍、结尾方式、他人看法、形势评估,幼童皆能明白掌握。这种模式就是人类行动与叙事的对等模式——至少持第三种观点的人是这么认为的。

叙事形式寓于行动之中:卡尔及个体

生活与故事之间的联系,对大卫·卡尔来说,则更为亲切,他深信我们每个人均将自己生活视为一篇故事。④ 在此,若重述一下各种观点或许对我们有所帮助。第一个观点主张历史本身就是故事。我们仅需有秩序的叙述各个事件,就已经获得了故事。第二个观点否认

---

① See Olafson(1979),p.151.
② Ibid.
③ Ibid.,p.165. See also the analysis of action in ch.2,pp.19 above.
④ See D. Carr(1986a),pp.117–131. For a fuller statement of his views,see(1986b).

历史事件固有某种形态,指出故事的形式不过是历史学家的一种抉择。卡尔则辩称叙事与真相之间存在相同的形态——也就是他所谓的"形式共同体"(community of form)。由于他的主张曾遭到第二个观点的排斥,因此他认为历史真相就是生活经验,就是人们对自身生活的所思所想。他以为这就是历史中的"什么",至于行动,则是发生了何事,而这是历史(乙)所涉及的。这种见解下的历史真相与柯林伍德所见不同,柯氏以为所有历史是,也必然是思想史。① 卡尔宣称:"叙事不只是描述事件的可行成功方式,其结构是各个事件本身所固有的。叙事不过是事件主要特征的扩展(extension),绝非相关事件的一种扭曲形式。"② 卡尔反对第二个观点,他否认生活是孤立事件间无结构的连续。但也不像第一个观点,他不认为一系列事件只因编年史的次序关系就得以形成一篇故事。他相信,存在于事件自身的结构,就是某个行动的结构。由于我们有所行动,事件乃能连结。当我们发现自己身处某一种形势,我们就有一个目标浮现于脑海中,我们进而会采取若干措施以达到目标。这就组成一个叙事的开端、结局及过程。由于可能遇到无法预期的事件的阻碍,我们可能无法完成目标。生活与故事皆会发生这样的偶然事故、悬宕及不确定,而这些就是我们的思考与举动。如上所述,我们自身先进行思考。这时,我们所作所为就是卡尔所说的运用"存于未来的回溯点(future retrospective point)来反顾现在"。③ 这意味着,当我们思考自身的行动时,业已投身于未来,到达之处就是我们的行动将来完成之处。立足这一点,我们就能回顾我们的行动是如何完成的。关于这一点,卡尔认为就是有意告诉自己一个相关故事。当我们面对"你在做什么"这样的问题时,给出的答案通常是叙说一个故事——就是有关形势分析、目标及达到目标方法等的一个故事。举例来说,可以这样回答上述问题:"我正在做书架,你看,我发现没有足够的空间来摆放我所有的书,所以我想弄出个地方摆放这些书。"你可以从答案中了解当时的情况、目标和方法,而这些就等同于一个故事的开端、结局和过程。因此,卡尔说叙事并非出现在行动之**后**,而是**同时**出现。然而,在行动结束之后,故事却经常被予以扩展或修饰(予以精妙的变形)。这就是事情正在进行之时,我们述说自己正在处理的事物的故事。

我们记得,讲故事的行动通常牵涉到三个当事人,讲述者(谁在讲故事)、人物(故事中的人物)、听众(故事讲给谁听)。以之前的书架故事为例,前两个当事人是由回答问题的人来扮演,至于第三个则是问问题的人。当我们告诉自己一个关于我们正在进行何事的故事时,我们则同时扮演了三个当事人。④ 历史学这个行业,就是不时向我们自己述说我们曾经历的生活,而这在若干哲学家或心理学家看来,就是组成人们自我意识的成分。⑤

---

① See Collingwood(1961),p. 215.
② D. Carr(1986a),p. 117.
③ Ibid. ,p. 125.
④ 见麦金泰尔(MacIntyre,1981),p. 197:"因为一生均在叙事之中度过,更因为我们以我们赖以为生之叙事范畴来了解自我一生,故借该叙事形式以了解他人,亦颇合宜。故事存在于述说之前;唯一例外就是小说。"
⑤ Cf. Dennett(1991),pp. 410 – 418.

叙事形式寓于行动之中:卡尔与社会

卡尔所言非止于此,因为历史关切较多的是人世间的群体而非个体。一个典型的国别历史学家(如米什莱、麦考利、班克罗夫特)是一国成员叙说其本国历史者。在这种情况下,述说人、人物、听众虽分由三种个体扮演,但三者却都属于同一个群体。其形势显然可与以下形势相比照,即由自己向自己叙说关于自己的故事。一般来说,个体将自身的经历编成生活故事讲给自己听,有助于该个体建构他的自我意识。同样,一个群体——一个民族(国家)、一个阶级、一个教会、一个行业——亦可依据下列方式建立自己的共同身份。首先是共同拥有若干行为与经验,然后将这些行为与经验的故事讲给他们自己听。回味卡尔的主张,不必等到事件过后才讲述故事。新闻工作者与历史学家不过是将我们告知自己所历经事件的故事加以扩展与润饰。1940年夏,生活在英格兰,并在法国沦陷后决定追随丘吉尔而不懈奋战的人,可将他们对生活的感受回忆成一个故事。他们不需要等到战后,让某些历史学家把他们当时的所作所为写成有意义的故事。许多年轻的欧洲人——在柏林、布拉格或布加勒斯特——亦会对他们在1989年那些激动人心的岁月中的所作所为拥有类似的回忆。卡尔这样说:"当**我们**紧握一系列事件,将它当作现在的轮廓,而它对现有阶段的意义得自于它与共有往昔或共有未来之间的关系。这样,**我们**就有了共同的经验。"①

先前曾讨论过(第2章),一个行动包含的元素有目标、形势评估、达到目标的方法、驱动力量。当我们在共同经验和共同行动间与他人分享上述元素时,比如1989年柏林墙倒塌,抑或1789年巴士底狱陷落,我们就已有社群意识。与事者可能如是说:"然后,我们才真正知道作为德国人(法国人)该是什么样子。"

与历史编纂相关的,就是新闻业者、自传作家、历史学家等所予以的后续叙事,他们并非只是重建一则在行动过程中我们经历并同时讲给自己听的故事,而是对故事作出变化与改进。然而这些后来添加的文学属性,并不产生叙事形式,并且将其加诸非叙事性真相之上(第二个观点)。卡尔坚称,叙事形式早已在那里。②

4.3 非叙事性历史

为何撰写非叙事性历史?

笔者曾以相当的篇幅论述叙事性历史,原因有两个:一是叙事乃是最为常见的历史(著述)形式(词语本身的示意与加利的主张);二是所有历史都有不可化约的叙事元素。不过,

---

① D. Carr(1986a),p.127.
② Ibid.,p.131.

绝大多数学院式历史著作并非依循叙事模式写成。为何如此？

首先，我们注意到，描述在许多叙事性历史中扮演重要的角色。希罗多德的《历史》（*Histories*，撰于公元前440年）就包含埃及与近东生活令人饶有兴味的的记载。同样精彩的描述装点了杰出的阿拉伯历史学家伊本·赫勒敦（Ibn Khaldun，1332—1406年）的著述。吉本与麦考利为他们每一个篇章付出了辛勤的劳动。伏尔泰的《路易十四时代》（*The Age of Louis XIV*，1751）可能是第一部完全描述式的作品。描述几乎在任何叙事之中均占有一席之地，因此在某些叙事中，描述逐步占据整部著述，自然不令人讶异。伏尔泰与布克哈特二人更证明历史撰述可随时间水平层面而展开，以取代传统的垂直流向而展开。所有的叙事，都有一个基本背景，必须加以描述或解释（除非叙事本身已是相当明了），才使读者得以领悟故事所言。当背景元素（自然灾害或农民叛乱）出现，并成为故事的主角时，描述与解释就更加必要。因此，传统历史的典型原是政治性叙事，然而有时也有经济与社会形势强行闯入故事之中，故必须视之为重要的因果因素。18世纪的启蒙作家——伏尔泰、维柯、孟德斯鸠、亚当·斯密、亚当·弗格森——曾借地理、经济、社会、文化等元素，探究了人类生活中的重要因素。此后，人们依旧撰写叙事史，然而任何一位有良知的历史学家皆不致忽略这些因素。

需要更广阔的视野

为什么他们是由历史学家来记载？为何不将他们留给社会科学家处理？基于许多理由，历史必须跳出政治性叙事的限制。人类生活就如一张五颜六色的地毯，是由多种不同类型的线索编织而成的。倘若历史学家想述说一连串的故事，他就不能将自己局限于一类现象（宗教、文学、人口、财政等等）之中。这亦适用于经济历史学家，情况犹如政治历史学家或社会历史学家。经济学本身，就是一个严谨而抽象的学科。因此它具有高度的理论性，然而经济历史学家一旦从这个高度下降至日常生活，他随即发现各类非经济因子（如宗教信仰、社会习俗、政治忠诚）横亘于他的计算之上。① 人们就是不会依循一条经济方面的理性方法来行事。然而以上问题的本身，并不致使编纂纯政治、纯经济，抑或纯宗教的叙事不可行。毋宁说它们显示了一个社会的生活是如此的复杂，所以需要一条线一条线逐步开解。不用譬喻性的语言来说，就是它需要经过分析。

这些线索——经济的、地理的、文化的、宗教的、人口的等等——都必须循其本身领域来了解。这些领域通常包含历史以外的其他学术专业的观念、语言、方法、价值观。这些专业（大概可称之为社会科学或人文科学）的特征是，时间范畴在其中所扮演的角色不如时间范畴在历史中所扮演的角色重要。事实上，大部分已完成的著述和大部分自然科学一样，根本不曾重视时间流逝。叙事派历史学家快速穿越人类事务织成的地毯，业已获致相当显著的

---

① The essays in Cipolla (1991), Floud (1974) or Tenim (1973) afford ample illustration of the point. See above, ch. 3, pp. 47.

效果。至于非叙事派历史学家则分析这块地毯,一步又一步,一线又一线的予以检视。检视过程中多以相关的社会科学作指引,而社会科学却又不大留意时间流逝。历史学家又是如何将这些观念予以整合并纳入历史中呢?

静态的记载如何处理变迁?

通常采用的解决之道如下,先预设他所关注的那段历史(文艺复兴时代的意大利、维多利亚时代的英国)可区分成若干科目(如经济的、社会的、宗教的)或主题("作为一种艺术品的国家"——布克哈特《意大利文艺复兴时期的文化》一书中的篇目),然后再以后续章节予以描述。在这种情况下,与叙事不同,阅读秩序并不依循事件秩序。①

于是衍生出两个问题。一是时段的问题。在这种情况下,历史学家先为要描述的时代设下时限,然后搜罗时限内任一时间的相关资料。如是,则涉及一个不成文的假设,就是在这个时段之中,想要描述的现象并无变化——不过此一假设几乎可以确定为是错误的。有时,历史学家在其著述内部分成两三个阶段,而每一阶段皆描述各个主题。这种作法,历史学家承认了一个阶段至另一个阶段的时间的变化,可是他仍然忽略了同一时段内的时间的变化。布罗代尔看出这个问题,为解决问题,他于是在《地中海史》一书中拟议一个方法,同一个故事他分别以三种速度不同的时间来叙述(见第 3 章)。然而依赫克斯特(Hexter)所见,这种作法仍未解决问题,因为历史是由数以百计的速度演变的。② 这个问题笔者深信仍未得到解决。时间是叙事历史的脊梁,对非叙事历史学家来说则是真正的谜团。

分析的困境

另一个经常遭遇的问题是分析。从一般书籍中就很容易看到,在描述一个时代时,关于社会的描述通常是以许多不同的方式来划分的。一本书的章节的划分,是否能按照组成社会的诸多元素来划分? 并且在元素的划分上,众人又能否一致? 试以一个著名的政治分析作品为例,比如纳米尔的《美国革命时期的英国》(*England in the Age of the American Revolution*)。该书篇章目次有"未曾革新的下议院"、"社会结构"、"基于土地的公民权"、"下议院与美国"等等。以上分法难以称之为英国政治组成部分的详细清单。难道这些不过是作者有意撰述的各个标题,因为他在这个方面握有丰富资料? ③

在叙事中,事与事之间的联系是清楚的,情节将诸事结合在一起。那么非叙事史(其典型是某一时段内的一个国家、城市、机构或一群人)又是否可深入分析其组成部分? 倘若其部分已经受检视,那么又如何能彰显它们可彼此相结合而构成一个历史的整体? ④

---

① Two noteworthy examples provide fascinating reading: Hale(1971) and Zeldin(1973).
② See Hexter(1979),p.137. Braudel elsewhere acknowledged thousands. See below,ch. 7.
③ For further discussion see Stanford(1990),pp.19–20.
④ For a brief discussion see Hobsbawm in Gilbert and Graubard(1972),pp.12–13.

20世纪,由于历史范畴的扩大,上述问题也随之而来。先前诸世纪,历史多聚焦于政治及宗教,20世纪历史主题急剧扩张,已遍及几乎人类行动的所有方面。同时,可接纳的证据也大幅扩张,以致所有能接触到的事物,都能为我们述说往昔。于是历史的许多次级学科(sub-discipline)也随之兴起,历史不再只是熟悉的政治、经济和社会等形式,人口史、风俗史、家庭史、科学史、思想史等等纷纷而出。关于这类项目,已有若干专业书籍列出清单并加以说明。①

每一个次级学科都有一种以上的学术专刊予以支持。并且每一项目自有其魅力与热心的附和者。然而上述有关时间、分析/综合的难题,在这些次级学科方面依然相同。即使这些难题并无解决之道,我们仍应面对这些难题。对于那些好问的学生而言,这些难题也经常遭到忽略。

马克思与年鉴学派

幸好!在历史编纂方面,有两个活跃的学派不曾忽略上述难题,只是奉行这两个学派的人士也并非一直能完全了解这些难题。其中之一是马克思学派,另一个则为年鉴学派——该学派得名于费弗尔和布洛赫于1929年创刊的杂志《经济、社会与文明年鉴》(*Annales: Économies, Sociétés, Civilisations*)。虽然有过分简单化的危险,我们仍然可以为这两个学派的研究方法做一个有用的对比。年鉴学派是以结构与功能的态度面对社会。② 此处稍做说明,结构主义者(structuralist)的宗旨是发现人类社会中的普遍元素,至于功能主义者(functionalist)的"注意力"朝向"一特定社会中……社会机构的真实运作"。③ 或许可以说,尤其是在他们全球历史(total history 或 histoire globale)观念影响下,年鉴学派业已解决了分析与综合的难题,然而却未能完全解决时间的难题。这个难题的主要阐释者,就是曾经是该学派长期领导人的布罗代尔,然而在他的同侪中,并无人认同他的解决方案。④

马克思学派观念的核心是,历史在时间中的发展就是不断冲突的过程。曾有人恰当地将这一理论描绘为"运行中的社会的一个普遍性理论"。⑤马克思学派的历史撰述的弱点却出现在分析与综合难题上。马克思本人的下层基础与上层结构的理论也相当不充分(见第10章)。该学派历史学家中的翘楚亦能意识到这一点。霍布斯鲍姆分析说:"由于摒除了在方向或取向上不断变化的历史因素,社会学(或社会人类学)的理论建构取得了巨大成功。"⑥

---

① Examples are Burke (1991), Rabb and Rotberg (1982), Iggers (1975), Gilbert and Graubard (1972) and Finberg (1962).
② See Stoianovich(1976), p.25.
③ Bottomore(1971), p.62.
④ See Hexter(1979), p.137. For more on the *Annales* school see Stoianovich(1976) and Burke(1990).
⑤ Pierre Vilar, quoted in Stoianovich(1976), p.131.
⑥ Hobsbawm in Gilbert and Graubard(1972), p.9.

为了双方共同的利益,两学派中许多历史学家都曾运用对方的理念,然而主要的难题仍然存在。比方说,如何进行精确而详尽的分析。其次,如何将已分析的元素与无休止的历史变迁洪流联系在一起。

4.4　其他相关论题

此处所列举的只是其中一部分,少数有用的书籍则附在本章参考书目中。

风　格

在历史中,有关沟通的主题之一,就是历史学家的风格(style)。我们在阅读伟大作家(如莎士比亚、弥尔顿〔Milton〕、蒲柏〔Pope〕)的作品时,常因他们词能达意的方式讶异不已。其实还不止这些,予思想以血肉的字词,竟是如此的自在、流畅与引人入胜。在这方面,历史学家能达到何种境界?哪些历史学家又最为成功?

风格的另一方面是它能反映作者的个性,尤其是他的世界观。他对生命,包括其中的欢愉、悲情、意义等,领悟越深,他的风格就越奥妙。伟大的作者也需要伟大的读者。我们能不断的回味大师,而每次都能有所收获,这就是原因。并不是大师们有了变化,而是他们在加深我们的印象时,促使我们更为成熟。

风格中这两个方面并非永远并行。就词能达意及反映个性而言,笔者所见,尤以吉本的风格最为精妙。倘若将他与他的同时代人约翰逊(Samuel Johnson)比较,论心智与领悟能力,约翰逊均略胜一筹,唯在风格表现上,逊于吉本。真正伟大的历史学家必能与吉本、约翰逊相提并论(迄今犹未出现)。我们评价历史著作时,不论其来自往昔、现今、未来,吉本与约翰逊已为我们定下标准。

叙　事

还有一件与叙事相关的事(前面已经提到),即在某些情况下,它不仅是历史的基石,也是生活的基石。相关论述可得自文学研究、哲学及心理学。至于利科、闵克、奥拉夫森、怀特、大卫·卡尔、卡罗尔(Noël Carroll)等作家,明显只是将叙事理论运用于历史撰述的起步,更有成果的作品仍有待来日。

非叙事

除了年鉴学派与马克思学派之外,还有采用主题研究的学者,如穆尼耶(Roland Mousnier)的《刺杀亨利四世》(The Assassination of Henri IV),采取拟人描绘(prosopographical)研究方法的,如沙马(Simon Schama)的《公民》(Citizens),以及其他许多商业史研究者和心态史研究者,如蒙德鲁(Robert Mandrou)、娜塔莉·戴维斯、基思·托马斯,更不用提运用电脑促成快速发展的计量历史。① 若干现代撰述模式的指南,已列入参考书目。对于当代历史学家之间流行的非叙事史,罗兰·巴特(Roland Barthes)说得好:"他们处理的是结构而非编年纪事。"他还宣称:"历史叙事已衰微,从此以后,历史的基石是可理解度(intelligibility)而非写实度。"②

结 语

本章所言是历史撰述——历史编纂。我们必须记得,许多历史知识是经由口授,尤其是经由讲课(lectures)传授的。然而在日益成长的亚文类世界(sub-literate world)中,历史也经由下列媒体传递,如戏剧、影片、电视,抑或图像等。这就是笔者采用"论述"做为本章标题的原因。叙事理论家曾将故事与论述进行区分,以前者为传送之物,后者为传送过程。前者素来是指一个可以摆在桌上观看的东西,后者则是经由时间得以延续且必须跟随时间之物。二者之别犹如一幅绘画与一首乐曲。"过程"之后,我们将关切产品——历史论述传送之物。在此,我们将主题转向对往昔我们所知、或自以为有所知的是些什么。下一章所谈,就是这类知识。

延伸阅读

Aristotle 1965	Harte 1971
Auerbach 1968	Hegel 1956
Barthes 1970;1984	Hexter 1972
Burke,P. 1991	Iggers 1975
Butterfield 1950;1960;1968	Iggers and Parker 1980
Canary and Kozicki 1978	Kann 1968
Cannon 1980	Kenyon 1983
Carlyle 1899	Lane 1970
Carr,D. 1986a;1986b	MacIntyre 1981
Carr,E. H. 1964	Mink 1966;1978
Carroll 1990	Munz 1977
Chatman 1980	Norman 1991

---

① For prosopography a useful introduction is Lawrence Stone's article of that name in Stone(1987).
② See Barthes,'Historical Discourse',in Lane(1970). There is no foreseeable limit to potential subjects for non-narrative history.

Cherry 1966
Cipolla 1991
Clive 1990
Collingwood 1961
Danto 1965
Dennett 1991
Dray 1959;1974;1966
Floud 1979
Frye 1971
Gallie 1964
Gay 1975
Gilbert and Graubard 1972
Novick 1988
Oakeshott 1967;1983
Olafson 1979
Parker,C. 1990
Rabb and Rotberg 1982
Ricoeur 1984
Rigney 1990
Stanford 1990
Stoianovich 1976
Stone 1987
White,H. 1973;1975;1978a;1978b;1987
White,M. 1965

第 5 章
作为知识的历史

历史知识并非奢侈品,也不只是其他更有压力的行业人士休闲时的娱乐心智之物,而是一个重要业务,它所要做的不仅是维护任何一种类型或形式的理性,而是维护理性本身。

柯林伍德

日久见真相。

埃斯库罗斯

这是真的吗？随着时日推移，我们真能对往昔多少有所了解？没有简单的答案，不过历史学家显然深信，"假以时日"，经由他们的努力，一定能让我们更接近往昔的真相。历史研究所产生的到底是哪一类知识？上一章讨论的是历史是如何撰述的，本章则讨论历史学家著述的可靠性。

历史知识、历史真相、重建往昔的相关问题：

1. 我们如何知晓我们所闻是真实的？
2. 所有历史学家是否皆有偏见？
3. 写出一部无偏见的客观的历史著作可能吗？
4. 如何能知晓往昔？
5. 我们是重建往昔吗？抑或我们建构的只是不同版本的往昔？
6. 想象力在历史中居于何等地位？
7. 什么是历史事实？
8. 历史学家真能知晓精确的往昔吗？
9. 历史学家所知究竟是何物？

我们都相信，往昔已有大部分为世人知晓。借助诉诸往昔，国家、民族、宗教乃能很好地证明它们的存在与权威是合法的。艺术、文学、科学（程度较轻）、科技亦依赖关于往昔的知识。新闻业者、政治人物、官吏、经济学家，乃至历史学家本身，莫不将其言论和职业生涯建立在他们所相信的已知的往昔。然而历史知识又有多可靠呢？

本章分为四节：

1. 历史知识是什么？
2. 建构还是重建？
3. 事实、真相与客观性
4. 想象

5.1 历史知识是什么?

知识之界定

知晓若干事情的意义何指？一位哲学家可能给予下列回答。如果并且唯有下列条件得以满足时，某甲(A)始能宣称了解某个命题(P)：

(1) A 相信 P；
(2) A 有相信 P 的良好根据；
(3) P 就是欲知之物。

因此，玛丽·史密斯(Mary Smith)乃能宣称她确实知道北方赢得美国内战，因为

(1) 她相信北方赢了；
(2) 她在大学中花了一个学期研究该战争；
(3) 北方真的赢了。

如此看来，这就是历史知识的一个好案例。但是我们再以约翰·布朗(John Brown)为例，他声称确实知道路德曾在16世纪时将基督教纯净化。我们可以接受(1)即他相信此事。我们甚且可以接受(2)，虽然只是单方面，他确实对路德时代的德意志进行了深入的研究。但是第三个，就是路德所为的确如布朗所述，我们可能不认可这一点。抑或以瓦尔德格雷夫(Horatio Waldegrave)为例，他是一名古典学者，曾宣称迈锡尼国王阿伽门农领导一支强大的海上远征军攻占特洛伊。我们可以承认他符合前两个条件，亦即他的信念以及信念背后的基础，但因无法确定真有其事，所以我们无法认可第三个条件。

历史知识必须依赖证据

布朗与瓦尔德格雷夫主张的支撑力量并非依赖第一个条件，因为信念不足以验证知识。(我们之中有些人，就如《爱丽丝梦游记续集》〔*Alice Through the Looking Glass*〕中的白皇后，她在早餐之前会相信六件不可能的事。)同时亦非依赖第三个条件，因为他们所提出的乃是具有高度争议性的命题，因此布朗与瓦尔德格雷夫宣称的知识，效力必依赖第二个条件，也就是依赖历史证据。曾就读于一所好大学的玛丽·史密斯，立刻向前两个人指出，这两个人应该彻底研究一下证据。如果这两个人这样做，必能发现还有相当多的证据反对他们的信念。因此，若按照哲学家的标准，这两个人不得宣称他们了解与路德或阿伽门农相关的命题。最多也只能说证据对他们所说有利。然后这两个人回过头诘问玛丽。玛丽声称她对内战的信念乃是真正的知识，性质不像这两个人所持的信念。这两个人追问："真正的知识！你如何证明？"她以自信的神情反驳说："不像二位，因为本人所知乃是真正发生过的事。""你又如何确知它发生过？"她回答说："因为所有的证据皆证明如此。""全部吗？难道你曾经检验过这次战争的所有可能

证据?""这个嘛,没有。不过凡是我检验过的都对我有利。"布朗与瓦尔德格雷夫回答说:"这还不是和我们完全一样。""你宣称历史证据对你有利。我们承认在有利程度上,你的情况优于我们,然而在原则上,是否有差异?你和我们一样,不能充分满足那三个条件。虽然就算我们都承认北方赢得了内战,但并无任何根据能超越第二个条件,即历史证据。所以我们不能认同你所相信的事实上就是实际情况(第三个条件),最多只是你有很坚实的基础而已。"

根据上述对话,我们得出结论:历史知识在某些方面有点奇怪,在原则上,它无法满足哲学家要求的三个条件。就历史知识而言,第三个条件归根结底就是第二个条件。似乎与知识的日常范例有所不同,比如说:"我知道我正在写下这一句话。"

历史知识的三个前提

在此,我们先看看我们所能确定的事物。

首先,历史声称其所关切的乃是真正发生过的事。[①] 若要精确地了解那些真正发生过或不曾发生过的事情,实有些困难。然而,当确定某些事物真的不曾发生过时,我们就把这些事物从历史中剔除,放进虚拟或错误之列。我们不允许以讹传讹。

其次,历史知识有赖于对证据的诠释。而这无法得自往昔,只能依赖现今犹存之物,其中包括遗迹、文献、回忆录,以及其他事物。进一步说,由于我们永远无法确定我们拥有全部的相关证据,并且由于人们对既有证据的诠释经常不一致,我们必须得出这样的结论:在许多情况下,历史知识都不过是一种可能性的平衡。当然,在许多其他情况中,历史知识几近真实,若在历史本身,即使是它的确定性所援引的根据也不过是对证据的诠释。

第三,如此众多困难的根源乃是时间。历史知识并非关于现世真相的知识(就如前例:我在写东西),也不是关于可能不具时限性的真理的知识,如"水由氢和氧组成"。历史知识永远涉及光阴,它所涉及的时间间距乃介于此刻与往昔中某一时刻,是数分钟或数千年的时间间距。同时涉及的时限还有另一种方式。我们所关切的任一事件或事物形势(比如林肯遇刺和中世纪欧洲的封建体制),均各有其时限,从刹那至数世纪。时光本身就是一个神秘事物。圣奥古斯丁(St. Augustine)坦承自己无知,迄今已近1600年。[②] 当然,如今我们已更有智慧。任何人都能解释光阴。不妨试试……

时间的维度

我们为历史下定义时,所需要的可能不外乎上述三个前提。提供所涉及的真相、对遗迹的注释和时间,我们就有了历史。只要有这三个前提,任何事物均可视为历史事物,我可以有石灰石的历史,也可以有蚯蚓、椅子、乳酪、银行业、歌剧的历史。在20世纪中,丰富的历

---

① See pp. 113–114 below.
② See below, ch. 7, p. 161.

史出笼,无需仅限于国王、战役和伟人。也许无人视历史为一个拥有特定主题(例如植物学)的学术专业,而只是当成认识的一种**方式**,抑或知识的一种模式。人们可以依循不同的方式来对待世界。我们可以依循实际功用来对待它,为实现自己的目的来利用它,比如做一个兔笼、安排一次国外度假。我们也可以用科学或理论的方式来对待它,比如为结晶的成形或候鸟的方向感确立普遍法则。我们也可以用数学的方式来对待它,比如在统计学及电脑等领域。当然,我们也能用历史的方式来对待它,将它视为一连串现象在时光中的延续发展。①

这种历史观,虽然出自一本极为畅销的著作——斯蒂芬·霍金(Stephen Hawking)的《时间简史》(*A Brief History of Time*),但并非人人皆同意。没有人能以比霍金更广阔的视野来观察"时间",他一直上溯至宇宙起源的那一刹那,甚至还预测宇宙会坍缩,以致时间倒转。不过,其他的历史定义都局限在人类生活,最多只能上溯至五万年或五百万年,视历史学家如何定义人类而定。大部分历史学家偏好的定义,是指从五千年前算起的历史。② 黑格尔,则更加严格,他认为唯有自身能了解自身拥有历史或生活在历史之中的民族,才称得上历史民族。③

三种形式的知识

然而,不论我们如何定义,历史所肩负的就是有关往昔的知识。④ 稍前,笔者曾说,就历史而言,我们只需要三样东西:往昔的真相、对遗迹的诠释和时间。那么,又如何用这三样东西构建出历史?

(1)先让我们思考这种知识所采用的主要形式。首先就是直接经验,多半是经由感觉获得。(有些人主张凡直接经验皆属感觉〔sensory〕,此处则不受这个问题的限制。)个人日常生活中,人们非常清楚环绕在身边的事物:人群、房屋、交通、其他事物等等。我个人非常清楚这些。然而,此际,我只不过是具有一定智能的动物——就像狗或黑猩猩一样。

(2)然而,我的知识却伸展得更远。直接经验之外,我还吸收了得自书籍、报纸、电视、照片、口述的许多资讯。虽然我从来不曾到过日本或月球,可是我仍然对它们有所了解。这种二手或间接的知识通常可由直接经验或一手知识(primary knowledge)来证实。因此当我初次访问纽约时,它的摩天大厦,抑或曼哈顿四周的水域,均不令我惊讶。我四处走动时基本没有遇到困难,因为事前已经知道一些街道或大道。这些事前资讯来自不同的形式。其中若干(比如摩天大厦的照片)是视觉经验的复制或展现。由于曾见过摩天大厦的照片,所以我一眼就能认出它来。至于曼哈顿是一座岛,这知识来自地图。第三种来源(口述),使我得

---

① For further discussion of time, see ch. 7, pp. 161–169, below.
② See below, ch. 7, p. 156. Also G. J. Renier quoted on p. 76 above.
③ See ch. 7, p. 160.
④ For the view that we cannot know the past, see below, pp. 113–114.

知纽约道路是以连续数字命名的,大道是南北走向,街道则是东西走向。漫步市区时,我又用上了第四种来源的知识,我的理性。走在第五大道上时,并无照片、地图、路标告诉我,四十三街与四十五街间仅差三个路口,这完全出于我的个人计算。

(3)将理性运用于二手知识,我们就开启了概念化知识的整个世界。真空状态下,物体坠落的加速度为9.8米每秒,零摄氏度时,水会结冰,鸟类是卵生的,所有这些都是概括知识(三手知识)的事例,大部分科学知识都采取这种形式。这类知识的建立(例如经由假设的形成与检验)与应用(比如笔者找到第四十五街),理性实在起了重要作用。这类知识有一大优点,那就是它以精华形式出现(容易传递和储存),同时许多场合都能用得上。

关于往昔的知识:一个范例

有关往昔的知识又如何?用各种不同方式来看,似乎与上述三种知识有很多共同点。然而,也有一点让人迷惑:它并不在那里。我的打字机、曼哈顿、鸟蛋、结冰的水,即便是月球,莫不是眼前世界中的一部分。但是亚历山大大帝、美国内战、笔者的祖母等,似乎均不在身边。它们在哪儿?笔者又如何得以声称认识它们?

就以笔者的祖母为例。当我写作时,她的照片正看着我。祖母给我的印象非常清晰。当然,我还留有她的许多纪念品如信件、书籍、其他私人物品。然而我声称我认识祖母的主要基础是我的记忆。我以为,这就是我能找到最接近的有关祖母的直接经验。可是我对她的了解并不止于此。还有些来自他人述说的与祖母相关的事,以及照片、文章等等。这些则组成间接知识,与我亲赴曼哈顿前所持有的关于当地的间接知识相类似。这就是所谓一手知识与二手知识。

我又能从概括的知识,亦即第三类知识中获得些什么?祖母曾饮食穿衣、结婚生子、高龄过世等等。以上诸事均可从我认识祖母的这个事实中推论而得。然而有关祖母的逸事,却无法从类似的概括推论而得,比如说祖母吃素、拒绝穿皮鞋、亲自教育所有的子女、为帮助病痛的邻居,她可以在半夜出门等等。从以上事实可推论出祖母个性很强。立论基础如下:当时的英国仍是非常传统的社会,人们认为妇女尤其应该依附于传统习俗。任何胆敢与之对抗,而又能在邻居间获得好印象的妇女,必然有坚毅的个性。这种说法看来又像是从亨普尔覆盖定律(Hempel's covering laws)推论而得的结果之一。这种推论究竟有何帮助?

这种推论结果能否告诉我们与她相关的新的事物?其实任何不曾和她直接相识的人,即使没有覆盖律的帮助,也都能从关于她的二手资料之中,认识到她的坚毅个性。至于她何以拥有如此坚毅的个性,覆盖律也无法予以解释,不过仍然令人好奇而想了解。因此这种概括(三级)的知识,在历史上的用途有限。唯有经由一手或二手的方式获得相当数量的某种知识之后,覆盖律始能起作用。这还得包括明白在何等境地和何种形势下,一个普遍法则始能运用于某一特定场合。当以上种种皆能得以确定时,普遍法则或可能告诉我们更多的事。然而,概括知识还有一个本质上的更大弱点,就是它忽略例外和意外。而这二者正是令人感兴趣之处。①

关于往昔的一手知识

笔者为祖母花了相当的篇幅,只因为与近亲相关的知识相当容易罗致。但是亚历山大大帝、美国内战呢? 毋宁说,他们乃被人当成历史知识的一部分。我们如何能声称我们了解它们与其他历史?

首先,我们倾向于立即排除一手知识。至今仍存活的人之中,没有一个能回忆美国内战,更不用说哈斯廷斯之役(Battle of Hastings)或亚历山大大帝。在这方面,我们似乎只能采用二手知识或三手知识。难道回忆不曾在其中扮演部分角色? 可能有,至少是民间记忆(folk memory)如此。在民间记忆中,确实存在若干一代传一代的理念、信念与态度。通常是以未经规划的方式进行,大大不同于一般的明确资讯。例如,笔者生于第一次世界大战之后,可是父母辈、祖父母辈对第一次世界大战的感受,笔者印象深刻。较之用其他方式获得的第一次世界大战的资料,前者实乃大不相同,并且更有效果。可能原因或许是笔者处于儿童期,年龄虽大到足以对他们的情感有相当感受,却不足以理解真实资料。是故笔者乃能了解亚历山大大帝、哈斯廷斯之役、阿波马托克(Appomattox,美国内战中南军向北军投降之地)之后的世代,也是以相同方式传递上述事物,乃能对它们产生深刻的印象。

记忆还通过另一种方式给予我们历史知识以帮助。任何成年人,都能回味二三十年前的世界,一个与今日相似,却在若干方面有显著差异,同时也无需大花心思就能深入了解的同一世界稍早的时代,并在脑海中为它绘制一幅图像(心理学家告诉我们这一过程类似回忆)。虽然必须进行调整(比如服装、车辆交通、娱乐等方面),可是要构想祖辈们生活的世界的图像并不很难,我们能很轻松的阅读那个时代的小说。以想象力构建早期的世界,正如历史所为。这项能力,似乎是记忆能力的延伸。试想一个与我们相同的种族,他们没有记忆,永远生活在现时。若想为稍早时代构建图像,他们难道不会遇到困难? 如何从暂时中分辨出较为持久的事物,不像我们,他们不曾拥有任何概念。他们也无法欣赏狄更斯或奥斯汀。②

关于往昔的二手资料

不论记忆有何样贡献,我们拥有的大部分历史知识必定属于二手或三手知识,已是不争之事。现在就让我们来检验这些历史知识。回忆一下笔者关于曼哈顿的二手知识,其中可分四类。第一,我曾见过它的照片。这非常接近某类历史知识。现在的照片、绘画、雕像等等,都能显示某人、某地或某物在往昔中的样子。倘若你遇到华盛顿,你很可能一眼就能认出是他。第二,我曾看过一份地图。与此类似的,不仅是历史地图(比如说18世纪中叶伦敦

---

① For Hempel and covering laws, see ch. 8, pp. 190 – 196 below.
② For narrative in fiction and history, see ch. 4, pp. 76 – 88 above.

街道图),同时也包括各种类型的解说图表。其中有些可能是显示菲利普二世或拿破仑时代的政府结构,抑或是东印度公司、罗马教廷或美国宪法的组织图。然而历史知识的最重要图表,迄今仍是年代表(diagrams of time)——国王或总统的世系表、各类型的大事年表。第三,曾有人告诉过我纽约的街道。这像历史学家所持资料的主要来源,得自文字形式(verbal form)的传述。曾有人教导说,无文献就无历史,这个说法不正确。但是,我们所知有关往昔的大多数知识,确实都来自文字形式——部分出于口述,大多出于文字材料。最后一种,则是用我自身的理性能力发现的曼哈顿。有时(就如笔者的事例)所运用的理性属于数学的。只要计算上无差错,上述方法还颇为可靠。在历史研究方面,运用统计和电脑的情况不断增加,足以显示上述方法的功效。① 然而理性也可经由其他使用方式(只是可靠性略差),这将我们带往三手知识或概括知识。

关于往昔的三手知识

概括知识可分两种形式,先验(a priori)知识及经验知识。**前者被定义为无需借助经验就可获得的知识**。先验知识的两种标准类型分别为数学与逻辑。**经验知识则出自经验**。它乃属常见的一种。的确,用在历史中的通用知识大多为经验性知识。

演绎与归纳

简单地说,涉及通论的逻辑过程有两个——**演绎与归纳**。演绎主张欲肯定前提却又否定结论而不致自相矛盾的,实无可能。例如:

> 棋盘上所有方格非黑即白。
> 右下角的方格非属黑色。(以上为前提)
> 因此右下角的方格是白色。(结论)

在这里特别明显,倘若你不接受结论,你就必须否定前提中的一个。你不能做的(在不自相矛盾的情况下)则是接受前提而不接受结论。后者必随前者而来。演绎性论点非常精确。

不精确乃是由归纳带来的。以一个著名事例说明。二百年前,天鹅仍被视为纯白色品种,所有天鹅都是白色。每个人都认为所有的天鹅都是白的,因为人们所见到的天鹅都是白的。"所有天鹅都是白的"这个普遍概念是从许多个别事例中——"这只天鹅是白的","那只天鹅是白的"等等——推断出来的。**从未有例外被发现,这样建立的普遍法则,就属于归纳法**。不料,人们竟然在澳大利亚发现了黑天鹅。这个普遍法则显然是错误的。归纳过程就有错误。你可以从所观察到的若干数量特定情况来进行概括,然而只要碰到一个反例,就

---

① For the latter, see, for example, Denley and Hopkin(1987), and the journal *History and Computing* (1989 -).

能否定这个概念。根据个人经验,你可以相信所有德国人都讲求效率,或所有威尔士人都会唱歌。一旦你遇上一位头脑不清楚且无效率的德国人,抑或一位声音如谷壳破裂的威尔士人,你原先的归纳就无效了。问题就出在人们不可因"凡我检验的甲都是乙"而得出结论说"凡甲必为乙",因为不论你曾经观察过多少次,且次次都符合你构成的通论,你仍然有可能在某处发现例外。

虽然不完全可靠,通论仍然很有用。倘若我遇到的每辆车,如果方向盘右转,车子就会右转,于是每当我驾驶一辆车时,我都依赖"方向盘右转,所有车都会右转"这个通论。的确,我这样做是在冒生命危险。一位朋友讲了一个爆笑的故事,他到附近修车厂取车(修理毛病)回家,但方向盘是反方向的,将它左转,车轮就右转。你永远无法确信不疑。

历史通论

非常明显,逻辑上的困境为把通论用之于历史提出许多疑问。在现时世界中做出通论可能很有用,可是它们可能使我们在面对往昔时步入歧途。在今天的英国,使用童工乃属非法。童工遭到道德上的谴责,并且童工也是真正贫穷的表征。然而在18世纪20年代,有公共情怀的笛福(Daniel Defoe)曾在其著作《不列颠全岛漫游记》(*Tour through the Whole Island of Great Britain*)中,非常高兴地看到约克郡有众多童工,他认为这乃给所有人提供工作的象征,如此一来,全家人都能有足够的食物和衣服。

任何从事历史研究的学生,都能提供足以证明这种通论在某一具体的事件或地点失败的范例。可是另一方面,我们在日常生活中不能不依赖无法计数的有用(但绝非永远无误)通论,因此没有它们,我们亦无法期望了解往昔世界。撇开滑铁卢之役不谈(参见第8章),若无反面证据,获胜者通常必是士兵较多且较精良,抑或将领经验更丰富的一方。这就是所有有关往昔通论的一个实例,除非有很好的证据说明它们不适用于某一场合,否则我们就应该假设它们适用。问题在于,通论不会告诉我们哪些是它不适用的特殊事例。结论就是我们必须依赖别的知识来肯定或否定一个通论。很明显,我们不能单纯依赖通论,除非它们属于先验概念,如人们在数学中使用的那种。因此,我们必须与某些特定知识密切合作,始能运用通论。这种特定知识必然是出自一手或二手知识。若事件已超出记忆所及,我们只有二手知识。

二手知识的重要性

二手知识具有独特性、经验性、间接性。上述曼哈顿范例中已有所见,它通常基于视觉图像(图片)、结构图像(图表和目录)或文字描述(文献或言语)。除了描述性材料之外,还可以添上以遗迹为基础的历史知识。遗迹中的特殊情况是记忆,先前业已讨论。其他情况则有古建筑和其他物质物件;各种制度、机构、风俗、习惯、半实体半理念的事物(如政府);语言、观念和观念体系乃非物质的纯理念事物。以上各种知识资源,均可构成历史学家的证据,然而必须先予以诠释。我们将在下一章讨论证据。在此,我们只考虑从上述资源衍生而来的知识的性质。

5.2 建构还是重建(Construction or Reconstruction)?

展现往昔

据说,恶劣教学出现在下述情况之中:词语从教师的讲义流入学生记事本成为笔记,却不曾流过双方的大脑。良好的历史教学又是什么情况?这始于一种心智图像,亦即是在教师心智中为往昔的某一阶段或方面形成构架,然后透过语言将往昔的这一图像传递至学生脑海中。有时,它足以成为心智中崭新的一页。更常见的则是学生已有若干这部分往昔的图像(多少有点粗糙、有些不足),教师的话语则能对学生的既有知识有所补充、强化、纠正,尤其是增长。此后,学生又因进一步的阅读、研究,以及个人理性的成熟化,了解随之加深,直至他精通这门课程。

回到教师身上。她如此成功地向学生传授的知识,究竟属于什么性质?是不是往昔的忠实重建?抑或只是她个人制造而成的,到底是不是往昔的再现?简单地说,关于往昔的知识是一种重建,还是一种新建构?

往昔的重建

人们有时会谈论重建往昔。严格地说,重复往昔实无可能。数年前,曾有一批志愿者,依铁器时代条件生活了12个月。他们完全依据两千年前英格兰西南部可以获得的资源度日,真正的去修建茅舍、纺织粗布制作衣物、耕种田地、饲养牲畜。他们与赞助他们的考古学家从实验中学会许多事物。然而,他们的努力却无法完全重建往昔。在物质生活上,他们可以模仿祖先,心理世界却不能。这批20世纪的青年男女曾忽略了他们前辈所知的许多事物,同时他们也无法从脑中消除现代的态度——尤其是关于自然界、宗教、两性关系等。这个迷人实验所带来的教训,最重要的即往昔着实无法全然重建。柯林伍德关于历史知识乃得自往昔在心灵上的重演的理论,或许该修正了。①

模式的价值

然而,我们不必放弃希望。"实验"一词让我们想起的是科学实验室。在科学实验室中,化学药剂被置于试管中处理,微生物生长在玻璃盘上,模型船则放置在水箱中承受人工风力与波浪。以上实验有一个共同点,即皆非处于真实世界中,而是在前者的模型下进行。为了

---

① See above, ch.4, pp.76,87.

进行实验,所有非主要因素(如工业程序、人类疾病、大西洋的风暴)皆予以消除。实验所允许的,只是实验者有意检验的某些元素(化学的、生物的、物理的)作用与相互作用。每一个模型都代表真实世界,但并非全部的真实世界。每个均是专为某些特定目标设计而成,因此在每一个方案中,哪些被剥除,哪些被允许,又各有不同。

我们应该已经明白上述实验与历史知识相似之处。没有一位历史学家能期望得以重建这个往昔(或部分往昔)。铁器时代实验业已证实这一点。也没有一位历史学家得以重现往昔丰富与多元的全貌。在认识往昔面貌的多个方面,现代历史学家较前辈们更谨慎,鲜有历史学家试图进行全面描述。或许他们认为这种事若交给虚拟故事来处理,可能更有说服力。有趣的是,戏剧家或小说家更能令读者产生看到往昔,甚至融身于往昔中的幻觉,而非历史学家。

今天,历史学家越来越像科学家那样处理事件。他们从真实世界的复杂丛结中,抽出若干特质,无关的一概省略。此类模型究竟是建构或重建的问题已无关紧要。就模型是为特定宗旨设立来说,他们是建构。若就意图重现真实世界若干形貌来说,他们则是重建(reconstruction),一如化学家在试管中的所作所为。他的实验既是真实的,也是人为操作的。

历史中模式的问题

然而二者之间仍然有一个重大差异。通常,在决定将哪些预期因素纳入模式,哪些则予以排除之前,科学家可以自由检验存在于现实世界中的实际情况(比如鞣革、海中之船)。历史学家却没这么幸运。比如说,历史学家去探究15世纪布里斯托尔港的功能,抑或探究殖民时代马萨诸塞州的农业。较诸科学家,历史学家将面临两个障碍。一是无法查验当时世界中业已消失多时的实际状况。第二个障碍则更糟糕。理想上,他曾预期采纳所有相关事实,并摈除所有无关的事项。实际上,他根本无法做到,由于证据稀少,已不容他筛选事实。15世纪的布里斯托尔港、18世纪的马萨诸塞州,留存至今的遗迹甚少。所以历史学家模式中所欠缺的,绝大部分并非出于历史学家检查证据后,把以为不相关的证据予以省略,反而是因为历史学家对此无知使然。因此关于上述二者如何运作,历史学家必须进行概略的揣测(根据其他方面的知识),由此逐渐在脑海中建立起一个固定的图像,随着模式的成形,采纳与排除证据,历史学家也就更自信。然而,他仍须不时提醒自己,他真正需要的资料,大部分已经消失。所以他无法肯定自己业已纳入所有相关事实,也无法肯定他所排除的肯定是无关的事实。因此,检查的证据越多,工作进展越快,所建立模式越发定形……他所树立的模式就越来越符合他个人的信念,而非出自现实世界中的实际状况。

模式的改进

上述结论不免让人忧虑。我们岂不是在推断说所有历史均属欺骗,抑或更糟,是自我欺骗?幸好!科学家的经验再次为历史学家解惑。纵然科学家享有检验现实世界实际状况的优势,却一样无法逃脱类似的陷阱。哥白尼与开普勒的著述问世之前,人们认为宇宙是以地球为中心,其他星体围绕地球作环形或圆形转动的体系。在哈维之前,人们都认为血液在心脏中如潮水来回往复地流动。科学史上有成堆这样的模式——原是错误模式,人们据此不停地研究,逐渐将其改变为可信的模式。那么,科学又是如何进步的?大致可分成两种方式,都是科学与历史进步的关键。一是不断调查,搜寻更多证据。我们也得承认有危险,由于承担调查工作的人,在个人所立足的目前堪称成功模式的引诱之下,永远将新证据诠释成足以支持他的理论的证据。科学哲学家如波普尔、汉森(N. R. Hanson)、库恩(Thomas Kuhn)和历史学家中的巴特菲尔德等,均曾犯过这样的错误。虽有这种危险的存在,我们仍然深信,随着挖掘山棘手的事实并消除出它引发的问题,这种经验将使我们进步。

供科学家和历史学家运用的另一种资源,就是二者的同侪。专业领域的学者关注的不仅是自身从事的研究,也兼及同侪的研究。经由合作、讨论、讲学会、学术会议、学术期刊、书评等,一位学者的著述必定被置于理想批评人士不断批判之下。然而也有危险,新出事实会被放在旧的窠臼之中,仅因与既有的不符,就遭到我们的排斥,库恩曾就科学中发生的这类事实有所记载,已是众所周知,巴特菲尔德为历史方面所做的贡献,可能较不为人知。① 然而,因与既有理论不符乃致新观念遭人扭曲或排斥的倾向,非独见于科学家与历史学家,整个人类亦是如此,并且可见诸生活的各个方面,不只是军事或宗教方面。如果说科学家与历史学家比一般人更警觉这种危险,虽然也一样经常犯错,却不像一般人那样易于犯错,我们应该公平地对待他们。在科学与史学之中,谦虚乃是必要的美德。

5.3　事实、真相与客观性

我们如何知晓它是正确的?

德国历史学家霍尔本(Hajo Holborn)曾一语道出历史知识的核心问题。他说:"根据事实,并经由学者的主观经验,方能获得有关往昔的客观知识。"② 这种"有关往昔的客观知识",早在 1824 年德国伟大历史学家兰克就为它定下界限。在他的大作《拉丁与日耳曼民族史》(*Histories of the Latin and Germanic Nations*)中,他表示无意予往昔以审判,只想"如其所是"般予以展示。③ 兰克原文如下:wie es eigentlich gewesen。自此以来,这句话就如厉鬼般附身于历史学家之身。显然,历史学家的描述应承担这种责任,然而他们又如何能确定所为如是?对其他人而言,这个问题更严重,除去历史学家告诉我们的,我们又有何方法认知实际发生过的往事?理论上,任何人皆可亲身检察证据,以检验历史学家所言。确实有试图这

---

① See Kuhn(1970);Butterfield(1960),pp. 142–170.
② Holborn(1972),p. 79.
③ See Stern(1970),p. 56.

样做的人,然而成功者却凤毛麟角。困难就在于彻底检验所有相关证据需具备智慧、一般历史知识及特殊的史学技巧。同时还需要接触史料资源(除少数有声誉的历史学家之外,通常不对其他人开放),并且花费大量的时间、精力与金钱。当有人能满足(通常不可能)上述要求,他本人就变成了历史学家。因此,所有非历史学家(人类中的绝大多数)仍是完全依赖历史学家所言。

看来,一旦超出我们的记忆,我们关于往昔的知识就完全依赖历史学家。当然,这并非灾祸。难道我们不也一样依赖天文学家、核物理学家、地质学家吗?

不一样,方式有所不同。原因就在霍尔本的那句话,"学者的主观经验"。关于自然界的知识(必须承认大部分依赖自然科学家)无需经由任何人的主观经验,抑或至少无需经由这样的东西。① 不过还是得指出,即使是纯科学,也不尽然如一般人想象的那样"纯",此说或许能给予历史一些辩白。

人们定义的客观与主观

当我们说"客观"或"主观"时,其意何指? 试想一张放有一大块荷兰乳酪的桌子周围围了一群人,看着乳酪并加以讨论。有些人会这么说,乳酪的个头大、呈圆形、红色、在桌上、恐怕有几公斤等。以上陈述皆属客观,因为多根据乳酪的状况而发。至于还有人说,这块乳酪令人垂涎、另一人则说令人作呕、第三人说令他想起阿尔克马尔(Alkmaar,荷兰城市)的节日,第四人说它看来像仲秋傍晚初升的满月。这些陈述(皆因乳酪而发)所涉及的是观察者个人的口味、联想和记忆,故称之为主观。**因此,客观乃是涉及对象,而主观则涉及观察者。**霍尔本所言,就是关于一事件的客观知识(比如说约克镇投降),唯有经由历史学家的主观(个人或独到的)经验方能获得。

其实,历史学家关于约克镇投降的知识多属主观。理由大体如下:首先,历史学家借助各种书籍与绘画(二手资料),以及多少与事件共属同一时代的种种信件、军事及政治报告、日记、回忆录、报纸等(一手资料)形成了他自己的观念。上述资料更因历史学家个人对政治、政府、军事、海权方面的一般认识和其他相关思考,而得到补充与润饰。这样形成的观念或架构,可谓历史学家个人的主观经验。再者,若就"主观"另一层意义来说,历史学家属于法国人、美国人抑或英国人,具有军事史、外交史或社会史专家等身份差异,无疑使这个事件呈现不同的*意义*。

更深一层考虑乃是即使是一手资料,其内容为撰述者对某事件的所见所闻(抑或以为即是所见所闻),而这仍是主观经验。所以可以这样说,唯有特定的人类活动和资料被以某种方式所感知,一个事件方始发生。当事人与目击人对所发生事情的主观经验和理解,是事件

---

① 关于自然科学多少受到科学家主观经验影响一事,可见詹姆斯·沃特森(James Watson)对于 DNA 微分子结构发现经过的记叙(1970)。同时亦可参见 O'Hear(1988)的深入探讨。

构成的第一要素。① 如果一名来自亚马逊流域的土著印地安人突然来到约克镇现场,整个景象对他来说必然是一团完全不可解开的迷雾。因此,主观经验至少有三个有序的层面:一是当事人与目击人,二是报道人——军事的、外交的、新闻的,最后是历史学家。等到你读完约克镇投降的相关书籍后,你的理解随即成为主观经验的第四个层面。

文字与客观知识

我们又如何获致客观知识呢?抑或说,"客观知识"在历史上何指?显然不像观察乳酪所得,它绝非对相关对象的直接感官认知。它必然是一种间接知识,并且几乎完全借由文字媒介而来。(笔者无意忽视关于事件的绘画、图表,或其他资料,然而这些资料通常伴有文字解说。历史证据大部分为文字形式乃毋庸置疑。)随文字而来的,则是语言及其相关问题。笔者文辞所指,与你所理解的是否相同?不尽然。尤其你我在时代、阶级、族裔、文化,甚至整个背景有所不同时,更是如此。有关语言与意义问题的著述数不胜数。因此可以这样说,为了陈述,人们必然将任何"客观"历史知识置于文字之中。若想理解我们对世界的描述(如维特根斯坦〔Wittgenstein〕所言),双方就必须在世事形态及我们的遣词造句两个方面保持一致,在判断及定义上保持一致。② 有鉴于此,笔者指出要点:**所谓历史客观知识,不过是历史学家公认的若干描述。**

事 实

事实又何如?难道历史学家不曾以符合事实而非虚拟自诩?笔者以为,**一个历史事实就是历史学家公认的关于往昔的一种判断**,例如君士坦丁堡在 1453 年落入土耳其人之手、林肯在华盛顿福特剧院遇刺。而罗马帝国的灭亡是由于领导人沉溺于奢侈、腐化,抑或奥斯瓦尔德(Lee Harvey Oswald)刺杀了肯尼迪,笔者则不能自信地称其为事实。它们或者为真,但也可能为假。故历史事实的地位一直取决于历史判断。"**事实就是一个陈述(如果真实)中叙述的事实,并非一个陈述相关的事实。**"③ 上述事例中的前两个是事实,君士坦丁堡、福特剧院则是相关的事实。如果(我们相信)陈述属实,其所叙述的就为事实,事实就如其所言。如果陈述是错误的或可能是错误的,则它所言就不是事实(如后两个事例)。于是,整个问题就在于真相。我们能解决真相问题时,事实问题亦在同时得以解决,而不是在此之前得以解决。④

历史中的真相

我们必须面对历史中的真相这个问题。"事实"的观念就依赖这个问题。历史中的"真

---

① For further discussion of this point, see ch. 7 below.
② See Wittgenstein(1968), I, 242, p. 88.
③ See P. F. Strawson, 'Truth', in Pitcher(1964), p. 38.
④ For further discussion of facts in history, see Stanford(1990), pp. 71 – 74, 79 – 81.

相"的观念或可依循下列两种方法来看,但二者并非完全没有问题。**第一种方法是将真相视为真实陈述的属性**,也就是我们常说的——说出真相。**第二种方法是把真相视为目标**,也就是所有学术专业训练之目标。当我们说,我们有意了解罗马帝国灭亡的真相时,实已暗含这是确实可知的意思。这不啻于承认存在一大堆真实陈述,除此之外,没有别的可说。这个目标具有完整性或终极性。就这种方法来看,好比示意有一个结束点,就好像上山的各条道路,最后都会在山顶汇合。(然后,你将往何处去呢?)

先回来讨论第一种方法(真相是真实陈述的属性),真实的历史陈述又有何指?假设你身处1865年4月某日傍晚时分的福特剧院,亲睹刺杀事件,那么你对它有一手或直接的认识。稍后,你把此事告知朋友,施以绘声绘色的描述,以使他们感同身受。他们的认识,不论如何生动,终归是间接的或二手的认识,得自你的言辞与表情。那么他们所认定的是否就是真实?当他们转告他们的朋友时,他们的陈述又是否真实?长此以往,一个世纪之后,通过多种渠道,消息传到我耳中。我所闻是否如实?此处的"真实"又有何意?笔者以为在20世纪90年代所听到的,若与你在剧院当晚所见一致,就属真实。倘若我的二手知识与你的一手知识相符,那就是真实的。(你可曾记得,笔者关于纽约的二手知识在笔者初访纽约时获得了证实。)总之,至少是我们所谓的真相。

全部真相?

我们的意思可能不止于此。我们可能意指有关刺杀的真实记载必须是全盘记载。不仅必须和你的所见所闻相符,还必须与在场每一个人(包括布思〔Booth,刺杀林肯的凶手〕和林肯)的经历相符。这增加了难度,并非每个人在回忆或重述时,都有如你一般绘声绘色。同时,我们可能想要更多的事实(广义上的事实)。比如19世纪的枪械、弹道、当时医药知识的概况,甚至是什么意识驱使布思和林肯都前往那个剧院。这些并非是在场的任何人的阅历,但确实是历史知识的相关部分。当然,我无意就此打住。关于林肯的死亡过程,并无更详实的报道,笔者不以为有任何人就此满足。我敢打个包票,关于这个问题,历史研究将会继续,并将会有更多的书籍和文章问世。①

我们似乎已从看待真实的第一种方法进入第二种方法。我们已从一位目击者真实陈述所包含的真相,走向林肯之死的真相(全部的真相,舍此无他)。假设在片刻之间,这样做已经变成一个有意义而且能达到的目标,还存在什么问题?你或许已经猜到了一个,那就是并非所有目击者都互相一致。此乃造成持续研究的一个原因,因为一份真实的记载必须前后一致。除非等到所有的不一致与矛盾皆已解决,否则我们就无法满足于我们所获得的真相。假设上述问题业已解决,我们获得了相当数量的一致说辞,至少是不相矛盾的说辞,即使如

---

① By 1962 the American Civil War had produced nearly 100,000 volumes. See Don E. Fehrenbacker, 'Disunion and Reunion', in Higham(1962), p.98.

此,丹托仍提出了一个问题。简单地说,就是不到历史终结,我们就无法予任何历史事件以完整记载。① 下面是第三个问题,不论林肯死亡的真相是否就是与其相关的真实陈述的汇集,为了支持第二种方法,任何人都免不了认为真相确实超出这些记载。毕竟,我们说这些陈述是真实的,只是因为其所叙述的皆为发生过的事。因此,真相并非真实陈述的汇集:它更像是"当时的实际情况如何"(就如兰克1824年所言)。**真正发生了何事才是关于林肯死亡的陈述是真是伪的评判标准。**

意 义

让我们看看另一种选择:我们追求的真相不啻于众多陈述。目前,陈述是由文字表达的。文字不过是符号,是一个个关乎现实的随意、约定俗成的符号。我们皆知星条旗代表美国,然而一个有智慧的人,非常可能完全不知这种意义,他所见的只是一条彩绘的布片,他就是不知道这个习俗。旗帜与国家间的关系完全是人为规定的,它们之间并无必然的联系。至于"布思刺杀林肯"这几个字与若干特定的人类行动或事务进程之间,并无必然的联系。把二者联系在一起的只是一种以实用为目的的习俗。这是关于符号(不管是旗帜还是文字)的**意义**的问题。

目前,陈述的意义与陈述的真相之间是有区别的。"亚拉伯罕·林肯死于1870年"是一个有意义但无真相的陈述。"对我来说,异亮氨酸是出现在利尿素中的氨基酸"毫无意义,尽管我相信这是事实。如果林肯之死的真相(抑或往昔的任何事情)不过是各个陈述的汇集,那么我们必须确定这些陈述的意义,如同这些陈述的真相一样。当然"布思刺杀林肯"这个简单陈述,不会有许多歧意,倘若真相是由所有真实的陈述组成的,那么想想其中一些陈述所涉及的意义问题。谁能确定他能全部理解? 我们能确定我们所用的文字的意义一致吗?②"美利坚合众国"一词的的意义对我而言,与对你而言相同吗?

总之,我们是由"事实"走向"真相",又从"真相"迈向"真正发生了何事",最后则到达组成的"意义"。虽然真相及意义(见第10章)两个方面仍有许多可说,但此际我们能接受"历史知识"就是有关"真正发生了何事"的知识。现在,仍有两个问题有待解决:"我们所知道的是什么"以及"我们是如何知道它的"。

应当消除的疑虑

最后这两个问题,容易令人误以为简单,我会在以后的章节中叙述。本节结束之前,实有必要略作论述,才能将我们从完全的怀疑主义的边缘拉回。这种怀疑主义通常表现为两个疑惑。首先是对于往昔,人们是否能拥有特定的知识,例如任何关于往昔的陈述(例如"林

---

① See ch. 4, p. 80.
② See Wittgenstein(1968) and the discussion above p. 109.

肯死于 1865 年"),是否能判定其之真伪。其次则是关于往昔的知识究竟是否可能获得。

就第一个疑惑来说,可能会引起各种困难。笔者先前曾指出这些困难,如资料来源、间接知识或直接知识、证据的传达、描述,以及作为一种符号或意义体系的语言等。笔者详列这些,目的在于质疑史学中天真的实证主义观,这种观点将无误性赋予史籍中的文字,犹如原教旨主义者之看待《圣经》或《可兰经》。这种历史观多见于 19 世纪,而非见于较为清醒的 20 世纪。阿克顿勋爵(Lord Acton)深信他及同僚可完成一部终极的、绝对的、全无偏见的欧洲史。[1] 今日任何著名的历史学家均不信有此可能。

波普尔的示意

然而,若能从科学哲学家波普尔的大作有所学习,我们就能重建视角意识。我先前已经说明,他的关于可证伪性(falsifiability)的理论声称,无论经由多少次观察,都无法证明一个假说为真,但只一次就足以证明其为虚妄。[2] 科学家的任务就是树立一个假说,然后设法予以驳斥。若它能在越多的驳斥之下仍然屹立不倒,它就越接近真实。另一方面,倘若观察所得足以予它以驳斥,那就基于观察修改假说,这种新提出的假说也就更近真实。于是,经常出于心智建构而成的假说,在其与现实接触之下,经由塑形再塑形的过程,终能使它们更接近真实,我们乃可这样说,它在现实的洗涤下塑形。[3]

接近真相

波普尔之探究科学真相与历史学家之探究历史真相,方法上相当相似。不过这种相似不是指运用一般假说,而是二者在消除错误和逐步接近真相方面曾经援用的方法。二者的进展,并非在于确定我们所知的事物,而在于确定我们所**不**知者为何,并逐步将我们的无知范围向内收缩。

例如,1085 年至 1086 年间的英国全国土地赋税调查书(《末日审判书》),是英国中世纪史的重要资料来源,除非我们知道调查书的目的何在,否则我们就无法确言我们对它的了解无误。它是否如同当时的另一个重要资料来源《盎格鲁—撒克逊编年史》,也是为了后代福祉而编?它是否是一部法律记录,显示某人拥有某些土地?还是关于英国所有郡、市、乡村的行政通览?它是否是一部封建义务的记录?抑或人口普查表?还是利于征税的财产登记册?在以上数个设想之外,还有其他设想,每一个似乎都有理。经详细检验之后,我们已能消除若干设想,其余则视为可能。如今,大体上大众认同的设想有三个,分别为封建记录、财产登记册、土地持有声明。

另举一例,即使是历史数字,通常也不够准确。美国内战期间南方作战的军队的动员总

---

[1] See Acton's letter to the contributors to the *Cambridge Modern History*, in Stern (1970), pp. 246 – 250.
[2] See ch. 3, p. 61 above.
[3] See Popper (1959), p. 33 and passim.

数(不像为北方而战的军队的动员总数留有较完整记录,估算自然困难),早期估计约在60万至140万之间,后经多方研究及精细估算,人数介于85万至90万之间。① 再者,调查中世纪时期土地持有状况时,发现某处田庄1350年为某人所有,1375年则为其子所有。据此线索推算,某人可能生于1300年之后、1329年之前,1354年之前成婚,1375年之前死亡。后出的证据或能使我们对上述各种知识更精确,然而,我们似乎永远无法确切了解真正的实际状况。

一位好的历史学家不大会试图陈述精确的真相(通常不过是一个难以达到的期望),而多致力于树立确定真相的门槛。故她较能确定何者必属错误(例如林肯死于1864年,或1866年林肯仍然在世),而非确定精确的真相(例如致命一枪的射击时刻)。历史知识并非由一系列精确无误的陈述组成。毋宁说它是由众多相互限制的陈述织成的一张网络,而其中绝对真实的陈述,少之又少。然而,结合在一起,就构成一个连贯且相当可能的整体。犹如试图经由一系列的交切圆而达到某一点。虽然我们不时强调历史学家间的差异,可是历史学家之间的一致程度,更令人惊奇。

人们能否知晓往昔?

按照上述说法,就产生了第二个疑惑,人们究竟是否可能认识往昔? 持此见解者多持所谓的"直接面对观(confrontational view)"的知识,除非我们得以直接面对(至少是原则上)知识对象,否则就没有承认可能的理由。他们所坚持的知识,就是笔者所称的直接知识。

就历史方面来说,上述观点可称之为**建构论(constructionism):历史学家并非发现往昔发生何事,而是依据若干规则建构故事**。这个术语出自美国哲学家迈兰德(Jack W. Meiland),他为该术语所做定义如下:"(1)**此论是宣告,往昔事件自有其独立存在领域,而历史学家致力发现的事实,并非关于这一领域。(2)宣告历史自有其重要性与意义,因为它所处理的乃是时下若干实物……**"②所谓"时下实物"是指文献及可在常态下视为历史证据的其他事物。就迈兰德而言,这些证据只能构成"**时下世界连贯记叙**"的一部分,而不构成往昔。这个结论多立基(诉求正当)于两位唯心论历史哲学家,克罗齐(Benedetto Croce)与欧克肖特。如今虽遭哲学方面批驳,建构论(任何严肃历史学家均无法接受)仍不时为人提及。③

下列两个观察或许值得一提。一是除非认同是针对相同对象,否则要解释关于往昔的众多认同将是相当困难的。另一个有关常识,即我们的人性就是如此建构的,我们认为5秒前或5个世纪前发生的事仍是能被认知的,至少在原则上是可以的。我们不会认为由于我们已经回家了,我们度过了整个假期的地方就不复存在了,并且不可认知了。我们不可将现实局限于意识内容之内。

---

① See McPherson(1990),p.306,n.41.
② Meiland(1965),p.192.
③ See Atkinson(1978),pp.40-55.

在本章开端,笔者就曾指出确立知识的常用哲学标准。表面上看,历史知识欲达到这个标准,似乎有若干困难。若就另一方面来说,历史这个专业如哲学般源远流长而受人尊敬,也是经由人们勤奋耕耘而来。假设真有人说历史知识不能符合哲学家的要求,那么就是在问何者应当让步。何者的立场需要重新思考?许多哲学家能够且确实阅读历史,但是能够且确实阅读哲学的历史学家不多。然而这个事实并未予哲学以优越于另一个学科的学术权威。若能以更大努力促使两者相互了解,两者都能从中受益。这也是本书的著述目的之一。

5.4 另一个相关主题:想象

到此为止,本章未曾讨论的重要主题就是想象(imagination)所扮演的角色。历史学家必须像历史小说家一样,能将行动中角色的服饰、习俗、信仰等等描绘出来,此乃老生常谈。但是此举不过是想象的装饰用法而已,更重要的是想象的结构性作用。在历史学家编织的故事网络中,这种用法下的想象只出现在历史学家的明显资料确立的固定点之间。"明显"乃是据柯林伍德的观察,若无资料就无固定点。什么才是资料,乃是若干既有历史问题,现今历史学家认为它已经落幕,须等待有心人重新开启。[1]

简单地说,历史学家在五个方面需要想象:(1)为能对往昔景象有视觉感;(2)为了从固定点有所推论(如柯林伍德所言);(3)为了放置反事实(counter-factuals),这所涉及的包括想象曾经发生何事,以评估**确实**发生事情的重要性(或非重要性);(4)为了诠释,就是某人在综览行动全局(例如希特勒生平)后赋予其特定意义;(5)为有所洞察。特雷弗—罗珀(Trevor-Roper)曾说:"就是历史学家的想象……乃能洞悉变迁的幕后动力。"[2]

结 语

本章以知识的标准定义为开端。我们将知识分为三种,直接的、间接的与概括的。历史囊括了这三种知识,而以第二种为主。看来历史记载是往昔的建构,而非重建。依模式来了解最好,模式能给予我们帮助,但不可与实际相混淆。霍尔本的格言促使我们思考历史的客观性与主观性。历史真相可视之为"与发生之事相符合",抑或"意义上相连贯"(这与符合〔correspondence〕与一致〔coherence〕大体相同,参见第 10 章的讨论)。最好将历史知识视为真相的集合,这就是说随确立**不曾发生之事**的增长而来。为面对持怀疑态度的人所顾虑的我们究竟能否知晓往事,我们认为,就知识问题来说,哲学家未必比历史学家高明。至于想

---

[1] Collingwood(1961),pp. 243 – 244.
[2] Trevor-Roper, 'History and Imagination', in Lloyd – Jones et al. (1981), p. 368. For further discussion of imagination, see Stanford(1990), pp. 80 – 83.

象在历史知识中所扮演的角色,虽列有纲领,但不曾详述。

人们应该观察到,历史哲学家已不复完全注视于历史的知识性质。最近,历史哲学家的关注点业已从认识论迈向诠释,就是说他们也争论历史的意义问题。本章关注前者,第 10 章则关注后者。然而历史的知识性质与意义皆依赖于残存的往昔,这是一切的基础。因此,下一章就讨论往昔留下了些什么。

延伸阅读

Atkinson 1978

Ayer 1956

Collingwood 1961

Chisholm 1966

Danto 1965

Danto 1968

Goldstein 1976

Hamlyn 1971

McCullagh 1984

Marrou 1966

Nagel 1979, chapter 14

Novick 1988

Stanford 1990

Stern 1970

第6章
作为遗迹的历史

信心是……对不能看见的事能肯定。

圣保罗

有一些间接证据具有强烈证明力，如同当你从牛奶中找到一条鳟鱼。

梭罗

经过讨论,我们已经明白我们拥有的历史知识属于哪一种。那就是唯有借助呈现在我们眼前的若干事物,始能对往昔有所了解。靠今日仍存在的一些东西,我们才能推断往昔旧事和事务在往日的状态。这类遗留物可能是人,是物体,抑或是观念。由于它们是自往昔遗留而来,故可称之为"遗迹"。这一术语毫无贬抑意味。就它的意义来说,先前的你已可视为遗迹,至于如今你所拥有的知识,其中部分也可称之为往日你在学校所学的遗迹。凡留传至今的遗迹,皆是往昔的证据。运用目前的证据以获得有关往昔的知识,并非易事。本章所讨论的就是与证据相关的观念和性质。

关于历史遗迹、证据运用、事实与诠释的问题:

1. 我们凭什么期盼认识逝去已久的人们的生活?
2. 我们与前人之间有何联系?
3. 历史所关注的只有古书、古文献吗?
4. 历史学家纂史所用的资料有哪些?
5. 他们又如何运用那些资料?
6. 他们在何处找到那些资料?
7. "证据"是什么?
8. 何种事物乃是往昔的证据?
9. 证据如何起作用?
10. 历史证据主要来自何方?
11. 什么是历史事实?
12. 我们所说的"诠释"所指何意?

本章主题是作为遗迹的历史(History as Relic)。较为褊狭的历史观的鼓吹者,通常劝告我们离开书本,并指着那些老房子、旧道路、旧田庄和树篱、古老的风俗习尚,高声地说:"历史就在我们周围!"然而严格地说,此话并不真实,若就历史而言,这些只意味既往(通常也是如此)。既往已逝,它**不**在我们周围。环绕在我们周围的只是现世,你可以把它看成往昔的遗迹(延续)。唯有如此理解遗迹,留存至今的事物才称得上环绕在我们周围的历史。本章

将依次讨论下列问题:

1. 证据的概念
2. 历史证据的性质
3. 历史证据的运用
4. 历史证据的渊源
5. 口述史

6.1 证据的概念

意在证明

先让我们思考下列命题:

(1) 凡单身汉必无婚约。
(2) $349 \times 113 = 39437$
(3) 水由氢、氧组成。
(4) 太阳距地球约9300万英里。
(5) 美国联邦海军的封锁,导致南方在美国内战中失败。
(6) 监牢中的这位囚徒犯了谋杀罪。
(7) 自由民主较共产主义更得民心。
(8) 下雨了。

其中(1)与(8)显然真实(或显然谬误)。二者无需证据支持,本身就是证据,就是可以充作其他命题证据的事物。(2)虽不明显,但必然是真实的,它所需乃是展示而非证据。(3)有普遍性,然未必真实。少有人会去争论它,然而它需有实验证据。(4)乃是一个既非普遍亦非必然的真实,它也需有证据,然而它的真实性为大众所接受。剩下的(5)(6)(7),不像其他,它们肯定不是必然真实的,但是也都不依赖实验证据。有什么样的实验足以分析或衡量它们?人们无法予以它们终结性证明,故它们仍具有争议性。它们只是历史、司法或政治判断。正是这类事物能导致重要行动:例如促使政府政策执意维持花销巨大的海军,或是将一个人处决或予以长期囚禁,抑或促使人们冒生命危险在街头反抗独裁。事情经常如此,人们必依循思维中的最佳方式行事,只因它没有确定性。他们必须衡量支持和反对他们的决定的主张。按照某部字典,"**证据**"的定义乃是"**信念的基础,有意用来证明或驳斥某个结论**"。请留心"**有意**用来证明"一语,大部分需要证据的判断,多难以获得绝对证明。

判断证据

所以,精确地说,何谓证据?让我们从形容词"明显"(evident,证据 evidence 一词的形容词)说起。**事物是明显的是指它显而易见**,显眼突出。字典上的定义称,"**其在感官上,尤其视觉上,感受清晰,抑或在心智上感受清晰**"。在先前事例中,(8)在感官上颇为清晰,(1)则属心智方面,两个皆很明显。其他几个命题则没有如此清晰明显。或许(2)可除外,它是一种**先验性**真理,其余皆需证明方能成立。于是我们或可如是说,**本身不明显(evident)的命题就需有证据(evidence)支持**。若它们不明显,它们就需要借助其他事物以彰显自身。且容我特别说明属于历史判断的一个——命题(5)。不像其余七个,它的真实无法经由逻辑、计算、实验、度量、坦白、公意或观察等来确立。而以上命题均在历史判断中占有一席之地,它们可能提供正面或反面证据,然而就本质上说,**历史判断是谨慎思考所有论点之后所达成的一种定论**(considered conclusion)。

适当的证据

这是优秀历史学家据以回应历史问题的答案。然而并非所有问题均能予以肯定回答。阿克顿则讲过一个相关故事。曾有两位伦敦名医,无法决定病患病情,病患家长坚决要求肯定的论断,他俩回答说无法提供,并告诉家长说,他们可轻易找到五十位愿意下论断的医师。① 因此这提出了"**适当的证据(adequate evidence)**"的观念。在此,有两个要点。一是欲从中得出结论,证据是否适当;一是何人最有资格下结论。

曾有几个旅行者在喜玛拉雅山间雪地上发现脚印,当地人多将此归诸巨大而类人的生物的脚印,称之为叶提(yeti)或丑怪的雪人。由于热带以外地区未曾出现大型人猿,所以仅就这种证据(无论其本身有多少人证),一般论断皆不足以推论存在这种生物。

谁有资格从证据中得出结论?当然是某一领域的专家。欲分辨一幅画是出自乔尔乔涅(Giorgione)还是提香(Titian),我们当请教艺术史家。欲知一个孩童是出水痘还是猩红热,那就请教医师。欲知狮子去了何处,请问猎人。若要判定一个人是否犯罪,当询问十二名普通人组成的陪审团。可是遇到历史问题,回答就没有如此明显。这是因为,欲就历史进行判断最少需要两种能力。一是专业技术,一是在人生、人性方面有实际智慧,这大多来自长久而广泛的经验。同时兼有二者之人,并不常见。

有关证据的四个问题

今天,这些问题并非总是像其本身那样清晰。尤其是下面的四个问题:何种问题需有证据方能解决?针对一个具体的问题,何种证据方属恰当?欲得出结论,何等分量的证据方属

---

① See his Inaugural Lecture at Cambridge,1895,in Acton(1960),p.33.

适当？证据的适当又是针对何人而言？对历史来说,四个问题均非常重要,四者在法律、宗教及科学上,也具有同等重要的地位。正视这些问题,重视应当给予何种答案,在英国大约始于17世纪。简单地说,当时发生的状况乃是有关知识的传统观点退场,让位于与现代观点相似的知识。在变局中,证据观念则扮演了关键角色。

传统观点可上溯到古希腊人,他们对下述两个方面进行了明确的区分:一是"科学"、"知识"、"确定"与"哲学",一是"意见"、"可能"、"外观"及"修辞"。① 这种区分又以下述的信念为基础:科学属于天国的范围,属于存在(Being)的领域,而人事则为世俗的或月下的(sublunary or under the moon)范围,属于生成(Becoming)的领域。及至17世纪,上述对比逐渐由一种实际知识谱系取代,其范畴从"虚构"、"意见"一端,经"可能"与"高度可能",延展至"确定"一端。并在可以确定与纯属意见的鸿沟间,发展出包罗万象的知识——法律的、历史的、宗教的、科学的。这些知识较单纯的意见更为确实,然而却缺乏科学必备的可验证的确定性。上述发展正是脍炙人口的"现代科学崛兴"中的一部分。② 知识的大跃进,有赖于对证据角色的新认识。律师、历史学家、神学家、科学家乃一致开始搜求证据以解决各自面对的问题。足够有趣的则是,他们都曾卷入巫术问题,而巫术问题却又能为我们阐释先前列举的四个问题提供便利。

17世纪英格兰的巫术

巫师(witches,就是能运用神秘力量如符咒、迷药等等造福或作恶之人),几乎存在于各个社会。然而16、17世纪时的巫师大为风靡,实属罕见。这主要出于教会态度的转变,以及文艺复兴以来新柏图主义(Neo-Platonism)及其非物质性精神教条复兴使然。而后者由若干饱学之士与基督教教义进行调和。基督教会自建立以来,就认为巫术信仰是异教陈迹,不时予以谴责。他们不仅否认巫师的真实存在,而且还加以责怪迫害。③ 视巫师法力为明显出自与魔鬼达成的契约,乃是新观念,直至中世纪后期(14、15世纪)始被加诸巫师崇拜之上。于是,巫师成为异端,是上帝及基督教社会的敌人。随着教会的谴责,官方迫害继起。值得一提的是,15世纪末期,崇信巫师的人士中有一批学者,这批文化精英之前曾嘲笑巫术,情况与今日流行的占星术面对的情况如出一辙。④ 英格兰地区与魔鬼有约之说的流行,时间上晚了一个世纪左右,那是伊丽莎白在位末期,直到1604年始见国会立法予以谴责。稍早的法规(1542年、1563年)已承认巫术为重罪,如今却可依法起诉并处以死刑。⑤ 法庭及司法人员就不得不重视这项罪行。由于他们一致要求更严格标准的证明,因此重视证据之风随

---

① See Shapiro(1983),p.3. The next few paragraphs are based largely on Dr Shapiro's work.
② See, for example, Butterfield(1957b).
③ See Trevor-Roper(1967),pp.91,103.
④ See Thomas(1978),p.521.
⑤ Ibid.,p.525.

之而起。至于欧洲大陆，为迫害而援用的方法相当凶险，不论男女，一旦遭控诉通常没有开脱的机会，在当地法庭中，证据显然不具分量。① 反观英格兰，情况虽然恶劣，却不如欧洲大陆，即使在情况最恶劣的时期(17世纪40年代)，遭控诉的嫌犯，五个人中也约有两个人可无罪获释。② 基于某些原因，这个世纪末巫术审判案件大幅减少。虽然民间仍流传巫术信仰，法国政府在1682年中止了巫术审判，英国也在同年跟进，不过巫术法规直到1736年才被废止。③

四个议题

四个议题中的任一个均可见于上述故事之中。第一个议题是这类问题是否需有证据才能解决。这又引出两个问题，一是巫术有无可能，一是被控诉者的罪行。前者事关神学、哲学及科学。它属于理论，在很长一段时间内，学者不知何种证据可用以及如何用。④ 至于第二个则属法律问题，通常需要证据。(对被控人来说幸运的是，英国禁止行刑，否则受害者必不亚于欧洲大陆。)就因为强调证据，乃使许多可怜男女获救，即使法官本人相信巫术存在，仍然苦于没有足够证据就不得定罪。寻获与魔鬼订约的可信证据越来越难，这就导致人们逐渐放弃巫术审判。

第二个议题(针对问题，何种证据方属适当?)随之出场。这个问题也分两部分:是不是巫术案件? 谁是巫师? 负责的当局人士曾指出另一种解释也必须加以考虑。他们认为因巫师作法而遭受的不幸，有可能是上帝的旨意，或直接来自未经巫师作媒介的魔鬼，抑或是欺诈行为或自然原因使然。⑤ 如此一来，在当时英国法律规定的三个审讯阶段的任一阶段，法庭都很难做出任何决定。这三个阶段为:治安官搜集并检验证据，大陪审团衡量证据并决定案件应否送审，最后在法官主理的王室法庭中，小陪审团予以审判。按照这个方法判定家畜或某人的罹病或死亡，是出于巫术还是其他原因，这就考验了当时的科学、医学及神学方面的知识。至于第二个问题，谁是被告巫师? 通常是一些独居、贫困、古怪且不受邻居欢迎的男女，公正方面就不那么容易令人信服。欲确立被告与魔鬼有约，据1604年法规规定需有较严格标准的证据，通常是下列三者之一:需有为人熟知的精灵在现场(通常以动物外形出现)，或身躯上有魔鬼的印记，抑或被告的自白。三者没有一个容易确立，熟悉的精灵可能只是无害的宠物，魔鬼印记也只是与生俱来的东西，而自白往往是惊惶且被剥夺睡眠的老妇人的胡言乱语。1665年一位作家这样写道:"巫师自白书本身的真实性经常遭到质疑。"⑥

---

① See Thomas(1978), p.687.
② Shapiro(1983), p.206.
③ Ibid., pp.208, 211, 224.
④ See the quotation from 1712 on p.124 below.
⑤ Thomas(1978), p.685.
⑥ Shapiro(1983), p.205.

证据的适当性——第三个问题与第四个问题

有趣的是，辩论巫术的证据是否充分时，**历史**证据（本章的主题）竟然也涉入其中。按照一位作家的说法，历来所存的定罪记录之中，不曾提供令人满意的证明。他所指的并非出于我们可能设想的法官与陪审团的决定有失误，而是因为记录不可靠。他说竟然有关于安蒂波德斯居民（Antipodes，想象中居住在地球另一端的人）的记录。他确信，长久以来已无人相信那些人存在。① 这则将我们带向第三个问题，证据是否适于据以作出决定？在 17 世纪的历程中，法庭越来越认为针对巫师这类案子的证据根本不足以判人以死罪。1697 年一位政要写道："法国最高法院及其他司法机构业已相信不应审理巫师类案件，因为他们的经验告诉他们不可能分辨着魔（possession）与自然失常。所以，他们宁可选择让疑犯逃逸，也不愿惩罚无辜。"②

另一位作家于 1712 年提出（接近我们在上一章讨论的知识标准），未经理性人士检验证据而获得的事物，不会成为智者的信念对象。接着，他又表示："我们对任何事物的信念，并非来自事物本身固有的必然性和现实性，而是依据它所提供的证据。"③

第四个问题，则是质问对谁而言证据适当。大量证据表明，未受教育的人更容易相信巫术（他们甚至以私刑非法处决法庭开释的巫师嫌犯）。同时，也有许多受过教育的人也抱有相同的信念。④ 总之，随着那个世纪时光的流逝，法官的经验与任何欲证明巫术控告的人面临的公正上的困难的增加，终于使他们越来越排斥这种诉讼。英王詹姆斯一世的经验，就非常有启发性。1597 年他写下了一本有关巫术的重要著作《魔鬼学》（*Daemonologie*）。1603 年继任英王后，他就对英国的巫术审判表现出高度的兴趣。这种"正义"经验的实际运作让他终于醒悟。有一回，他曾中止一次审讯，另一回他又曾尖锐叱责两名法官依据不当证据将巫师定罪。⑤ 看来停止迫害巫师是来自与日俱增的对证据的重视，而非出于认为巫术纯粹不可能。诚如夏皮罗（Shapiro）博士的论证，巫术问题连同它所带来的证据问题，同时涉及若干领域。"巫术导致搜求事实在实际范畴与由历史权威、宗教信仰、法律技术交织而成的网络之中的困境，成为一个强大的要求致力采用新的研究方法来证明的背景。"⑥

于是，原先只是显现为一个哲学问题的证据观念，到了 17 世纪，却因进一步的检验与相关观念的更趋理性，解救了许多人的生命。

美国读者或许有兴趣比较上述状况与 1692 年马萨诸塞州萨勒姆郡臭名昭著的巫术事

---

① Shapiro(1983)，p.209. 笔者盼望本书读者中亦有安蒂波德斯居民，如果真有，笔者当为忽视塔斯曼（Abel Tasman）船长远航记致歉。
② Thomas(1978)，p.686.
③ Shapiro(1983)，p.209.
④ Ibid.，pp.208-211.
⑤ Ibid.，p.199.
⑥ Ibid.，p.226.

件。首先应当注意,这些审判在新英格兰地区非属常见。在这个世纪中,马萨诸塞州处决巫师的事件共有 24 起,萨勒姆郡一年之内就有 19 起。同时,就受审人的年龄、财产和身份、程序性质,以及事后该州政府坦承错误并自动提供赔偿等方面来看,也都不寻常。① 虽然民间仍相信巫术存在,可是 1692 年以后,马萨诸塞就不曾有巫术审判。所以美洲与欧洲一样,是因停止迫害而导致不信巫术,反之则不然。学者出身的牧师如英克里斯·马瑟(Increase Mather)、科顿·马瑟(Cotton Mather)、约翰·黑尔(John Hale)等就这一主题的后续著述,抑或司法当局的反应,则表现了对有关证据与证明的不同质疑。可同时满足律师、官员以及居民的证据难以确立,这孕育了这些疑惑,而不是出于不相信可能存在巫术。② 于是,大西洋两岸均主要因为适当证据的问题,停止了凶残的巫术迫害。

6.2 历史证据的性质

观察的限制

1991 年夏,天文学界曾一度欣喜地以为他们在银河远处发现了一颗环绕着另一颗星球转动的行星。据他们称,这是为人所知的存在于太阳系以外的第一颗行星。不幸的是,由于距离过于遥远,即使最大的天文望远镜,不论是光学的抑或无线电的,均无法加以观测,所以我们似乎不大可能知道得更多。几个月以后,上述观察被证明是不足信的,而这颗"行星"又加入"火星运河"的行列,成为天文学想象中的一个无稽之谈:一个令人失望的事物。

关于往昔的陈述,就如同有关遥远星球抑或地心的陈述,皆在我们观察范畴之外,无法获取直接经验。所以我们所知之事,莫不出于间接建构。在人们真能抵达遥远星球、出入地心之前,星球、地心仍属不可知。历史则有别于二者,若想回到往昔,依循直接观察以验证历史,更是根本不可能。

间接知识

有关往昔的知识,全属间接,它必须借由所谓"证据"始为人知。我们能得到的关于往昔的证据,仅限于现今留存于世的,尽管并没有被我们完全掌握。(就这方面,记忆则为我们带来了一个有意思的问题。记忆是最为人熟知的关于往昔的证据。假设明天我会想起今天已忘记的关于今日的某些事,比如说我今天安排了一次会议,那么我是否能认为"昨日"的证据,此刻业已存在? 我认为可以,因为许多事深植于记忆之中,并非时时都能觉察。但是换句话说,若指明日记忆中觉察的"昨日"之事是一项新发明,不免有些怪异。)在这里,知识与

---

① Weisman(1984), pp. 17, 135 – 136, 174 – 176. For comparisons with the situations in England and on the Continent, see pp. 11 – 14, 120 – 123, 187.

② Ibid., pp. 176 – 183.

证据间的差异已经明显。考古学家告诉我们,深埋于地下的罗马时代不列颠的遗物肯定比已经出土的多。因此,今后一百年,有关这个时代的知识一定多于我们现有的知识。相反,证据并未增加一丁点。关于罗马时代的不列颠,我们能拥有的证据不可能超过现存的,然而,却可能拥有更多的知识。

所有事物都是证据

上述说法或许令人失望,现在让我们看看令人愉快的另一面。现今存在的每个事物,都可以充作往昔的证据。历史证据并非局限于老砖石、古文献。稍后(硬性证据与软性证据)会谈到,如今历史学家与考古学家已经学会运用前人忽略的证据。事实如下,任何遗存物(不论物质或观念)都可为昔日人们的生活提供证据。每一位现职历史学家莫不渴求证据。虽然她真正需要的也许一时无法获得,可是仍有丰富的宝藏可以挖掘。简单地说,**所有的证据都在这里,这里所有的全是证据**。

历史学家所用的证据是什么

现在开始讨论历史学家可能运用的证据,我们将依次讨论一手证据与二手证据、证据类型、硬性证据与软性证据、刻意证据与非刻意证据。

一手证据与二手证据

一手资料就是从与问题相关的时代留存下来的证据。就如同诺曼征服时代的土地清丈书、半岛战争期间威灵顿的书信。二手资料是关于讨论问题中的时代的研究,通常出自历史学家之手,有时只是那个时代的一部分层面,一般都是那个时代结束之后(长久之后)撰述而成。任何令人敬佩的历史研究,必须以一手资料为基础。所以,埋首文献之中是历史学家的要务,就如实验室之于科学家。当然,科学家并非将所有时间都投入到实验室之中,历史学家也非完全投身于文献,然而这些经验对这两个行业却至关紧要,他们的结论最终都要公开验证。再者,历史学家在广泛而深入阅读其他人士对相关问题曾作的论述之前,也不宜贸然动笔撰述。除非先行阅读前人著述,历史学家就不知自己所处的环境,也不知应当质问哪些问题。研究二手资料时,我们应将蒲柏的忠告置于耳畔:

> 肤浅之学乃危殆之事,
> 穷经深深始能品尝百灵甘泉。
> 浅沾使人徒入迷津,
> 饱学深思终可戒惧增慧。

一手或二手?

一手或二手资料并非总是容易甄别。据我们观察,一手资料有两个特征,一是属于问题所涉及的时代遗存下来,一是未经整理。常见有人仅以前一个标准区分一手资料和二手资料,这就导致与第二个标准相关的问题。

首先谈付印文献的版本问题。中世纪及近代史早期的文件,大都被搜集、誊写、编辑、出版,这给予历史学家莫大便利。否则,他们最多只能参考这些资料中的一部分。仅需造访一所大学或大型文献工具书图书馆(如密件与特许状记录馆〔Calendars of Close and Patent Rolls〕、亨利八世书信文献馆〔Letters and Papers of Henry Ⅷ〕、威尼斯政府档案馆〔State Papers Venetian〕等等),就可看见这类文卷一一排列在一排排书架之上。然而,我们也会遇到挫折。首先,数量巨大的文献遮蔽了一个事实,即并非所有相关文件尽皆在此。并且,其中的若干文献只有部分被誊写。其次,在誊写与付印过程中,还可能有错误。末了,历史学家还可借由墨水、笔迹、纸质或皮质(vellum)、格式等方式来否定原始文件提供的线索。然而,付印的资料仍是无价之宝。这在欧洲史方面尤其明显。下列四本著名的普及本历史著作可以说明这一点,如伦西曼的《十字军东征史》、帕克(Geoffrey Parker)的《荷兰革命史》(*The Dutch Revolt*)——该书的参考书目包含相当有趣的证据讨论、艾文斯(R. J. W. Evans)的《哈布斯堡王权的建立》(*The Making of the Habsburg Monarchy*)、艾略特(J. H. Elliott)的《奥利瓦雷斯伯爵或公爵》(*The Count-Duke of Olivares*)。以上各位作者皆能阅读五六种语言的资料,包括捷克语与匈牙利语(艾文斯)、希腊语(伦西曼)、荷兰语(帕克),同时他们也理所当然地皆通晓法语、德语、意大利语、西班牙语及拉丁语。虽然他们也曾研究若干原始文献,但是他们的著述却是立基于付印的资料(一如他们的书目所指示)。经常接触远处的资料库并以一个外来人的身份来解读外国语言,必然面对双重困难,耗时又耗力。不论人们如何需要它们,这类付印的资料不能被视为未经整理的原始材料。

同时代的意见

第二个问题由宣传册(pamphlets,始自16世纪)和报纸(始自17世纪)引起。这些严格地说是可显示当时的人对目前讨论中问题的看法的资料。正因为如此,它们是很好的一手资料。不过,一旦想到这些的撰述者和印刷者是如何的无知、带有偏见,甚至无耻,你就会了解这些并非是那些事件的好证据。

那么,还有当时的编年史和历史著述。这些作品(甚至明显是简单的盎格鲁—撒克逊大事记)多少能为整理当时事件的编年纪事提供骨架。其中若干亦曾加入原因探究与诠释,更多的则探讨动机和性格交互作用。更富学识的人(得益于意大利的文艺复兴的人文主义),则细心模仿古典时代的作家,试图撰写富有政治意味或哲学意味的历史,例如佛罗伦萨的马基雅维利、圭恰迪尼,英格兰的弗吉尔(Polydore Vergil)、莫尔(Thomas More),法兰西则有科明尼斯(Philippe de Commynes)。这些著述可能很有用。罗斯(Charles Ross)在《爱德华四世》(*Edward Ⅳ*)一书附录中,曾抱怨爱德华四世在位期间缺乏上述类型的同时代的历史学家,并引述埃尔顿之言:"由于那个时代并不存在合格的同时代史著,以致如今它的形貌及意义,皆招致如此多的争议。"①

事件仍在进行中,就将其撰成历史,我们又当如何看待这种著述?帕克曾列出34部荷兰革命的同时代史。② 在我们以为它们必然缺乏重要资料和远距离下可获得的透视,并因此认定它们不够成熟而不值得认真考虑而予以排斥之前,我们可以想想一部人们公认的历史著述艺术的杰作,即修昔底德的《伯罗奔尼撒战争史》(History of the Peloponnesian War),正是这种"不够成熟"的成果。同时代?确实!未经整理的原始材料?不然!若为获得有关那次伟大冲突的知识,我们都得请教该书。

最后,也是问题最大的,就是一个时代想象文学方面的证据。嘲笑轻率的企图是相当容易的,20世纪的前半个世纪撰述下列形式社会史蔚然成风,如"乔叟时代的世界"('The World of Chaucer')、"莎士比亚时代的英格兰"('The England of Shakespeare')、"狄更斯时代的伦敦"('The London of Dickens')等,这类著述基础多来自作家的诗集、戏剧、小说中所设定的事实。这类虚拟故事不曾提供坚实的证据,倘若乔叟、莎士比亚、狄更斯不曾有所著述,我们很难相信人们竟能对爱德华三世、伊丽莎白一世、维多利亚等治下的英格兰获得深刻洞识。他们能提供同时代证据是毋庸置疑的,然而却很难确切说明是哪方面的证据。

证据的类型

大约一百年前,两位法国学者郎格卢瓦(C. V. Langlois)和瑟诺博斯(C. Seignobos)合著了《历史研究绪论》(Introduction to the Study of History)。他们在书中断言,历史基本上应当依据文献证据——"无文献就无历史"。③ 假如此说原意在排斥其他史料(例如长久以来就被历史学家运用的建筑、艺术及考古等),结果必是一个严重挫败。没过几年,美国历史学家鲁宾逊(James Harvey Robinson)在《新史学》(The New History)一书的开端说:"从广义来说,一切关于人类在世界上出现以来所做的、或所想的事业与痕迹,都包括在历史范围之内。……比如瑟利(Chelles)地方的石斧和今天早晨的报纸,都是史料来源。"④如今所见,历史学家援用以充当往昔证据的材料,范围与日俱增——不仅有考古学家找到的石器和陶片,还有作物类型、树篱、朽坏废置的机器、民谣、神话、回忆、血型、说话方式、教区记录册、地籍册、会计账本、地名、沉船等更多的东西。看来所有东西都是送往历史学家磨坊的谷物,需要的就是正确解读证据的能力。

硬性证据与软性证据

利用各种史料的重要因素之一就是统计证据。某些类型的证据相当稀少(例如古希腊

---

① Ross(1975),p.429.
② See his *The Dutch Revolt*(1979),p.277.
③ Langlois and Seignobos(1898),p.17.
④ Robinson(1965),p.1.

雅典以外的城邦或十一世纪的特许状），某些类型的又是成册的，例如本地和他国数以千计各个教区居民的出生、死亡、婚姻记录。自这些记录出现了一种崭新的科学——**历史人口学（historical demography）：关于往昔人口的统计研究**。里格利（E. A. Wrigley）在《人口与历史》（*Population and History*，1969）一书中，对这个重要主题有精确而简短的介绍，它是根据里格利主编的一部大书《英格兰历史人口学导论》（*An Introduction to English Historical Demography*，1966）而来。对历史学家帮助颇大的一部大作则是里格利与斯科菲尔德（R. S. Schofield）合著的《1541 年到 1871 年的英格兰人口史：重建记》（*The Population History of England 1541—1871：A Reconstruction*，1981）。这一领域开先河的作品，则是马尔萨斯（Thomas Malthus）的《人口论首篇》（*First Essay on Population*，1798），然而相关理论的成熟发展，则需等到索维（A. Sauvy）所著的《人口通论》（*Théorie générale de la population*，1952—1954）。

　　近代两个方面的进步，促使历史研究扩展至因资料庞大而被视为无法解决问题的领域，这二者分别为统计理论的发展和因微芯片的发明而功能日增的电脑。于是，经济历史学家得以衡量人口、土地持有、进口与出口、房租、利润、汇率、土地与矿区的转让、获利、投资及经济成长等。两本有益的历史计量导论，分别为德雷克（Michael Drake）编的《应用历史研究学》（*Applied Historical Studies*，1973），以及弗洛德编的《量化经济史论文集》（*Essays in Quantitative Economic History*，1974），尤其是后者之中有一篇警醒的论文，这就是欧林（G. Ohlin）撰写的《数字中无保障：历史统计学中的若干陷阱》（*No Safety in Numbers：Some Pitfalls of Historical Statistics*）。① 法国方面，采用历史计量的著述，可见于年鉴学派历史学家著述之中，可称范本的佳作就是勒华拉杜里的《历史学家领域》（*The Territory of the Historian*，1979）。**这些历史证据，通常经由统计予以整理，然后由电脑打印使之具体化，它是由数字及符号，而非由字词和文句表达的**。这种度量在经济计量家及历史计量家眼中，具有无比的权威，然而可能这是因为它的表述方法如下（Floud 1979，p. 236）：

$$\frac{\Delta y}{\gamma} = \frac{\Delta K ph}{\gamma py} \times \frac{\Delta y}{\Delta K} \times \frac{ph}{ph}$$

无以计数的读者为之瞠目结舌。**这就是所谓的"硬性"证据**（hard evidence）。

　　至于"**软性证据**（soft evidence）"则可见于传统性历史文献之中，是**用文字而非用符号来表达的，且所表述的多为理念而非计量**（想想《大宪章》，《1533 年上诉限制法令》，《美国宪法》等）。采用"软性"一词，就表示它具有争议性、修饰性、变易性。它也可拥有一种以上的诠释，让人无休止的争论它的真义何在。历史计量家曾夸口说："我们的硬性证据并非如此，它可以量化，且不会含混不清。"然而并非所有事物都可量化。譬如说，社会学家就坚称，我们的社会实质，包含信念、风俗、习惯、制度，而这些又多已凝合为思想。人又该如何来写思想史呢？曾有许多人试过，就如一位政治历史学家所言，这好比是将果冻钉到墙上。② 柯林

---

①　Robinson（1965），ch. 3，pp. 70 – 72.
②　See Novick（1988），p. 7.

伍德分析说,历史只能是思想的历史。物质材料本身不具说明性,其意义非见诸表面,即使钱币及碑铭,倘若人不解其上语言,抑或不能重建其所属的社会风貌,它一样不能自明,此乃是不少困惑的考古学家所见。因为软性证据是在字词之中而非在数字之中,就产生了所有与语言相关的问题——翻译、意图与理解方面的问题。更恶劣的乃是,就连串文字而言,听者、读者与发言人、作者,抑或与其他的听众或读者,素来无法确知他们在认知上彼此是否一致。若是数字,疑惑就少。若与文字如"王冠"、"祖国"相较,显然数字"10"或"365"的模糊性较小。然而就后者而论,我们仍然要问,计算的是什么?正确度如何?是谁在算?何时?又在何处?

在此,我们无需辩论硬性或软性证据的优点、缺点。聪明的读者自己就能想出一些。历史学家在工作时,必须两者兼顾,若有可能,还得知道如何估算它们是否符合她的用意。

刻意证据与非刻意证据

最后一个区别则是证据是刻意营造以备未来诘问的人观察的,还是非刻意而为之。布洛赫在非常遗憾的未完成的遗作《历史学家的技艺》一书中,对此曾有令人敬仰的清晰的分辨。当我们阅读历史著作、回忆录、战事报道时,"我们所做的,正是作者希望我们做的事"。然而,史前妇女随手弃置溪湖之中的垃圾,中世纪商人的簿记登录,却是"根本就没想到要影响当时或后来的历史学家的看法"。[①] 历史学家虽然不能没有前一类型证据,但是她却有理由怀疑它的可靠性,就如同她去买一辆二手车或一匹中年的马一般。后一类证据并无意误导历史学家,然而它却造成人们认知上的困难。就如它先前的状况,非为历史学家而出现。一位政治人物信函中的这句话,其确切意义何在?某件特殊形状的金属器皿或墙上的凹洞功能又何在?硬性或软性证据,历史学家都得运用,然而却不得将刻意的证据与非刻意的证据相混淆。

6.3 证据的运用

历史学家的工作方式

"1764年10月15日,在罗马,当我坐在朱庇特神堂遗址上默想的时候,天神庙里赤脚的修道士们正在歌唱晚祷曲,我心里开始萌发撰写这个城市衰落和败亡的念头。"吉本《自传》中的文字引人遐思(纵然后来的历史学家曾指出其中少数细节上的错误)。当笔者站立在同一地点俯瞰古罗马的遗迹和仍然耸立在现代城市中的文艺复兴时代圆顶和屋脊时,近三千年的宏伟尽在脚下。在那里,笔者想到了吉本,在这位两世纪前先辈的脑海中,帝国罗马的

---

① Bloch(1954),pp.60–61.

威仪正与后继者基督教会得意洋洋的谦恭交战不已。

于是,有人觉得,是否这些历史著作都是虚构的。当然,很少是这样的。然而,若非历史学家曾为其笔下主题中的戏剧性所捕获,他就无从将想象伸展至平凡与寻常之外,那么他最好去换个行业。若无想象与戏剧感,历史学家必令读者感觉枯燥。更糟的则是,他将逐渐令自己感觉乏味。灵感浮现后,仍需经过历史学家继以经年累月的辛勤耕耘,一部著述方能问世。

那么证据又该在何处登场?且让我们检视纂述历史的各阶段。大部分著作成型过程都是这样的。不过,我们应当注意,历史学家在工作之际,往往在这些阶段中来回穿梭。

著作的成型过程

以下所列为逻辑上的(非时序上的)次序,各阶段如下:

(1)选择主题。
(2)筛选证据,并在必要时准备证据。
(3)灵活地通读资料,或以其他方式进行研究。
(4)试验性地建构切合主题的想象中的图像或模式。
(5)以符合公诸于世的方式将上述建构予以定型。

以下则依次讨论以上各阶段。

选择主题

这个阶段将会受到几个方面的影响。倘若以撰史为生,历史学家似乎多选择与公众兴趣相关的主题,通常关乎民族荣耀或精彩的战争。拥有私人收入的历史学家(20世纪以前的历史学家多属此类)则较自由,例如吉本,可任意选择中意的主题。即使所选主题已有相当著述行世,亦不曾形成妨碍,当然,他们必定是有新见解要表达。学院派历史学家则相反,他既是教师,也是学生,并非拥有完全的自由选择权。他曾在自己传授的领域投下相当资本(指他付出的辛劳),所以他的书不太可能走出他的领域之外。

另一个超出想象的经常之举,乃是历史学家并非选定主题之后,才去寻找证据,而是有了一堆证据,然后看看能写成什么样的书。多年以前,笔者曾埋首高等海事法院(High Court of Admiralty)16世纪档案之中探究某个问题,发现档案录中经常出现雷利(Ralegh)的大名,因此笔者乃转而撰述这名海员兼朝臣与殖民者的家族史。更负盛名的则是《蒙塔尤》一书,它是勒华拉杜里有关中世纪乡村的生动研究,利用一位法国主教的异端裁判的笔录,勒华拉杜里成就非凡,撰写出一部中世纪农民的直接证词,用他们自己的话来描述他们的生活。①

---

① Le Roy Ladurie(1978).

战时的窘迫,也会让人在不同寻常的状况下著述。1940 至 1944 年间,荷兰历史学家戈耶尔(Pieter Geyl)不论身处德军占领下的荷兰,还是身陷布痕瓦尔德(Buchenwald)集中营,坚持写下一本有关拿破仑的历史巨著——《拿破仑:赞同与反对》(*Napoleon: For and Against*)。[①] 法国历史学家布洛赫,曾在两次世界大战中为祖国抗敌,1940 年法国沦陷后,布洛赫沉思不已,写下了他的刻骨铭心之痛,并为法国的崩溃寻找解释,最后加入地下反抗军,而在 1944 年遭德军枪杀。[②] 历史学家能以自身的经验来提供证据,亦属少见。1945 年,英国一名情报官受命调查希特勒的死亡,两年后,这位名叫特雷弗—罗珀的军官写下一部精简的杰作——《希特勒的末日》(*The Last Days of Hitler*)。[③]

筛选证据

以上所述是证据的掌握先于主题选择的若干事例。即使真是如此,也仍然有更多的证据有待查访。现代的档案管理人和图书馆员,每年都得为成堆的书籍和文件寻找放置空间。倘若有人以为历史研究苦于有过多的证据,实可理解。有时实际状况难免如此,然而大多数情况下,历史学家总是为缺乏相关资料而感到灰心。虽非必然,但一般来说,上溯的时间越久远,证据越稀少。罗马帝国的相关文献还算充分,相形之下公元 500 年到公元 1000 年之间的欧洲史,留下的文献就相对很少。另一方面来说,20 世纪的文献汗牛充栋。然而这只是表面现象,由于电话时代的到来,许多重要交谈根本不曾留下纪录。就这方面来说,19 世纪期间,即使在同一栋大厦之内,人们也彼此以便条来往,显然对历史学家还比较仁慈。搜求适当证据的艰难,最好的例子莫过于让你试着撰述你自家百年来的历史。若干证据出自记忆,有些是照片、信件、日记,有些则是意外保存的剧院节目单、火车票等。大部分你能组织在一起的材料,最后会发现是依赖于单一资料来源的支持,某人的收藏品、某本日记或某封信件。然而历史学家却知道,至少也得有一个其他不同来源的资料的支持,否则上述证据就不足以采用。你所拥有的证据之中,有多少可以用这种方式检验?当然,历史学家必须检验所有可能相关的证据,将有用的证据从不太有用的证据中筛选出来。历史学家从不因此而有所抱怨。真正令历史学家烦恼的倒是有人已经为他整理好资料,一种胡乱的整理,留给历史学家的只是一堆无用之物,反而将他确实需要的资料埋没无痕。历史学家对相关性的判断也非绝无谬误。大部分历史学家都有这样的经验,在阅读、抄写及注释资料上花费相当时日,日后却发现前时所为对他的工作无任何价值。相反的情况一样令人沮丧。经常的状况是人们在较靠后的阶段需再次审阅自认曾经详细研究过的文献。倘若文献存于自家附近,或许不太困难。然而它却经常被收藏在另一个城市,甚至有时是保存在另一个国家,或

---

① Geyl(1965).
② Bloch(1968).
③ Trevor-Roper(1947).

另一块遥远的大陆。卡尔曾说历史是历史学家与历史事件之间无休止的互动过程。① 若是一方是在三四千英里外,互动恐怕没那么容易。

语言也是证据的过滤网。任何研究欧洲史的历史学家都必须能阅读多种语言。② 研究本国历史的历史学家亦然。譬如布里斯托尔港的历史(人们或许以为这只是微不足道的地方志),至少需要英语、法语、拉丁语、西班牙语四种语言。无论在语言上如何有才华,很少有人能如母语一般流利地通晓数种外语。阅读速度(抑或根本没有这种能力)将研究者在限定时间内研习的文献数量减少。并且,异国风格的隐晦细节也容易为人错过。而这也将遮盖若干证据。若是付钱请专人翻译,经常代价昂贵。事实上,若干历法表及文献选辑有译本出版,多少能有些帮助。然而不可避免的是,其中只包含历史学家在进行研究时希望参照的一小部分。总而言之,诚恳的历史学家希望研究的是原始文献,而不是经由好几手后方才到达他手上的那种版本。综上所述,就是语言造成的障碍,也能减少或筛选掉一个历史学家所能运用的证据,不论这位历史学家个人有何需求。

同样的结论也适用于其他类型的历史证据。后者经常促使历史学家拜访某种或多种所谓"辅助科学"的专家,如书法、法律格式、系谱学、书籍与插画艺术、语言学、地名、印章、勋章等。这些也都是历史证据,只是这类证据需求罕见的技艺辛勤耕耘始能获致。

研读资料

历史学家最初的灵感或许来自原始证据,然而历史学家终究必须详细阅读二手资料,亦即前辈历史学家就同一主题的撰述。原因之一就是避免只是重复他人之言。泰勒的一句双关语说:"历史自身不重复,只是历史学家彼此一再重复。"如同许多笑话,这句话也透露一个严肃信息。前辈或许不是人们最好的向导。他可能会误导你。当泰勒撰写那部激烈修正主义观点的德国外交史③之时,他本人就心怀上述想法。巴特菲尔德在《人论其往昔》(*Man on His Past*,1960)一书中,曾展示研究七年战争(Seven Years War)的历史学家如何被误导而落入前辈们的错误推论之中。④ 1913 年,比尔德(Charles A. Beard)的《美国宪法的经济观》(*An Economic Interpretation of the Constitution of the United States*)一书问世,旋即引起学术界与公众的愤慨。一份报纸的当日头条新闻标题是:"土狼般的食腐动物亵渎了我们景仰的爱国者坟墓。"⑤比尔德不过是依循异于前辈的路线而已。20 世纪 60 年代和 70 年代,美国一批经济历史学家,企图推翻有关美国南方奴隶经济制度的传统观点。一位评论家评论他们的著作时说:"证据显示,内战前夕,随着经济的增长,奴隶是种植园主可以利用的有利可图

---

① E. H. Carr(1964),p.30.
② As we noted above in this chapter,p.127.
③ See A. J. P. Taylor(1964).
④ See Ch. 5.3,'The Fallacies of the Historians'.
⑤ See Novick(1988),p.96.

的财产。"①除了二手资料,历史学家还应埋首于一手资料,重复阅读直到他几乎能听到其中的声音而止。其中迷人之处,乃是除去少数业已说明的情况外,他所阅读的正是原先无意与他沟通之物。他就好像是一个窃听者,偷偷在旁边听到一些精彩或重要的谈话。当谈话像球一样来回传递之际,他突然介入,就像足球运动员截到了传球,然后踢球入网。(这种浪漫却又绝对真实的历史研究观,或许能有助于学者熬过艰苦的时刻。)

建构模式

在从事历史研究之初,历史学家对自己要找出什么,多少有一些模糊的概念。这样在他研究、阅读与沉思他所掌握的材料之时,有关往昔的图像,抑或说是一种展现,在他的脑海中逐渐成形。此际,清晰可见的只是整体的一部分,其他部分仍然晦暗不明或有待解决,因此就需要更多的耕耘。当他在一手资料与二手资料,甚至包括他的同事或朋友的见解之间穿梭不已时,最终的建构物则在他脑海中、他的撰述中逐渐成长,而他也可能改变业已完工的部分的观念。例如法国历史学家古贝尔就曾告诉我们,最初他只有意撰写17世纪时博韦(巴黎北方一个小区)住民的通史。谁知工作开始后发现资料过于丰富,他不得不放弃军事、司法、宗教、道德,甚至农业等方面。即使如此,他仍能为二百个教区的人口及社会形貌构建精彩的细节。② 然而如我们所见,这类展现也只是展现部分往昔的模式,而非全盘复制。这种模式可能丰富多彩、充满戏剧性,犹如采用传统方式的历史学家特里维廉(G. M. Trevelyan)、班克罗夫特所展示的风貌,抑或是经济历史学家利用统计表或代数方程组成的朴素框架。不论采用何种形式,就如霍尔本提醒我们的,它仍是历史学家的主观经验。两位历史学家不可能拥有相同的主观经验,因为两个男人不会拥有相同的思维(女性更不可能)。

出 版

最后,所有主观经验都要化成公共形式,它终究要出版。所以历史学家的思想必须借由文字或图表以客观样式展示,如此才能方便读者与听众理解。

证据的放置

此刻,我们或许业已更清晰地了解了证据所扮演的重要角色。证据之于历史学家就如同面粉之于面包师,虽然二者都不局限于固定材料,可是有必要说,历史方面的证据,有两个要点需牢记。一是证据必为**明显**之物,它是自隐晦往昔留传至今日仍然清晰之物。另一个则是不论稀少或丰富,历史证据永远不嫌多,不能全然揭示真相原貌的风采。再者,所遗存的未必就是历史学家所期盼的,能否如愿全靠机缘。

---

① S. L. Engerman, 'The Effects of Slavery upon the Southern Economy: A Review of the Recent Debate' 1967 reprinted in Temin(1973), pp. 398 – 428.

② See Goubert(1968), pp. 10, 15.

这就给历史学家带来一个难题。当历史学家面对为展现往昔而构架成形且自有体系的模式时,某个特殊证据又该插置于何处?一个个证据并非孤立地出现在历史学家面前。有时还真希望它们最好是孤立地出现,这样则可拼凑证据化为一部历史作品,犹如拼图游戏或彩色磁砖拼图。然而一个证据总是现形于另一个附近。文献是一束又一束,考古挖掘出土的物件,总是伴随在另一个物件之旁,物件所在地往往比物件本身向学者透露出更多的信息。在一部出版物中,一段文本(以文献选集的形式)或一个事实(以历史叙述的形式)总是放置在另一个旁边。就一研究者来说,心理上很难避免从事物外观的近似(physical proximity)跳跃至主题关联(material relevance)。然而,人们却需要谨记,两者之间或许根本无关。就如同一位粗心的图书馆员将《金枝》(*The Golden Bough*)置于林木类,一份文献可能只因名称或标题的近似性而被置于错误的系列之中(笔者在自己的研究工作中常遇到这种状况)。假设查阅一个常见姓名人士(如 John Smith)的资料,你根本不能确定所查阅典籍中置于此标题下的资料是否就是同一个人的资料。同样的问题也发生在叙述中。当我们听说某人做了甲事,然后做了乙事,接着又进行丙事,我们倾向于认为其间必有一连续目的,因为某人因甲事而做乙事,然后发现自己所处的形势,于是做了丙事。若非如此,叙述者何必要费心提起这些事?但我们很可能落入没有依据的结论,也许其间根本毫无关联。仅是时间与空间上的巧合,并不保证相关,抑或能导出因果,或是超出自身以外的任何关联。

横向知识与纵向知识

证据必须加以"布置"。历史学家必须将它置于恰当位置。进行这项工作,我们就需具备所谓"横向"知识与"纵向"知识(horizontal and vertical knowledge)①。**前者乃指涉及同时期出现诸般事物的相关知识,后者则是先后出现事物的相关知识。**

先将横向知识解说如下。假若农民耕田时,挖出一堆枪弹、腐蚀的刀剑、钮扣等,我们可能大声嚷道:"哟!古战场。"然而上述诸物并不能构建出某次古代战役。战役的形成还有赖于大群的人们,满怀敌意、忠贞、恐惧等各种情绪,与敌手相互厮杀,抑或力图免遭屠戮。上述的金属物件,只不过是充满血腥、火焰、烟幕、喧嚣、恐怖和死亡的那场现象中的一粟。训练有素的历史学家就能设想诸般物件在散落地面时曾出现的各个事件。以《大宪章》、美国《独立宣言》《共产党宣言》,抑或林肯的《葛底斯堡演说》等著名文献为例,我们若能将它与它周边各事件进行横向联系,乃是十分有益的训练。这也就是用留存下来的证据找出它与同时代却未曾留有证据的其他事件间之关联。任何永垂不朽的经典,都是历史的产物。

关于纵向知识,我们考察的则是我们可在时间长流中的何处获取需要的证据。另一个难题立即出现了。就某方面来说,我们所要的证据乃出于此时此地,否则就不明显。然而就如先前所见,证据乃是从往昔留传至今日,否则它就不能构成证据。然而它究竟始见于往昔

---

① See ch. 2, p. 23 above for vertical and horizontal contexts.

的哪一时刻？它究竟是往昔的何种事件的证据？在历史的"辅助科学"(auxiliary sciences)之中，就有许多特殊技巧可用来确立日期。一般人或许感觉乏味，然而每位严谨的历史学家都承认它的至关重要性。技巧的种类繁多，可是都包含三个共同规则。第一，它必须能十分精确地辨识眼前之物。第二，它必须能追溯眼前之物从古至今的流变。第三，它必能说明该物因何及如何出现，同时也能明示该物出现的地点，以及最终的，该物出现的时间。我们需要对以上三个规则稍加说明。

辨识证据

我们对一个文献的第一反应可能是"这是甲(写信人)给乙(收信人)的一封信"。然而这是直接跳跃至第三个规则之下的工作。其实第一个任务应该是确定它为何物。它是写在纸上，还是写在羊皮或牛皮之上？当时书写所用的是什么样的墨汁？书法如何，又出自何人之手？还有其他问题等。我们不可被伪造物欺骗。至于第二个规则，影响历史学家思考的证据，多半出自书本——二手著作或一手资料的汇编。后者乃经多人之手，如誊写人(也可能是译者)、印刷者和编辑。大部分情况下，历史学家必须依赖其他历史学家的著述。她不能重复前辈历史学家的所作所为。一旦对前辈的可靠性产生怀疑，历史学家会立即对前辈们获取资料的源头加以研究。"他们这样说是凭借何种证据？"并研究他们有可能使用的是某个古代著述的现代版本，比如说马基雅维利的《君主论》(*The Prince*)抑或17世纪40年代平等派(Leveller)的宣传手册。历史学家或许对这种现代版本的学术性感到满意。她也可能怀疑眼前这个堪称精确的版本经过太多人手，转而求助原始文献。当然，原始文献并不容易到手。假如她真能翻阅原始文献(就是说她的语言能力足以胜任)，她就可能感觉自己业已越过众人之手直接诉诸原始文献。(事实上，除非她的程度能达到那些制作现代版本的高度专业的学者的程度，否则就有可能因好高骛远而犯错。我们先把这一点放在一边。)即使如此，事情仍未终结。她手边的这份原始文献必然贮放在某个档案或资料室之中。原始文献为何出现在那里？此前又曾在哪些地方出现过？数百年来它又有过什么样的经历？(譬如《君主论》成书19年后始得出版，这个事实又说明了什么？)这种形式的询问(如同艺术品交易商对画作的处理)就被称为追查文献出处，其实就是历史溯源的工作。诚如克拉克之言："'证据曾经过哪些人的手，他们又如何处置它'这个问题，不应被限制于那些曾实际利用证据的人。还必须根据哪段历史、哪些人将要使用证据，对那些曾经传播证据的人提问。"[①]第三个原则就是厘清文献肇始的原因。它真是甲致乙的信件？撰写它的目的是为表白还是欺瞒？倘若真是一封信件，它又可曾递送？乙是否收到此信？如果收到，又是否曾阅读？如果确实阅读过，乙是有所处置，还是置之不理？问题几乎无穷。当然，文件也可能是海关人员的一份记录。他是否如实登记货品？抑或只是捏造一份足使上司满意的记录？即

---

① G. Kitson Clark (1967), p. 82.

使他一丝不苟,是否仍可能在若干数据上有所失误? 待考察的问题仍有许多。

倘若在我们尽力奉行上述三个规则之后(而非之前),就能转向纵向知识的后半部分。你应该还记得,迄今为止,我们所讨论的不过是纵向知识的第二层面,亦即证据肇始迄至时下持续的时间。但是,证据出现之前的稍早阶段又如何? 促成证据产生的原因或理由何在? 这类问题亦有待了解。不过暂时不讨论这些。前因与后果将在稍后章节中专门讨论。

遗迹并不发言

上述所涉及的是恰当分辨与处置证据。然而这还不够。倘若你将所有资料提供给一位不曾受过训练的研究者,他必定困惑不已,乃至绝望地大叫:"这些玩意到底有什么**意义**?"有这种反应很正常。有关证据的真正重点就是证据必须被加以恰当地诠释。我们必须明白它**为什么**是证据。在此,我们业已就作为遗迹之证据与作为论证之证据作了明确区分。本章标题为"作为遗迹的历史"。若干往昔事件至今仍留有痕迹,而我们必须研究的也就是这些。然而遗迹不会说话,骨骸、城堡、文件,无不默待于一旁,只等待**我们**去利用,是**我们**使它们发言,是**我们**去决定它们的意义。唯有我们对它们有所了解(或自认有所了解)之后,它们才能被人视为某些事物的证据。就像传统侦探故事所表示的,我们可依循不同方式了解往昔的踪迹(脚印、毛发、便条)。若置之于无知之人之手,遗迹证据就沉默无语。是我们将它诠释成了某事的证据,并将它化为用以论证的证据。

三种诠释

因此,正如面包师傅使用面粉的技艺一样,历史学家使用的是证据。当然,所谓诠释与之前曾讨论过的证据的分辨与处置并非完全不同。事实上,我们甚至可以把它们当成同一回事。欧克肖特曾写道:"在解释一个文本之前,我们不可能将其'定型化'。将一个文本加以'定型化'就包含着一种解释结果;文本就是解释,解释就是文本。"[①]这种说法即使是真的,但为了方便,我们在此还是将二者加以区别。

初次阅读一个文本——一部现代小说,一首诗,抑或一份历史文献时,我们立即把它折射至自己经验范畴之中。实际上,我们必定将我们从生活中所学的,包括曾阅读过的、谈论过的,以及我们的所作所为与所感,甚至经受的痛苦,置于其上。如果不曾把这些加诸其上,我们就不能对它有所理解。简单地说,最初的也是最自然的诠释就是它对我们意义,此时,我们将其置于我们现在的生活背景之下。

上述说法对历史学家和其他人都适用。然而,历史学家(不像其他人)并不至此便裹足不前。她将继续寻求第二种诠释,研究一份历史文献(或往昔遗迹)对其创制者及其同时代人具有何等意义。奴隶主杰斐逊(Thomas Jefferson)这样写道:"人人生而平等,是不言而喻

---

① Oakeshott, (1933), p.113.

的真理……"这句话曾鼓舞了无以数计的人们。他们接着就解放自己的奴隶了吗？他们指望杰斐逊释放他的奴隶了吗？指责杰斐逊说谎或虚伪，也未免太单纯了。不妨先去了解这些言辞对1776年的男性，抑或当时的女性，具有什么意义。显然他们的诠释与我们不同。

为确立第二种诠释，历史学家曾费尽心力，且著述颇丰。然而，还有很多任务需要完成。还有第三种诠释，那就是必须在一、二两种解释完成之后，始能抵达的境地。这就是完全体会曾予**以当时的**人们的意义之后，一本著述的内容给**予我们**的另外的意义。就某方面来说，凡能予**现在**的历史学家以第三种意义的**往昔**遗迹，通常是因为它能充作历史学家援引的证据。欲在历史学家现时有关往昔的思想或著述，以及成为历史学家主题而一度存在的那段往昔之间建立联系，以上所述非常必要。然而若干遗迹，尤其是某些文献，对现在的意义还不止于此，比如美国《独立宣言》就是如此。这类文献，如《大宪章》(1215)、《人权宣言》(1789)、《共产党宣言》(1848)，今日仍然重要，就不只在于它们能将它们在当时的意义告诉我们，同时它们还有更深层的意义，因此它们所给予我们的乃是一种三重反思。

诠释的多样化

回响可以有多重，于是就一个证据衍生而来的被接受的解释也就因时代、地域、历史学派不同而有所差异。只因生活经验不同，不同的人对同一事物就有不同解读。依循不同假说探究往昔，就会使得第二种诠释——往昔在其同时代的意义——有所不同。所有这些不同相互作用，又为第三种诠释带来更多分歧。不过，令人惊异的则是历史学家之间存在为数颇多的一致见解。我们可以对促成这些一致见解背后的社会影响力进行研究。我们也可以思考，如果完全正确的诠释存在的话，会是什么。在某些事（如日期）上，若有一致见解，固然令人满意，然而若在所有事上见解均一致，却是令人悲哀的。像杰斐逊写下的那句响亮的话，难道我们真的期望它对未来一代，除了既有诠释就没有其他涵义？

且让我们回到历史学家及其证据方面。有关证据，笔者再次赘言，就是历史学家研究往昔的主题和历史学家在现时对此主题的看法间必不可少的关联。若无证据，历史学家所写的不过是虚构故事。倘若是严谨的历史学家，她必然历经前两种诠释而达到第三种诠释，就是她的著述显示出来的意义，能透露往昔的人们曾感受的意义。而此诠释就能与她曾辛勤构架的往昔形貌相符，纵然这一形貌可能需要若干修改。卡尔曾说历史学家如同"从事的是一项持续的工作，不断用他的诠释来修饰事实、用手中的事实来修正诠释"。[①] 至于笔者先前叙述的过程，笔者以为就是卡尔在这段话中所指出的那种工作。

然而，在追求相符的背后，潜藏着危险。倘若她能因新证据来修正她那有关往昔的暂定构架，当然十分合适（所有侦探小说均有这种走势），倘若她修饰证据以符合她的构架，那就非如人所愿。（这是否就是卡尔所说的"来修饰事实"？）仅因透过证据的各种背景，她就能

---

① E. H. Carr(1964), p.29.

完全了解证据的意义,于是修正的诱惑也就更大。① 她将在脑海中组合这些背景,甚至将它们置入她的构架之中。然而,她必须时时提醒自己,证据的背景仍是往昔事件,并非她现在的观念或著述。公平地说,我们必须承认,历史学家要在工作中区分二者,还真是困难。批判者或许不同意她对若干证据的诠释,倘若她曾将诠释巧妙的混织在她的构架之中,批判者必然发现,他们需要挑战她的整部著述。由于批判者或许没有时间来亲自检验所有的证据,她的著述就能流传相当的时日。然而,她的著述终究会因逐渐招致挑战而被取代。埃尔顿曾在历史研究方法上坚持两个基本问题:"有哪些确凿的证据?而证据的确切意义又何在?"② 然而欲确定证据的意义,向来不简单,更不用说"确切"的意义。故笔者的结论如下:就某些问题(如"滑铁卢之役发生于何时?谁获胜?")而言,历史学家期望有一致见解,至于其他问题(如"15世纪意大利文艺复兴有何重大意义?")并不期望有一致见解。针对每个单独情况来说,这种一致见解是否**可能**,则是另外一个问题。

事实与诠释

在上述所论的"事实"与"诠释"之中,我们当提醒自己,关于历史我们所有的不过是证据和有关证据的判断。而"事实"及"证据"均不像出土的恐龙骨骸那般具体、真实。充其量不过是一种公认的判断。有关它的被接受程度,可从几乎确定的判断(如拿破仑曾任法兰西皇帝)至极具争议的判断(如拿破仑是真正的革命之子,只因自卫而被迫征服欧洲)。除非心怀此念,否则就会浪费许多工夫,或是争论什么是事实而什么又不是事实,抑或去为每一个证据寻求一种正确诠释。我们万不可被"事实"一词误导。如果拿破仑曾任皇帝,于是此事就是一个事实,如果拿破仑并非真正革命之子,那么事实就是他并非真正的革命之子。如此岂不是历史问题取决于"如果"?所以"事实"的概念也于事无补,尽管"事实"是简化的公认判断的实用术语。你或许会申辩说:"然而若是事实,它就必然真实!"确切地说:"我们当然关心真相是什么,可是它并非饱学教授所想的那一种!"且容笔者提醒,真相存在于我们研究终止之时。这是我们的目标,当我们仍在行程当中,我们不得宣告业已达到目标。就目前来说,饱学之士们达成的一致见解,只是我们掌握的真相的最佳保证。学者并非无误,就这方面的末日审判来说,我们能在何处寻获较历史学术更能通往历史真相的指导?

证据的关联性

在结束历史学家运用证据的论题之前,还有两个小问题有待讨论。一是它与主题的关联。新发现一系列可能很有启示性的文献,历史学家自然兴奋不已——若是一个令人着迷

---

① See pp. 134 – 135 above.
② Elton(1969), p. 87.

的故事,历史学家必然为之着迷,她就可能因而偏离原来的宗旨而走入岔路。虽然是弱点,然而大多训练有素的历史学家仍会重复评估那些看似重要、有趣、有意思、淫秽、刺激但是却与手头事物并无直接关系的资料。在阅读历史著作之际,有多少人会向作者挑战说:"对啊!你告诉我这些事的用意何在?"然而历史学家却应该不断自我诘问:"凡属相关者,我是否不曾有所遗漏?凡不相关者,我又是否排除在外?"

引述证据

另一份警惕则涉及引述的使用。就历史来说,我们努力获取的乃是"真正发生了什么事"。在大多数情况下,尽管不是所有的情况下,我们关于发生了什么事的证据是曾有人说发生了某事。哪怕是像财政报表上一栏栏的数字,或是法庭听讼案件清单、海关执据登录表这类枯燥资料,人们也相信或假定相信它曾如是发生过。因此,即便是最原始的资料,也已经以某种可理解的方式编排了事件。它们述说着事情的进展,并赋予其意义。若用文学术语形容,它们"预铸(prefigured)"了事件。倘若要求一份无偏见而客观的记述,或许我们该去寻找寓言中擅长观察的火星人(Martian),他们可以看到一切的事物,却不能理解。(那么他又如何能加以描绘呢?)

我们试举一具体的案例。为使内容真实而生动,历史学家经常引述部分证据,如:"约翰·罗利(John Rawley)和他的随从……下令(commaundyd)……砍倒(strieke downe)所有帆樯,否则他们(thei)将凿沉本船(shipp)……本船已经非常(verie)老旧,不久也会面临被强行凿沉的命运。然而船员在惧怕之下,还是砍倒了所有帆樯。"①文中保留原有拼写,才能予人以16世纪口吻的感觉。看来,据此资料我们或能得到"真正发生的事情",然而其中的真实性仍属幻想。引文乃出于西班牙人的检察官提交高等海事法庭的证据,证据本身可能源自西班牙人与检察官之间的翻译人,再经由书记官誊写(部分使用拉丁语)而成。同时那位受委屈的西班牙船长所提供的,似乎也不像一份相关事件的完整且公正的报告。就算他和他的言辞经由数位中间人给我们留下了很好的描述,这份记录还是以人类行动的语汇预铸了事件和环境。我们可以说,活动业已因诠释化为行动。这就是我们看待生活之道,而虚拟的叙事也能运用完全相同的文字,更能彰显这个说法。历史学家引述原文,文学上而言十分正当,可为故事润色,然在认识论上而言,却又令人生疑,它们能予以真相的保证,并不像其外貌所及。它所告知的,不过是人们所说所思之事,而非真正发生之事。

然而,或许有人认为笔者对当事人陈述版本的内容过于悲观。笔者将以卡莱尔为自己所编的《克伦威尔书信演说集》曾说过的话来结束这一节。他说:"这些言辞,都是这个人认为最适于表述发生在他周遭以及自身的事物本貌的言辞,我们据此能追寻这段历史。新生事物和事件(the newborn Things and Events),它们从流逝时光的旋风中涌向克伦威尔——这

---

① 此段记述是沃尔特·雷利爵士的堂兄对1549年攻击一艘西班牙船只的部分描述,见Stanford(1962),p.24.

是他认为对其适当的命名和定义。"①

6.4 证据的渊源

证据的桥梁

本章之中,我们曾目睹历史证据可以为往昔的某一片段与我们称之为现在的时刻之间筑起一道桥梁。学童们都曾听过华盛顿斧头的故事——"这就是他用来砍断樱桃树的那把斧头,只不过换过三次斧刃和两次斧柄"。显然这把斧头并不是证据,因为人们无法由它追溯至华盛顿的童年时代。上一节中,我们曾检视"桥梁"接近我们的这一端——历史学家使用的证据。现在,我们将检视"桥梁"远离我们的另一端,即证据的肇始。

四类桥梁

沟通往昔与现在的"桥梁",大约可分为四类:自然桥梁、人为桥梁、沟通(communicative)桥梁,以及过程(processive)桥梁。

(1)自然证据需求的诠释甚少。就地质学家而言,岩块本身就能述说地球的历史。对古生物学家来说,同一岩块所附的化石,就能组成地表生命的故事。历史地理学(historical geography)则是一个迷人的学科,它探索往昔的地貌,以及人们曾如何改变这些地貌。因此,我们转向讨论第二类证据。

(2)人为证据则包括各种人为物件——人类努力改变自然环境以符合自身目的的成果。一块耕耘过的田地、一片被清理的森林、架有桥梁的河流、一支鹅毛笔、一栋房子、一瓶酒、一台激光器等,每个均背负其自身那个时代的相关证据。特别有用的,则是那些符合一般家用的物件,如旧家具、脚踏车、平底锅、园艺工具等等。即使最没想象力的人,亦知这些东西以其特殊的力量给家居带来变化的事实。

(3)笔者业已从上一种类中分辨出,我们大部分的历史知识来自哪一类人造物品。沟通证据则能显示沟通意图。其中包括歌曲、洞穴与山岩上的绘画、武器与石块上的铭刻、庙宇中的雕像,以及许多(尽管并非全部)其他形式的艺术品。多数沟通性人造物品,均附有某种记录,从埃及的象形文字到电子磁带、软盘等等。然而有记录的证据,又应当有所区别,有些是供时人过目的,有些则为了出示后人。② 甚至如萨缪尔·约翰逊那样诚实的人,也坚持认为撰写墓志铭时无人信守诚实誓言。国王与暴君树立碑铭、打造勋章,是为了感动臣民,也为了感动后世,就如同雪莱笔下的奥西曼提斯(Ozymandi-

---

① Carlyle(1893),p.10.
② See also ch.6,p.130 above.

as)。政客与将领撰写日记、出版回忆录,目的是为了个人声誉,而不在于事实的真实性。即使已去世的人,仍在墓中追求着许多已遭遗忘的事业。因此,历史学家宁愿见到仅供收信人过目的私人信函。这些信件的用意并不是为了影响历史学家。

(4)过程证据比较少见,却不得忽视。从往昔迄今,它一再发生,它不是一件事,而是一个过程。例如,一块麦田可以是早期耕耘种植措施的证据,虽然这些措施已不再存在。而证据就在于作物生长的过程之中。因此,一个社群可能守秩序或不守秩序,夫妇的婚姻关系可能和谐或有裂隙,这个人可能有礼貌、有知识,那个人可能粗鄙没文化。总之,社会发展、婚姻生活、培养成人都是过程。而这些都能构成往昔事件的间接证据,纵然这些事件本身并非是至今留存的。留存下来的只是一个过程的结果。

与过程证据相关的问题,必须与诘问任何证据的其他问题相区分。这个问题就是追究遗迹所经历的整个过程。文献可以更换、可以销毁,大厦可以倒塌、可以摧毁,也可以重建。然而很少有遗迹在经历无数世代之后,仍以原貌出现在我们面前。是故我们应当发现其存在的时间内所经受的遭遇,有时这个存在时间可长达千年以上。历史学家尤其需要掌握过程,凡源出自往昔之物,必经由过程而形成它今日呈现在我们眼前的状态。否则历史学家便会完全误解证据,比如错认为温莎城堡(Windsor Castle)出自诺曼(Norman)时代的建筑师之手,抑或新天鹅堡(Neu Schwanstein)出自中世纪的日耳曼工匠之手。

哪些已不复存在

人们或许会全神贯注于早期遗留下来的证据,以致忘却它们是如何的稀有与不寻常。构成我们生活的大多数证据——自然物、人造物、思想、对话(甚至是我们人类自身),都已不复存在。只需看一看你的周围,并问问你自己,本周内给予你生活意义的东西,百年之后又有多少能继续留存。雷利爵士曾写道:

> 时间甚至亦如此盲目信任
> 我们的青春、欢乐及全部,
> 却酬偿我们以泥土与穷尘……

确实,很少有东西能长久存在。因此,我们能得到的证据有限。这个事实在考古学界更为明显——或许当地仍留存一个碗(然而汤不在其中),抑或在古生物学界——能在当地发现骸骨(却找不到心、肺)。历史亦然,与我们有关的大部分事物均无法续存百年以上,当然有少数类型的东西可以办得到,然而事实上真能办到者,也只有极微小的一部分。

起源的背景

对手头上(不寻常的)存留下来的证据交代一下背景,实有必要。某个文献的撰述者,其意图何在？在撰述该文献时，他又处于何等的社会和政治传统之下？针对当时环境，促使他予以注视，并依循他曾经采用的方法做出反应，他背后的心理动机又是什么？这个文献的有心读者又将如何理解它？而撰述者与读者又能分享哪些不言而喻的推断？笔者无意说，在任何具体案例中，上述各个问题都能得以解答。然而，笔者确实坚信我们必须提出这些问题（及其他类似的问题），否则我们将沦为自以为是的受害人。①

如上所说，历史学家不可忘记，她眼前的文献原本不是专门为**她**而设，大部分情况下是为别人而设。悖谬的是，一旦她以为是为她而设，她必定对这个证据有所怀疑。② 再者，她还须谨记，文献中的记录乃是撰述者所见、所了解的当时形势，同时还是以撰述者习惯的文字撰写而成的。故展现在她眼前的，只是**撰述者**的言辞，对她而言，同一个字或许代表了不同意义。是故，当她评估手头资料时，上述的一切都必须谨记于心。当两种或两种以上的资料互相矛盾时，她必须思考可信度的问题。然而，这并不意味着如果她手里只有一种资料，或者不止一种，相互之间却**没有**矛盾之处，她就能免除对可信度的质疑。历史证据是关于往昔的唯一证物。所以历史学家应当与诉讼中的律师一样，予证据以无情的诘问。

6.5 另一个相关论题：口述历史

诚如导论中笔者所言，研究者针对往昔寻找证据时的巧思，似乎没有底限。虽然将其一一列举（数目与日俱增）实无可能，可是其中一种却特别有意思——就是口述证据。原因在于研究者可自行开发这种证据。大多数的历史证据，诚如我们所见，多出自早时留存下来的纸张、羊皮或石块等等之上的遗迹。口述证据却是现形于研究者发问所得的回答之中。它是按照要求而成形，实为一种危险与好处同样明显的东西。

口述历史重要的另一个原因是，它在若干层面上均有新意。它不仅能引入一种不寻常的证据，同时也为若干不同资料开启了大门，使得历史领域的许多不同部分（通常是隐匿的部分）可以利用，而且它还能启发新的诠释角度。

就像史学方法上的许多创举，口述历史能渐受瞩目也是科技进步的成果，尤其是麦克风和录音机。他们使研究者与受访者的交谈变得相当容易。受访者可尽情述说，甚至忘了访谈的目的。研究者则可把精神集中在自己的主题和受访者的言谈上，至于材料的誊写、分门别类、筛选、编辑等工作，则可留待日后。并且，语气上的微妙变化亦能被记录，这几乎不见于书写的文献。

当然，这种历史研究的基本技巧绝非新鲜事。修昔底德曾为伯罗奔尼撒战争撰写历史。他在开端曾如此写道："我所描述的事件，不是我亲眼看见的，就是我从那些亲自看见这些事

---

① See ch 2, pp. 25 – 26 above.
② See p. 130 above.

情的人那里听到后,经过我仔细考核过了的。就是这样,真理还是不容易发现的;不同的目击者对于同一个事件,有不同的说法……"① 无疑,就是这样的以同时代的口述进行历史研究,乃使历史学家心生警惕,认为必须以批判的态度来研究证据。然而,这种需求却被柯林伍德贬斥为"剪刀加浆糊派"历史学家长期忽视。② 与泥板和尖头笔、记事本和铅笔等相比较,录音带与录音机的好处良多。

新技巧一旦成熟,就能开发新资料。这些技术已被大量使用于(如凡西那〔Vansina〕所描述的)对无文字民族进行的研究。他们虽不能借书写来记录本身的历史,然而却能将它保存在通常是非常精确的记忆之中。即使如我们有文字的民族,仍然有许多人或因年龄,或因缺乏教育,不能写下他们的回忆,然而却能述说超过六十、七十或八十年的生活经验中的重大事件。因此历史领域中的新部分,尤其是社会史,业已被打开,只等历史学家浏览。

但是,不只老迈之人与贫困人士能提供重要历史证据。不只独裁政府,几乎所有政府都不大情愿将档案公诸历史学家。结果往往是重大事务均遭隐匿,不为公众所知。上述企图并不成功(比如说1917年英军内的一些哗变事件)。是回忆录及口述研究而非书面文献,使得真相仍能为人所知。③

因此"当代史的撰写不能没有口述资料"。④ 至于访谈对象,塞尔敦(Anthony Seldon)和帕普渥斯(Joanna Pappworth)二人的大著表明,已不必受限于贫困、无文字及受压迫的人们。这二人已经看出"自锻铸或目击历史事件者处搜集资料"的重要性——也就是指领袖人物而非群众。塞、帕二人曾引述一位专业历史学家的见解,他说这类口述资料足以透露"人类动机的复杂性,以及历史'真相'的难以捉摸的本质。关键就在于证据,在于文字与事迹间的含混关系"。⑤ 这种说法正如同俾斯麦所坚信的文献资料无用说。⑥

当然,口述历史亦有缺陷,绝大多数情况都是不能追溯超过一个世代的事情。⑦ 它却能在当代史研究中扮演重要角色。研究当代史(大约半个世纪以来之事)十分有益,不仅是其中所述说之事很有价值,同时还有它能给予历史学家绝佳的训练——这种训练成果足以使他用之于较早的各时代。⑧ 另一个好处尤为妇女史研究者所称许:"在妇女史领域中,记忆乃是中心问题,因为女性一直是受压抑的群体,她们的历史曾遭否认。召回她们的记忆就是召回她们的往昔、她们的历史……"⑨因此,对增进某一族群的历史性(这就是促使他们觉察

---

① Thucydides(1954),p.24.
② Collingwood(1961),pp.257-266.
③ 关于英、美两国政府企图扭曲历史的事例,可参见盖文·普林斯(Gwyn Prins)之《口述历史》(Oral History)一文,收录于 P. Burk(1991),pp.127-128,131-132,135-136。
④ Vandecasteele-Schweitzer and Voldman in Perrot(1992),p.41.
⑤ See Seldon and Pappworth(1983),p.156.
⑥ See above,p.81.
⑦ The study of oral tradition is another matter. See Vansina(1973).
⑧ See Butterfield's remarks,p.76 above. See also Seldon(1988).
⑨ Vandecasteele-Schweitzer and Voldman in Perrot(1992),p.43.

自身在历史上的地位)这一重要工作而言,口述历史的助益甚大。①

以上所述,仍嫌简短。若要深入研究口述历史,我们可参阅下列各位名家的经典作品:如凡西那和保罗·汤普森(Paul Thompson)的、汉尼吉(Herige,1982)的、普林斯的著述,伯克(1991年)编的文集中《口述历史》一文,塞尔敦(1988年)的、塞尔敦及帕普渥斯(1983年)的著述,以及期刊如《口述历史》(Oral History)、《口述历史评论》(Oral History Review)。以上作品皆列于本书参考书目之中。

结　语

历史知识的各个层面已见于前一章,本章就推究历史知识必须依据的历史证据。而这些证据由往昔的遗迹组成,它们就是往昔与今日之间的桥梁。有关往昔之知识则来自对这类"桥梁"性质的正确了解,包括它到底是什么,以及它又透露自身出自的那个世界些什么。"事实"与"诠释(经常成为争议的主题)"实乃就是有关前者性质及示意的判断(或多或少相契合)。欲掌握历史知识必以证据为基石。至于如何始能衡量证据的可靠程度,则是十分精妙、也是相当晚近的成就,大约与近代科学思想肇始同时。至于处理及理解历史证据所需求的技巧,大部分只是从兰克时代以来发展而成,而19世纪上半叶的政府档案向历史学家开放,对此也多有助益。然而,对历史证据的多重性质,以及利用许多各类物件得出历史证据的充分了解,则是20世纪以后的事。不论运用何种历史证据,总是有许多陷阱,并且经常是深藏不露的。为历史知识付出的代价,绝不少于为自由付出的代价,此乃永恒的警训。

延伸阅读

Bloch 1954

Butterfield 1957

Butterfield 1960

Carr, E. H. 1964

Cipolla 1991

Clark, G. K. 1967

Collingwood 1961

Elton 1969;1970;1983

Finberg 1965

Mandelbaum 1977

Marrou 1966

Marwick 1989

Momigliano 1966

Renier 1965

Rogers 1977

Shapiro 1983

Stanford 1990

Temin 1973

---

① For 'historicity' see pp. 41 – 42 above.

Floud 1979;1974
Fogel and Elton 1983
Gilbert and Graubard 1972
Hoskins 1955;1959
Maitland 1960a;1960b

Tosh 1984
Trevor – Roper 1967
Wainwright 1962
Weisman 1984

第7章
作为事件的历史

在黑暗的过去与时间的深渊里，
你还记得什么别的？

> 莎士比亚：《暴风雨》

以往的只算得是序幕。

> 莎士比亚：《暴风雨》

这就是历史的统一性，因此凡是有意叙说其中片断的人，必然有这种感觉，他的第一个句子就像是在撕裂一张无缝的巨网。

> 梅特兰

并非是时光从我们中间流逝，乃是我们在时光中流逝。

> 来源不明

唯一的经常，就是经常变化；
所谓已完成，就是未完成，
当尚未完成时，
就同一范围，以不同的方式去做：
这就是月球下浮动世界的走向。

> **霍桑登的威廉·德拉蒙德**

前面三章所言皆历史(乙)的方面,乃指人们所思、所述、所写之往昔。本章,则推究往昔本身,以及它所引起的问题。全寸若十学者曾断言,往昔在本质上乃无从知晓,历史学家笔下所书,不过是他们在想象中捏塑而成的事物,只为符合所处时代或社会环境在意识形态方面的需求。上述事实,我们亦不能忽视。①

我们所拥有关于往昔的知识是否正确,抑或精确到何等程度,乃是一回事,而某段往昔是否曾经为人知晓,则又是另一回事。我们要切忌将二者混淆。上一章所讨论的,已经警告我们,对我们声称掌握的往昔知识的正确性,我们尤需多加鉴定。然而,这并不意味着我们对往昔一无所知。毕竟,往昔就是从过往的一秒前开始的,谁又能质疑这一点? 我们对时间或空间的**认知**,总是现今甚于遥远的往昔,此话不假。然而我们却不能因此假定事物之真实性乃出自我们的意识。虽然那时尚未出生,笔者对1914年至1918年间发生的第一次世界大战无所怀疑。虽然此刻从我书房的窗户眺望不可能看到喜玛拉雅山,我却也不怀疑它的存在。至于关于那场大战和大山的知识是否正确,当然是另一回事。对眼前(五秒以前)不断流逝的景观和地平线外的遥远踪影(五千年前),我们能说些什么?

有关往昔发生何事、事件模式、时间的问题:

1. 何事确实发生在往昔?
2. 事件是什么意思?
3. 在事件之间是否真能看出若干形貌或模式?
4. 倘若历史真像一张"无缝的大网",什么是它的最佳分割方法?
5. 割裂的各块之间又有何联系(倘若有)?
6. 到底它是否是人为结构(structured,与单纯塑形〔shaped〕有别)出来的?
7. 倘若是,则人为结构是否皆出自历史学家手笔,抑或至少有部分原本就存在于事件之间?
8. 历史能上溯至何时?

---

① See Atkinson(1978), pp. 40–44; Ricoeur(1984), p. 98. For a lengthy discussion, see Novick(1988), chs. 15 and 16. For a popular statement of the extreme relativism of (so-called) post-modernism, see Jenkins(1991). For a fierce rebuttal of these views, see Elton(1991). See also above, ch. 1, p. 5.

9. 是否所有民族皆有历史？
10. 各民族之历史是否能总汇成一部历史？
11. 是否真有自有其开端与结束的所谓的时代（era）？
12. 时间（time）指什么？
13. 时间流逝的速度是否一定？
14. 时间是以直线式还是循环式前进的？
15. 我们当如何度量时间？

本章主题为"作为事件的历史"。我们将思考何谓"历史领域（historical field）"——事件发生的时空场所。首先是讨论该领域的成分，亦即其中有何物。其次则讨论各成分依循何等不同方式予以整理——形貌、模式和结构。第三则考虑时间，也就是事件被有序排列的维度（dimension）。

1. 什么是事件？
2. 历史的形式（Forms）与结构。
3. 时间。

7.1 什么是事件？

发生了什么变化？

突然爆发出一阵不寻常的喧闹，大量的人聚集到了一块。我们质问"发生了什么事"？历史学家的职责，我们或许可以这么说，就是回答过去五千年来的这个问题。当我们说"发生（happen）"时，是什么意思？它是指事物的"发生（occur）"、"到来（come about）"、"出现（take place）"。什么样的事物？是桌椅还是小猫、小狗？不，不是这些。它是指出现的事物、发生的事情、事件。因此，事件就是指发生的事情？看起来，我们好像是在兜圈子。

总之，我们可以说历史所涉及的就是事件。当然，我们必须能说出它们是什么。传统的历史谈的是国王和女王、总统与将领、战争与条约。比较时髦的历史则讨论人口、贫穷、婚俗、土地制度、贸易圈等。这些都是事件吗？有些是，如战争、条约、贸易圈等。国王、贫穷、土地制度则不是。我们可以说前者是发生而来的，后者却不是。我们又回到同样问题："发生"或"出现"指的是什么？

开头的那句话提供了线索：喧闹被描述为"突然"、"不寻常"的。难道这不意味着我们因变化而有所警觉吗？难道"出现"一词不意味着有所变化，表示某一事取代另一事吗？因此，我们或许有了答案。我们能不能在第 1 章所说的再添上一些，比如说：**一起事件（出现事情、发生事情）就是事务（affairs）状态的变化**？

请注意,我们所标识的是"变化",它就是有待解释的产生的**差异**。这就表示,倘若无变化,则毋庸费心。变化乃使我们清醒,乃使我们质问。历史记载人类事务的变化,并且,若有可能还加以解释,原因就在于此。

留心变化

然而,我们应对变化感到惊讶,难道这一点是不足为奇的?赫拉克利特(Heraclitus)曾说"万物皆流",现代科学则予以证实。不论检验寰宇中属缩影层面的次原子粒,抑或全貌层面正在回旋的银河,我们必能发现所有事物均处于动态之中。倘若移动是常态,又何独惊异于变化?

不久前,笔者曾前往纽约参观世界贸易中心,那里的高速电梯呼啸而上,不到一分钟,便将人们带至第 107 层。虽有指示表上的灯光显示我们的快速爬升,我们对移动却没有感觉。绕地球旋转的宇航员对速度也毫无感觉。这就表示,若无感觉,位置的变化(不论如何快)亦无意义。因此,令人诧异的并不是变化本身,而是对变化的**觉察**。觉察变化必是同时对事务两种状态有所认识,一是变动之前,一是变动之后。

"事件"的定义

此刻我们对这个关键词已有清晰的想法:事件,就是针对既存事务状态觉察而得的变化;我们之所以注意到变化,就是对既有事务前后两种状态同时有所感受(不论是通过视觉神经、记忆、档案,或其他资讯)。然而,应当注意的是,"事件"一词更具公共含义而非私人含义。日常生活中的小变化,如我的鞋带开了、咖啡凉了,鲜有被视为"事件"的,最多不过是发生的事故。所以,事件是指发生的事故超乎常情而引起人们注意者。它变成交谈的主题,并值得被记录在日记、报纸、编年史之中。譬如:"1048 年:这年英国到处发生强烈地震。同年桑威奇和怀特岛遭蹂躏,那里最优秀的人被杀害。随后爱德华国王和众伯爵率领船队出航。"[①]

历史中的事件

就基本层次而言,事件就是变化。然而变化无时不在,一起事件则必有若干处为人所注视。那么有多少人重视,有多重视?我们对前者的回答,就是它所涉及的人数。某个农村的庆典,对村民而言就是事件,对农村之外的人而言则未必是。若是战争,则会牵涉到全部的国家,甚至大陆。有多重视则十分明显。一起事务是否被当成事件,很大程度上依赖于它发生的背景。我们可以看到,某类事务,如地震、维京人的劫掠,在若干英格兰修士眼中则为 1048 年的事件。而同年发生的其他事务呢?难道除了编年史中所记录的,没有更多的事件

---

① *Anglo-Saxon Chronicle* (1953), p. 166.

发生？就另一方面来说，就英格兰通史而言，那些地震和劫掠，根本不值得一提（若就欧洲史而言，更是如此）。那么它们还能被当作事件吗？

在"人类创造他们自己的历史"①中，似乎还有另一种方法，我们曾对事件之历史——历史(甲)与记载之历史——历史(乙)进行区分。本章所论是历史(甲)。因为事件就是事务状态的变化，明显的属于历史(甲)。然而宇宙多续存一秒，就发生无数变化，引起人们注意而被加以记录为事件的，只不过是其中的极少数，不论它是天空中一颗超新星的爆炸，抑或是肯特(Kent)郡沿岸的战斗。因此从"变化"上升至"发生"以至"事件"，全是人为，循此就可看出在基本层次上，人们如何将历史(甲)转化为历史(乙)。这个工作大多在我们开始撰述正规历史之前已经完成。变化无时无刻不在发生，唯有与我们特别相关的方被称为事件。然而**何者**与我们相关，与我们中的**多少人**相关，又相关到**何种**程度，则因环境、背景等不同而有所差别。是故，除去所有事件均是人们所觉察到的变化之外，别无任何坚实而快速的规则以决定何者方是事件而何者不是事件。

事件的时限长度

一个事件可历时多长？就某些背景而言，一场战争整体可被视为一事件，如希腊的伯罗奔尼撒战争(公元前431—前404年)，如发生在阿拉伯地区的海湾战争(1991年)。因此一个事件能持续数月、数年、数十年，甚至可能数百年。难道农业发明(或嫌漫长)不是人类历史上最重要的事件之一？同样，一个事件也可能只持续一瞬间，比如说打死国家元首的那一枪。当然一场战争也可能被划分成若干小事件，比如说第一次世界大战的加里波里战役(the Gallipoli campaign)、凡尔登战役(the defence of Verdun)，抑或索姆河战役(the Battle of the Somme)。即使是这些战役，也能被细分成各个阶段。不过与某些人声称的情况相反，一个事件不可能进行无限的分割。倘若如此，或许可以将战争细分到少数班、排的小规模战斗，甚至是个人击发的一枪。由于它们能被察觉，它们至少可被视为发生，但是除非它能被若干人认为是值得注意的，否则就不能被视为事件。一次小规模的战斗，若牵涉到团级上校的死亡，仍然会让人留意。因此，欲就事件与只是发生的事情之间划出精确的分界线，确实不容易，而分界线则完全依赖相关人士所处之背景和利害关系。毕竟，一名微不足道士兵的死亡，未必见于历史著作，可是对他的家属亲友而言却是重大事件。

判断任何具体事件的维度，素来非易事。譬如说火山喷发或地震，有明确的震中，但是随着震波向外扩散，其波及范围是不确定的。另举一例，1992年，欧洲人曾举办了发现新大陆五百周年庆。新大陆发现过程颇长，然而关键点却是望见巴哈马群岛中的一个小岛。但是发现过程远非仅此而已，倘若瞥见该岛后，哥伦布立即返回西班牙，欧洲人的见识未必能有所增加。有关大西洋中的岛屿的报告以前就有。无论是1497年约翰·卡伯特(John

---

① See Marx(1973b), p.146.

Cabot)还是 1498 年哥伦布三度西航时发现大陆,都不能完全地构成这个发现过程。因为人们普遍认为他们抵达的是亚洲沿岸。可能要等到贝尔波尔(Balboa)在 1513 年眺见太平洋,甚至要等到麦哲伦探险队环航地球一周(1519—1522 年)后,才能完全明白所发现的是一个新大陆。美洲的发现是经年累月的事情,而非仅止于片刻。

历史的多重步调

截至目前,我们业已断言历史所言就是事件,此说早已得到公认。然而,1949 年布罗代尔的大作《菲利普二世时代的地中海及地中海世界》一书问世,上述说法遂遭遇了最有力的挑战。① 布罗代尔对事件的历史(l'histoire événementielle)没有耐心。就布罗代尔而言,"历史事件是瞬间即散的尘埃,它们像萤火虫一样穿过历史舞台。它们刚刚产生,旋即返回黑暗中,并且往往被人遗忘"。然而,他也承认"每个历史事件不管历时多么短暂,都带来证据,照亮历史的某个角落,有时甚至还照亮历史的某个广阔的深景"。②

布罗代尔放弃了传统风格的事件历史,转而关注持续性而非变化。(回忆一下,变化就是事件的主要特征)。这个想法来自所有研究经济学的学生都能熟知的周期说。经济现象(比如说食物价格)来回波动,可以数年期限(好像今日的蓬勃与萧条)或以数十年期限(例如 16 世纪时的物价持续上扬)来加以衡量。布罗代尔认为这些绝非只是历史背景而已,它们甚至构成了历史。他们构成的历史,比各个构成传统历史的稍纵即逝之事件更重要。社会现象——如法律、行政、宗教、教育、婚丧习俗、继承、交换、节庆、斋戒等亦然,它们可能历经数代而没有明显的变化。诚如布罗代尔之言,历史以上千种步调前进,"它们几乎与编年史或传统历史的逐日计算的节奏毫无关联"。③

持续与变化

历史不只包括统治者及其下属的日复一日的活动。我们必须关注历史中的"持续活动",一如注视变化。倘若对 16 世纪的食物价格、市场、火枪、土地制度等一无所知,我们又怎能理解当时的事件?布罗代尔谈到文明时说,文明的深层结构特征可持续数个世纪,甚至我们也许能加到上千年。以埃及自大金字塔时代(公元前 26 世纪)至罗马征服时代(公元前 1 世纪),抑或中国自秦始皇(公元前 221—前 210 年)至满清末代皇帝宣统(1908—1912 年)来说,难道不正确吗?若从考古遗址来判断,今日印度农村使用的牛车和四千年前摩亨佐—达罗(Mohenjo-Daro)地区所使用的差别不大。然而事物会变化,即使深入人心的习俗,也不曾保持不变。

西班牙地区的长途牧羊,自 13 世纪至 18 世纪,是由被称为麦斯达(Mesta)的公会管理

---

① See chs 1 and 3, pp. 8–9 and 52–54 above.
② Braudel(1975), vol. 2, p. 901.
③ Braudel(1980), p. 12.

的。菲利普二世时代的历史学家就已发现有必要说明这一制度。由于它持续超过5个世纪,所以不是16世纪的一个"事件",它是一种传承。然而又为何将它载入那个时段的历史?因为它成为了当时西班牙人生活(政治、经济、社会等方面)的重要组成部分。同时它又不再存在了。所以,我们需要加以解说。历史著作中没做记录的是,16世纪的西班牙人有一双腿、一个心脏、一对肺叶,还有他们钟爱妻子儿女等。这些事全遭省略,并不是它们不重要,是因为它贯穿了整部西班牙史。同样的考虑亦适用于法老时代埃及或帝王时代中国的制度。慎重的历史学家应当在记录中,不仅关注时代的变化,**如果那个时代的传承已消逝不见,亦当兼及那些时代的传承**。当然,任一种传承历时再长,只要它有肇始与结束,依循长时限来透视,它仍然是一个"事件"。要明白,人类定居尼罗河谷长达四万年。就这个背景而言,两千六百年间的法老,只不过是水面上的几许涟漪——换言之,就是一个事件,或事务状态上的一次变化。

在笔者看来,**事件**并非布罗代尔的"萤火虫"发出的稍纵即逝的亮光。它们**乃是为人知晓,并且被认为(不论因何原因)是值得记载之事态的变化**。事件的大小或重要性并无定律,因为它会因背景与认知及评估的人不同而不同。

事件不是物件

在离开这个主题之前,还有少许容易混淆之处有待厘清。

首先,必须认清**事件并非物件或东西**。混淆可能出自事件乃是真实世界的一部分(而非我们对它的看法)。因为每一物件均可自其所处的特定时间、地点,也就是依据它的时空位置(spatio-temporal location)来辨别,然而事件亦有其自身的时间、空间,所以就可能将二者混为一谈。这种错觉,在人们思考历史证据,如一张邮简、一块墓碑之时,特别容易产生。我们写信时除了地址外,还会附上写信时刻与场所。这就是摆在眼前那张信纸的时空位置(故它是物件),也是写信这个行动所处的时空位置。以上二者,何者为事件?显然是写信这个行动。也许历经长久时间,在遥远的地方,这封信变成了历史文献,成为未来某一历史学家援用的证据。它曾处过许多时空位置,然而事件(写信的行动)仅此一个。因此,写封信就可能同时制造出一样物件、一个事件,以及一个证据。然而这三者却各有不同,不可混淆。

事件并非事实

第二种混淆则是存在于事件与事实(fact)之间。"历史事件不能压缩成通则"[①],此说不假。然而几乎所有的社会科学家都试图这样做。并且"覆盖律"理论家的争议核心,就是如果历史要被解释清楚,就必须这样做。[②] 指鹿为马会造成混淆,将事件等同于事实也是如此。

---

① Veyne(1984),p.63.
② See chapter 8, pp.190-195 below.

我们先前已经为"事件"下了定义。至于**一个事实则可界定为"处于某种特定描述下的事件或事务状态"**。"猫坐在垫子上",只是某一事务状态的描述方式之一。"垫子处于猫之下"则是另一种方式。"猫以半立姿势卧于垫子上"亦然。因此,一个事件或事务状态会因为拥有多种不同的描述而遭到质疑。有关一个事实的描述文字经常会招致正确与否的挑战。事件或事务状态是世界的一部分,并无正确与否的问题,它们就是在那里。至于不一致,则是出于用以记述事实的文字是否真能正确描述某个状态或事件。**事实是陈述出来的,而事件是发生出来的**。一个必须涉及文字,另一个则不涉及。

倘若念及事件有时空位置而事实则无,或许有助于我们分辨二者。1815 年 6 月 18 日,威灵顿公爵在比利时一处泥泞田野打赢了滑铁卢之役。威灵顿获得该役胜利这一**事实**,并非存在于该处田野或该年,这个事实存在于任何地方。

因此,韦纳认为事件不能压缩成通则,此说极是。每一个事件都是独一无二的。至于可以被压缩的,则是所谓事实,它不过捕获了事件的部分形貌(抑或所有描述事件的可能方式中的一部分)。因此方能在若干与战役相关的通则中,将滑铁卢之役与温泉关之战(希波战争中的一役)、坎尼会战(第二次布匿战争中的一役)各战役相提并论。滑铁卢之役原本只是拿破仑战争中的一次英方胜利,与此相关的是哥本哈根之役、萨拉曼加之役、特拉法尔加之役等。发生在英国摄政王时期的事情,当属于另外一种完全不一样的概括,比方说与简·奥斯汀和布赖顿皇家穹顶宫(Brighton Pavilion)相关的事情。

解释的覆盖论理论家应该记得,他们用以建立法则的是事实而非事件。然而历史学家的职责是解释发生了何事(事件),而非所说何事(事实)。因此覆盖律对历史学家并无大用。历史学家在考虑解释事实之前,必须先对事件真相以及有关事件的各种所谓的相关的事实有所确定。就历史学家而言,独一无二的事件永远是最重要的。①

7.2 历史的形式与结构

历史著作映照历史

历史不会自我撰述。苦于论文的学生,以及为出版商下达的期限挣扎不已的历史学家,都了解这一点。任何历史著作皆出于精心筹划,通常是煞费苦心的。即使是表面上质朴的《盎格鲁—撒克逊编年史》也需要若干心思:从何时开始,该记载的、该剔除的又是哪些,应该记录的事件又当如何下笔描述。即使是一本编年史,著述内容彼此间也该有若干联系。大学一年级的论文的复杂性就远甚于前者。

在各种形式的历史著作背后,必定有一个以不同程度的准确性反映在其中的往昔的原

---

① For fuller discussion of covering-law theories, see ch. 8, pp. 190–195.

貌。历史学家的编排又是否遵照了往昔本身的编排？一般意义上说，历史（甲）到底是什么样？

时序虽然必要，却不充分

首先该多加留心的特征就是往昔有它的时间次序，事情的发生不是依次就是同时。这种次序往往就是编年史历史著作的主要（有时是唯一的）历史撰述风格。保持这种次序，就需投注相当专业的努力。就中世纪时期的许多人而言（如果可自文学内容加以判断），往昔是遥远的古代，历史人物如查理曼（Charlemagne）可与古典时代、《圣经》时代的角色如忒修斯（Theseus）、约书亚（Joshua）相遇。将谁是同时代人、谁又不是，抑或何人在前、何人在后这类问题弄清楚，是伟大的成就。

那么除了纯粹的信息整理，还有什么其他意义？确定一事发生于另一事之前的理由似乎很少，除非二者间有其他关联。历史学家想要找出的，正是这类其他关联。对不幸的学生的论文的最严厉控诉，就是它仅是一系列事件的清单。那么撰述者应该指出的又是哪类关联？尤其是，前后事件之间是如何关联的？

强调事件时序的理由有以下三个。其一是情节理由。我们在诉说故事时，有关发生事故的述说，通常是依循它的发生次序。然而并非完全如此。在许多情况下（只需细读叙事就可看到），我们为了情节的缘故，会将次序予以变更。① 然而，作者与读者都会觉察，其中有若干处与真实相背离。第二个理由则是，先前事件会引发后续事件。关于历史进程在多大程度上可以被决定，有许多不同看法，此在第 1 章业已叙述，而历史中的因果关系类型，将在下一章讨论。② 理由之三则是要揭示先前事件影响后续行动的相关知识，这些知识与其说提供了那些行动的原因（cause），不如说是理由（reason）。就这三个理由而言，不论是学生们的论文，抑或大多数历史著作，都未能将这三者予以明确区分，乃至检察历史学家在先后事件之间有意追求的关联究竟是三者中的哪一个，读者经常摸不清楚。此处欲表明的要点就是往昔在时间历程中持续扩展，是故，有许多理由可以指出树立时间次序的重要性。

历史领域及其范围

所谓"历史领域（field of history）"可按照时序予以规划。历史领域的界限又在何处？它们依赖于我们赋予历史的定义。倘若我们认为历史需备有文字资料，它就不可能早于文字的发明。文字发明于公元前 3000 年左右，就前一个定义而言，此前并无历史可言。另一种界定历史的方式，乃按照历史角色——可资证实的人物的故事而定。并非仅是一个巧合的

---

① See ch. 4, pp. 78 – 79 above.
② See ch. 8, pp. 174 – 181.

是，我们可以确知的第一个人物上下埃及之王那尔迈（Nar-mer），其统治期就始于上述年代稍前时分。基于上述两个原因，以公元前3000年作为历史的开端应该相当合适。然而，倘若我们接纳更多现代的历史定义，就不必依据伟大人物或文字资料来定义，历史的开端就应当推向较早的时代。截至公元前3000年之际，许多非常重要的人类成就业已问世。如用火、宗教、艺术、语言、农业、畜牧、航海、陶艺、冶金、战争、舞蹈、歌谣、酿酒，以及堪称复杂的社会制度等。当然，我们并无这些发展的书面证据，对相关人物亦无所知。因此，我们通常将它们纳入史前史（prehistory）而非正规历史。

以上所述为历史领域的时限。它所处的空间又何在？首先，人们一定想回答说，整个地表就是。大体上不错。然而，人们也不应忘记，近五千年来，地表亦有变动，若干土地浮出海面，若干则已沉没。直到五百年前，始有人越过大洋，至于海床的探究与开发则是最近。到了最近二百余年，人类始能探索地表上方的大气，最近半个世纪始能离开地表翱游太空、漫步月球。

历史领域中的居民

上面论述的是历史领域的维度，那么谁又是其中居民？当然是人类，但是构成历史的并非仅是这些。自然界也是人类经验的必要环境。可是，唯有对人类生活造成重大冲击的自然事件，如地震、风暴等，人们才会予以记录。除此之外，历史关切的并非大自然本身，而是曾与人类相互作用的自然，比如我们的食物、工具、衣着、住所，以及从打火石到半导体的各种工业产品。再者，人类生活并非完全源自自然，同时亦深植于社会。诚如古希腊谚语所说，独自生活者绝非人类，不是野兽就是神明。比如部族、村落、城市、国家、帝国，这些社会皆是历史中的重要元素。至于其间人们的生活模式就是人类学家所说的文化。然而，文化元素绝非局限于任何一个社会。语言、宗教、艺术形式、工具和各类习俗，都可以轻易跨越边界传播到其他社会。哥伦布之后的美洲历史就能生动地证明文化的传播。① 在所谓"黑暗时代"，伊斯兰教与阿拉伯语言和文艺的广泛散播，也是非常显著的。

城市、国家、帝国，素来就是历史研究的主题。显然，自修昔底德述说雅典与斯巴达之间的战争、李维述说罗马人民以来，它们就是历史领域的公认元素，不逊于任何个体人物。那么文化元素如语言、艺术、服饰、宗教等等又如何？由于它们经常跨越社会疆界，所以它们的历史必然异于传统历史。20世纪是一个增殖时代，首先有艺术、建筑、音乐、文学以及其他"高雅"文化形式的历史，继而是"低俗"文化形式的历史，如儿童养育、死亡、工作惯例（work practices）、游戏等等。而这些也必须被视为历史领域的元素。

组织与群体

大部分人类行动，都以组织（organization）及体制（institution）作为必要的支撑结构，其中

---

① See, for example, Fischer(1989).

包括宫廷、政府、司法体系、公共设施、贸易公司、学校、大学、运动俱乐部、工厂、航空公司等等。这类组织或体制,大部分都有专属人士为它撰述历史,并被充分清晰地界定为历史领域的一个元素。

有关群体,有一个更加困难的问题。若干群体,如教会和政党,是由自身的规章、仪式,以及可见的附属物如建筑、土地、物质装备——如电话、车辆、家具等,架构并支撑的组织。然而它们最主要的两个特征是法律地位及自觉的成员身份意识。这二者就是它们与其他群体(社会学家有时称之为准团体)的不同之处,这些群体包括依阶级、种族、年龄、性别、血缘等划分而成的群体,一来并无法律地位,再者成员对群体身份亦无自觉意识。关于这类准团体撰述而成的历史,此处无意否定其为"历史"的地位。然而当我们看到这类聚合体的界定如此模糊,既无结构,又无规章,甚至(经常)欠缺成员意识,以致我们可以诘问,它们究竟是历史领域的真实元素,抑或只是历史学家思想的建构物。

历史运动

若是牵涉到重大的历史运动,如文艺复兴、宗教改革、启蒙运动等,上述疑惑更为强烈。它们不仅必然缺乏结构或组织,同样缺乏自觉的成员意识。相信每个运动的许多最重要的人物,若获悉自己成为这类事物的一员,必定大为惊讶。历史学家业已熟稔下列观念,如18世纪之"开明专制"、19世纪全球经济中的"大萧条"。关于前者,有位学者这样写道:"它所欲描述的现实的本质、它所处的时空维度,甚至它本身的存在,迄今一直遭到历史学家质疑。"①至于后者,另有人写道:"有关'大萧条'本身,现代研究的主要成果业已永远地将在任何统一意义上的这样一个时期的存在完全摧毁……将'大萧条'放逐在文献之外,越快越好。"②究竟有多少"历史运动"实际上出自历史学家的建构?

历史中的合与分

关于所谓"重大的历史运动"的讨论,将我们从历史领域的元素带向将这些元素联结为更大的整体的方式。基本元素是人类,他们在社会中联结。社会创造了文化,这些文化中的许多部分又通过传播至其他社会而自行续存。大多数的文化活动和社会活动则创造了半永久性、半物质性且具有准人格(quasi‐personal)的组织,例如东印度公司和美国总统职位。纵然我们对准团体有所疑惑,然而将这些视为历史领域的真正元素,仍是较为妥当的。

所有这些元素不是无所事事的,不论是独立个体或结合体,皆涉及许多别的行动,如表达爱意、赚钱、宣战、制作面包、创作音乐等等。所有这些活动编织成了历史(甲),也为历史

---

① Anderson(1979),p.119.
② Saul(1972),pp.54-55.

(乙)提供了主题。然而历史(甲)是否就是一张无缝的巨网,将一切编织为一体?

乍看之下,事情似乎确实如此。我们已经看到质疑某些"历史运动"与其说属于客观历史进程还不如说出自历史学家头脑的理由。同样的情形也可以让我质疑福柯声称找到的间断性。他说:"西方文化……中的两个巨大的间断性:第一个间断性开创了古典时代(大致在17世纪中叶),而第二个间断性则在19世纪初,标志着我们的现代性的开始。"①

然而这只不过是最近划分历史时期、划分时代的古老游戏的更多的结果之一。《圣经》中的《但以理书》(撰于公元前2世纪)提到四个世界帝国。它们或许就是古老东方传统观念中,人类自原始黄金时代,经历白银时代、青铜时代,至当时可悲的铁器时代的连续堕落过程的回响。② 这一观念亦可见于古希腊诗人赫西俄德(Hesiod,约生活于公元前700年左右)所著《工作与时日》(Works and Days)之中,更因罗马诗人奥维德(Ovid)广为流传的《变形记》(写于公元1世纪前10年)而为世人熟悉。不过中世纪时期及近代初期各种千禧年运动,灵感乃是得自《圣经》而非古典诗人。③ "第五王国(the 'Fifth Monarchy')"即将临世说,曾为克伦威尔麾下许多士兵深信不疑,也曾影响弥尔顿(可能是当时最为饱学之士),显然是出于《但以理书》的四大帝国说。④ 影响力更广泛的,则是12世纪意大利的一个叫弗洛拉的约阿希姆(Joachim of Fiore)的修道院长的预言。诺曼·科恩(Norman Cohn)写道:"……就整个中世纪而言,不曾有任何学者能如此震撼正统的中世纪的神学结构,以及存在于任何可以想象的基督教信仰背后必有之假设。"⑤他还发现,"这些推论"曾在孔德(Auguste Comte)、马克思、希特勒等反基督教理念的"三世说之中一再出现",于是,他立意探究这个学说的"间接而长远的影响"。⑥

自上述强烈观念之中,不难看出它如何世俗化而成为今日众所周知的上古、中世纪、近代的历史分期法。然而,只要我们稍加思索便知,这些传统的分期法也同样属于历史(乙)的范畴,而不存于历史(甲)之中。

国家、民族、帝国

欲寻求一较大的历史单元,只消察看传统历史主题——城市、国家、帝国,便可得到更为确定的范围。倘若一群人,一起生活、拥有(或以为拥有)共同的祖先和语言,并在日常生活中,依循各种方式彼此通婚、互相影响,这群人就已形成凝聚的整体。这就是历史领域中的一个单元。当他们意识到这些,他们通常就会述说自己所在群体的故事,最初或许只是通过歌谣形式口述,稍后(倘若他们能发展至那样复杂的程度)就会撰写历史——历史(乙)。只

---

① Foucault(1970), p. xxii.
② See Jasper Griffin, 'Greek Myth and Hesiod', in Boardman et al. (1985), p. 96.
③ See Cohn(1962), pp. 3-4. Also Cohn(1993).
④ See Firth(1962), pp. 338-339; C. Hill, (1972), p. 96 and passim.
⑤ Cohn(1962), p. 100. For a slightly different view of Joachim, see Reeves(1969 and 1976).
⑥ Cohn(1962), p. 101.

要他们能意识到自己拥有独立的身份,这群人就被视为历史领域中依循"垂直"线发展的元素之一("垂直式〔vertical〕"一词是指"随时间而延伸"或"历时的〔diachronic〕")。

在时间历程之中,是否真有"水平式(horizontal)"或"共时性(synchronic)"的区分——与上一节中曾讨论的人为区分有别?答案是似乎有,如城市、民族国家、帝国的肇始与结束。雅典城的历史没入罗马帝国、然后是土耳其帝国,最后是民族国家的希腊。又如殖民地弗吉尼亚、马萨诸塞之没入美国等等。它们有时似乎业已消失,比如说赫梯人(Hittites)、亚述人(Assyrians)、阿兹特克人(Aztecs)如今又在何处?从生物学上而言,民族必有繁衍,故他们的后裔如今必定仍然存在于某地。若就历史实体而言,这些城市、国家、帝国已告结束。然而,自结束的刹那起,它们在历史记录中就已划定一条水平线。

然而情况并非一直如此简单。1989 至 1991 年间的事件,曾将东欧及一部分亚洲地区推入混乱之中。于是,古代的民族及早先的国家再次被提及。纵然曾臣属于奥匈帝国、土耳其帝国、沙皇俄国、苏联帝国很多年,他们仍诉诸历史并宣称他们可将自身历史追溯至遥远往昔中某一光荣时代,那个时候他们曾享有自由并具有历史身份。于是,他们宣告独立,要求享有主权并最终毫无疑问地成为联合国的一员。因此,历史领域中的一个元素——历史整体——到底是什么,并非是一个毫无意义的问题。

通 史?

所有的民族都有历史吗?黑格尔明确地予以否认,他声称有些民族"没有**主观的**历史叙述,没有纪年春秋",因此他们"也就缺少**客观的**历史"。他的推理如下,除非一个民族拥有足够的自觉意识,达到制定法律并设立政府以规划共同生活,否则就不会以为记录实有必要,而记录就是历史的基石。因此,黑格尔乃称:"只有在对'法律'有自觉的国家里,才能有明白的行为发生,同时对于这些行为也才能有一种清楚的自觉,这种自觉才会产生保存这些行为的能力和需要。"① 换言之,当人们已拥有历史(乙)所需求的自觉意识和书面记录,他们始能成为历史(甲)的一个元素。如此,我们面对的问题如下——凡曾经存在过的个人或群体,是否就构成历史领域内的一部分,还是说历史领域应当仅限于这类群体,即他们能自觉成为一个一致的整体,并因而致力于记载自身的历史。就先前所言,生活在时间之中,却对历史毫无认识,实有可能。但是否因为一些人确实拥有历史感(historicity),就应该予其以历史地位?②

我们的最后一个问题是:"各民族的历史可否汇合为一部(世界)历史?"笔者拟议的答案如下:只要在全球范围都具有历史感,世界史(甲)和世界史(乙)就能变成现实。不论你同意此说,抑或偏爱其他的答案,很大程度上依赖于你对此节所提出的论题的看法。③

---

① Hegel(1956),p.61.
② For 'historicity', see above, Ch.3, pp.41–42.
③ For further discussion of the topics in this section('Forms and structures of history'), see Stanford(1990), ch.5.

7.3 时间

时间是什么？

时间是历史的基石，是故我们应该仔细思考时间了。这是个难题吗？我们生活在时间之中，犹如鱼生活在水中，是以我们很难想象离开时间或生活在时间之外的情境。这就是为何所有天堂、地狱观念都令人困惑的原因之一，尽管它们一直在锻炼着人们的想象力。生物皆生存于时间之中，只有人能思考往昔与未来。相关思考已见于第2章、第5章关于行动的本质和历史的本质的思考之中。

俄语没有冠词（如 a 和 the），如果一个俄国人问你："何为时间（What is time）？"你若回答说"三点过十分"，他或许会接受。假如他的英语极其规范，所表达的就是这个问题，你又该如何回答？

倘若你一时颇觉迷惘，并非你一个人如此。圣奥古斯丁（354—430年）在《忏悔录》（Confessions）中写道："那么时间究竟是什么？没有人问我，我倒清楚，有人问我，我想说明，便茫然不解了。"①你能同意他的后续说法吗？"但我敢自信地说，我知道如果没有过去的事物，则没有过去的时间；没有来到的事物，也没有将来的时间，并且如果什么也不存在，则也没有现在的时间。"这些话让他投向两个相对立的时间理论之一。

它是内容还是容器？

关于空间，也有类似的理论，或许从空间开始谈较为容易。在室内，我的左右两边各有一堵墙。二者之间则充塞了许多书籍、家具、一个人，以及许多空气。假设将这些东西全部移除，两堵墙间不留下任何东西，那么二者之间的距离仍是十二英尺？抑或二者会相连？常识回答是前者（除非我们认为真空状态将导致墙的倒塌）。将此运用在时间上。周二与周四之间为周三，那天曾发生了许多事。假设周三**无事**发生，那么周二之后是否立即就是周四？还是说二者中间有一个空虚阶段，就好像前面所举的空屋一般？如果你的答案是后者，你心中的时、空观念与牛顿相同。他认为时间、空间皆实物，与它们所包容的东西均十分不同。它们是"它们自身和其他所有的东西的场所"。按照这种观点，时间、空间都像一个铁盒，不论其中是否盛物，其大小及形状始终维持原样。这与气球不同，气球不固定，大小全赖其中的内容而定。故牛顿认为，空间不过是巨大而无法确定大小的盒子，它可容纳所有东西，时间则像一条无限长的直线。牛顿在《原理》（Principia）一书中说："我现在描绘了世界体系的框架。"在牛顿的宇宙观中，空间描绘袭用了欧几里得的几何学（就是我们都曾在学校中学过

---

① Book XI(xiv),17;(1991),p.230. Indeed the whole of book XI of the *Confessions* is a profound meditation on time.

的),问题在于物理学家、数学家已不再支持他的宇宙观点。他们表示,时间其实是有限(非无限)的、是曲线式的、是球体状的、马鞍状的,甚至是环状的(如美国的甜甜圈)。再者,不少人认为空间具有伸缩性,与气球的表面相似。故它绝不像直线或固体。无论将它视作空容器,还是其大小、形状,甚至其本身的存在都由其中的内容而定,并非所有人均同意这种观点。

现在,让我们回到时间上。我们可以看出,奥古斯丁的观念就与牛顿的观点不同。他曾说"如果没有过去的事物,则没有过去的时间"等等,他所设想的,并非时间**包含**了往昔事件,而是认为时间就是往昔事件,现在及未来亦是如此。因此,你所拥有的,并非一个不论有无事件发生,始终必然存在于那里的东西。我们其实只是拥有一些事件,以及其间的时序关系,比如说"六天以后"、"长久以前"之类的关系。

时间不真实吗?

上述说法似乎表示真实存在的并不是时间,而是事件。事件必沿一定维度呈现(是以我们才能以"之前"、"之后"来标明事件的位置)。事件的编排又是依据何种维度?它真的存在吗?我们在前面已经看到质疑它存在的理由。是否事件只是**看起来**是以那种方式排列的?在卡罗尔的《爱丽丝梦游记续集》中,爱丽丝像一个棋子般游走在棋盘上。她游走的路线在书的前面以图示展示出来。首先她遇到红皇后,其次为白皇后、鸡蛋形矮胖子(Humpty Dumpty),再次为白王、红武士,再次为白武士,最后抵达终点并被加冕为女王。然而棋子可循多种方式在棋盘上移动。倘若她先遇上白武士,然后才是红皇后,如此等等,她的际遇在时间量表上就有不同的编排。于是"在前"、"在后"在棋盘上真有意义吗?难道它们不能标示空间中一系列行动的走势?或许,我们在时间中的活动显现为以一定的次序遭遇事件,而实际上(如在棋盘上)我们可以以任何次序遭遇这些事件?无论以哪种次序遭遇事件,它们看起来都是沿时间轴编排起来的。

这让我们想到大哲学家康德(1724—1804)的理论。在一本开创性著作《纯粹理性批判》中,他提出由于我们心灵的构造方式,我们不得不以某种方式感知世界。(一个恰当的类比是如同戴着有色眼镜,如果不将蓝色墨镜摘除,我们所认知的世界必泛蓝色。)在此无需赘述康德的分析。我们唯一需要指出的是,如果不以在三维空间中的延展感知世界,或缺乏在一维时间中延伸的经验,我们将不可能获得有关世界的任何经验。然而,时间、空间并非感知对象的品性(比如说绿色的、热的或黏的),它们只是相关经验的必要条件。同样,张开双眼并非视觉经验,乃是视觉的必要条件。① 问题不在于你看到些什么,而在于你**如何**去看。

---

① Kant(1963),pp.74 – 82;Körner(1955),pp.33 – 39.

现代观念

纵然有上述疑虑,康德也像牛顿一样,相信时间、空间的实在性。① 这个信念已被现代科学排斥。根据爱因斯坦的狭义和广义相对论,时间并非如我们通常假设的那样独立于空间,而是空间及时间组合成一个四维整体,可称之为时空。"相对论终结了绝对时间的观念!这样,每个观察者都有以自己所携带的钟测量的时间,而不同观察者携带的同样的钟的读数不必要一致。"②时间的度量依赖计时者的速度(严格地说,就是相对速度)。自爱因斯坦以来,事物变得更加不可思议:"……倘若将广义相对论与量子力学的不确定性原理相结合,时间与空间均为有限而无边际与界限是有可能的。"③尽管这一主题令人着迷,我们却无须深入研究。科学家的时空观念与常识性见解相去甚远,是极为明显的。

什么是时间的速度?

但是即便是常识性的时间观,也有问题。譬如我们所说的"时光流逝"就是如此。在贝克特(Samuel Beckett)的剧本《等待戈多》(*Waiting for Godot*)中,弗拉基米尔(Vladimir)宣称有些事至少能助人度过时光。伊斯特拉冈(Estragon)却反驳称,时光自会流逝。前者谈论的时间中发生的事情的经验,是个人的或主观的观点。后者采用的则是分、时、日,总是以常规速率流逝的时间的公共的或客观的观点。二者之间的区别是便利且有用的,不论个人的还是公众的时间观念,都在历史中扮演重要角色。

现在让我们来讨论上段倒数第二句中谈到的"速率"。讨论时间的速率是否有意义呢?我们有时会说:"时光飞逝,我不敢相信,都快到圣诞节了。"诚如在亚登森林中罗瑟琳(Rosalind)告诉奥兰多(Orlando)的话:"时间老人的步法是因人而异的。"④你或许会说这没有问题,他们说的是主观的时间,罗瑟琳也举例说明了她所说的时间的步法。但是,公共观点中的时间,我们应该不致有异议,速率一定。然而又是什么样的速率?不论怎么说,只要时光有所流逝,必然有其流逝速率。凡有所移动之物必有速度、速率。时光流逝的速度又该如何度量?两点钟快到了,到了两点,我就必须停笔。那么它又是以何种速度到来呢?它的时速是多少?这种问题没什么意义。显然时间是以小时来计算的,不是以**里程**计算的。那么,笔者是否该说它是以每小时多少**小时**的速度到来的呢?这等于说车子每里走一里。二者都没什么意义。问题的根源就在于"移动"这个观念本身就表示位置与时间的改变。故移动这一理念中已具有时间的观念。以移动来描述"时间",就是以"时间"来描述"时间"。这和看到自己的眼睛(不用镜子)或拉着自己的靴带将自己抬离地面一样,根本不可能,也没有意义。

---

① Körner(1955),pp.33-34.
② Hawking(1990),p.21.
③ Ibid. ,p.44.
④ *As You Like It*,Act III,Sc. ii,1.301.

人能衡量一切事物的速度,就是不能度量时间的速度。一位女士可借皮尺来量针线盒或任何东西,就是不能量皮尺本身。① 我们都如奥古斯丁那般去谈论时间的流逝,现在和往昔世事的变迁,或任何事物的消逝,然而这些纯属隐喻。但是不像我们最常用的隐喻(例如"玫瑰般的黎明"[the rosy-fingered dawn]),我们对所谈论对象的真相根本无所了解。

我们为何不能造访往昔?

另一个谜团则是时间的非对称性。这指出一个事实,从各种方面来说,未来均异于往昔。往昔似乎已成定局,而未来却未成形。因此,假如时间是一种维度,人们为何只能在其中的一个方向上移动(又是隐喻!)? 向左一码同于向右一码,抬高一尺同于降低一尺。时间却非如是。我们脑中会想,就现代科学来看,时间与空间皆是时空之下的维度,那么至少就理论上而言,翱游在时间之中,难道不可行吗? 我们无法到达木星或人马座,然而这只是实践上,或暂时的不可能,总有一天可行。不可能造访18世纪,是否就如前者一般只是实践上尚不能呢? 还是逻辑上不可能? 倘若属于后者,原因是我们没有能力回到往昔,还是根本不存在可容我们返回的往昔? 如果我搭乘从纽黑文开往波士顿的火车,逻辑上我不能在旅程中造访纽黑文。然而这一逻辑上的不可能并非意味纽黑文不复存在。即使恰巧当地人全都外出旅行,纽黑文仍在原地。我们造访18世纪面临的形势也是如此吗? 抑或另有一些因素而让它成为不可能的事? 从某种意义上说,往昔依然存在吗? 如果存在,是哪种意义上的存在?

时间的车轮

最后,我将提到时间的轮回和时间之箭的问题。② 姑且不提我们是自往昔走向未来而没有其他的途径的事实,大部分早期的文化和文明则提出**时间轮回的观点,即时间如同一个车轮一直重复一连串的动作**。③ 显然,这种观念来自季节的循环,来自动物生命中的生、老、死的循环,来自古代大河流域文明如苏美尔文明、埃及文明、印度文明、中国文明等依赖幼发拉底河、尼罗河、印度河、黄河等的季节性水位涨落等。

季节的更迭被观察到是与天体的运动相对应的,为了度量与预测时间,天文学由此兴起。所有文明都有这种度量方法,例如,此举就导致中美洲人发展出一套复杂历法,迄今仍在少数地方通行。与我们采用的一年365天的历法不同,中美洲"历法圈(Calendar Round)"涵盖18980天,略多于50年。不仅如此,在基督诞生之前,玛雅人发明了一种"长历法(Long Count)",迄今仍可见于尚存的碑铭之上,长历法的长度为1872000天,约5100年,足可记录

---

① I base some of the arguments in this paragraph on Seddon(1987).
② For a good discussion of the importance of both concepts, see Gould(1987).
③ See Bury(1924), pp. 12-13. Also Trompf(1979).

他们历史上的一切事件。这个周期结束,另一周期开始。①

柏拉图的时间理论

玛雅人历法背后的思维,我们无从得知,但是写于公元前360年至公元前350年间的一本柏拉图对话录《蒂迈欧篇》(*Timaeus*),则为创世提供了可理解的记载。在黑暗时代和中世纪早期,《蒂迈欧篇》一直未失传,人们对它的研读从未中断。长期以来,它并不被认为在字面上是真实的,然而它却在思考宇宙方面,激起了不少想象,影响了不少相关的思维方式。

首先,柏拉图以强调永恒真理与偶然事件之间的差异为开端,以为前者就如同数学家所见之真理,后者则指碰巧如此之情况,它也可能是别的情况。永恒真理可借理性来领悟,偶然事件则借五官来感受。诚如我们所知,这些感观有可能蒙骗我们,我们不可完全依赖它们所传递给我们的东西——这就是所谓的"经验知识"②。所谓永恒真理是指永无变化之物,亦即——存在的世界(the world of Being),至于经验事实则与变化相关,指不能长久保持原貌之事物,亦即生成的世界(the world of Becoming)。

就柏拉图而言,造物主创造而成之宇宙虽必属于变化之类,但却不必杂乱无章。秩序取代了混乱。③ 为强调这一秩序,并使创造而成的宇宙尽可能类似天然而成的宇宙,造物主于是又创造出"时间"。柏拉图笔下造物主(demiurge)乃使"永恒者仍然保持其整体性,而它的动态形象就是时间"。④ 因此,他整理天体,"作为这个计划和目的的结果,太阳和月亮以及其他五个行星被创造出来,用来决定和分辨时间的数"。⑤ 这一观点明确指出,时间是由天体度量的永恒运动,也就是说,时间是循环的。

然而周期非常大。柏拉图曾指出,只有极少数人考虑到较远行星(火星、木星、土星)的运行。然而他们"实际上意识不到运行完全是时间",乃至迷惑、错乱不已。柏拉图继续称:"但还是可以弄清楚的,即按着八个星体的相关运转速度在相同和相似运动中完成其历程时,这个完善的时间就是完善的一年。"⑥在此,柏拉图所指乃是各个星体终将回归至原先相对位置。至于费时多久,柏拉图则无意估算。⑦ 然而在他心中,这个过程似乎是相当长的循环——长远到足以容纳某个埃及祭司所说的9000年前的亚特兰提斯(Atlantis)的故事(亦见于《蒂迈欧篇》)。该祭司声称:"在我们神庙里的文件中,记载了许多伟大的事业,或重要的事件。"⑧看来,柏拉图虽相信人类事务是在大周期之中轮转,然而在历史及历史记录方

---

① See Coe(1971),pp.66-67.
② Plato(1965),p.40;§§27-28.
③ Ibid.,p.42;§30.
④ Ibid.,p.51;§37.
⑤ Ibid.,p.51;p.38.
⑥ Ibid.,p.54;§39.
⑦ 与我们认为的不同,他设想的太阳系星体循环一周期并非26000年。至于此一周期,他是否认为是36000年则是学界争论的问题。见A.E.Taylor(1928),pp.217-218;Cornford(1941),p.253,n.3.
⑧ Plato(1965),p.35;§23.

面,仍能采用与我们相近的观点。与此相反,我们的观点认为世界只开始一次,并且事务平稳地自往昔流向未来,以致每个事件一旦出现就无法还原。在我们的信念中,时间是一条永远不能回头的道路。

更多的周期

假如我们坚定地采取射线时间观,是否还有必要说明循环时间观?《圣经》的文字中是否至少含有诗性真理?

> 已有的事,后必再有;已行的事,后必再行;日光之下并无新事。
> 岂有一件事人能指着说,这是新的。哪知,在我们以前的年代,早已有了。①

凡遇有新的战争,抑或爆发毫无意义的暴行,常使人拾取这种陈腐的历史观。人会思考:"何时他们才吸取教训?"也许我们该多留心一下周期循环观,须加留心的四种方式分别如下。

首先,(和传道者一起)注意人类行为中不断重复的模式。当然不尽是愚行和罪行而已。传统就由这类模式组成,即使它们需要加以调整或变化,仍足以形成任何社会的支柱。很难说传统和风俗有周期,那么时尚(trends)又如何呢?

第二种重复则涉及历史上经常可见的若干系列的现象。击败拿破仑之后,梅特涅(Metternich)认为过去三十年的欧洲政策是建立在一个信念之上,即专治统治最危险的时刻就是允许第一次改革之时。20世纪的俄罗斯,就曾两度彰显这个情形。另一个观察所得,则是革命经常吞食其子,凡是发起革命者,少有人能长期居于领导地位。各种事例均显示,不仅单个事件重复自身,系列事件也是如此。

另有一个更强势的历史周期循环说,就是民族与文化如同生物,亦有成长、成熟、腐朽的生命模式之信念。我们常说,乍得(Chad)是一个年轻的国度,法兰西则是一个成熟国家,中国虽未朽化,却是一个古老的国家。有关历史周期的观念,在斯宾格勒的《西方的没落》(1932年)、汤因比的《历史研究》(1934—1961年)两本书中,均有详细探讨。二者均声称欲在各种文明之中寻获一个重复模式。

第四种观念则认为,不是**历史之内**存在反复,而是**历史本身**在重复。玛雅人或许持此信念,但是柏拉图肯定持此信念。如今已无人相信这个观念,不过若就较大尺度而言,这个问题仍有讨论空间。霍金在《时间简史》一书中曾说:"科学法则对过去与未来不加区分。"②他进而思考了为何时间之箭(他描绘了三种)指向同一方向,由往昔通向未来。他还说:"对宇宙的历史整体来说,它们就不是指着同一方向。"唯有它们指向同一方向时,有能力提出这种

---

① Ecclesiastes 1.9–10.
② Hawking (1990), p.144.

问题的智慧生物始能发展。① 目前,宇宙处在扩张中,然而没有理由认为它在日后不会收缩,之后再继续扩张与收缩。然而,"由于至少今后百亿年之内,宇宙还不致开始收缩,所以担心它一旦再次崩溃时将会如何,不免看来有点理论化"。② 至于收缩过程将持续多久,霍金未加说明,或许在收缩之后,我们又会再度重新开始。

最后,回到现实中来,我们应该注意,自然法则(或更准确地说,是类似法则的自然科学理论)肯定保证类似事件的重复,例如,只要我的裤子口袋有洞,钱就必然会从口袋中掉落。然而这些法则对时间周期说并无贡献,除非它们能显示自身真正导致时间内部或时间本身的循环。然而事实并非如此。所以我们应当以霍金的话作为结语,对我们而言(至少未来百亿年间)时间仍然朝同一个方向移动。对时间之箭的讨论到此为止,但是,我们应当谨记,我们所说的箭或循环其实都是隐喻,就如同我们说的时间的"移动"。就时间的真正性质而言,我们距了解还相当遥远。

个人之时与公众之时

"时间",实为一团迷雾。谜团根源或许就是时间和空间皆为观念。作为观念,它们构成我们为了表现真实世界而(自愿或不自愿)建构的模型的一部分。许多观念虽十分有用,可是却无需在真实世界中存有对应物。并非所有的观念均有对应物,比如独角兽(unicorn)。那么"时间"呢?

我们曾说"时间"乃观念,但如果说我们持有的是两个相关观念——个体之时与公共之时,似乎更为正确。个体或个人之时来自我们的内在经验,因场合不同而不同,就如罗瑟琳向奥兰多所说的。在睡眠或昏迷间,我们根本不曾觉察时光流逝,然而我们却仍承认它的流逝。有时,是内在欲求提醒我们时间的问题,如饥饿、口渴、疲倦。有时,是日月星辰的运转告诉我们时间。如今,我们对自然性质的时间度量的觉察,远少于人为性质的度量。

社会日趋复杂,人们的行动必然需要与他人协调,并且依据议定时间表过日子。譬如火车与飞机班次必须准时出发,为了配合,我们就必须时时警惕确切时分。即使最有经验的城市居民,也不见得可以永远让个人的内在时间符合公共需求。至于不够老练的人们,就几乎无法克服相关问题。在中世纪后期,当时钟取代鸣钟,市镇居民的生活立刻就有显著变化:"此乃数个世纪中主要历史事件之一。"③

在工业革命初期,亦有类似问题,原是家庭手工业生产下的家居劳工,一旦成为工厂员工,立即受到工厂作息时间的暴虐。

经过更长的时间后,我们发现我们仍很难使自己的记忆适应公共历法。写日记、日志、回忆录,目的亦在于此。

---

① Hawking (1990), p.145.
② Ibid., p.149.
③ Le Goff (1980), p.30. See also 'Clocks and Culture', in Cipolla (1970) for the impact upon China.

用以度量、确立、记录共同的公共时间的年、日及时的各种方式,其本身是一个重大课题,从古埃及庙宇到今日原子钟,时间跨度接近五千年。然而这些非此处该讨论的话题。此处只需向历史学家提出几个关系重大的要点就足够了。

提醒历史学家的五个要点

首先要提醒的乃是在事件发生之际,往昔的人们并不具备我们对时日的认知。至于其他事务出现在多久之前,他们更没有正确的概念。故以下所言乃属常见:如"有人类历史之前"、"超乎人的记忆"、"从前"等。①

第二点则是历史学家应当注意,正确计时相当重要。我们非常关切因与果,同时亦知果不可能在因之前。因此,我们要决定事件甲是否为事件乙的前因,只需找出甲、乙二者的相对时间顺序。假如甲是白王动员军队,乙是红王决定战争,何者先发生就很重要。虽然在这些事件中,我们所关切的只是相对时间而非绝对时间,但是很快我们就能明白,除非我们能确切知道事件的日期,在某些情况下甚至是事件发生的时刻,我们才能建立事件的次序。

前者引出了第三点。时间与空间相关并非仅见于爱因斯坦学派物理学,也见于历史学。爱因斯坦在计算时空时,必须考虑光速,历史学家也必须留心其所讨论时代的通讯速度。假如太阳已在 5 分钟前消失,我们仍然能快乐无知地在海滩上晒太阳。假如所有秘鲁银矿坍塌于 1600 年,数周之内,西班牙王仍能漫无知觉地预估或挥霍国库岁人。② 就拿前一段中所举事例来说,若想确定究竟是白王的行动导致红王的反应,抑或相反,并非取决于甲事是否绝对发生在乙事之前,而是取决于红王是否能获知白王的行动,他们之间的距离与通讯所需时间皆在考虑范围之内。

提醒历史学家的第四点,则是我们所知的往昔许多事件对事件相关人士而言,多属于尚未到来的事件。在试图理解红王何以这样行动时,我们应当先将我们所知的这个行动的后续结果抹除,因为**他**并不知道。同时,还该认清一个重要事实,人们的行动有时是在极度期盼或恐惧的压力之下做出的,而期盼与恐惧都藏匿在无知未来的身后。历史学家可能完全无法获悉这些期盼(或恐惧)的存在,所以极有可能看错红王有所行动当时所处的形势。由于那些期盼(或恐惧)不曾被认识到,再加上获悉了后续发展情况,历史学家就可能完全忽略了它们。

我所举的最后一点,不如上述几点明显,然而重要性却不逊于它们。事情是这样的,当我阅读小说,抑或观赏戏剧、电影时,其中的叙事者生活在一个世界,而角色却生活在另一个世界中。然而若是历史著作,叙事者与他笔下角色实际上生活在**同一**个世界中。就大体来

---

① See Le Goff(1988), pp. 174 – 183. Also Febvre(1962), pp. 426 – 434.
② See Stanford(1990), p. 29.

说,他们共享相同的往昔,受到相同的时空限制,同样对未来一无所知,他们的整个生命都受到身处时代的文化的影响与束缚。在虚拟故事中,叙事者得以操纵笔下角色的命运,然而众角色却不能变更叙事者的命运。历史著作则大致相反。一个历史学家若为克伦威尔或华盛顿作传,他就无法如小说家那般塑造笔下角色的命运,他必须忠于证据。然而克伦威尔与华盛顿在塑造历史学家生活的近代世界上,却有相当作为。因此,只说叙事者与角色均在历史条件下生活在历史之中,仍有不足。我们必须承认二者生活在**相同的**历史之中。我们的未来,部分就由历史学家和克伦威尔、华盛顿共同塑造。我们与克伦威尔、华盛顿不仅共享相同的人性,也共享相同的往昔和相同的未来。

结　语

　　经由数章讨论作为记载的历史如何形成后,我们回到作为事件的历史这一主题,这就是历史学家声称拟加处理之材料。倘若我们返回去,深入历史学家著述的背后,探触历史学家的主题材料,我们不能只停留在事件上。因为"事件"只是人造观念,宇宙则是不断流动,不时变化的景象。在它的无数变化中,仅有极少量为人了解,而人所了解者中,又只有极少数值得标明和记忆,并被称为"事件"。假如说事件就是史料,我们必须留意,在一定程度上它是人类思想的产物。作为原料来说,它们并不原始,而是业已经由整理。再者,事件既非事物、亦非事实,不可将之与二者之一相混淆。

　　然而,构成这些原始材料的一些变化,似乎彼此之间有联系。它们的集结就组成历史领域的事物。所谓历史领域则指历史事件发生于其中的时空领域。历史领域的事物,首先是指人类,其次是人类社会,再次是依附人类社会的人类思想和观念,而这类观念和思想就是所谓的文化。盘踞在历史领域的这些事物又是历史学家研究与撰述的主题。然而,有一点令人怀疑:在这些主题中,是否有一部分是历史学家想象的产物(例如"大萧条时期"),而非是历史领域中真正存在的事物。

　　所有事物都会变化。正如其他所有处于太阳之下(古代人会说月亮之下)的事物,历史领域的事物、历史研究的主题均非永恒。它们出现,它们消退。因此,时间是一个基本问题。关于谁先谁后的日期问题,是历史学家思维的本质要素。所以我们会像奥古斯丁那样必然发问:时间是什么? 也许我们永远不知答案是什么,甚至不知是否真有正确答案。然而时间的观念却对历史学家至关紧要,她必须对卷入这个熟知的观念之中的困难有所警觉,并且她最好能厘清自己的观点。并且,她不可忘记,我们作为研究历史的学生,与我们研究的历史人物共享相同的往昔和相同的未来。我们都是时间的相同的产物。

延伸阅读

Braudel 1975;1980
Burke, P. 1990
Danto 1965
Duby 1985
Hegel 1956
Hexter 1979
Le Goff and Nora 1985
Marrou 1966
Nisbet 1969

Oakeshott 1983
Plato 1965
Ricoeur 1984
Seddon 1987
Stanford 1990
Stoianovich 1976
Trompf 1979
Veyne 1984
Whitrow 1972

第8章
作为顺序的历史

哲人教授各门知识之原因……原理与原因是最可知的,明白了原理与原因,其他一切由此可得明白。

亚里士多德:《形而上学》

人的快乐来自他了解事物的原因。

维吉尔:《农事诗》

世人所求非常简单,但却操纵在法律或帝王手里。

戈德斯密:《旅行者》

永不解释,永不道歉。

据说出自寇松勋爵

原因与解释是两种观念,其间有一条明确的分界线。人们经常把二者联系在一起,这是因为大部分解释(虽非全部)是在探究原因,乃至人们通常将原因等同于解释。可是二者有很大的区别,属于不同层面上的存在。借用一位近代哲学家的说辞:"但是如果原因是自然世界中所拥有的一种关系,解释则是另一回事……它不是自然关系……它乃是一种智慧或理性……上的关系。它并非自然事物(亦即能在自然界中指出时间、地点的事物)之间所持有的关系。它存在于事实之间或真相之间。"① 因此原因就是在真实世界中运作的某种事物,一种不论人们了解与否依然如故的东西。由于某种细菌作祟,牛奶变酸了。所有人都相信牛奶变酸是因为巫师下了诅咒这个事实,对牛奶毫无影响。另一方面,解释则属于观念范畴。它有心理力量(而非物理力量),因为它能满足探究者的需求。巫师说的解释,在17世纪是一个很好的解释,因为它符合当时所有人的信仰。明确地说,原因属于历史(甲),解释属于历史(乙)。

关于历史中的原因,事情是如何产生的,解释的问题:

1. 事情为何如其发生的那样发生?

2. 事情为何会发生?

3. 原因是什么?

4. 原因是否不止一种?

5. 是否有多种解释?

6. "反事实(counter – factual)"是什么意思?

7. 发生某些事情是否纯属巧合?

8. 如果我们知道了原因,又是否知道解释?

9. 如果我们知道了解释,又是否知道原因?

10. 什么才是好的解释?

11. 历史学家如何进行解释?

12. 我们如何解释独特事件?

---

① See Strawson, 'Causation and Explanation', in Vermazen and Hintikka (1985), p. 115.

> 13. 理解他人的感受是否能提供一种解释?
> 14. 理由(reason)与原因之间是否有差别?

本章以讨论历史学家运用的因果观念为开端(第1节)。由于因果是现实世界(事件的历史)中的问题,我们会对这个世界是如何运转的稍加讨论(第2节)。因此,我们始能站在逻辑立场上来检验历史学家解释事件的方式。这(如斯特劳森[Strawson]所坚信)乃属另一层面的存在,它是记载的历史的一部分。不论我们能否了解,原因仍运作在一个有活力的宇宙中。然而我们的历史解释,**可能**如上述关于牛奶发酸的说法一样谬误。第3节讨论在解释往昔上,我们如今所能达到的最佳境地。第4节则简单回顾上述三个互相关联的主题。

1. 历史中的因果关系
2. 历史的动力
3. 解释
4. 其他相关主题

8.1 历史中的因果关系

> 这个学派(爱利亚学派)的基本问题……是如何合理地理解**变化**……我认为……这始终是自然哲学的根本问题。
>
> 卡尔·波普尔:《猜想与反驳》

> 研究历史就是研究原因。
>
> 卡尔:《历史是什么?》

自然的力量及其方向

正如我们谈到的,世界并非静止不动。整个宇宙都处于无休止的运动之中,变化就是常态。历史,则是近五千年来若干重要变化的故事。首先,我们会向变化提出我们向任何运动中的微粒提出的相同问题:速率?方向?有关任一事件,我们会诘问:引起变化的力量是什么?朝向什么目标?

物理学家告诉我们,宇宙中只有四种力量:引力、电磁力、弱力、强力。20世纪之前,人们只认识其中的两个。从太阳发射的电磁辐射,直接或间接地为历史的动力提供了大部分的能量,虽然引力也曾起了部分作用。关于能量的讨论到此为止。

历史学家则更关切这些力量何以如其所是地运行。如果我们研究的是地表生命的长期历史,我们将会注意两件事:一是地球总是拥有供其上居住的生物使用的能源,二是这些生物各自以符合自己所需的能源的流通渠道的方式进化。比如人和鱼均需要氧气,可是一方采用的方式却非另一方能用的方式(鱼在船的底舱为生命喘息,而人却会从甲板跌落而溺水）。人可以用前肢搔脖子的痒，可是马就不能。这些能源流通的固定渠道就是所谓的自然法则。这些渠道不仅决定了生物的结构与发展潜力，而且决定了地球上无生命的成分，如岩石、土壤、水及大气。

利用自然：社会规律

一个新的因素开始介入人类。很久以前，我们的祖先认识到自己可以改变自然世界。这就是说他们可以使能源依循新渠道流通。有目的地敲击燧石就是最早的证据。至于人类科技如何从敲击燧石发展至探索太空，则非此处欲说的故事。即使在太空旅行时代，自然力量仍然被用来提供动力。

然而，历史不只包括科技。人生活在社会之中，而社会生活又产生出复杂的体制，包括政治、经济、文化、语言、美学、宗教等方面的体制。正如自然依循固定方式演化（因此鱼无法呼吸空气），社会也依循特定方式发展，以使能源依循若干方向而非其他方向流通。但是二者之间仍有差异，经由人类体制导引的能源流动，不像自然法则那般固定。人能拥有能源，却**不能**（像某些鸟类）转动头部而拥有360度的视野；我虽拥有能源，却不**可以**在总统的早餐桌上跳舞。社会有法律、规矩和习俗等与自然类似的法则，但是它们要比自然法则弱。然而，这些社会法则却能塑造一个人的个人品格（personality），以致人们常说人有"第二天性"（由社会创造而成），而其强度不亚于人的"第一天性"。

四种能量渠道

有关历史中能量渠道的问题，通常是以原因一词表述。宗教改革的原因何在？《谷物法》的废止、越战的原因又何在？欲回答这些问题，若是援用提供终极必要能量的引力和电磁力来作为回答，人们必然不知所云。

因此，当人们追问任何发生的事情的原因时，通常是追问事物何以依循这种途径运行。宇宙间的这个无时无处不在运动的角落，何以在这种场合下朝这个特定方向运动？我们通常在四个领域中寻求答案。

首先是纯天然领域，也就是不曾被人接触的自然。有关橡树果、地震、蝴蝶的问题就属于这一领域。它是依循自然科学理论而予以解答的。第二个领域则属于人为开发的自然。"何以用火柴棍摩擦火柴盒就会产生火焰？"这样的问题就属于这个领域。火柴及火柴盒皆非自然生成。然而欲回答这类科技问题，主要通过自然法则控制下的自然力量来回答。（就这个例子来说，需要通过氧气、摩擦、磷等来回答。）然而这些情境（不像第一个领域）乃是因为人的意图而产生。

第三个领域则与人类社会及其法律、规矩、习俗、传统和技艺有关。"何以英国的交通规则是靠左行？"抑或"何以弥尔顿选择彼特拉克式或莎士比亚式十四行诗形式？"这类问题必须根据社会常规而非自然法则来解答。

第四个领域既是最熟悉,同时也是最令人困惑的领域。这就是意图领域:熟悉的是每次我的手指在打字机上敲打字键,困惑的是世界(前三个领域范围)中的变化是由心灵的变化所引发的。是否如其所示,物质真能被精神所促动?这个问题长久以来就是哲学家仍未解答的难题。

通常,回答"为什么"这个问题,是依据某人的希望、决定和意图而给出的。假如我们提问有关火柴的问题,不是"它何以能着火",而是"为何擦火柴",答案通常是"因为玛丽要生火"。也可以用意图回答"弥尔顿何以选用彼特拉克式的十四行诗形式"这类问题。

四类因果关系

有时答案多于一个领域内的因果关系。比如说,回答"什么原因造成他摔断腿"这个问题,我们会发现完整答案如下:(1)他原想赶上邮车——领域四,(2)时间是八点五十七分,邮车将在九点开动——领域三,(3)他必须飞快地通过一段陡峭的楼梯——领域二,(4)由于气温突降,梯阶上布满了一层黑色的冰——领域一。以上四者中的任何一个皆可称为原因。

在多种类型的原因中,有两件事引起我们的注意。第一是人的意图,它们通常作用于其他三个领域之中,人们很少将它们视为纯粹思考领域。第二是在四个领域中都曾出现对情况的预测。宇宙(包括人与自然)的不停运行,为人类将意图转化为行动,显示出充足的规律性。只有我们能够推断植物通常由种子成长而来,我们才能发展农业;只有我能够预期所有的车子都靠左走,我才敢开车上路。

何以可能有历史,又何以使它不致无趣,实乃是一种自相矛盾。自相矛盾之处就在于人类行动的意图在于促使变化中的宇宙有所改变,而这些行动唯有基于一个假设,亦即认为其他事物都将保持原样的情况下,人们始能加以筹划。当然,事实绝非如此,无法预见的变化仍不断发生。我们都知道结果:"智者千虑,必有一失。"然而我们必须继续作出火会燃烧、面包有营养、红灯亮时交通停止等等的假设。简单地说,不论是对自然、科技还是人类,在这个世界中我们必须在很大程度上依靠预测,否则,生活就寸步难行。我们的意图必须在外部世界产生效果,然而我们对外部世界的操控能力,却又远逊于我们对自身心智的操控能力。生活实乃一项冒险的事业。

原因的选取

关于多种多样的类型的原因,我们留心的第二件事,乃是它为解答"为什么"这个问题提供了宽广的选择。请注意,上述四个领域只回答有关方向的问题:任何与变化有关的能源(甚至可以包括心智变化),必出于一种或多种物理力量。以摔断腿为例,除去笔者曾举出的四类原因外,还可附加一种说法,如电磁力、引力(甚至包括弱力)所扮演的角色。然而当我们追问原因时,我们并无意要求列出**所有**相关原因的完整清单。我们所要求的只是我们感兴趣或可能有用的原因。诚如加德纳（Gardiner）所言："就常识而言,关于一件事的原因,我们通常选取的,只是那些能帮助我们达成我们想要的目标的原因。"①

你问："车子为何不动？"我回答说："因为你忘了加油。"然而我也可以说失去动力、汽油挥发不足等等。可是我提供的有用答案,是你想知道的对你有用的答案。它可以为这种情况向你提供一个"把手",使你不致犯同样的错误。

寻找历史原因

在寻找历史原因时,历史学家通常不会去找寻这类"把手"。他所关切的是了解往昔,甚于影响未来。政治家及外交官确实想要"把手"。比如说,他们寻找战争的原因,并试图消除这些原因以避免另一次战争。因为深信毗邻法国的弱小国家引诱法国进行侵略,所以在1814年至1815年的维也纳会议上,胜利者就在法国边境建立起比以前强大的国家。在1919年的巴黎和会上,胜利国相信受压制的民族是这次战争的一个起因,所以他们分裂大帝国,建立一系列弱小的新国家,因此改变了一个世纪以来的国际政策。历史学家的工作是解释,何以在维持长久和平上,1815年的策略明显优于1919年的策略。

如果说历史学家不去寻求事件的"把手",他同样不会去试图列出所有可能是原因的事物。大部分的因素,不论是自然的、科技的、社会的或心理的,他都视为理所当然。历史学家的注意力多投入到有违常规的事物上。比如说,在正常情况下,政府统治人民。倘若一个政府被革命推翻,就会引起历史学家的兴趣,并让他们试图解释原因。为解释这一不寻常的事件,历史学家就会寻找不寻常的先行事件。法国王室持续千年之后,在1792年被推翻。在那些不寻常的先行事件中,先是一连串花销巨大的战争,随后是政府破产、反对这种统治的不满观念广泛传播、食物价格高涨引起大众的骚动等等。

思路早已存在,穆勒（John Stuart Mill）在《逻辑体系》（*System of Logic*, 1843）一书中曾予以系统化,尽管思路本身更为古老。情况大致如下。有两种情况：一是甲、乙、丙、丁、戊是常态,而革命素来不曾发生；另一个则是,甲、乙、丙、丁、戊、己出现了,革命也发生了。常识显示条件己必与革命的发生有关。历史学家寻找原因,必瞩目于革命前法国不寻常的特征,而非那些长期存在却不曾发生革命的特征。

事件发生的必要条件或充分条件

就是这些原因的结合使人困惑。先让我们检查一下"导致事物如是"这个观念。原因可能是必要的或充分的,或二者兼具。（严格地说,这类术语常用在条件〔condtion〕之上而非用于原因,然在此处,无需分辨。）**倘若一个结果若无一定原因就必不如是,则对这个效果来说,这个原因就是必要原因。**如面粉之于面包,零度以下的气温之于结霜等等。**倘若某个效果**

---

① See Gardiner (1952), p. 11.

一定跟随在某个原因之后,则这个原因就是充分原因。将一块砖掷向门窗上的普通玻璃,就足以将它打碎。

然而,必要原因未必永远充分。做面包时,所需不止面粉。同样,砖块以外,其他东西也能打碎一块玻璃。所以,充分原因未必永远必要。

不幸的是,历史学家通常处理的情况,远比这些简单的事例复杂。初看之下,他所要寻求的是必要原因,这个原因的定义是"无它,后果即非如是"。这时出现两个问题。一是最必要的原因可能不只一个。若要擦火柴,火柴与火柴盒都得拿稳,人们必须用火柴摩擦火柴盒的一侧。我们可能意识到了这些条件,却忽略了其他条件,比如说盒子与火柴均不得潮湿、当时周围有氧气、火柴头上有磷等等。当火柴无法擦出火,车子不能动时,我们或许已从经验明白缺少何种必要条件——一个干燥的火柴盒,抑或充满电的电瓶。找到了问题所在之后,我们会说:"这个原因就是你的车子为何不能发动的原因(抑或火柴擦不着的原因)。"

历史中的必要原因

就历史来说,欲确定我们是否已经找出所有必要条件,实在很困难。我们能不能确定在莱克星顿之战前夜里维尔(Paul Revere)的奔喊,或伯格因(Burgoyne)在萨拉托加(Saratoga)的投降,就是美国胜利的必要条件?倘若没有这些事,殖民地的反抗能否仍然一样成功?当我们可以安全地忽略胜利所需的若干必要条件时(比如武器的获得与北美洲大气中有氧气),其实还有一些胜利所需的必要条件(殖民地部队识字人数较多、美国妇女的忠诚)也曾为历史学家所忽略。倘若我们并不知道对于某一特定事件来说哪些条件实属必要,哪些又不必要,我们就很难说我们已经了解事情何以如是。因为我们根本不知道"什么能造成差别"。

于是,必要条件的数量问题就出现了。然而,还有经验方面的问题。由于在擦火柴和发动车子上,我们拥有太多经验,所以我们能顺利分辨何者必要,何者不必要。历史学家对一件事(以殖民地反叛为例)的经验相当有限,问题来自两方面,一是经验来自二手材料,二是这些二手材料并非充分的可靠信息。因此,即便历史学家怀疑识字率与妇女是美国独立革命成功的关键,他必然会发觉,并无足够证据可资利用以得出肯定的结论。大部分历史学家都深知这种挫折。

历史中的充分原因

现在改谈充分原因。每当这类原因出现,结果就接踵而至。从另一方面来说,相同的结果可以通过不同的方法获得。如果是这样,这个原因就是充分原因而非必要原因。对任何一特殊历史事件或情况,我们必然追问:"什么导致它这样?"(不同的说法则是:"无它,事件将不致发生,而它究竟是什么?")我们皆知什么足以击碎一块玻璃,抑或足以令人致死,尽管达到这个目的方法很多。那么足以引发革命、打败敌人、赢得选举的原因又是什么?给予这类历史问题肯定的答案实非易事。实际上,不论你提出何种答案,似乎总有例外。比如说,人们认为1991年美军的密集轰炸和伊拉克军队受到重大军事挫败之下,应当足以令伊拉克的萨达姆·侯赛因下台,就如战败导致墨索里尼、希特勒,以及许多其他独裁者的下台。然而这个假设却令人失望。重大挫败并不一定总能让独裁者下台。

故在实践中,历史学家多采纳多元说,这就是说,倘若不能寻获一个令人肯定宣称它就足以促成既定结果的单一条件,历史学家就代之以**一组**条件。虽然其中的任何一个条件均不足以导致既定后果,但是它们**合为一体**却足以导致这个后果。这种方法通常具有较大的说服力,因为它能避免得出普遍规划。(比如什么永远能引发革命或赢得选举等等。)普遍规则常因反例遭到否认。(我们常听到人们这样说:"在这个案例中就不是这样。")比如当历史学家承认,不论是华盛顿的指挥才能、英国海军的衰弱、法兰西的援助、殖民地人民对苛捐杂税的憎恶,任一个都不能**单独**促成美国的胜利之时,上述条件**加在一起**,就构成了充分条件。

在此,又出现了两个问题。其中的一个在我们讨论必要原因时就曾提及。由于这种反叛不像打破窗户那般随时可见,我们并无足够经验来保证我们已经正确地确定什么才是充分原因,什么不是充分原因。历史学家对获得的证据的恰当性、可靠性的怀疑,又放大了上述问题。

但是,援用多重原因结合而成的一组充分原因的一大问题,就是我们要知道在何处停止。许多哲学家都已经提出事件的真正原因,就是以前世界的整个历史。这种说法尽管正确,但是并没有用。我们又该在何处划出界限?难道我们凝神注目的原因不正是那些可就事件为我们提供"把手"的原因,不正是出于某种理由而使我们感兴趣的原因,抑或是那些看起来很有说服力的必然原因?再者,任何有良知的历史学家,又能否确定她没有遗漏任何相关事物?

最近原因

以下讨论的是接近性。我们感觉原因越接近结果,结果就越确定。经验告诉我们,欲借事件达到预期的结果,事件链越长,结果的确定性越小。(两人结伴而行比十人结伴而行容易。)倘若初始原因与预期结果相差甚远,其中就可能发生太多预料不到的事情。在考虑因果链条时,我们经常强调**链条中的最后一节**(**所谓的最近原因**[proximate cause]),并把它标识为原因,似乎就因为它,结果必然接踵而至。然而列举最近原因不尽令人满意。1649年1月30日在白厅,刽子手巨斧落下,无疑就是导致英王查理一世死亡的直接原因或充分原因(但并非必要原因)。然而它作为解释的确不充分。我们还想知道国王何以落到被定为死刑犯的地步。部分答案必然出自他在内战中的失败。战败或许是一个必要原因,但绝非他被定罪的充分原因。但它肯定是一组充分原因中的一个。(其他充分原因或许包括他未能遵守协议、俘虏国王的人的挫折感,以及普莱德上校对下议院的"清洗"。)

可是，若无战争就无战败。最近一位历史学家试图以"更复杂的观点论述英国革命的原因"，他阐明了各个相关问题。一位有心的学生，决定囊括一切具有"原因力量"的事物，他必然远离最近原因向上追溯。他写道："欲理解这些事件……就必须构建一条比 DNA 本身复杂得多的多重螺旋状因果链条。"①他表示，人们不可能找出一个决定原因或最重要的原因。"终极原因……必须远溯到都铎王朝早期。"②他只上溯至 1529 年，显然他认为此前的事件与他的目标无关。如今他或许不会否认，若干早期事件（比如说 14、15 世纪时议会政治的发展）实与 1640 至 1642 年间的许多事件相关，事实亦是如此。至于以 1529 年作为起点，他可能认为从这时起，诸事始有肯定的必然性，此前则不然。然而，必然性也有多种等级，越接近顶端，因果力量的强度越大。为阐明因果等级，斯通发展出一套他称之为"多重因果"（multi-causal）的研究方法。他将原因分别置于三个标题之下："先决条件（The preconditions），1529—1629"，"直接原因（The precipitants），1629—1639"，"导火线（The triggers），1640—1642"，因此，他认为他不必断定"在促成革命的原因上，查理一世的固执及表里不一是否比清教思想的传播更为重要"。③

什么是"重要"原因？

斯通之说引出了一个问题，即历史学家说某个原因比其他原因重要时，其意何指。对因果关系而言，"重要"一词何指？它的意思之一可能是指必然性：由于这个原因引发了事情的结果，比另一个原因更为确凿。论据如下，对纳粹的覆亡而言，人们可以断定，1941 年 6 月 22 日德国进攻苏联之举的"重要性"实大于希特勒在《我的奋斗》（*Mein Kampf*）一书中写下的向东扩张的计划。再者，人们亦可辩称，1942 年至 1943 年间的寒冬，德军在斯大林格勒的战败，在纳粹覆亡的重要性上要大于 1941 年 6 月的入侵苏联。这种分析，犹如斯通的论点，几乎将必然性与接近性等同化：越近结局之原因，越能决定结局之到来。但我们能够看到，斯通曾明确否认接近性（抑或其他任何单一观念）足以审定一个原因的重要性。

那么"重要性"又有什么其他意思呢？它可以意指**因果力量（causal force）——足以超越其他因果因素（causal factor）的力量**。因此，我们乃能判定一个早期事件的重要性大于后起事件。比如说，假定一个士兵在战场上受到重伤，在爬回部队途中，跌落到一个弹坑中。伤势使他无法爬出弹坑而死于其中。在我们判断致他亡命的原因中，中弹受伤的重要性大于后面的跌落事件。为何？因为重伤在导致死亡的可能性上大于只是跌落坑洞之中，凡是健康的人，都能轻易爬出坑洞。但是请留意最后几个字，是根据实际上不曾发生的事做出的推测。事实是他先受伤，而后跌落。如果我们判断在导致他死亡的原因中，前者重于后者，那是因为我们能将受伤和跌入坑洞两件事的后果分别予以评估。

---

① Stone（1972），p. 146.
② Ibid.
③ Ibid., p. 58.

历史学家常常运用这种方法断言某件事是比另一件事更为重要的因素,纵然较重要之事发生的时间较早。这样做他们才能判定接近性不是产生结局的决定力量。我们必须注意,此种判决(比如说上述士兵的例子)涉及对异于**确实**发生之事的**可能**发生之事的推测。我们评估一个原因在某系列事件中较为重要,是因为它导致那个结局的可能性较大。我们能判定可能性,完全依靠我们的经验。经验告诉我们,事情通常是如何发生的。我们通过假设倘若没有意外发生事情就会如此发生,来获得安全感。(例如士兵如果不曾受伤,就能爬出坑洞。)当我们将某一原因或条件标识为"必要"时(定义为缺少它就不会如何),就表示我们知道,倘若这一原因不曾出现,抑或欠缺某一条件时,将会发生何事。比如说,研究美国革命的历史学家若是判定华盛顿的领导才能是美国获胜的必要原因,然后他就会推论若无此人的领导才能将会发生何事(例如不会胜利)。事实上,多数关于重大意义或重要性的历史判断都基于一个假设,即我们知道若事非如此将会发生什么。此类与事实相反之可能性推测,就被称为反事实条件(counter-factual conditionals)。比如"德国在第二次世界大战中战败"是一个事实,因此"德国赢得第二次世界大战"则与事实相反。我们可以据此反事实推想,通常以一个条件句开始,例如:"假如德国获胜……"这类推想、推断或揣测,就是所谓的"反事实条件"。

反事实条件

有一首世人熟知的儿歌如此唱道——"为了一个钉子,丢掉了鞋子;为了一只鞋子,丢掉了马匹",如此以至"为了一场战斗,丢掉了王国"。——完全立于与事实相反之推想上。确实,倘若历史学家未能判定何事意义重大,他就几乎无从下笔,他不知道该写哪些,也不知该丢弃哪些。然而,对重大意义、重要性、必要性、因果力量等等的判断,均涉及对不曾出现的事物的推论——好比推测假如怎样则什么事本该发生,简单地说,就是反事实的推论。对历史学家而言,反事实条件实不可或缺。然而它们只能处于设想状态。它们不过是对可能性的估量。那又何必利用它们?

有时我们会说某一事件好像历史的"分水岭"。此说令我们想到山中的溪流。我们观察到,大部分溪流都循同一方向顺势而下,流入山谷。然而却有一条溪流受到阻碍,于是与其他众流偏离,开始朝另一方向流去,进入另一山谷,逐渐化成另一条河流。这就是分水岭的重要性。这条溪流若是不受到阻碍,将与其他溪流一样,循相同路线流下,这就是反事实的推论。那么我们又如何得知假如怎样则本该发生何事?

如果不能就事件涉及的重大意义做出判断,不能对历史中的因果力量、必要性与充分性,抑或这个或那个因果元素之相对重要性的本质有所判别,历史学家根本就无法工作。这种判别组成了历史的精髓。否则历史将像"白痴所讲的故事……找不到一点意义"。然而应当如何评定这种判别?唯有立基于我们对世事如何运作——历史的动力的了解,我们才能估量及比较潜藏在我们举出的反事实判断之下的可能性。

8.2　历史的动力

> 爱推动了太阳和其他的星辰。
>
> 但丁:《神曲》(最后一行)

机　遇?

当我向朋友提到我正在撰述历史的动力时,他回答说:"别忘了机遇(Chance)!"他的话正像是古人的回音,古人曾将机遇或幸运(Luck)人格化,将它变成女神,名叫福尔图娜(Fortuna)。当然,发生的事物多非我们所能预见,此乃我们无知与疏忽的寻常结果。最让人困惑的则是那些我们回顾时竟然无法予以解释的事物。历史学家希望编撰出可理解的故事,尽量不用机遇或巧合来解释故事。1944年7月,一群德国军官企图以刺杀希特勒来推翻纳粹政权。他们把装有炸弹的公文包安置于希特勒脚边的桌下。就在爆炸之前,一位毫不知情但是重视整洁的副官,注意到了公文包,并把它移到屋子的另一端。希特勒活了下来。原本期望能在那时结束的战争,又持续了十个月,也是整个战争中最具破坏力的十个月。我们无法估量在这十个月中,欧洲及文明蒙受多严重的损失,我们注意到的则是这些全拜挪动一个小小的皮包所赐。

不,唯有自然与人

在审视历史的动力时,难道我们必须在动力中为机遇或命运留一席之地?我相信不必。

历史中的力量只来自两个根源:自然与人。在此,笔者提出两大问题,但是只暂时搁置一边。第一个问题就是在自然与人的背后,是否存在上帝或绝对精神,它创造了自然与人,并通过它们行事。此乃信仰问题,并不要求历史学家来判定,也不影响历史学家的论述。第二个问题则是笔者所举的两个根源是否着实过多而非太少。是否只应有自然,难道人不是完全包含在其中的? 若是,则唯有自然才是历史力量的根源。这同样是历史领域之外的问题。一位现代哲学家会说:"由于完全不同,人应该将下列二者加以区别,一是自然因果关系,一是个体或人类集体行动领域中的因果关系(如果我们愿意用这个术语)。"①此言极是。

自然力量

自然力量曾见于本章第1节,就是宇宙演化时释放出来的,由物理学家举出的四种基本力量(如电磁力等)。自然世界中许多明显的必然形貌,实际上纯属偶然。泥盆纪鱼(Devonian fish)的鳍上有五个趾骨,所有哺乳类动物均为五趾,因为它们都是泥盆纪鱼的后代。如

---

① Von Wright(1971), pp.160–161.

果它有六个趾骨,我们就可能以十二进位记数,而非十进位。如果地球引力小于1g,植物和动物将呈细长形,就像长颈鹿和伦巴第白杨木。倘若大于1g,我们的体型都可能像犀牛或日本的相扑。当我们试图解说所谓"自然法则"何以如是时,我们可以在宇宙的历史中找到原因。

然而回答宇宙是否**必须**如是发展,抑或它完全出于纯粹机遇(以及更深一层的问题,如"机遇"与"必须"在这种背景中的含义),皆非历史学家的职责。历史学家认识的自然就是他见到的自然。它不必解释为何水是由氢和氧组成的,为何在摄氏零度时会结冰。记得它们永远这样就已足够。这就是"法则式"或"覆盖律"类型的解释,有些人认为这就是面对历史学家追问特殊事件的原因时的恰当解答。

人类意图

自然事件就是自然力量结合之结果。然而历史事件是否也是这种结果?笔者深信并非如此。其间还有另一个元素,它并非源于自然,而是出自人的心智。**这种力量可被称之为意图,因为它源自人所追求的目标,而这个目标通常意在改变世界**。改变世界当然会利用自然力量,它们为我们的身体和我们发明的机器提供机械动力。然而诗歌与星际火箭绝非单纯的自然力量的产物。

当人类意图运用了自然力量时,我们就称它为科技。可是人的意图又如何能作用于其他人身上呢?康德的教诲是"人(连同每一种理性生命)就是目的本身。这就是说谁(甚至神)也不能把人仅仅用作手段,而不同时把他本身当作一个目的……"[①]若依循康德的原则,我们永远不得强迫他人,只能说服他人(操纵就不行)。严格地说,我们永远**不能**强迫他人有所行动。如果一个强而有力的人抓住你的手来打我的脸颊,行动并非出于你而是出于他。这是为何柯林伍德声称依据应用于"自然"或"人事","原因"有不同的意义的理由。借擦火柴或捕鱼,我们就能在自然中促成一个事件。我们只需将火柴棍接触火柴盒,或者在一条线上加饵并垂入水中,就能引出事件。然而当我们有意促使某人做某事时(比如借钱给我们或奔至海中),则是另外一种行动。柯林伍德说:"此际,我们所促成的,乃是一有意识的、能付责任的主体出于自由和深思熟虑而作出的行动。所谓促使他去做,意思就是为他提供做的动机。"[②]当然,其中也有边缘事例,倘若我们将一个人痛打至半昏迷状态,直到他签下某个文件,那么签署文件算不算他的行动?抑或就技术上来说,是否算我们促成此事?如果我以他的妻儿来威胁他签字,是否算我们强迫他如此?这就是我们通常利用的命题。然而严格地说,他的签字仍是出自一个有意识的、能负责任的主体的自由行动,虽然这个行动出于强烈的动机。比如"我促使他做这件事"、"形势逼迫他做这件事"这类句子,通常使用的是隐

---

① Kant(1956),p.136;part I,ch.II,6.
② Collingwood (1940),p.285.

喻意义而非字面意义。就我们的了解，在这种情况下，他受到一个强烈的动机的驱使，通常是因为另一种选择非常令人不快。事实上，偶尔也有受胁迫的人表现得相当固执（为信仰走向火刑柱或丧失财富），这就表明他在实质上不为所迫。毕竟，被擦的火柴和被捕的鱼完全没有选择的余地。

来自往昔，抑或走向未来？

柯林伍德区分的，明显就是下列二者的区别：由先前的事件促成的事物，以及由设想未来促成的事物。因此，倘若你问我，此时我为何仍在书写，若参照先前的事件，比如说我起床了，则不能构成恰当解释。虽然这些可能必要，但是不能解释我的行动。我之所以书写，是我有意完成一部著述。书能完稿是设想中的未来事件，它可以解释我为何在打字。这可称之为**目的论（teleological）或最终的（final）解释，源出希腊文之"telos"或拉丁文之"finis"，二者意义皆指"目的"**。这类解释较适合用于人类事务，而非自然事物，后者宜由先前的事件及自然法则之运作来解释。

这种区别在理论上颇为明晰，然而在世俗事务上则没有这么清楚，后者是历史学家的角斗场。就在此处，自然法则与人类意图在历史事件上相结合，程度虽有大小，但是几乎难以将二者分开。比如我们问道："谷仓何以着火？"答案可能有两个："因为干柴与稻草非常容易起火"或"因为有人纵火"。一份完整的因果记录，或将包含所有的自然和人为因素，然而在实际工作中我们仅选取与现在的研究看起来相关的一个。历史学家偏好的解释类型繁多。某人会说战争失利是因为胜利者有较好的坦克，另一人可能说他们有较好的将领。人们会辩论到底哪一种才是"真正的"原因。两种论点均有若干好处，但是这样岂不将答案最终归结为个人偏好或生活哲学？

自然法则与人为法则

一旦进入社会科学领域，问题就变得更加困难。社会科学关切的并非自然物体，而是人类在社会中的行为。经济学、社会学、政治科学、个人与社会心理学、人类学、语言学等，均能从人类事务中，发现类似于可在自然界中发现的规律及可预见性（predictability）。社会科学就奠基于这些规律。早在两个世纪以前，康德曾提出："因此，婚姻、出生和死亡——在此，人的自由意志对它们有极大的影响——似乎不受制于任何规则，而根据这种规则我们才能靠计算事先决定它们的数目；但是各大国关于它们的年度报表却证明：它们是按照恒定的自然法则而发生的，正如极不稳定的气候一样。"[①]然而，那些人为规范又是否可归类为"恒定的自然法则"呢？抑或人在社会中的行为不受自然法则限制？有人辩称，这一切都属于科学，所有的科学学科都指向同一主题，即自然；使用的都是同一种方法，即建立理论并进行演绎

---

① Kant (1784), in Reiss (1977), p.41.

推理的"假设—演绎法(hypothetico-deductive method)"。解决这种长期的争议,非历史学家所为。然而,历史学家应该对此有所了解,并反省他本人及他的同事是否有(抑或潜意识中有)偏向某一边的倾向。①

历史的运行力量又在何处登场?因为社会规范与自然法则相似,那么,我们今后解释社会事件,是否该依循因果(例如,由自然法则产生)或意图(例如,由人类意愿产生)?换句话说,我们的解释该是类法则式(law–like,或称法理式[nomological],词源是希腊文 nomos,意为一条法则)的,还是目的论式的?稍前我们已经表明,大部分自然法则目前呈现的形式,都是由地球与其上的生命长期演变而来。在地球上,基本的宇宙力量如今可循一定方式传导。然而它们并不**必须**如此。生命的最初阶段依赖的是甲烷而非氧气。动植物本来也有可能由矽元素组成,而不像今日由碳元素组成。这样,动物就可能依循完全不同的路线演化。②

同样,人类社会亦经由许多不同方式发展而成(犹如人类学家所证明的),如今仍有不少未被认识的可能性。在社会之中,有些制度,如经济的、文化的等等,已发展成熟。这些制度似乎都承受了它们自身的现实环境,进而塑造人们的行为模式。奴隶制、部族持有的土地、自由市场等等的有无,莫不严重影响着人们的行为。它们不仅规范了人们的作为,也规范了人们的思维。因此,对我来说,同时与三位或四位妇女结婚几乎不可想象。然而在有些社会,这是非常正常的。我们可以列出无数这样的例子。重点就是社会中各种体制使我们同胞的行为十分有规律,乃至我们可以预期与依赖。否则我们如何能驾车、寄信、买杂货?社会予人以"第二天性"。然而,我们也并不**必须**如此。我们并不是我们社会体制的奴隶。因此,历史学家必须宽容那些以某种方式打破社会规范的意志坚定的人。这些人,就如自然界中的意外事件,让历史学家对估计概率失望。

意图性的体制

是否社会制度(不像社会行动)没有意向性?如果我想给朋友写封信,我会利用物质(如纸、笔、邮票)工具以达目的。然后,我就将信函交付给邮局中的工作人员。我利用该机构为工具以达个人目的,就如我利用纸、笔一样。那么,我(与康德的格言相反)是否将其他人当成工具加以利用?并非如此。首先邮局正是为了供使用者达到目的而设立;再者,邮局员工也有双重目的,一是分送信件(公共目的)、一是养家糊口(个人目的)。因此,社会制度犹如个人行动,也包含了人为意图。令历史学家特别感兴趣的,则是这种制度的运作并非永远符合原来的意图,有时员工的个人利益会与公共利益发生冲突。政治腐败,就是我们熟知的事例。不过这种变幻莫测,不致改变我们的主要论点,社会制度也有意图。

社会制度也非局限于一个社会之内。有些制度如贸易、外交等,就存在于社会之间。事

---

① For more on this debate, see ch. 3, pp. 57–58 above.
② See Gould(1991).

实上,国际战争与国际贸易几乎与历史一样古老。关键点仍然相同:无论是跨越国界,还是局限于内部,都已经有意图性的体制生成——法律、习俗、习惯、传统等。它们都引导行为并塑造人格。

历史中无神秘力量

当我们考虑许多供我们达成目的的自然和人为方法时,如果事情出错,也不足为奇。不说人们未能完全掌握自然与科技,即使是人们之间,我们试图保证大家合作时,也经常不能如愿。他们有自己的观念和意向。他们的意向与我们的意向冲突,或出于无意、或是偶然,抑或刻意如是。结果通常非我们所愿。没有必要假设这些不幸是由巫术、恶灵、魔鬼所致,尽管我们经常这样说。如今,在解释事与愿违时,人们常将责任归咎于某些团体,如共产党、犹太人、阿拉伯人、自由分子等,这也不见得比以前理智。若在懊恼中结合怨恨、无知和一味愚昧,即使天使亦为之哭泣。若对历史有所了解,并辅以明智而平衡的观点,或许至少能化解一些无知与愚昧。若能对人类事务的复杂过程、对历史的真正原因与运行力量有所理解,对更美好世界的希望就有基础了。

如果你乘直升机飞上高空,俯瞰尖峰时刻道路系统上的交通流量,你可能会形成有一股稳定的力量驱动钢铁河流流动的印象,如同重力驱使河水在河床上的岩石间流过一样。如果这样设想,你就错了,其间并无这种力量存在,有的不过是人类利用汽油挥发产生爆炸力的意图。同样,若考察政治或历史中人类事务的走势,许多人曾幻想有一个伟大而非人为的力量运作其中,并为它贴上这样的标签:如必然性、宿定、命运、福气、幸运、历史、绝对精神、生命原则等等。凡"历史背后伟大力量"之说,多是幻想。其实只有自然或人为的事物。历史中的力量,只有四种基本物理力量加上人类的意图。

8.3 解释

何时解释?

"且慢!这里究竟搞什么鬼?"警察这样问,人人忙着解释。不仅是想让自己从某一尴尬境地开释出来之时才如此,其实每天都有许多其他理由让我们解释:或许是一个实际问题("为何灯熄了?");或许是我们借助化繁为简,或使陌生的事物变得熟悉等方式来帮助他人有所了解;或许是我们有意赋予意义或重要性("这就是华盛顿用来砍樱桃树的斧头"),或许出于其他原因。

许多但并非所有的解释,是为了回答"为何"这个问题的。解答又通常是:"因为……"其间有一个隐匿的陷阱。并非所有解释都以说明原因来解说。孩子们问:"为什么现在是睡觉的时间?"我们给予的回答是:"因为已经八点了。"这虽是一个合理的解释,但不是因果解释。任何事物均不可能是自身的原因。简单地说,当我们使用"因为……"这一类型解答时,可能指的是原因,例如,炎热造成奶油融化;或表明理由,例如因为他要赶最早的一班火车,所以五点半他就得起床;抑或表示从属关系(从属于逻辑、数理、习俗等),例如"因为已经八点了"。大部分从属性关系都依赖于某种同一性,但并非必要。例如,"因为我已婚,所以我非单身"(逻辑);"因为这是三角形,所以它的内角和是一百八十度"(数理);"因为是红灯,所以他不得合法前行"(习俗)。因此说明原因,只是回答"为何"问句时的多种解答方式之一。至于在解说句首加上"因为",不过是语言摆设的陷阱。

历史学家如何解释？解释什么？

历史学家的解释有哪些类型？先前已见,他们经常解释"**为何**",有时也解释"**如何**"及"**什么**",偶尔也解释"**何时**"、"**何地**"、"**何人**"。试想这个问题,德国及日本,原是第二次世界大战时的战败国,仅一个世代多一点的工夫,几乎成为世界最强大的经济大国,反而胜利国如苏联、美国、英国却逐渐陷入经济困境。历史学家自觉迫切的,不是"为何"的问题,而是"如何发生"的问题。其中的原因,可回想1789年7月路易十六的故事。当他听到市民攻占巴士底狱的消息时,惊喊说:"这是叛乱!"有一位大臣回答说:"陛下,这不是叛乱,而是革命。"比如我的医生会告诉我说,腹痛不是因为盲肠而是因为消化不良。显示究竟是**什么**,经常可以成为最佳解释。

何者需要解释

如果上述各种解释是历史学家从事解释的类型,那么必须加以解释的事物又是哪些？首先是事件。事件就是事物状态有了变化(见第6章)。我们也要知道,变化(尤其指人们预期的)即使未成功,仍然算为事件;故历史学家需要解释变化,也得解释不变。其他有待解释的,包括行动和连串行动(如政策、计划和战役)、文本(范围可从一个单独的句子至整部书例如《圣经》)、物件等。在这里,与事件一样,某个预期中的物件的缺失有时也需要解释。这不禁令人想起柯南·道尔(Conan Doyle)写的故事《银色马》中的狗在晚间的异常行为：

> "你觉得有什么地方是我该多加注意的？狗在晚间有什么异常？"
> "晚上狗没做任何事。"
> 福尔摩斯就挑明了说:"这就是奇异之处。"

还有需加解释的,就是各种观念,尤其是那些源远流长而影响广泛的政治和宗教信条。最后,所有习惯、风俗、传统、仪式、典礼等实际活动,也需要解释。欲解释以上诸事,就需要对人类行为有所洞识。然而其中也有不少需要人对自然世界有所了解。此说不假,例如,对狗在夜间行为的解释,结果竟成为整个迷团的关键。

历史是否有特殊类型的解释?

说明必须加以解释的事物种类之后,我们则讨论什么样的解释可资利用。是否有一种特殊类型的解释可供历史学家使用? 如果有,那么它与一般日常解释又有何不同? 它与所谓的科学解释是否相同? 这些问题近五十年来已有相当多的争论。① 在这些争论中,许多历史学家和同情历史的哲学家,辩称适用于历史解释的方法与用于科学解释者非常不同。然而,哲学家鲁本(David – Hillel Ruben)曾说:"唯一能区分的只是完全或部分解释……"②此言极是。何必为科学解释和历史解释的差异烦心? 何必为这些解释与一般日常解释的差异烦心? 我们真正追求的,应该是有待解释事物的完全或完整解释。在若干特殊状况下,事物的某些部分可视为当然,因此它所需要的解释仅在于部分。然而,它背后永远应有一个完整的解释。

全盘解释与妥当解释

上述考虑将我们带向了另一种区别,即**全盘**解释与**妥当**解释之区别。**全盘**(full)或完整(complete)解释可以满足所有的可能问题。**妥当**(good)解释,则是可令针对某一目的而提出的特殊问题得到满意回答。不同的人需要不同的解释。例如,如果车子停了,我们给予机械技工的解释是油箱缺油,给予驾驶人的解释是她丈夫上次用完车时忘记加油,给予这位丈夫的解释则是她从来不看油表。当然,全盘解释不仅应将上述解释悉数纳入,还应该包括更多。妥当解释通常是部分解释,然而它能符合情况需求,如果有必要还能扩充为全盘解释。(然而,提问者的需求经常得不到满足。有一位教士追问银行抢劫犯为何打劫银行,抢劫犯回答说:"因为钱在那里。")③

然而,历史解释有其自身的难题。先前已说过,丹托曾指出,欲予历史事件以全面描述,原则上永无可能,全面描述必须能就此事件对未来的重要意义有所认识:"关于一事件的全面记述,就必须将有关此事的所有真实历史描述囊括在内。"④问题出来了,如果我们不能予事件以完整记载,那么是否就无从予其以完整解释? 梅特兰所称历史像"无缝的巨网",也提出类似怀疑。他们点明的是历史中一切事物看来似乎都与其他事物相关联,并且不曾留下自然的接缝或分界线。倘若历史果真如此(抑或如此的任何事物),那么若不将其之前发生的所有事物一一注明,我们又如何能给予任何历史事件一个完整解释? 我们会发现,这还不是怀疑全盘性历史解释可行性的唯一理由。

有一件事十分确定。任何解释,不论是全盘的抑或部分的,都得立足于真相之上。政治

---
① See pp. 190 – 200 below.
② Ruben (1990), p. 17.
③ See Putnam (1979), p. 42.
④ See Danto (1965), pp. 18, 148ff.

人物、新闻人员和家长,经常企图提供看似妥当的解释(着眼于它们可以令提问者满意),然而却非属正确的解释。鲁本曾正确地坚称"解释乃是一个认识论性质的观念",然而它却有"坚实的形而上学基础"。[①] 鲁本的意思是说,不论是历史还是科学,一个正确的解释绝不只是**我们知识和信仰体系(此乃具有认识论性质)中的一部分**,它还须建立在**形而上学基础(亦即立足于它以往及现今的实际情况如何)**上。一个妥当解释,不论如何貌似可信,仍有所不足。任何解释不能仅止于文字或观念,它必须包括有关现实世界的真实记录。此说强化了本章开头对原因及解释的区分。

全盘解释与妥当解释的区别与历史特别相关。历史学家满足于他本人深信为妥当解释的情形已不可胜数。如今看来,妥当解释实为**听众取向,解释是提供给听众的,因听众不同而不同**。历史学家经常,甚至是自鸣得意的声称,历史中最重要的事是提出正确问题。然而历史中并无这样的正确问题。有的不过是学生们在各阶段探究时,提出的对他们有用的问题。在这个程度上,凡能满足问题所需的解释就是妥当解释。倘若历史学家从事的是原创性工作,他或可宣称他欲追求的解释,并非属于听众取向。他所得结果是全盘解释的一部分,而此全盘解释如此完整,足以满足所有的发问者,涵盖所有论点,足以抗衡所有合理的反驳。那么,我们可以说,他想要发现的是全部真相。

对历史的全盘解释是否可能?

对历史的全盘解释的可能性遭到质疑的理由,我们已经见过(由丹托与梅特兰之说引起)。虽然并非出于上述理由,确实很少有历史学家试图进行全盘解释。原因是许多解释在述说人与听众之间已视为理所当然。我们不必解释人在面对敌人时会感到恐惧,抑或政治人物追求权力。若循这方面而予以全盘解释,必定是不妥的解释,它必然轻易地将听众催眠,因而不能解释任何事。

但是历史解释多属部分解释,还有另一个原因:即完全愚昧无知。几乎没有任何我们能悉获全貌的事例(顺便一提,这个是丹托的观点,他的观点是关于描述而非证据的)。即使如肯尼迪总统遇刺这般被详细报道的事件,仍有许多有待未来探究的问题。因此,没有人能自以为未来的知识将不会改变我们对这些事件的解释。犹如所有擅长叙述的专家,历史学家亦经常将单调乏味的事件省略,但也略去他们不了解的部分。听众与历史学家均可能因省略而误将某个理由看成另一个理由。

然而,历史学家若投身于无尽的追问,因而强迫他自己澄清所有的假设、猜想和回避的问题,岂不有益?只因必须面对全盘解释是什么这个问题,历史学家必然就他的资料、他的阅读、他的方法程序、他的思维方式深加研究。同时,这亦能暴露他的道德、宗教和政治信念。最后,如果他的追问能如火如荼的持续不断,就能揭示他的形而上学的信念:亦即关于

[①] See Ruben (1990), pp. 2, 232.

世界如何运转的信念、关于因果规律、宿命论、行动、抉择、事件、特殊与普遍、一元与多元、连贯与断裂、过程与演进、个人主义与整体主义（holism）的信念。基于上述列举的理由，历史学家或许根本无法获得历史的全盘解释，但是他们仍应将全盘解释当成目标或向导，犹如北极星。

下面则转向考察关于历史解释的热烈争论。

覆盖律之争论：亨普尔理论

争论是从这种理论开始的："只有把欲被解释之事物置于普遍法则之下，我们才能获得解释。"①这个理论是科学哲学家亨普尔提出的②。在亨普尔的基本假设中，历史是经验科学的一个分支，同于物理、生物或地理。论及历史与自然科学时，他断言："唯有用普遍观念才能将二者的主题事物予以记载。"在所举的例子中，他把历史事件与自然事件混为一谈："任一经验科学中有待描述与解释的对象，向来皆是在某时某地发生的**某种**事件（例如华氏十四度时的一滴水、一次月食、细胞分裂、地震、就业人数增加、政治谋杀等）……"③虽然就某种意义上来说，这类事件皆是独一无二的，然而它们的独特性在关于它们的解释中没有地位。人们给予它们的解释就是将它们当成某**类**发生的事件中的一例。某一时刻的月食就可利用适用于月食的普遍法则（涉及环绕太阳的地球和月亮之间的相对运动，以及太阳射出的光线）加以解释。至于这次或另一次的特定时刻，虽能确定有待解释的**事物**，然而本身却在合理的解释中没有地位。解释的重要部分是**每当**太阳、月球、地球排成一条直线时就会有月食的那个法则。

我们关于亨普尔理论应该注意的第二件事情是，不论是历史性或科学性的，所有解释，都处理"各种种类的事件……而非个别事件"。④ 这一点或许会让历史学家感到奇怪，历史学家关注的多是特殊性而非相似性。⑤

第三个应当注意的事情是亨普尔提出的一套理想的解释模式，该模式如下：

(1) 有一套声称在某时某地发生了事件 $C_1……C_n$ 的陈述。

(2) 有一套普遍性假说（hypotheses）。⑥

假如以上两套假说均由"经验性证据给予合理证明"，假如事件 E 逻辑上可从（1）与（2）推理而来，那么，我们就已获得了事件 E 的解释。我们可以将这个说法运用到月食上：（1）某日地球移动至月球与太阳之间；（2）只要地球移动至太阳与月球中间，必然发生月食。

---

① Dray (1957), p.1.
② See Hempel (1942), in Gardiner (1959), pp. 344–356.
③ Ibid, p. 346.
④ Ibid.
⑤ See also Dray (1957), pp. 47–49.
⑥ In Gardiner (1959), p. 349.

将(1)与(2)合并,我们就能推理出当日有月食发生。亨普尔提出:"历史解释亦然,目的是在阐明诘问的事件并非偶然事物,乃是基于若干前提与同时发生的条件下而可以预期的事件。"①我们能不能同意他的理论?

何以历史中不流行亨普尔的方法？

研习历史的学生肯定对上述程序陌生。历史学家很少提供这样的解释。在这方面,亨普尔提出了两个理由。首先是许多历史解释均涉及笔者在上一节所列的有关人性的"真理"。人们都认为它们过于为人熟知而无需明白陈述。② 亨普尔的第二个理由(说服力较小)是,"欲将基本假设十分精确地明确公式化",而且又"与获取的经验性证据相契合",通常相当困难。③ 为了描述这一点,他提出我们可以用人群中的大多数逐渐增加的不满来解释一场革命,但是我们不能认为我们已经搞明白了解释革命的好用的通则。④

为解决这些难题,亨普尔建议历史学家使用**解释草图**。"这种草图多少能包含模糊的法则指标和人们认为相关的初步条件……"⑤他补充说,借由进一步的研究,就可提出方向,并能指出可搜集到的证据的类型,这样就可扩充草图而完稿。他这样做是为了排除种族命运、历史正义等类型的"空洞"观念。

支持亨普尔的论点

我们该如何理解亨普尔的论点？ 首先,我们必须承认一件事,他坚信的若要成为对历史的解释就必须真能**解释**,对我们实有大用。这与笔者先前主张任何解释在需要时都应该足以被扩充为全盘解释相一致;同时也说到即使我们无法在实际上提供一个全盘解释,我们仍然应当有全盘解释在原则上该是什么样的概念。正如亨普尔所说,像"因此(therefore)"这样的词语,就经常隐藏了完全无法接受的理由不充分的假设。

其次,我们必须认识到,他所诉求的历史普遍法则,并不像乍看之下的那般荒诞不经。历史涉及人类行动,但也涉及自然事件。我们的行动必定发生于自然背景之中,所以我们必然受制于业已确立的自然法则。犹如其他事物,我们也会被烧伤,跌倒后会被摔坏。因此许多历史解释理所当然地诉诸这些法则。再者,有许多人类行为,尤其是集体行为,均可援用社会科学中的近似假说予以解释,也就是援用被称之为经济学、社会学、心理学的法则来解释。历史学家就经常援用经观察所得的人类行为规律。

让我们检验一个合适的案例。克拉克在《维多利亚时代英国的形成》(*The Making of*

---

① In Gardiner(1959),pp. 348 – 349.

② See also Popper(1962),vol. II,pp. 264 – 265. Popper argues that 'the host of trivial, universal laws we use are taken for granted'.

③ In Gardiner(1959),p. 34.

④ Ibid. ,p. 350.

⑤ Ibid. ,p. 351.

Victorian England)一书中讨论了 19 世纪前半叶英国人口的快速增长。① 此事该如何解释?最直接的解释就是出生率的提高与死亡率的下降。然而又为何是这样?更多的医疗设施可供使用、医疗技术的进步、卫生环境的改进以及广泛的疫苗接种等,都是死亡率下降的原因。出生率则可用女性结婚年龄的降低,适婚女性结婚率的提高予以解释。这些事实又可进一步被加以解释,如由于主人家中佣人数量的降低,因而习俗对早婚或考虑不周的婚姻的谨慎防范措施亦随之松弛。这一情况不论在乡间或城市,都出自工业及农业技术的变化。因此我们列出的解释使用了自然(特别是生物的)法则,同时也和科技、经济、社会和风俗等的广泛变化有关。因此,我认为亨普尔的案例是这样提出的:历史学家经常诉求于经验性的确定法则或规律作为解释。或者,他们至少是依循这条路线提供解释草图的。

对亨普尔学说的批判

为何如此多的历史学家、哲学家向亨普尔的论点提出挑战?理由之一是历史学家运用多种类型的解释。只有一种解释模式有效,而其他模式的解释均不足取,似乎并不可信。再者,由于亨普尔(或其他人)的"覆盖律"论点对于许多历史解释都是无用的,是以它受到挑战。德雷(Dray)曾举一历史学家记载为例(经常为人引用)。该记载说:"路易十四制定的政策损害了法国的国家利益,他去世时已不孚众望。"②若依循亨普尔的观点来解释这条记载,即使用仅有一项事例的普遍法则做解释,推理出来的必然是荒谬的结论。③ 结论如下:一是倘若只有一个事例,这个法则就不是普遍法则;二是任何法则必备的具体事例,均无异于历史学家下结论所援用的证据。基于上述状况,覆盖律模式根本无用。

历史的独特性

上述说法提醒我们,许多历史学家认为自己从事的工作是关注独特事件。当然,若不使用通用术语,即文法上所谓的"普通名词",历史学家根本无从下笔。可是使用日常语言,并不足以证明历史学家关切的乃是普遍现象。历史学家关切个别现象多于关注典型现象和普遍现象。例如,将 1861 年至 1865 年发生于美国的战争称为内战,就已经说明若干事实,若与我们想知道其间发生的个别事物相比,实在微不足道。④ 而且还可更进一步说,历史学家研究的不是个别事物,而是独特事物(the unique)。虽然科学家也会关注个别事件,例如 1883 年卡拉卡托(Krakatoa)火山爆发,然而他们的主要兴趣却在于能就火山、地球结构、高层大气移动等等学到些什么。肯尼迪遇刺,尽管他不过是遭谋杀的几位美国总统之一,可是

---

① 'The difficulty is to account for the increase'(Kitson Clark,1965,p.66).
② Dray(1957),p.25.
③ Ibid. pp.25–39.
④ "正如法国大革命(the French Revolution)一词前使用定冠词所暗示的,历史学家并非运用趋向普遍法则的分类语辞来处理史事,而是自分类语辞趋向对差异的解释。"(Ricoeur,1984 Vol.I,pp.124–125).

其独特性,却深深吸引了历史学家。正如韦纳所言:"的确存在物理现象'领域'……若将领域内的一个现象视为物理学总体中确实存在的一个事实或一个问题,仍然不是该现象的真相。反而所涉及的若是一个历史事件,则完全足够。"① 欧克肖特则简洁地提出类似观点:"当历史事实被视为普遍法则的一个事例,历史就已告退。"②

历史事件之所以独特,还有另外一个好理由,即往昔事件为将来事件塑形,反之则不然。因此历史模式(见第1章)是累积性的(像加宽的螺线),而非连续不断的(像圆环)。事件很少完全重复,不仅是因第二次重现时情况业已发生变化,也因当事人对上次发生之事通常有所认知。

历史事件在某种重要的意义上是独特的。就细微处看,每件发生的事情都是独特的。我工作时,每次笔掉落桌外都是一个独特事件。然而它唯一吸引人之处,可能就是它是万有引力定律的一个实例。假如我第一百次弯身捡拾掉落的笔时,碰到桌子,桌上咖啡泼洒在我的稿件上。就因为这次意外,我必须重写这一章,以致全书出版时间延后数周。于是,笔掉落这件意外事故在这本书的历史和我的生活史中就有了意义。因此历史关注的不仅是独特事件,同时还是被评定为重要的独特事件。从许多方面来说,历史都是一种判断。

判断的重要性

确实,判断(judgement)在历史解释中扮演重要角色,不论是否应用覆盖律理论。亨普尔阐述他的解释理念时说,首先是一组初始情况(C_1……C_n),接着是一套通用的假说。即使使用这种解释模式(比如笔者曾举英国人口增长问题为范例),历史学家仍然需要用判断来筛选相关的初始情况和相关假说。以英国人口增长问题来说,历史学家绝对不会同意将相关情况列出 C_1……C_n。每位历史学家都会尽最大努力再三思考问题,然后才将她的结论公诸同仁。以目前(也许永远)状态,不能了解全部的相关事实,于是个人判断而非逻辑推理,遂成为这个问题的决定性因素,其他大部分历史问题亦是如此。

判断的必要性,不致瓦解覆盖律模式的解释。即使是考察路易十四孚众望的例证,亦不会推翻覆盖律,只是证明它没用。然而,关于事件、原因以及解释,仍有其他问题有待解决。前两个前面已经谈过。③ 下面我将讨论第三个。

解释"如何"的需求

覆盖律不论具有何等逻辑效力,若作为一个解释,未必永远令人满意。理由有两个。一是历史叙事中的解释经常不是对"为何"这个问题的解答,而是在回答"如何"这个问题。④

---

① See Veyne(1984), p.12.
② See Oakeshott(1933), p.154; quoted by Dray(1957), pp.49–50.
③ See pp.150–155, 174–182.
④ See pp.186–187 above. Also Dray(1957), p.158.

在历史中,我们常会诘问:"如何有可能发生这样的事情?"欧洲的文明国家在经历近一个世纪的和平与前所未有的进步之后,如何会步入 1914 年至 1918 年的野蛮战争和革命? 1950 年至 1990 年间,仅需按下一个按钮就可能引发战争,那么敌对的超级大国之间又如何避免了冲突?(注意,这是一个有待解释的非事件[non-event]。)以上的情况,均非覆盖律模式足以解决的问题。

普遍法则能解释吗?

这个模式的第二个缺点,就是甚至当我们诘问"为何"之时,它仍不能给予我们所要的答案。在莫扎特的歌剧《女人心》中,两位主人公发现他们所爱的人对他们均不忠实。当费朗多(Ferrando)和古列尔摩(Guglielmo)两人愤怒不已时,阿方索大人(Don Alfonso)则向二人保证"所有女人都如此"。如果说费朗多想要知道的只是朵拉贝拉(Dorabella)为何背叛他,那么告诉他的解释是所有女人均如此,到底有什么用?费朗多才不管其他女人,他只因为一个女人的背叛而生气。那么将可爱的朵拉贝拉囊括在一个普遍法则下,对费朗多根本没有帮助。

其实,覆盖律模式解释的背后隐含一个假设。那就是,当你将有待解释的事物展示为某普遍法则的一个例子,那么就没什么可多说的了。它假定如果某事经常发生,那就必然会发生;规律性意味着必然性。为何?只因为世界就是这样。

预　测

规律之下无例外的假设,导致若干覆盖律理论家辩称解释与预测同时并行。亨普尔亦称一个解释"若不具有预测功能,就不算完整"。①

倘若告诉历史学家,提供给历史的解释亦可用来预测,历史学家必然会因这样的陌生观念吃惊不已。历史学家几乎一致坚持,历史预测着实令人怀疑,而且不可靠。倘若他们知道他们所做的解释能给予他们预测的权力,他们必然非常意外。

因此,人们更加怀疑将覆盖律理论移用到历史上是否合适。倘若一个覆盖律下的解释也具有预测功能,可是历史方面能行得通的预测却少之又少,我们必然会得出结论说,在历史方面能成功的覆盖律实在少之又少。②

言之有理

截至目前,我们所谈的解释,仍属于**逻辑与认识论层面**,也就是与思考和认知相关的科

---

① 见加迪纳(Gardiner 1959)348 页,论亨普尔同时参见波普尔:"若为**预测**某些特定事件的缘故而应用某理论,即为**解释**这类事件而应用该理论的另一层面。"(162),vol. II, pp. 262-263.

② 至少在若干科学范畴上,亨普尔与波普尔均误将解释与预测混同。一位动物学家曾将"进化'盛会'描写成令人讶异的一串无法置信的事件连环。就回溯来看,堪称可理解,并且服从严格的解释,然而绝对无法预测,而且根本无法重复"。见 Gould(1991),p. 14.

学。然而我们也要知道,解释这个行动中也有人的因素。当我撰述或与别人谈话时,我就希望我的观念能为他人理解。

因此,讲一则故事(叙述历史)时,我们也是期望听众能理解。凡故事中无法直接自明的部分,就必须加以解释。可是,人们却很少运用亨普尔的模式。例如,有人问起小红帽为什么要去探望祖母,我们可以回答(引用覆盖律)说,小女孩经常去探望祖母。这种答案不需要解释。但是,我们也会被问及她为何会误认为躺在床上的狼是她的祖母。("难道小女孩会经常误把狼当成祖母吗?")于是,我们就会提出比较**具体的**解释,比如说小红帽近视、屋里太暗、狼的演技太好了。

让我们以历史为例。滑铁卢之役,威灵顿为什么获胜?这个问题依覆盖律式的回答则是"比较高明的将领会获胜",抑或"军队数量多的一方会获胜",这种答案没用。因为拿破仑是比较高明的将领,法军数量也较多。原来这不是覆盖律模式回答要解决的"为何必然"这类问题,而是"何以如此"这类的问题。亦即一名较差的将领指挥一支数量居弱势的军队,**如何**会赢得这场决定性战争?欲解释如何,就得细察事件的进程。如此看来,决定战役胜负的关键在于法军不能突破英军阵线。一名身临其境的英国军官报告说:

> 他们不断前进,直到距我方前线五六十步远,当时本旅(英方)奉命坚守。不知究竟是另一支军队出乎意料地出现在他们附近,相信这必令法军大为惊恐,还是因为我军的强大火力使然,从未在进攻中受到挫败的**帝国近卫军,突然**停了下来。①

几乎就在同时,近卫军掉头逃逸,拿破仑因而战败。

他的失败并非因为普遍发生的事情,正好相反:"他们从未在进攻时受到挫败。"历史上经常如此,令人感兴趣的往往不是普通事件(此乃与覆盖律相符),而是不寻常、出乎意料的事件。请注意这名英国军官提供的解释。他试图了解情形如何出现在帝国近卫军面前,因此解释了他们的行动。

设身处地式解释

上述情况也将我们带向另一种模式的解释——设身处地(empathy)的模式,就如巴特菲尔德之言:"除非我们能从内部看清个性,与他们一同感受,即如一名演员揣摩他要扮演的角色,一再思量他们的想法,处于他们的立场,不以观察者,而以行动当事人的立场去观察,否则就无法述说故事。"他立刻继续表示,这根本不可能(以任何完整的方式),可是仍然是"向往的目标"。② 此说极是,不仅历史如此,自有世界以来所有的故事,也应当如此,近三千年来,荷马的听众毫无困难就能理解特洛伊城的故事。就如加利之言,欲了解历史,就是要能

---

① See Keegan(1978),p.169.
② Butterfield(1951),p.146.

追随一个故事。这正是那名英国军官给予滑铁卢之役的解释,他用了"相信这必……"来展示。在缺少法国士兵的供述下,我们还能到何处去找更好的说明?一名战线上的军官,亲身参与滑铁卢之役,可能比任何历史学家都更了解步兵。在缺少法方的记录之下,我们还需要再考虑其他解释吗?

设身处地是恰当的解释方式吗?

关于这类问题,亨普尔的回答必是坚决的"不是"。他坚称设身处地方式只能建议到何处找寻解释。正确的解释必须依赖若干"经验性概念"的"事实准确性"。① 在我们所举的事例中,我们很难找到"经验性概念"来解释法兰西帝国近卫军在滑铁卢的行为的秘密。显然,仅以"精英部队永远服从命令"并不足以解释这个事例,这个事例中真正需要解释的是他们并非如此。是否可以修正为"除了在极度强烈的火力下,精英部队永远服从命令"? 这看起来似乎合理,然而它能告诉我们的是否多于那名英国军官呢? 如果我们有意建立这种经验性概念,我们就必须汇聚一定数量的事例,而最佳程度也只不过是提供"所有女人皆如此"这类说辞。它不能将我们带向接近拿破仑必然想要的那一类解释。("何以近卫军**这一次**令我失望?")如同拿破仑,我们也可能想要更深入的探究。可能因为近卫军肚子饿了,可能他们未如以前一样事前喝足白兰地,可能他们因为为皇帝打过太多的仗以致有了厌战情绪。如果我们发现他们真的没喝白兰地,我们就有可能得出结论说,是真有那么一点关系。然而这却不能令覆盖律的逻辑思维得到满足。亨普尔必然会坚持,要求我们做更深入的调查,以便建立如下的经验性概念:"精英部队永远服从命令,唯有他们处于猛烈火力,**且**又错过习惯性会畅饮一顿的烈酒时例外。"覆盖律式解释有必要吗? 它真能促成对故事的最佳理解吗?

然而,设身处地式解释亦非没有问题。就拿滑铁卢事例来说,我们推测那名英国军官能正确体会帝国近卫军的思想和感受。若处于相同形势下,可以想象他的部属也会做相同的事。然而大多数历史解释并不像这种,在多数情况中,历史学家必须去解释与自身差异极大的人的行动,他们生活在另一个时代,甚至另一个国家,而且必定处于不同的形势之下。如此,很难确信能够正确的设身处地;所以亨普尔坚持以更客观和更可靠的方式来做解释,也不无道理。

通过设身处地做出用来解释的假设

你在多大的程度上相信有共通的人性? 如前所述,像休谟这样典型的启蒙时代思想家就以此信念作为理解历史的原则。倘若某历史学家欲了解古代的希腊人和罗马人,他只需要去研究英国人或法国人即可(见第 3 章)。即使有人接受这种说法,它也会遭到反驳,因为并非所有当代的法国人都有一致的行为方式。你不能对法国普罗旺斯的农民和精英学校的

---

① Hempel, in Gardiner(1959), pp. 352–353.

毕业生,或者对反教会权利者和热诚的天主教徒做出一样的假设。休谟亦熟知法国,若说所有法国人与英国人,甚至与他的同胞苏格兰人都依循相同的原则行事,休谟真的相信吗?

设身处地模式的解释还有一个简单的假设,就是历史学家做解释时,可借自身在某一情况下将如何行事为依据。但是这显然是错误的。若以你我处于滑铁卢战场抑或菲利普二世的议会会做的事情,来理解或解释实际发生的事情,恐怕是相当糟糕的指导。身处滑铁卢的那名英国军官,他能很容易地将自己置于法国士兵的地位,因此,我们能有效运用设身处地。但是我怀疑我是否有这种可能,我也更不可能将自己设想为奥斯威辛集中营的党卫军官员。在这种情况下,正如在其他许多历史案例中一样,人的想象经常失效。

德雷与行为原则

关于上述问题,德雷提出的答案更为可信。他不设想若是他又将如何行事,而改称历史学家可通过设想合情合理的作为来解释。他还从特里维廉的《英国社会史》(*English Social History*)中,引述一段文字作为范例。其间论及曾经弥漫伦敦上空的烟尘,特里维廉说:"难怪!肺部不好的英王威廉,一有可能就住在汉普敦宫(Hampton Court),只有在不得已的情况下,才住在肯辛顿宫(Kensington)。"这个解释未涉及覆盖律,只涉及一个有知觉的人在这种情况下的可能作为。① 就客观性而言,这大于"我将如何做"的类型。这个解释就因建立在如何方是**合理**作为之上,故能正当。

然而,我们仍能为它找出三个反对意见。第一,并非所有的行动均出自原则。有时,人就以愚昧或非典型方式胡乱行事。第二,某人或某社会认为合理的事物,若在另一人或另一个社会则不然。只需想想,在 17 世纪以超自然方式进行解释就完全可以被接受。倘若我们相信科贝特(Corbet)主教令人愉悦的诗篇《再见,奖赏与仙女》(*Farewell, rewards and Fairies*)②,那么为了仙女在你的鞋子里留下六便士而打扫房舍,就是合理的行为。第三(乃是对一切基于人类意图的解释类型的强有力的反驳),倘若人的行动所带来的乃是**无人**想要的后果,这类解释就不能成立。银行倒闭就是一个例子,第一次世界大战是另一个。

性情与典型行为

德雷曾讨论另一种解释非理性行为的方式——性情(disposition)。有时我们会这样解释他人的行为:"他习惯这样,向来就这样行事。"这样解释非理性行为,就与亨普尔的要求符合,即将事件展示为"从特定的先前情况或同时的情形能被预期出来"。③ 这里假设的是,在

---

① Dray(1957), pp. 134 – 135.

② The problem of rationality as a social variable has provoked much debate. See, for example, Wilson(1970); Putnam(1981); MacIntyre(1988).

③ Hempel in Gardiner(1959.), pp. 348 – 349.

这些情况下,当事人已知的性情会以这种特殊方式行事。这就是所谓的"性情特征的逻辑"。①

德雷适当地反驳了这种解释模式。它"或许减少惊诧",但是不能昭示行动的"要旨和原理"。"性情"是观察者推论的词语。② 当你要求某人解释自己的行为时,他不会说:"我向来就是一个脾气坏/易冲动/好猜忌/愚昧的人。"他可能会驳斥我们(观察者)提出的性情解释,而倾向于理性化的解释,例如像这样的说辞:"我所做的与他人在相同情况中的作为相同。"从设身处地角度来说,性情模式解释也嫌不足,它不能从"内在"进行解释。同时,就覆盖律角度来说,一样不能令人满意。我们能否能够为某个**特定的人**的行为提供一个依循经验而建立的法则?或许他的心理分析师愿意这样做,然而对一名历史学家来说,这是过分的要求。

重温思想

另一种设身处地模式,则见于哲学家及历史学家柯林伍德去世后始问世的作品《历史的观念》一书。他就历史事实提出质问说:"若为了解它们,历史学家该如何做?"结果他提出一个令人惊讶的答案:"历史学家必须在自己的心灵中重演过去。"③他当然不是说历史学家在脑海中观看舞台上的表演。他是说必须如实的重演往昔。借由进一步的强调,柯林伍德将这个不可能的忠告说得更明白,即所有的历史均是思想史。"除了思想之外,任何事物都不可能有历史。"④他还加以解释:往昔留下许多遗迹,其中多半是书写的文字。历史学家必须发现书写这些文字的作者旨意何在,"这就意味着要去发现思想……要发现这种思想是什么,历史学家就必须为自己重行思想它"。⑤

这看来像大家熟悉的设身处地说的另一种说法。其实不然。柯林伍德坚信,这种"重演"只能应用在意识的智识方面,只能应用于思想,不能应用于感受。不可能存在"一部记忆或知觉的历史"。⑥"但是如果存在着不同的知觉方式,它们……曾经到处流行过,而现在却没有被我们所采用,那么我们就不能重行构造它们的历史了,因为我们不能随意地重演那些恰当的经验。"⑦人类的生理生活乃是自然过程框架的一部分。"对这种框架……思想的各种思潮(他自己的和别人的)就不顾它的结构而在交叉冲刷着,像是海水冲刷着一只搁浅了的废船。"⑧

---

① See Dray(1957), p.145.
② Ibid., p.149.
③ Collingwood(1961), p.282.
④ Ibid., p.304.
⑤ Ibid., pp.282-283.
⑥ Ibid., p.307.
⑦ Collingwood(1961), pp.307-308.
⑧ Ibid. p.304.

感受重要吗？

借由海潮冲击一艘旧船船壳的鲜明比喻，我们理解了柯林伍德对思想与感受的区分。他虽能跳过一个陷阱，但却落入另一个陷阱。将思想从感受中分离，他立即招致设身处地解释模式的反对。我们可以重演欧几里得证明直角三角形斜边平方时的思想，却无法重演他当时的感受，可能是一种智识上的满足，是头疼、脚冷，或许是不时为他妻子追问倘若税务员来了该如何回答而被打断思绪的苦恼。柯林伍德的分析颇值得喝彩，因为在他的理论中，我们只需重演历史当事人的**理性思想**，至于他的感受，虽无所知，却没有关系。他还这样说："……以至于在这种情况下的这个人物就不能不以这种方式而行动，而且我们也不可能想象他是以别的方式而行动。"① 然而，他认为感受与解释不相干，是否遗漏了一个重要因素？我们经常看到其他人未依据我们认为在这种情况下当有的合理方式来处理事务，我们会感到无法理解。唯有当我们体会到，他是处于某种强烈情绪驱使之下，我们方能理解他的行动。② 获悉当事人对形势的评估，乃能了解（曲解）此人对形势的洞察。若能了解驱动理论，就得以了解此人行事背后的情绪。这种分析就能涵盖理性与非理性部分，避免了柯林伍德"重演思想"与德雷"行为原则"的不足之处。

文化研究

在此，我们回到柯林伍德有意规避的难题，即我们如何了解历史当事人的**感受**？倘若坚持必须考虑非理性因素，我们是否会让解释变成不可能？幸运的是，援军就在手边。它来自一个意想不到的方向——对文化或各个文化的研究。这包括语言学、美学、符号学，尤其是人类学。它们依循各种不同的方式，解决了我们应当如何了解其他人的难题。如果你我都同意2加2等于4，你我就享有相同的思想，然而我俩怎么分享愤怒、欲望和恐惧呢？而且意义不比感受简单。某人、某地或某句诗歌，可能对我有很大的意义，而你却毫无所动。你又如何能分享我的经验，分享我对意义的认识？③ 因此，我们在理解和阐释过去的人类行动时所碰到的困难，就同于传译者、艺术历史学家、美学家、旅行者、人类学家等曾遭遇的。人类本性在某些方面相通，在某些方面却又区别很大。在上述所有的案例中，我们既得益于此，也受其阻碍。至于区别是哪些方面，达到何种程度，又通过什么方式，素来不容易判断。然而，如今在这些方向上，我们都取得了很大进步。笔者论点如下，借助设身处地方式解释历史所遭遇的难题，可依循类似文化研究采用的途径来解决。这就是如今许多历史学家撰述文化史的部分原因。

---

① Collingwood(1961), p. 245.
② See ch. 2, pp. 17–21 above.
③ For more on meaning, see ch. 10, pp. 248–253.

8.4 其他相关主题

解释,不仅本身就是一个重大主题,而且,它在历史内外都引发了许多争论。它还与"理解"、"原因"、"知识"等其他观念密切相关,特别是在历史研究与撰述中。因此,当某人认为自己在讨论解释时,就非常容易偏离到其他主题。有三个主题笔者仍未开启,乃是社会意义、个人主义或全盘主义、理想类型的问题。为了避免促生混乱的迫切危机,笔者仍然是先局限在阐明几个重大问题上,暂时不讨论许多其他主题。前三个主题,均有人编著讨论选集,如加德纳(Gardiner,1974)、赖安(Alan Ryan,1973)。

结　语

在本章中,我们曾讨论了为什么历史事件会发生。我们以基础物理学中曾分析的分子运动来做类比,我们曾试图了解作用于分子运动上的力量和它们的运动方向。显然,认为宇宙原本静止不动是错误的,这是人们寻求解释的推动力量。反倒是变化与运动看来更正常。同时,我们又进一步诘问,在某一特定形势下,这些力量的相对力道与它们各自的方向如何。因此,我们不追问事物何以变化,而是追问何以依循这种方式而非那种方式变化。因此,在本章中,我们首先考察的是历史中的"原因"的意义是什么,然后继续考察造成变化的各种主要力量。第三节,我们则从实际发生的事物(不论我们是否了解它们)转向我们解释变化的企图,即我们如何试图去理解它们。需知"原因"与"力量"运作于真实世界之中,而解释仅运作于我们的心智之中,这点非常重要。将"部分解释"与"全盘解释"加以区别之后,我们注意到,人们很少需要进行全盘解释。部分解释(就同一现象来说)可能相当多样化。哪些部分当予以部分解释,又有哪些部分可以省略(仅是默然推定),则依问题及提问者而定。理论上,每个部分解释皆应当可以(若有需要)扩充为全盘解释。然而,由于历史知识造成的鸿沟,全盘解释即使有可能,在历史之中也是罕见的。

历史学家偏好的解释类型通常依赖于他们的世界观或"哲学"——亦即他们对世界的整体观感。下一章,我们将考虑历史哲学涉及的事物。

延伸阅读

Atkinson 1978

Benson and Strout 1965

Carr, E. H. 1964

Gallie 1964

Gardiner 1959;1974

Hempel 1959

Collingwood 1961
Danto 1965
Dray 1957;1959;1964;1966;1974;1980
Martin 1977
Nadel 1965
Popper 1959;1962
Reiss 1977
Ruben 1990
Ryan 1973

Hume 1975
Kant 1977
Lukes 1973
Mandelbaum 1977
Stone 1972
Veyne 1984
Walsh 1958
Watkins 1973
von Wright 1971

第 9 章

作为理论的历史

亲爱的朋友,所有的理论都是灰色的,
而生命的金树常青。

歌德:《浮士德》

我绝非所谓历史哲学的信徒。

斯塔布斯主教　牛津大学现代史钦定讲座教授

在中国,老人素来受人尊重,因为他们非常有经验。(据说)年华老去的补偿之一,就是对生命的认知。也有人评论说,凡是不了解历史的人必重蹈覆辙。简单地说,不论我们参考的是个人记忆,还是我们称之为历史的社会记忆,经验总是伟大的教师。

倘若我们自往昔习有所得(除此之外,还有何处可供学习?现时稍纵即逝,未来还不会降临),我们不应该将学习所得组织化、系统化吗?难道不应该有能够将它们清晰表述的猜测、推算、假设、理论,以方便我们在批评和讨论中衡量、检验它们?再者,我们又是否应该向擅长这种理性扬弃的哲学家求助?

黑格尔如是说:"哲学用以观察历史的惟一的'思想'便是理性这个简单的概念。"①我们是否能利用我们的理性能力理解历史?不但找出它的意义,而且如同任何行业中的行家(农民、水手、木匠、记者)可从本行业的经验中获取实用结论一样,从往昔中得出同类结论吗?简单地说,我们能不能将理性有效的运用在历史之上?

在上一章中,我们曾就世界的运转方式、就我们当如何予以解释,提出若干很值得研究的问题。在本章中,我们考察理解我们有关往昔的共同经验的更为广泛和连贯的尝试,并且从中学得某些有用的东西。

关于理解历史、分析与思辨方法、历史理论的问题:

1. 我们可否从历史中学到有用的东西?
2. 我们可否理解历史或曾经发生的一切事物?
3. 什么是历史哲学?
4. 哲学家可以教导历史学家的是什么?
5. 历史学家可以教导哲学家的是什么?
6. 什么是分析历史哲学?
7. 什么是思辨历史哲学?
8. 在像历史这样的事实性课题中,思辨居于何等地位?
9. 历史哲学可有任何实际用途?

---

① See below, p. 213.

10. 历史是否有模式可言？

9.1　思辨历史哲学？

什么是历史哲学？

在所有学科之中，取得进步的方法（诚如每位教师所知）就是提问题。哲学来自好奇心。像数学、生物学、地理学等学科中提出的大部分问题，原则上利用该学科通常运用的方法就可以得到解答。如果我们想知道一座山有多高、鲑鱼产的卵的种类、$(x-1)^n$ 如何展开，从教科书或教师那里我们就可学会如何着手解决问题。但是有一些问题是无法在学科内部得到解答的。"高度"其意何指？"米"指什么？我们能不能假定我们观察的一条鲑鱼产卵的数量就是每条鲑鱼的产卵数量？

同样，历史研究也可能促使历史学家写道："法国大革命的根本原因就是王室政府破产，以及巴黎市面包价格高涨。"不管其他历史学家同不同意这种说法，他们都了解这位历史学家的撰述旨意。哲学家则可能提出这样的问题：你所说的"原因"一词，确切意义何在？这种说辞与他人说油耗光了造成车子抛锚，在说法上是否相同？我们凭什么说某个原因比另一个更为根本？什么是革命？我们又如何能辨识一次革命？如果我们能知道法国大革命的原因，我们能不能预测另一次革命的发生，比如说中国、俄国，抑或英国的？如果说法国大革命是一个重大事件，那么我可不可以问："何以重大？对何而言重大？""事件"一词其意何指？它是寻常事件，还是特殊事件？必须牵涉到多少人，又持续多长时间，才算得上是"事件"？

同时，人们还经常提出其他问题，例如历史是否会重复？我们能否从历史中有所学习？历史中是否真有进步或必然有进步？历史能否揭示任何"模式"？历史是否有目的？我们能找到历史意义吗？等等。很难相信一般历史研究会回答上述问题中的任何一个，抑或其他的类似问题。这些问题不属于历史，而属于历史哲学。就如同大多数的哲学问题，关键不只是要找出答案，更要找出依循何种方式去寻找答案。我们或许并不能量出山的高度，但是知道该采用何种方法去丈量。我们可以去计算某条鲑鱼产卵的确实数量，至于我们不曾观察的另一条鲑鱼是否会产出同样数量的卵，我们能有什么样的确定性？这是逻辑问题，而非生物学问题。历史学家曾撰写过道德的历史，即使他们竭力避免判断哪一时期比另一时期更有道德，他们又能否确定他们能识别出道德问题？倘若是一个落后的社会，生活资料有限，没有受孕及避孕知识，那么杀婴是否是道德问题？对以渔猎及畜牧为生的民族而言，素食主义是不是一个道德问题？古代雅典的奴隶制度又如何？这些问题均出自历史，但必须用历史之外的哲学思维而非历史研究来解决（如果真能解决）。

两种历史哲学

或许你会注意到，我所列的哲学问题可分为两种。第一种关于原因、意义等等，此乃是指历史学家的思维方式。第二种关于模式、进步、重复,此乃是指历史自身的走向。他们的区别,我们业已在记载之历史及发生的事物之历史讨论过。前一种属于所谓的分析(analytical)历史哲学或批判(critical)历史哲学,后一种则是所谓的思辨历史哲学(speculative)或本质(substantive)历史哲学。凑巧,凡是年代久远的老问题,多属于思辨历史哲学,而分析历史哲学的问题则盛行于 20 世纪。以下先讨论思辨历史哲学。

思辨历史哲学

过去 2500 年中,不只是历史学家,诗人、戏剧家、小说家、神学家、政治家、哲学家也都会提出这样的问题(关于模式、目的、意义)。历时虽久,却始终未曾出现可以被普遍接受的答案。也许是因为问题本身就没有答案,也许是因为它们未曾被以足够严谨的历史—哲学方式进行探寻。明显之处则是绝非因为这些问题本身微不足道。当然,其间有若干明显的困难。一是历史领域太过辽阔与多变,二是在这个领域内取得可靠资料特别困难(或许根本不可能)。但是如果我们的无知达到了惊人的程度,同样的状况却不会妨碍物理或天文这类科学的进步。其实,若与宇宙有一千亿颗星球相比较,历史领域乃相当舒适。因此,我们何必放弃?

确实,有许多人对这些问题感兴趣。比如说,在天文学、核物理、海洋生物学等领域,需要很高的智商、长期的训练,以及昂贵的设备,始能有效工作。这些给在这些领域工作的科学家施加了很多限制。若想对历史有所了解,我们所需的不过是阅读能力,活跃的好奇心,以及若干时间。说真的,连书籍亦非必要。我们可如此设想,凡六十岁以上的欧洲人,都曾经历过这么多可怕和奇怪的事件,他们的个人生活经验,就足以为历史哲学方面的许多重大问题,尤其是关于因果及意义的问题,提供素材。它为何如此发生?它必然发生吗?它究竟有什么意义?自从核武器发明以来,我们是不是一直生活在恐怖的危机之下?还是说这些武器比以前的武器更能保障和平?如今我们该如何做?20 世纪为历史哲学家提出了数目巨大的难题。当然,这些问题也都与我们每个人有关。说得夸张一点,可以这样说,每个会思考的人,都有他自己的历史哲学(尽管有些粗糙)。我们或许可以回应劳合·乔治(Lloyd George)的话(他说战争太重要了,不能只将其留给将领),断言历史哲学太重要了,以至于不能只留给哲学家或历史学家去研究。

如果我们探究思辨历史哲学,我们能从中发现些什么?直到 150 年前,有关这方面的作者多半企图综述(或者说是在他们所知范围内)世界历史的整个走向,并找出关于规律、因果及意义的特定模式。著名的例子包括 17 世纪时的波舒埃(Bossuet),18 世纪的伏尔泰("历史哲学"一词的发明人)、赫尔德(Herder)、孔多塞(Condorcet),19 世纪的黑格尔与马克思,20 世纪时的伊本·斯宾格勒、汤因比(他们之中的新人)等。其实 5 世纪的圣奥古斯丁、14 世纪时的伊本·赫勒敦(Ibn Khaldun)也都有类似诉求。

反驳思辨历史哲学的论点

出于很多原因,思辨历史哲学家的名声相当不好。原因之一,就是先前提到的,无人能期许对所有社会、所有时代都足够熟悉。不可避免的,他被专攻各个较小领域的专家攻击。汤因比栽在荷兰历史学家戈耶尔手中,就是最好的例子。① 本章开头曾引述斯塔布斯主教之书,他接着说:"……敌人十分反对将某些一知半解的人的概论奉之为法则,并试图用该法则去创造历史科学的思想学派。"②这就是历史学家的典型反应。

第二个原因则是在 20 世纪期间,若干最为丑恶的政治实践就根植于历史哲学之中。雅克尔(Eberhard Jäckel)曾说:"希特勒……曾获取一种历史观……借此历史观又建构出一套世界观(Weltanschauung),按照这种世界观,逐渐逻辑推理得出他的所有政治要求。"③曾为纳粹奉行的希特勒的各种残酷理论,即关于种族、血缘、土地、生存空间(Lebensraum)、消灭犹太人、征服世界的理论,希特勒就自称来源于历史阅读。历史理论或许明智或许不明智,但它们并不都能变成现实,也不仅局限于坐而论道的理论家。

第三个原因如下,波普尔曾提出,寻求决定历史走势的内在法则,就已违反了理性、道德和宗教。④ 他甚至证明凡是宣称可以预测未来的历史理论,必然具有欺骗性。⑤ 这些理论难道不是狂妄自大的人的宣言?他们宣称人可以伪称已掌握关于整个人类经验(不分往昔、现时、未来)的隐含结构及意义。

以上这些似乎已经足以反驳思辨历史哲学。然而还有一个,即方法论方面的论点。思辨历史哲学大体上是由从其他领域借用而来的基本理念建构而成的。例如孟德斯鸠、麦金德(Mackinder),并且从某种程度上说,年鉴学派中的费弗尔、布罗代尔等,也是从地理学中找到的历史走势的原因和解释。也有人将历史线索建立在经济学(马克思学派)或种族之上,后者的代表如戈比诺(Gobineau)和维多利亚时代的历史学家弗里曼。⑥ 也有人寻求上帝的旨意,如圣保罗、奥罗修斯(Orosius)、奥古斯丁、约阿希姆(Joachim of Fiore)。其他专业渗入的类似范例,亦可见于文艺批评。弗莱在《批评的解剖》一书中曾提到,"一位对地理学或经济学特别偏好的学者",如何"在表述自己的兴趣时,却东拉西扯地将自己喜爱的课题随意联系到他并无兴趣的东西上去"。他继续表示,"不难为这类决定论开列出很长的单子;所有的决定论,不管是马克思主义的、托马斯主义的、自由人文主义的、新古典主义的、弗洛伊德的、荣格的还是存在主义的,通统都是用一种批评态度来顶替批评本身,它们所主张的,不是

---

① See Geyl(1962).
② See Stubbs(1906),p.194.
③ See Jäckel(1981),p.106. *Weltanschauung* is roughly 'world – outlook'.
④ See Popper(1962),ch.25.
⑤ 见 Popper(1961),pp.v – vii. 本书乃是献给"曾遭法西斯与共产党深信不疑的无可变更的历史命运说迫害下属于各种信仰的各个民族或种族的无数男女"。
⑥ For Freeman see C. Parker(1990), pp.44 – 46.

从文学内部去为批评寻找一种观念框架,而都是使批评隶属到文学以外的形形色色的框架上去"。①

这样的责难,亦可加诸大部分历史哲学之身。它非起自历史专业领域之内,而是试图将历史附在一个外部的陌生的体制之上。历史理论是否应由历史学家,而不是生物学家、经济学家、地理学家、神学家,甚至哲学家来撰写?

历史学家思辨的一个范例

保罗·肯尼迪(Paul Kennedy)的大作《大国的兴衰》(*The Rise and Fall of the Great Powers*, 1989)就是这种历史学家作出理论化的有趣范例。作者的主题看似广阔,实际上仍有局限性。以 16 世纪初期为起点研究列强,他发现一国军事力量随着它的经济力量而兴衰。他说:"大国体系中各领先国家的勃兴而后又衰落的历史说明……**从长远看**,生产能力、获取收入的能力同军事力量两者之间有很重要的相互关系。"②然后,他继续从对关系的观察进入对因果关系的认知:"可以看得出,在一段时间之内总的经济和生产均势发生的变动同各个强国在国际体系中所占的地位之间有一种因果关系。"再者,经济成果与军事力量之间的密切联系,"并不令人感到意外,因为有两个相关联的事实作为其依据"。③ 肯尼迪找出联系并提出因果解释后,他开始以现在式而非过去式的语法谈论经济与军事的关系。例如他这样写道:"然而,如果一个国家把过多的资源用于……就很可能导致……",并且"如果一个国家在战略上过度扩张……就会有这样的危险……"等。④ 而这种用法,就表示概念的有效性不限于被检验事例,而且实质上已形同普遍法则。在此,我们注意到,他只是用少数范例进行归纳,而非大量的相关事实。该书最有趣的地方(足以解释它何以能成为畅销书,享有商业成就的荣誉)就是它超越一般历史学家的概括程度,并有意预测未来,哪怕是一个谨慎而有限的预测。诚如肯尼迪所言:"下面谈的只能是建立在对当前全球经济和战略趋势合理推断基础上的假设和预测,但不能保证这一切(或其中任何一点)都会发生。"⑤尽管作者如此恰当的表示谦虚,我们从中学到的,仍然是近似科学理论的东西,是立基于对若干筛选而得的事例所进行的检验,关于这一点的认识,首先是获取某种联系,其次则是解释这种联系的因果关系。结果则是得出超越被检验事例的试验性假说。有时,历史学家也依循这种方法进行理论化,甚且推测其他有待检验的历史事例必然将与该理论相符。这通常被称为倒推(retrodiction)。肯尼迪更甚于此,他是立足于相当程度的具体理论,推测未来的历史进程。因此,他做的就是一种预测。反观波普尔关于科学方法的著名论断,即任何假说均永远无法

---

① Frye(1971), p.6.
② Kennedy(1989), p. xvi (author's italics).
③ Ibid., pp. xxiv–xxv.
④ Ibid., p. xvi.
⑤ Ibid., p.565.

被若干肯定结果证实,然而却可以被一个反例否定。① 因此,好的科学家必为其理论证伪。肯尼迪聪明地使用告诫的方式来警戒反驳。"预见不到的事态、偶然的事故、发展趋势中止等等都可以毁掉最有可能的预测,假如不是这样,那么预言家就太幸运了。"②当然,如果是另一种结果,譬如说一个强国经济明显处于弱势,却能维持长久的军事优势,他的理论也并非一无是处,只不过为之逊色而已。这样,他就将面对两个令人不快的选择之一:一是为他的理论设下诸多条件,使它变得不可辩驳(不过,这样会使理论失去预测价值);二是将它从很好的理论地位(就是可用之于往昔、现世及未来的所有事例)下降为一个概念,只适用于少量业已经过检验的事例。肯尼迪无意讨论理论及方法论,他抗议说,他不是政治科学家。③ 然而,倘若人们严肃地对待他的预测,就很难不去检验他的结论所包含的逻辑。肯尼迪总结说:"上述分析是试图指出所有这些国家组织的各自的可能前景,因而指出整个强国体系的可能前景。但这仍然大大有赖于它们在'时间的河流'上航行的'技巧和经验'。"④

从他最后诉诸经验来看,肯尼迪显然认为往昔与未来之间存在关键的联系。是故,对往昔有合理的认识,或许可以成为我们寻找未来之路的向导。我相信这是真的。诚如我在本书中一再重复地指出,人们无时无刻不在为未来作抉择,而人们行动的最佳向导,则是关于往昔的丰富阅历。对历史(往昔、现时、未来)的批判性认识何以如此重要,原因就在于此。肯尼迪的大作,乃是满足我们持续存在的实际需求的一次有价值的尝试。

我们需要历史哲学吗?

假如历史学家不愿意,哲学家又不合适,那么历史哲学该由谁来主持? 当然,有人会作出结论说最好不要有人去做,甚至连这种企图都放弃算了。然而,问题仍然存在:历史事实到底是什么? 什么样的事件才是真正的重大事件? 促成历史转变的原因是什么? 我们真能从过去学到些什么吗? 历史趋势是如何为人了解的? 又如何能诚恳地为年轻的热心学子解释这些趋势? 我们能在历史中找到什么意义? 是否只是我们强加于历史的意义? 以上或类似的问题,皆非神秘问题。当数以百万计的人们打开报纸、收看电视新闻,或阅读关于往昔的文字著作时,都免不了提出这类疑问。并且,如同先前所说,由于我们必须在当代历史境遇中为行动作出选择,我们必须对历史有所了解。如果欲自经验学有所得,我们的经验就在历史之中。不能吸取经验的人,注定将一再重复相同的错误。

在其他领域,倘若有显然无法解决的真正迫切的问题出现,科学家及哲学家皆不会不假思索地弃之不顾。认为知道所有答案或其中之一可能看起来是自大而愚昧的,但这亦不致令人止步于进行更深刻的理解。毕竟人们观察星辰并加以思考已有数千年。如今,就宇宙

---

① See Popper(1972a), p.33. See also above, ch.3, p.61.
② See Kennedy(1989), p.565.
③ Ibid., p.693.
④ Ibid., p.698.

天体而言，我们所知已远远超过我们的前辈，可是我们仍然非常无知。我们几乎称不上已经开始探索我们居住的太阳系内的其他行星。难道我们不该承认，我们能有今日的知识乃是无数先辈耐心工作的成果？正如牛顿所说，我们看得远乃是因为我们站在巨人们的肩头上。

因此，只要一般人经常会提出历史哲学方面的问题（你若告诉他们，他们做的是这方面的事，他们必会大为惊讶），那么历史哲学就是不可放弃或忽视的主题。而且主要理由还不是人们有权充实智识的饥渴，而是假如好人忽略这种需求，坏人就能乘虚而入，提供一些恶意而残酷的虚妄之说，本世纪(20世纪)就有这类事例。犹如弥尔顿曾抱怨说："饥饿的羊群向上看，却未被喂食。"

寻求历史的意义

纵然在事实上，思辨哲学或本质哲学在今天仍然相当不受好评，可是关于人类往昔曾记录下来的无数串发生的事物需要寻求若干理解，已是广泛需求。凡是哲学文本，倘若提及上一主题，必定遭到非难。例如：这(指思辨历史哲学)曾遭分析哲学家及专业历史学家拒斥，而二者理由大体一致，就是它一网打尽式的概念往往缺乏证据支撑。[1]

稍后我们将可见到处理它的若干方式，目前则先思考若干定义。加德纳写道："通常被称作'历史哲学'的主题有一个共同目标，就是以使历史进程看起来有意义的方式对它进行综述。"[2]洛维特(Karl Löwith)则将历史哲学定义为："以一个原则为导线，系统地解释世界历史，借助于这一原则，历史的事件和序列获得了关联，并且与一种终极意义联系起来。"[3]丹托则说："历史哲学的本质就是一种意图，试图就尚未厘清的整个历史的观念发现某种理论。"[4]沃尔什(W. Walsh)则界定称："倘若一个哲学家对历史趋势有任何特定关切，必然是指整体趋势，比如说整个历史过程的意义。"[5]很明显，以上诸君皆以本质历史哲学关注整个历史(而不是一连串任意而不相关的事件)，并借用某些理论、要旨、意义来加以诠释。这些全部或其中的一部分就是表示要理解历史的意义。

笔者之前已经表明，20世纪关于历史事件的日常经验，就足以促使普通人提出关于因果、要旨、意义的深奥的哲学问题。他们无需沉思，这些可留给成熟的哲学家去做，他们也无需有能力纵观整个历史过程。然而，他们却会对他们所见，甚至遭遇的事物，追问其背后的原因、意义，甚至目的何在。目的(purpose)一词就能提醒我们并非是，也不自认为是任命运摆布的盲目的玩物。大部分我们见到的邪恶事物，都有人类因素的起源。如果是人为错误，其他人就可加以制止。这个信念乃存在于英国对1940年纳粹的阐释背后，存在于1989年

---

[1] Atkinson(1978), p.9.
[2] Gardiner(1959), p.7.
[3] Löwith(1967), p.1.
[4] Danto(1965), p.2.
[5] Walsh(1958), p.27.

中、东欧民众革命背后。就如我们会问"此事何以发生",我们也会追问"对此,我们能做些什么"。因此"目的"这一观念就可以用于历史,并非只能运用于神学认识。有鉴于此,洛维特写道:"我们把'意义'和'目的'这些词语混为一谈,这大概不是偶然的;通常正是目的确定了'意义'的内涵。所有事物的意义……由上帝或者人创造出来的事物,其意义都是由目的来规定的。"因此,他乃论断说:"即便是历史事件,也只有当它们指示着现实事件彼岸的一个目的时,才有意义。"①

然而,是否可以得出结论说,他们不仅回溯往昔,予其以解释,他们对现在也非常关切,因为我们经常要面对"我们现在应当如何做"的实际问题。借由对往昔的了解,借由对现在的情境、对我们的希望和恐惧所指向的将来的可能界限的了解,历史就能帮助我们回答这个问题。简单地说,理解历史,就是理解我们的现在所在何处和我们将如何走下一步的一部分。

对实用的历史哲学的需求

"未来"给予"现时行动"的压力,并非总是这般重大。为何会变得如此,是和历史哲学本身的兴起有趣地关联在一起的。众所周知,17 世纪时,在开普勒、哈维、伽利略、牛顿、玻义耳等人的努力下,近代科学兴起,又因培根、霍布斯、笛卡尔、斯宾诺沙、莱布尼茨等人的努力,近代哲学亦告兴起。然而,这些并不曾为历史哲学带来新的曙光。理解整个历史的尝试,仍然是神学的而非哲学的。其中的杰作首推主教波舒埃的《论世界史》(*Discours sur l'Histoire Universelle*)。此书成于 1679 年,波舒埃用这本书来教导他的法国皇太子学生。他的论点与当时的自由派思想家的观点相左,他认为整个历史走势受制于神意。在当时的自由派思想家中,他可能将伦敦皇家学会(Royal Society)成员列为已然在他们对新的经验科学方法的信仰下动摇了旧信念的人员,纵然他们都是好基督徒,全都不反对神意学说。截至那时,关于历史趋势被普遍接受的信念是,历史就是人们从远古黄金时代不断堕落的故事,对文人而言,黄金时代指的是希腊与罗马的黄金时代,对神学家而言,则是指《圣经》时代,尤其是《新约》时代。② 然而,到了 17 世纪末期,学术界则因有关古人与今人的争论而分裂。及至 18 世纪初,整体舆论利于现代人,因此,启蒙运动随之兴起。此时,理性开始取代启示,知识(至少是求知)征服了无知。对人类事务的悲观观点也让位给乐观主义。如同牛顿已揭示了物理世界的基本法则,洛克阐明了心智方面的基本原则。于是维柯、伏尔泰、孟德斯鸠、弗格森、狄德罗、杜尔哥,甚至卢梭,都写下有关人类事务的理性著述,竭力避免任何启示、神意之说,由此而标识出历史哲学的的开端,与历史神学大异其趣。至于历史哲学的完全绽放,则需等到稍后 1780 至 1830 年间的德意志诸位思想大师,例如康德、赫尔德、谢林、费希特、

---

① Löwith(1967), p.5. For a non-theological view of purpose, see Popper(1962), ch.25, concluding paragraphs.
② Bossuet himself admirably illustrates the latter point. See Hampson(1968), p.18.

黑格尔等人完成。然而这时吸引人们注意力的却不是这些大师,而是那些有所行动的人。当时正是美洲殖民地的反叛时代,杰斐逊等人起草了不朽的篇章——《独立宣言》,新社会、新宪法(各州宪法和联邦宪法)正出现在大西洋彼岸,并成为具有传染性的事例。未几,法国就处在革命之中,旧制度遂被投入熔炉。没过几年,法国大军就将这些新理念带到欧洲各地。在这些理念中,尤以民主政治及人权最令人瞩目,然而笔者认为更具革命性的观念(由美国人最先付诸实践)则是,人们居住的社会与规范人们生活的法律,及执行这些法律的国王和主教的权力并不是天赋的,他们可以被任意革除,由更好的人选来取代。有史以来,人们首次深信他们生活于其中的社会的类型取决于他们的选择。就这方面而言,人成为了自己命运的主人。如今,我们相信我们生存在变化的世界中,而且我们还期望改变它。同时,我们以批判的眼光了解历史,以助我们做到这一点。

古典历史哲学的倒退

当哲学家(多为德国人)试图认出统治历史的隐匿力量时,发生了某种倒退。其中最伟大的是康德和黑格尔。诚如我们所见,康德以为答案乃在自然之中:"对哲学家而言,唯一的方法……他就应该探讨他是否能在人类事务的这一悖谬的进程之中发现有某种自然的目标……"①

换句话说,历史趋势不应当用人类愚昧而毫无意义的行动来解说,而应当用(隐蔽的)自然智慧来解释。黑格尔也认为有一只"看不见的手"在控制历史进程。他在一个名篇中说:

> 哲学用以观察历史的惟一的"思想"便是**理性**这个简单的概念。"理性"是世界的主宰,世界历史因此是一种合理的过程……这一种"观念"是**真实的、永恒的**,绝对地**有力的**东西。它已经把它自己启示于世界,而且除了它和它的光荣以外,再也没有别的东西启示于世界——这些便是前面所谓在哲学中已经证明的,而这里又看作是已经证明的假定。②

然而,这一全能的理念或理性运行在历史之中,即使黑格尔笔下著名的"世界历史"个人,也就是一个时代的领导者,也无所察觉。"这类人物没有意识到他们正在展开的那个普遍的'观念'……"虽然在事实上这些人是"世界历史人物——一个时代的英雄——被认做是这个时代眼光犀利的人物……"③他们仅受他们的激情驱使,实际一无所知。黑格尔说:"这可以叫做'**理性的狡计**',它驱使热情去为它自己工作。"④

显然,不论康德或黑格尔,还是略逊一筹的其他历史哲学家,所写的不过是世俗的历史

---

① See Reiss(1977), p.42. Quoted in full above. p.51.
② Hegel(1956), pp.9 – 10.
③ Ibid., p.30.
④ Ibid., p.33. For further discussion of Hegel. see ch. 10. pp. 233 – 235 below.

神学。历史与如此众多的苦难相关联：对吉本而言，它乃是"人类罪行、蠢事与不幸的记录"，而黑格尔则说它是幸福、智慧、美德横遭宰割的屠场。① 任何敏感的、有想象力的人，面对如此多的邪恶，多半希望能有所矫正。这个问题早就为基督教神学带来了最为严重的困难，就是如何能将存在于世间如此众多的邪恶与对全能而博爱的上帝的信仰相结合。历史哲学家取代历史神学家后，亦感到这种伦理诉求的紧迫性，他们试图找出一些隐匿的力量或目的以解释那些明显的邪恶，并抚平那些愤怒的呐喊："为什么？"今日的哲学家则已放弃，甚至根本无意解决这个问题。也许他们是对的。至少可以这样说，在今日，对上帝的信仰听起来并不比对"自然"、"理性"或"绝对精神"的盲目崇信更不可取。如今，即使最成功的历史哲学——马克思主义，也非处于最健康的状态之下，然而与前辈相比，它确实给世界造成更大的冲击。如同先前所说，他们的共同缺点在于他们从外界带来历史哲学理念。比起他人，马克思总算做得较好的。即便今日，根据马克思主义阅读或撰述历史仍是有所助益的（有些人仍然坚持此乃必要之举），然而谁还研读康德、费希特或黑格尔的历史著作？以上种种似乎指出一个结论，凡研究历史中的原因、意义、情节及目的的哲学，最好是建立在详细的历史研究之上，并从该研究中带出历史哲学。到底该如何做还不清楚，即使先前所引保罗·肯尼迪的著述可能指出了可行的方向。至于19世纪的其他方法，如实证主义、历史主义（Historicism）、理念主义等，则是其他不同的方法（详见第10章）。出版于20世纪中叶的汤因比的十卷本大作《历史研究》，结果却是历史神学大于历史哲学。然而，它确实阐述了大量的历史知识（可是批判该书的人则嫌其不足），而且致力于探究历史模式。

活人的历史

在转向历史模式之前，我们要再次坚信历史哲学并非兴味索然的事业，并非往昔陈迹上无用的蜘蛛网。正如历史本身，历史哲学关切现世及接踵而至的未来，关切我们寓身其中此时此地的那个世界，为了我们的欲求和需要有所行动的世界。历史学家最尖锐的批评者之一，就是尼采。他在《论历史的用途与滥用》开头，断然宣称，为了生活与行动，我们需要历史，并继续道："只是就历史学服务于生活而言，我们才愿意服务于它……"②

9.2 历史模式

试图通过找出规律及模式来理解历史

找出历史的规律与模式，似乎就是理解历史的初步而必要的阶段。几乎所有科学分支

---

① Gibbon(1910), Vol. I, ch. 3, p. 77; Hegel(1956), p. 21.
② See Nietzsche(1957), p. 3.

也都是开始于这样的步骤。然后,对原因、结构、基础单元及解释理论进行的探索始能进行。笔者曾将往昔研究与物理世界研究相关联。天文学家的多普勒效应(Doppler effects)和宇宙大爆炸(Big Bang)理论,就是这方面的探索。或许有人会反对说,这样的对比站不住脚,天文学研究的是非理性、有规律并(在假设中)可以预测的物理力量,它的可预测性如此之高,以至有人声称可勾勒未来的蓝图,往昔亦然。① 另一方面,历史关切的是人类行动(还有非理性的物理力量),并且不可以预测。因此,相似物应该在人工制品中而非在自然中寻找。这一观点很早以前就见于维柯,他曾区分神的作品与人的作品,并论断说,人只能正确理解人所创作之事物。② 我们偏爱的是人造物而非发现物,只因为我们对人造物比较熟悉,这一点可以在叙事史中得到证实。我们都知道该如何去理解一个故事,正如我们知道该如何编造并讲述一个故事(其实,讲故事不过是说谎的一种保护性委婉说辞)。一般人都认为叙事乃是历史的核心。③ 或许,我们至少应该以与从科学的角度看待历史哲学相同的程度,从美学的角度看待历史哲学。

不过在考虑与美学思考的关联之前,我们应先提出关于历史规律与模式的问题。同时,我们不可忘记一个永远存在的问题,就是这些规律或模式,到底是真正现身于历史走势之中,还是由历史学家置之其上的。④

规　律

我们首先来探究规律。一物与另一物相似对于所有人类活动都是非常重要的。假如我们不知今日桌上的面包和昨天所吃的面包基本相同,我们就不知该吃什么,同时我们也不知该如何称呼它。片刻的思考显示语言依赖于对物体、性质、行为的识别,然后我们才能说出与之粘着在一起的"球"、"红色"、"捕获"之类词句。因此历史记载中包含有"国王"、"刀剑"、"船舶"等字眼,我们一眼就能认出,而不觉得困难。历史学家所用的其他字眼,比如战役、屠杀、防御、侵略、革命、叛乱、民主、发展、受害人、盟友等,则都会引起人们的困惑。这类字眼与其所描述的对象是否相符?(卡洛登[Culloden]发生的是一场战役还是屠杀?食物匮乏要达到何种地步,才构成饥馑?)在使用某些特定词语时是否就预含了道德或政治审判意味?比如说屠杀、民主、受害人、英雄、傀儡、首领等。如果真有,那么为了历史科学的缘故,历史学家是否应当放弃使用这类字眼?试想,科学家若不能确定在他们面前的是毛茛还是蒲公英,或者是犀牛还是长颈鹿,那么生物学又能取得多大的进步?除非等到历史学家能一致采用中性、精确的术语,我们就不知讨论历史的规律有什么用。此处所言亦包括比较历

---

① See, for example, Hawking(1990).
② See p. 56 above.
③ See Gallie(1964) and Ricoeur(1984), quoted on p. 82 above.
④ 对那些或可被定义为结构的历史模式的更完整的讨论,较为详细的讨论请参阅 Stanford(1990).

史的观念与应用的含意。①

模 式

在历史中寻找模式,本是历史哲学的特征,反对人士就经常攻击这一点。他们提出两个问题,一是(业已说过):"在历史间寻获某种模式时,该模式是原本就在其中,还是历史学家加诸其上的?"另一个则是往昔中的某个模式,可否用之于未来?比如说,历史学家们大多认为 19 世纪及 20 世纪为民族主义主宰的时代,真是这样吗?他们确实在那个时代的事件中找到了这个模式,但是它又是否禁得起证据的考验?倘若他们是正确的,的确是由民族主义主宰的,那么我们又是否能保证未来的两个世纪亦是如此?他们绝不会这样说,因为对过去的研究很少有能为预言未来予以保证的。另一方面,许多历史哲学家则有不同见解,他们深信研究往昔必能昭示模式和因果规律,由于它就是所有历史的基石,故必得在未来持续存在。以马克思为例,他就相信阶级斗争必将继续,直至无产阶级大获全胜,才能带来第一次完全自由的社会,因为这是第一个完全无阶级的社会。如我们所知,那个时刻就是历史的终结,抑或如他那栩栩如生描绘的,乃是人类真正历史的前史的结束。至于以后,他则很明智的不去触碰。综上所述,历史学家省思往昔的模式,似乎可以接受。但是历史哲学家试图据此预测未来,则是愚昧的行为。②然而,肯尼迪的作品却倾向于另一种说法。

历史学家寻求模式

然而也许一般历史学家的活动也并非毫无问题。表面上,他们的行动似乎完全无害。事实上,撰述任何历史必然涉及某种模式。没有任何一部历史能巨细靡遗地记录一切已发生的事物,即使将其范围局限起来,例如某一团队在某场战役中的历史,受瘟疫侵袭的某一村落的历史。历史学家在材料上实有所筛拣,选取其中的一部分,排除其余部分。筛拣的根据则是,凡选取的事实多为意义重大,并且足以构成一个可认知的模式的事实。再者,他亦相信,这些事实聚合起来正确地再现了事件的趋势,如同一张地图以微观的形式呈现了大块的陆地。

被选取的模式通常是以叙事形式出现。但也未必,它也可能只是一种描述,比如说布克哈特的《意大利文艺复兴时期的文化》(Burckhardt: *The Civilisation of the Renaissance in Italy*),抑或如布洛赫的《封建社会》(Bloch: *Feudal Society*),也可能是阐述一个论点,比如麦克法兰(Alan Macfarlane)的《英国个人主义的起源》(*The Origins of English Individualism*)。不论著作的形式如何,仍然存在一个重大问题:历史著作立意描绘的历史真相,是否就是历史显示的模样?简单地说,是否符合事实?是否是一张精确的地图?罗马帝国真如吉本所言

---

① For further discussion of terminology and comparison in history see ch. 3, pp. 72–73 above.
② For example, see Atkinson (1978) and Popper (1962) quoted above, pp. 211 and 208.

那般在衰落,还是在基督教兴起的最初几个世纪为一个持续改进的时代? 各事件之间是否真有一个连贯可识的模样,有开端、发展和结局,并且还有内在的意义,而这些皆为一个故事所有?① 这个问题若涉及叙事史时最为贴切,不过暂且将这个问题置于一旁,我们先紧盯模式问题。关于往昔的若干模式,传统上受到人们推崇和长久运用。历史书中满载了这种模式:如罗马帝国、基督教的兴起、十字军东征、文艺复兴运动、宗教改革运动、启蒙运动、美国独立革命等等。我们几乎不会有所疑问,或许直到我们研究其他领域的历史时方有所变。比如说,十字军运动、政教冲突、文艺复兴、宗教改革、发现美洲等,几乎和俄罗斯无关。倘若再往东方深入,如波斯、印度、中国、日本,上述的历史模式会让我们感觉更加奇怪。

此论点乃是说,这些历史模式在被人认知时是已经完成的了。丹托就曾指出:

> 彼特拉克的兄弟曾目睹彼特拉克登上温图山。历史学家或许会说,当彼特拉克登上温图山时,就开启了文艺复兴,然而彼特拉克的兄弟却不见彼特拉克开启文艺复兴……除非他能预知未来将发生何事,再者,亦知日后历史学家将如何说出他亲见之事有何重大意义。②

当然,一个运动尚未完成之前,它的重要性可能就已为人承认。伯罗奔尼撒战争仍在进行中,修昔底德已看出它的重要性,意大利文艺复兴仍在进展期间,瓦萨里(Vasari)就已论及艺术的再生。1789 年 7 月间,福克斯(Fox)对法国大革命则有这一说法:"此乃世界上曾经发生的最伟大的事件,也是最好的事件!"这类预言式的阐述,会显示人对当时事务性质的洞见。然而修昔底德、瓦萨里、福克斯必然会承认他们不会、也不能看到整个故事。由于运动还没有结束形成一个结论,即使每个人都肯定它的重要性,它的模式仍然尚未完成。对历史学家来说,黑格尔针对哲学家说的话同样正确:"密纳发的猫头鹰要等黄昏到来,才会起飞。"③直到我们能述说整个故事之时,也就是我们可以利用后见之明时,我们始能掌握全部的意义。

历史学家的模式通常对实际目的无用

假若历史模式唯有在后见之明的情况下,始能正确加以描述,那么它在不断前移的现在之中就没有地位。无需置疑,凡是我们曾参与其中的事件,必成为日后历史学家认识及描述的模式的一部分。有些历史学家还可能写下一些叙事史,而这些过往的片断也都会有一席之地。关于我们,日后的人又会建构何样的模式、述说何样的故事呢? 虽然我们有揣测的自由,但是我们却无从知晓。

---

① For further discussion see ch. 4, pp. 76 – 80 above.
② Danto(1965), p. 61.
③ Hegel(1967), p. 13.

历史学家的模式无效？

有人曾提出这样的论点：历史哲学不能预示未来，不能预示尚未开展的那段历史，所以无用。因此这类哲学家宣称这是不可能的。先前我也结论说，哲学上立意认识的历史事件的模式，甚至无法用之于现在，所以对我们时下的需求根本无用。更犀利的则是丹托的结论：除非我们能认识到我们所描述事件的重要意义，我们就无法给予往昔（任何一部分）一个完整的描述，比如说彼特拉克登上温图山一例。我们需耗费多久才能确定我们已了解全部重要意义？21 世纪将要发生的事件，是否有可能改变 14 世纪或 15 世纪历史的重要意义？一部关于文艺复兴时代的史学史（比如说弗格森的大作《历史思想中的文艺复兴》[*The Renaissance in Historical Thought*]），就能显示后一代人经常能找到前辈错失的意义，甚至可以说是前辈根本无从认识到的意义。于是，我们似乎根本不会完全了解其中的重要意义。假如 21 世纪末期的欧洲变成了城市共和的集合体，抑或流行的服饰是紧身上装和紧身裤，那么会不会被加进我们对 15 世纪的意大利的描述？22 世纪的人们又是否会将 15 世纪的意大利描述成为与 21 世纪的政治与服饰风尚相似的社会？这或许看来有点梦幻。一个更忧郁且非常动人的范例，则来自一本小书——《德国的浩劫》(*The German Catastrophe*)。该书写于德国战败不久的 1946 年，作者是德国历史学家梅尼克（Friedrich Meinecke），此人年事甚高，曾亲眼目睹 1870 至 1871 年普法战争中大获全胜的德军凯旋，也曾同情而深入地研究惨败于拿破仑之后的普鲁士的复兴。半个世纪后，他回顾他的作品并悲哀的追说：

> 世界史上所有伟大而成熟的理念难道不曾出现这样的情况：在它们的演进史中，善、恶均由它衍生而来？我们所经验过的事情的后果就是，潜藏于人类生活和历史生活的邪恶成分，较先前更清晰、更震撼地展现在我们眼前。①

即使是 84 岁的高龄，他仍准备反省他对往昔事件的评价。他是一位真正的历史学家。

倘若此时我们不能完整刻画往昔事件，更不用说内在的模式，我们又如何能证实我们的信念，认为我们可以找出历史的情节与意义呢？看来这种信念只能立基于下列二者之一：一、存在某种有待发现的根本原因，它能将所有事物塑造成某种模式，情况如同某组基因，多少能在直系世代中完整遗传，以致能以相同模样为每一个世代塑形；二、存在某种外在，或者不如说超自然力量（犹如黑格尔所称的绝对精神，抑或犹太—基督教传统所说的上帝）在历史之中的持续作用。以上二者都是有争议的问题。

费希尔（H. A. L. Fisher）则提出了著名的反面答案：

> 有一个智识上的兴奋与我无缘。比我有智慧、有学养的人士，曾为历史识别情节、

---
① Meinecke(1963), p.105.

韵律和内在模式。这类融洽观点与我隔绝。我所见的,只是不测事件一件接一件地出现,就如同一波波的浪潮。由于每件事皆独一无二,因此能予以尊重的伟大事实只有一个——我们不能概括。历史学家的安全规则只有一条:他应该承认人类命运的发展乃是偶发事件、是不可预知的情景剧。①

他对模式的嫌恶,实在不可否认。在他的著述中,我们所见到的标题全是如"历史的线索"、"新欧洲"、"德国与俄国的险恶趋势"等等。费希尔欲予以否定的,就是这类预先设定的模式。然而,这些模式实非历史学家有权肯定或否定之物。所有历史学家都能追问的,只是那些模式是主题事物本身固有的,还是(可能出于无意)人为强加的。

模式是强加的?对更具批判性的方法的需求

因此,我们转向另一臆测,就是人们在历史中寻获的模式和意义,并非内附在事件之中,毋宁说是人们在记述时强加其上的特质。我们是否将我们发明的模式和意义强加于往昔?我们经常被怀疑确实是这样做的。这种怀疑导致"历史哲学"的意义发生重大改变,时间大约是在19世纪和20世纪之交。若以最简单的方式来说,就是由历史(甲)的哲学化(philosophising)转向哲学式处理历史(乙),就是从作为事件的历史转向作为记载的历史。一是将所有事实囊括其中的历史哲学,另一个则是将事实摒除在外的历史哲学。一是哲学家所称的一级学科,研究世界或现实,另一个则是二级学科,乃是研究一级学科本身,而不涉及世事。

并且,同样的怀疑促使我们相当细心而批判地看待历史学家每一个层面的活动。本书就是为此而作的。

结　语

在本章的第一部分,我们曾研究了思辨历史哲学。虽然一度盛行,然而到了20世纪,思辨历史哲学却遭到人们的谴责与排斥。然而,进一步思考,我们可得出结论说,它所欲解答的问题仍然相当恰当。是故它们不会远离,我们仍需面对它们。

第二部分,我们则讨论了历史模式问题。这同样是一个难题。一方面来说,似乎若无某种模式,就不能理解历史。从另一方面来说,我们又怀疑任何模式都可能出于历史学家的创造,而非历史自身的一部分。若不对历史学家的工作予以批判检验(这就是本书的宗旨),我们就无从获得答案。然而,如同近距离地细看历史,若后退至远距离处看历史一样有利,可以更好地进行透视。我们可否采取先验的历史观(transcendental view of history)?在下一章(最后一章)中,我们将讨论人们在这方面的一些尝试。

---

① See Fisher(1936), Preface. Also below, ch. 10, p. 250.

延伸阅读

Berlin 1980
Collingwood 1961
Geyl 1962
Hegel 1956
Kant 1977
Kennedy 1989
Löwith 1967
Manuel 1965
Marwick 1989
Popper 1961, 1962
Reiss 1977
Walsh 1958

第 10 章

升华的历史——形而上学、马克思、神话与意义

明天,明天,再一个明天,
一天接着一天地蹑步前进,
直到最后一秒钟的时间;
……
它是一个愚人所讲的故事,
充满着喧哗与骚动,
却没有意义。

莎士比亚:《麦克白》

人只能以人的方式作出判断。

库萨的尼古拉

永恒者的动态形象就是时间。

柏拉图:《蒂迈欧篇》

上一章涉及的是历史哲学，它研究的领域是我们理解往昔时提出的难题。本章，我们先谈论一些人们试图解决这些难题时引入的一些历史之外的理念。

为了得出结论，我们曾考察历史与我们的核心关切——人类之间的联系。当然，更深厚的历史知识能使我们对自身拥有更深刻的理解。但在这样说时，人们通常意指关于历史（甲），也就是发生何事拥有更深厚的知识。对我们的历史思考有更深厚的知识，也就是对我们的自我认识尤为重要的历史（乙）拥有更深刻的理解，也同样重要。人必须面对时间和死亡。对任何历史展示，我们或许可如此说：

    沉默的形体呵，你像是"永恒"，使人超越思想。

济慈：《希腊古瓮颂》

然而永恒，这位在时间田野中的辛勤工作者，与历史学家有什么关系？千万不要以为永恒只是宗教观念。它同样是科学观念和哲学观念。有人会这样辩称，它处于叙事的核心之中，不论是小说抑或历史著作。① 在生活中，我们是时间的奴隶，在流逝的岁月前无能为力。然而在脑海中，我们无所限制，可自由漫步在往昔、未来、永恒，甚至不可能的事物中。研究历史就是类似的自由之一，是战胜时间这位暴君的尝试。历史能与人类精神层面的其他至高无上的尝试归为一类，如宗教、哲学、数学、科学、音乐，以及犹如济慈所说的艺术及文学等。以上这些皆是克服时间加在我们身上的枷锁的尝试（至于成功多少，谁也不知）。诚如童话中鸡蛋形矮胖子（Humpty Dumpty）所说："问题就在于谁来当主人，仅此而已。"

关于哲学与历史，理性与神话，意义与真相的问题：

    1. 撰述历史的前提假设有哪些？
    2. 哲学理念如何影响到历史写作？
    3. 我们如何区分历史与神话？
    4. 神话有没有价值，抑或它纯属虚构？

---

① See Ricoeur(1984), vol. I, pp. 22 ff. and H. White(1987), pp. 183 – 184.

5. 我们可否理性地理解历史?
6. 马克思教导了什么?
7. 我们能从马克思身上学到些什么?
8. 谁是最伟大的历史哲学家?
9. 倘若可以,我们能从历史中发现什么样的意义?
10. 我们所谓的"意义"何指?

就如标题所示意,本章将研究为了以正确的视角观察历史而采取的各种超越历史的方式,或立足历史之外的方式。各节内容如下:

1. 形而上学:历史主义、实证主义和唯心主义
2. 马克思
3. 神话与真相
4. 意义
5. 其他相关主题

10.1 形而上学:历史主义、实证主义和唯心主义

形而上学(Metaphysics)研究现实的本质——抑或如希腊人所说,研究存在(being)的本质。对这方面的不同见解,会影响人对历史的认知。在此,我们简要的考察其中的三种方式:历史主义、实证主义、唯心主义。三者皆在19世纪大行其道。虽然今天所见任何一种均已非原貌,但是他们仍有影响力,经常化成无意识的假设。所以,它们仍值得花些工夫研究,并非只因为它们内在的趣味,或它们是史学史中的一个插曲,而是因为唯有当它们能被看清楚时,我们才能有意识地接受或排斥。否则,人就只能在下意识中不加批判的持有这种观点,并相信它们乃是一种常识而已。

特殊与普遍

我们曾讨论过希腊人信念(主导欧洲人思想的理念)中关于存在与生成的区别。存在与生成,前者是永恒的,后者仅是过渡,真理仅属于本质,至于半真理则属于生成。存在与真理的领域在天上,大地(月亮之下)上的事物,皆是不断出现,然后就消逝,因此无法予以完全而适当的了解。知识属于那个世界,混乱和不确定的意见则属于这个世界。[①] 科学作为这种理念的遗迹,试图发现或树立法则和理论,就是普遍适用的陈述,其真理独立于时间、空间之外。自然科学为他们的经验方法而自傲,他们只研究可以观察的。他们并不总是能觉察到

---

① See, for example, ch. 6, pp. 121 above.

他们的目标是从可观察的事物(他们眼前的植物或化学药剂)转移至不可观察的事物(若干法则及程式)。这就是希腊思想。

与之相反的态度,大约可以称为**历史主义(historicism)**。它的信念乃是真理可得自单一或特殊的物体或事件,即在"月下"世界中拥有自身时空位置的事物,而非得自普遍却又抽象而不可观察的理论。

这种论调尤其对诗人的胃口。华兹华斯就曾忧伤的写道:

> 河床边那株报春花,
> 对他而言就是一株淡黄的报春花,
> 不可能是其他东西。

《彼得·贝尔》

威廉·布雷克曾在雷诺(Reynolds)的《关于艺术的谈话》页边空白处以潦草的字体写道:"概括是白痴的行为,特殊化则是美德的表现。"1780年歌德在致朋友的信中写道:"我是否曾写信对你说'特殊事物是无法形容的',从中我得到了全世界?"(此处的含糊值得重视,对科学家而言,特殊现象难以形容是因为它就是自己,对科学家而言没有什么用。对歌德而言,就如华兹华斯,特殊现象可说出成册的东西。)

然而,促使18世纪末期德国人走向历史主义的并非是诗歌,而是对启蒙运动提出的某个假说的嫌恶。此假说乃提出人类为自然的一部分,而其结果是可将人类置于普遍法则之下,人类行为就可得到解释,就如同牛顿对移动物体所做的。其实,整个启蒙运动就可被视为人们试图影响人类事务的尝试,犹如牛顿在物理上的所作所为。这批德国人眼中的敌人,不仅仅是法国启蒙哲学家(philosophes),还有公元前3世纪和公元前2世纪的斯多噶派(Stoics)哲学家及其关于自然法则的理论。斯多噶派相信,在世界城邦中,众神与人皆是公民。他们深信神(或众神)与人皆是理性动物,依恃这种神圣的理性能力,人就能掌握支配整个被创造世界的自然与道德的完美法则。**每个人皆处在两个法则之下,一是他所属城邦的法律,一是世界城邦的法律,亦即一是习惯法,一是理性法,有时又分别被称为实证法(positive law)和自然法**。后者的权威大于前者,因此致力使国家法律符合神圣法则,就是统治者的责任。拥护历史主义的德国学者,认为两千年来的思想,皆处于自然法理论之下,以及用"超越时间、绝对有效的真理……"等一类术语描绘的宇宙观控制之下,而历史主义将近代思想从上述二者的控制下保释出来。[①] 如今,我们或许需要通过联合国,运用理性及普通法则为世界事务带来更大的正义。

历史上的个人独一无二

启蒙时代的人坚信人类及其事务与自然现象一样,依循一定模式,这种认识如何影响人

---

① Iggers(1983), p. 5.

们对历史及传统的评估,我们已经认识到。(可回想前文所述,休谟就坚称古希腊人、古罗马人的行为完全与近代英国人和法国人相同。①)大家认为牛顿因树上苹果掉落而得到灵感。苹果与苹果之间并无差异,皆遵循地心引力定律。然而,牛顿自身及他的伟大作品呢?他的成就堪称独一无二,绝非若干普遍法则的无数范例之一。人类事务与人们(显然不单只是诗人与艺术家,历史学家亦在其中)都有其个体性,都有自身的重要性。"历史主义者的核心观点实基于一个假说,即自然现象与历史现象有别。后者需要根本不同于自然科学的社会与文化科学研究方法。"②

诚如我们所见,维柯在18世纪初期就提出,我们关于人类体制(如法律、艺术、政治等)有内在的知识,只因它们出于人的创造,而对于成于上帝之手的自然事物,我们只能拥有外在知识。③再者(在很多人看来),人们在理解人类事务上运用的人类洞识越多,就越能发现人类与人类行动的个体性和独特意义。吊诡之处则是这种见识却得自启蒙时代历史学家自身的大作,如伏尔泰、孟德斯鸠、吉本,甚至休谟。这些著述展示了多种多样的人类体制,以致让人起疑,各种人类的生活方式竟然与我们如此不同,因此不同的法律、习俗之下的人们应该有着不同的思想、习惯和价值观。罗马人与英国人的不同之处,不只是他们的服饰和建筑,他们的头脑中装的就是不同的东西。④

民 族

1774年,赫尔德就在一本名为《另一种历史哲学》的书中,提出上述见解。从历史上的个人皆为独一无二的观点出发,必有两件事物接踵而来:一是我们无法进行比较,因为个体具有独特性,遂无法将它带入普遍法则,进行分类及归类;另一个则是难以讨论进步,因为讨论进步必然涉及比较。到此为止,历史主义者的论点似乎不无道理。了解人类行动,就意味着掌握其中的思想与意向,与一味盲目重复的自然现象显然必须依循不同的方式处理。⑤然而,赫尔德却得出两个颇有争议的结论:一个关乎知识,一个关乎价值。这些结论的基础在于强调民族。启蒙运动的哲学家与斯多噶派以来的所有坚信自然法的思想家一样,服膺理性与法则的指导。作为理念,理性和法则均没有物质形式,也无时空坐标。它们仅存在于人们的心中(就像我们所说的)或天界(希腊人的说法)。然而,赫尔德这样的历史学家则恰恰相反,他们指向我们周围的世界,从历史洪流中观察到若干事物相对稳定。那就是民族,它是活的、生机勃勃、不断成长的实体。就如赫尔德所指出的,民族不像由各机械零件组装而成的机器,它们乃是有机体,就如同人类和野兽。生命及文化则在其间世代相传,一个通过

---

① See above, pp. 52 – 53. For further discussion see Pompa(1990).
② Iggers(1983), pp. 4 – 5.
③ See above, pp. 53 and 215.
④ We have already touched on this agrument in a different form in ch. 3, pp. 52 – 53.
⑤ See pp. 17 – 21 and 53 – 56.

生物方式,另一个则经由传统。人不是可以被不加区别地用来搭盖建筑物,如房舍、教堂,抑或猪圈的规格标准的砖块。人融入他生于其间的民族,他们从中获得生命和价值观。为反对启蒙运动所持的没有形体的理性,赫尔德乃坚持民族才是所有真理的渊源,并没有客观而外在的真理标准可以衡量民族的智慧。故每个民族只能由其自身来评判何者方对其有益,外界人士根本无从了解,因此无权予以批判。

历史主义与德意志民族

上述观点可能对我们来说没有说服力,但也不是没有优点。它们强调的是以经验形式存在于大地之上的东西(而非只是一个理念),他们能欣赏每个人的内在价值,以及由他们而扩及至家族(民族)的价值。或许是后续不幸的历史经验(法国大革命和拿破仑战争),为德意志的历史主义带来了转变。转变有三个方面:原本以文化为主的民族观(乃指拥有共同出身和起源的群体)让位于民族国家的观念;其次,对个体性的强调从人的内在价值转移至集体的内在价值;第三,随之而来的则是民族国家被赋予在对权力政治的非道德诉求中表达自身身份的权利———一种"更高的道德"的彰显。有一位杰出的思想史学家写道:"道德不仅有普遍层面,也有个体层面,看起来不道德的国家自我中心对权力的追求,可以由这方面的透视而拥有道德上的正当性。因为,凡出于存在物最深层的内在特质的,不可能是不道德的。"①在德国的后续历史发展之中,这种19世纪的观点的后果逐渐凸显出来,尤其是第二帝国(即1871年至1918年之帝国)和1933年至1945年的希特勒统治的第三帝国。它也曾为该世纪中所撰述的大部分德国史塑形,其焦点集中于民族、政治和外交史,几乎没有经济、社会或文化史。这个历史学派的代表人物则首推兰克。②

历史主义的界定

虽然历史主义源自德国,在德国的影响最大,但是它却非限于德国,亦散布到欧洲各地。意大利思想史学家安东尼(Carlo Antoni)认为可这样看待历史主义:"散见于欧洲各地,以民族传统对法国理性和启蒙时代进行反动或反叛的共同特点。"③因此,许多其他学科,如法律、经济学、哲学等,皆被循其内在和历史的发展来进行研究。曼德尔鲍姆(Mandelbaum)提供了一个有用的定义:"历史主义乃是一种信念,认为对任何现象进行正确的理解并对其价值进行正确的详估,皆需了解它所在的地域,它在发展过程中曾扮演的角色。"④在广义上,**我们可以这样说:历史主义就是承认所有的社会和文化现象皆是由历史决定的**。这些事物

---

① Friedrich Meinecke, quoted in Iggers(1983), p. 9.
② For a survey of the development of German historiography, see Iggers(1983) and Mandelbaum(1971). Also *History and Theory*, Beiheft 14, *Essays on Historicism*(1975) and Meyerhoff(1959), Preface.
③ See Iggers(1983), p. 6.
④ Mandelbaum(1971), p. 41.

都有其自身所属的时代,和自身的社会文化综合背景。在此基础上,人才能谈论民族精神或时代精神(Zeitgeist)。黑格尔在写道哲学是思想中所把握的时代时,灵巧地运用了这一观念。① 可是,按照这种说法,人们不可避免会以为任何哲学(或宗教,或科学),不论如何深奥,均无法超越时代的限制。狄尔泰乃声称:"任何世界观都被历史所制约,因此均有局限性和相对性。"②虽然历史主义的创建者并无此意,它却不可避免的步入知识上与伦理上的相对主义立场,即在我们的判断中,我们亦是时代的囚徒。在各种不一致的见解中,又何以唯独我们是正确的? 历史主义不曾解决这个困境,尽管历史主义者已经与之搏斗了很长时间。

波普尔的变体

历史主义这个主题非常重要,相关著述数不胜数,而其定义(我们该如何确切地理解"历史主义"一词)则并非完全一致。至少有一个异议足够重要到需要加以厘清。凡讨论这个主题的人,迟早都会论及波普尔的大作——《历史主义的贫困》(*The Poverty of Historicism*)。该书成稿于1935年,以成书形式第一次出版于1957年。③ 该书一如他的另一大作《开放社会及其敌人》(*The Open Society and Its Enemies*, 1962),均是攻击黑格尔与马克思之作。在某种程度上,他们的著作为波普尔所投身的致命信念提供了正当性。④ 波普尔在绪论开端先解释他的标题说:"……我所谓的'历史主义'是指一种社会科学的研究途径,它认为**历史预言**是它的主要目的,并认为通过揭示隐藏在历史演变之中的'节奏'、'类型'、'规律'和'趋势'就可以达到这一目的……这就是我为什么有意选择了一个多少有点不大习惯的名词——'历史主义'——的原因。"⑤

常有人指出,自1957年以来,人们对这一术语并不陌生,因为它原本就有明确的意义,完全不同于波普尔的定义。如今的字典却有意将波普尔的定义视为该词的第二义。在其他语言中,historism 通常是英文中 historicism 的另一种写法。德语中,我们有 historismus,法语则有 historisme 或 historicisme,意大利语中则有 storicismo。除了波普尔那含混的用法外,我们无需为该用 historism 或 historicism 而苦恼。⑥

历史主义的十个要点

为厘清所有既存的含混,此处则记下关于历史主义的十个要点:

1. 历史与自然的对比。

---

① Hegel(1967), p. 11.
② 'The Dream' (1903), in Meyerhoff(1959), p. 41.
③ See Popper(1961).
④ See ch. 9, pp. 208–210 above.
⑤ Popper(1961), p. 3.
⑥ Popper(1961), p. 17. Also Meyerhoff(1959), pp. 299–300.

2. 历史现象的独特性和不可比性。
3. 意志(volition)、意愿(will)、意图(intention)的重要性。
4. 人、群体、体制,尤其是民族,乃被看作身份和稳定性的中心。
5. 它们内部存在发展的内在力量与原则。
6. 每个时代(age)或时期(epoch)的至关重要的统一性(unity)。
7. 与普遍性相比,人们更相信评判标准有地域性和暂时性。
8. 指出历史学家自身的方法和逻辑也有时限性的结论。
9. 需要的是了解和洞识,而非理性推理。
10. 坚持社会中各个阶层及层面都应加以研究。

奥尔巴赫(Erich Auerbach)在一个关于历史主义的详尽定义(非常值得一读,只是太长不便完全引述)中指出,它乃是"一个信念,提出事件的意义不可经由抽象或认知的普通形式来掌握……"而其意义,不仅"存在于社会上层或主要政治事件之中,同时也存在于艺术、经济、物质与智识文化之中,也存在于寻常世界和一般人们的深处……"①

简单地说,历史主义是在特殊事物和地点中寻求真实和活力。

启蒙运动仍在继续

我们已经看到启蒙运动的理念如何遭到历史主义的挑战,后者自视为"对人类事务了解的最高层次"。② 启蒙思想遭到挑战,但并未战败。其实,有时候历史主义的影响没有超出德国。而启蒙时代研究人类事务的方式,如今在英、法仍有不少的拥护者。纵然在19世纪初,反对法国大革命的潮流和浪漫主义的潮流曾大肆盛行,仍有人主张可建设一种如自然科学般严谨的社会科学。

启蒙思想在实证主义哲学中获得全面表达。它的最伟大的支持者就是孔德(Auguste Comte,1798—1857)。他的主要著作《实证哲学》(*Cours de Philosophie Positive*)出版于1830年至1842年之间。该书显示孔德为本书业已论及的"覆盖律"理论的先驱。③ 孔德提出定义是:**所谓实证主义,是认为一切现象均受制于不变的自然法则**。对于事物,他所关切的并非是"为什么",而是"精确地分析现象所处的环境,并依循连续和类似这些自然关系,将各种现象联系在一起"。他的目的是将一切发生的事情置于某个自然法则之下,并将这些自然法则简化至最少的数量。④ 我们无需探究孔德那关于科学与哲学十分有影响力的观点的含意,在此,我们只关注这些观点是如何与历史研究联系在一起的。

---

① See Auerbach(1968),p.391.
② Meinecke quoted in Iggers(1983),p.5.
③ See pp.190–198 above.
④ The quotations are taken from the extracts from this work printed in Gardiner(1959),pp.75–82.

社会科学？

所有既存科学,依先后出现的顺序由天文学、物理学、化学和生理学组成。孔德则说,如今"还剩下一种科学……社会物理学(Social Physics),此乃当今人们最需要的科学……"所谓社会物理学,孔德指的是我们所说的历史和社会科学。他将它分成两个部分,一是社会静态学(Social Statics),一是社会动态学(Social Dynamics)。"……社会动态学研究与连续变化有关的法则,而社会静态学探索那些与同时共存有关的法则。"这些法则"为进步提供了真理",也为社会秩序提供了真理。①

在这里,令人吃惊的是,这些很久以前就被充满信心表达过的许多关于历史和社会的信念,在今天仍会频频出现。如果目前人类所掌握的自然法则足以将人送上月球,难道我们无法对关于人性的法则(包括个体的和集体的)有所掌握,以之创造一个更为欢愉、成功的社会?为何如今人们仍处于罪行、贫困、饥馑和战争的煎熬之下?难道连科学家也无法在此找到答案?笔者个人相信,在解决这些问题上,了解历史所能做出的贡献和科学是一样的,这也是笔者撰写此书的信念所在。

孔德的观点总结起来有这些:有主导人们行为的固定法则,也有**控制着由人组成的社会或群体的内部安排和功能运作的固定法则**,同样,也有固定的法则主导各个群体或社会的**历史发展**。有些人立即为这些命题所吸引,另一些人则认为这些命题明显是错误的。你会有什么反应?

历史学家适用的模式?

孔德对历史学家及其著作的影响是多样的,让我们依次检验它的主要观点。

(1)每一事物当由其外部来进行检验,而无需考虑其"内在本质"——即其原因、理由(reason)和意义。

该方法被用于地震或蚯蚓,也被用于人类。这种观点被称为"**行为主义**"(Behaviourism),史学界并不流行这个观点。② 我认为他们在描述人的行为时,很难避免不去探究动机及意义。理由如下,凡是证据多为历史当事人及同时代人所给予的文字,在描述他们做出的或观察到的行动时,就**已经**加上了他们的洞识。几乎在所有情况下,解释都**先于**历史证据。

(2)事实需要被准确地、客观地、确定地建立。

上述要求在自然科学之中可做到何等程度,笔者实无所知。然而就20世纪三大物理学革命(相对论、量子论和混沌论)所显示,此事恐怕不是孔德和其他19世纪的实证主义者想

---

① Comte in Gardiner(1959),pp.77,79.
② See pp.56-57 above.

象的那般简单。就历史事实来说,我们已知仅有极少数是确定无疑、无可争议的,可能也只有这些而已。①

(3) 在研究社会时,集体比个体更应被视为主要素材,这就是说,社会事实大异于构成社会的各个个体的事实。

上述观点构成了现代社会学创建者之一涂尔干(Emile Durkheim,1858—1917)的理念基础,他深受孔德学说的影响。曼德尔鲍姆指出:"……除非能假定存在一组我将称之为'社会事实'的事实,它们和那些在个人身上的'心理事实'同样根本,否则就无法理解作为社会成员的个人的行动。"②当孔德说一个社会"可被分解为个体,就如同一个几何平面可被分解为线条,线条可被分解为点"时,他表达的是相同的意思。③ 不像前两个观点,这一观点在史学界则获得相当程度的接受。确切地说,传统历史瞩目于个人,然而最近,诚如我们所见,历史学家逐渐以集体(如阶级、党派、教会、商贸、机构)为主题。犹如大多数社会学家都接受孔德和涂尔干所强调的社会事实,不少社会历史学家(尤其是治文化史和心态史的历史学家)就曾从社会学界的同侪处借用了不少观念和方法。故其中必引入了不少孔德的观点。

(4) 我们的工作乃是发现社会构造的法则(社会静态学),以及社会持续发展的法则(社会动态学)——这些法则适用于所有的社会,与其所属之时空无关。

由此,孔德消泯了社会学家和历史学家之间的区分。二者研究的主体(如社会)相同,方法亦相同。

在上述论点上,历史学家无意追随孔德。只有少数的社会学家以及为数更少的历史学家会同意孔德之说。他们认为"社会现象隶属于自然法则之下,可以理性地测知",所以未来乃可预言。甚至连社会学家也很少愿意承认存在关于社会**发展**的法则,尽管他们用较宽容的态度看待存在一些关于社会**构造**的规律的观点。其实,结构功能主义者(structural-functionalists)视社会为一个运作体系,以回应孔德强调的他称之为"社会元素"的事物应被视为"某种相互关系,它们形成一个整体,驱使我们将之视为联合体"。几乎所有的历史学家都不会认同存在进步法则,甚至只是过程法则的观点。

实证历史

然而,少数 19 世纪的富有才华的历史学家,曾大胆尝试依循实证主义方法来撰史,亦即着意发现人类社会的基本法则,如同科学家揭示的自然法则。其中最著名的人物有巴克尔(Henry Thomas Buckle,1821—1862)、泰纳(Hippolyte Taine,1828—1893)、斯蒂芬(Leslie Ste-

---

① See ch. 5, pp. 109,112 – 113 above.
② Societal Facts, in Ryan(1973), p. 107.
③ See Lukes, in Ryan(1973), p. 119.

phen,1832—1904),以及莱基(W. E. H. Lecky,1838—1903)。巴克尔所写的一段话可明示他的目的：

> 关于自然,即使最无规则且又多变的事件……也曾显示其必符合某些固定的自然法则……而前进的文明也能强化我们对于秩序、方法、法则的普遍性的信念。人类,进而社会的行动,是否受控于固定法则……? 我毫不怀疑,在另一个世纪消逝之前(巴克尔撰文时是1856年),证据的链条就会整全,届时想要找到一个否认道德世界存在着确定无疑的规律的历史学家,就如同今日想要找到一个否认物质世界的规律的哲学家一样困难……确定控制文明进步的全套法则,应该只是一件简单的事。①

我们以一句有意义的话标明与历史主义相对立的立场:"真正的人类历史乃是能被人的心智认识到发展趋势的历史,而非被感官察觉的事件。"②

构建知识

我们稍后还会回到这个论题。③ 首先,我们要注意的是,尽管今天几乎没有历史学家遵从孔德、巴克尔的理念,相信有人类进步的法则(同于科学上所说的"自然法则"),但是有很多历史学家遵从他们的另一理念,即对毫无疑问的历史事实的坚信,以为这些就是历史知识既坚且实的小砖块或原子,将它们拼凑在一起,就可堆成历史的大厦。巴克尔斥责那些不能像科学家一样进行工作的历史学家:"在知识的其他重要分支领域……首先是记录事实,然后就是发现其中的法则。"他继续指出,历史学家必须先采掘事实,然后据以"设计大厦"。④ 约半个世纪之后,我们发现伯里使用了相同的建筑隐喻。他在描述历史学家的工作时说:"……耐心埋首于沉闷的文献之中……就如同背负灰泥与砖块至建筑工地……这个工作……必须有人去做……因为相信人世间琐碎事实终能完整的结合,而后人类历史才能述说。"⑤然而,我们已经看到,能经受批判而完好无损的历史"事实"少之又少,绝大部分事实不能被视为坚固的正方形建筑方砖。⑥

科学与历史

具有讽刺意味的是,实证主义者力劝历史学家效仿自然科学家的方法,然而他们对科学的认识不比对历史的认识高明。如今科学家(自然的和社会的)以及历史学家,均发现他们所使用的方法并非完全类似以坚实的事实作为砖块建造大厦。不论历史或科学,皆犹如阅

---

① Buckle(1903),quoted in Stern(1970),pp. 125 – 133.
② Ibid.,p. 136.
③ See below,p. 233.
④ Buckle in Stern(1970),p. 133.
⑤ Bury(1903),reprinted in Bury(1930),p. 17 and in Stern(1970),p. 219.
⑥ See above. ch. 5,p. 109.

读一本晦涩的书稿,抑或如解决一道谜题,在学者们摸索解决之道的行程中,线索与假说经常互相配合与冲突。①

心智重要吗?

唯心主义(Idealism)或可被界定为一种认为唯一真实存在的事物就是心智(minds)或精神状态(mental states),抑或是此二者的哲学理论。为了将其加以透视,我们或许可利用较为人熟悉的经验主义方法与唯心主义进行对比。**经验主义认为,一切知识皆基于经验,通常是感官获取之经验**。大体上,我们或可认为经验主义者主张我们在时空中获取的对一个由物质组成的真实世界的经验是主要的,然后才是从经验中形成的理念,故理念属第二位。唯心主义则不然,提出思想(理念)才是宇宙中的首要现实,而由时间、空间和物质组成的外显世界是居第二位的,就某方面来说,乃是前者的产物。或许你会诘问,这样一个难以置信的理论与历史研究有何相干?奇怪的是,先前引述服膺实证主义的巴克尔之言为我们提供了一条线索。他说,真实的历史乃是能被心智所认识的历史趋势。尽管他不致否认感官认识的事件是真实的,但他深信历史关切的并非我们耳闻目睹之事,而是在我们心智中运作而成的。尽管今日历史学家绝大多数都认为自己是经验主义者,而非唯心主义者,仍有许多历史学家关切人们在想些什么、感受些什么和信仰什么。这与思想史有关,如信仰在经济史和社会史中扮演的角色,对公众对婚姻、生育、巫术等的态度进行的研究。但是不止于此。因为历史学家所运用的证据,几乎莫不涉及或表达思想。大多数的历史证据,无论是书面的还是口头的,都是语言形式,这就意味着诠释早于证据(如我先前所说)。历史学家的目的,部分是要深入主题的内部,经由他们的双眼观看世界,了解其中的理念、感觉和信仰,并且能解读作为历史基石的文献或其他证据的制作者的思想。因此用唯心主义研究历史,比乍看之下更接近历史学家的目的。经验主义的研究方法,用于蒲公英、沙尘暴必然足够,然而对历史学家而言,由于他无法就往昔获得感官经验,仅能利用相关证据来工作,故他们排除经验主义的研究方法。

黑格尔的哲学

人们还有两个充分的理由,认为唯心主义与历史有关。因为最伟大的唯心主义哲学家黑格尔,在他的哲学中予以历史的重要性,远远超过其他哲学家。第二个理由则是马克思那更为成功的历史哲学,有很大一部分源自黑格尔。因此我们先快速检视一下黑格尔。

帕斯卡(Blaise Pascal)曾写道:"人只不过是一根芦苇,是自然界最脆弱的东西,但他是一根能思想的芦苇。"不止一位哲学家认为物质宇宙很容易折断人的生命,然而人还是有一个优势,就是人能思考宇宙,而宇宙却不能思考人类。唯心主义为其基本信条——心智,赋

---

① Cf. Cipolla(1991),p. 52.

予了无以复加的首要性,然而这些与历史又有什么关系?黑格尔则以众所周知的人类经验来看这种关系:此即我们如何能知晓一些事物。**认知(cognition),亦即进行认识的活动**,就是黑格尔的历史哲学的根基。我们当然不是无所不知的,同时我们已知的也非一时所得,学习需要时间。然而,几乎所有人均假设在原则上所有事物均可知。看看科学家和数学家们如何在基因、量子物理、混沌理论、天文学等领域,曾将该假设带至如此遥远、且几乎是不可能的境地,着实令人吃惊。他们拒绝承认有任何事物是人的心智所不能及的。而唯心主义者也持相同的假设,而且他们走得比科学家还远。他们认为,凡是可知的事物,就意味其必然合理,如若不然,则它必不可知。倘若它合理,它与我们的心智(以及我们和它)则至少分享一个共同的特性——理性。这就表示,就某种意义来说,整个宇宙(可知而合理)就如同一个巨大的无所不包的心智。然而就另一方面来说,它又丝毫不像心智。当我碰伤脚趾或割伤手指,我就了解到宇宙中充满了坚硬而无同情心的事实。然而若能更加小心石块和刀子(多加认识),我就能在生命中避免许多疼痛。学习过程就是由我的心智与宇宙间可知(合理)的部分层面进行理性接触的过程。

宇宙的自我认识

黑格尔旋即进入另一个阶段。(先前所说的)学习过程,乃是典型的宇宙过程。石块和我并不相同,乃属于同一个宇宙中的不同部分。然而宇宙包罗万象。因此,如果宇宙乃是一个理性的整体(如同一个超级心智),它就包括所有的认识者与其所知的一切。其实,它就是所有认识者与所有可知物。**因此,宇宙(黑格尔称之为绝对或世界精神)可被视为思想对自身的思考**,因为别无他物可思考。"思想思考思想"并非是一个像它表面看来的空洞的观念。它乃是一种日常生活经验,就是我们所谓的自我意识。而我们的自我意识,就像我们对宇宙中其他东西的认识,并不完整。我们并不知晓一切,甚至是我们自身的思想(参阅稍后所说的弗洛伊德)。欲知一事物,就必须经由学习过程。黑格尔认为这也适用于"绝对"。"绝对"只是潜在地可能是所有思想思考所有思想。实际上,只有若干思想在思考若干思想:必须经由一个理性化过程始能获得知识。或许有人想说它必须"像我们一样"如此做。然而,这种说法是错误的,它不是像我们一样,它就是我们,只要学习过程还存在。虽然"绝对"包含一切事物,却并非知道一切事物。它必须借由一个持续的过程来认识自我(我再复述一次,说"认识自我",是因为别无他物让它来认识)。因此,人类知识的进步,就是"绝对"在逐步认识自己。如今或许你能领悟,为何历史对黑格尔的理论是这般重要。

关于这一过程如何发生,黑格尔也有一个理论。它就如同华尔兹舞的三步模式:左—右—同步。(这一舞步始创于他在世的时代,是否纯属偶然?)在认识过程中,首先你需要诘问内心,然后你会有一个困惑的对象,第三(倘若学习成功)你就会拥有连接前二者的完整知识。此乃一个众所周知的模式:这个(困惑的对象)是什么(诘问内心)?哦!我现在知道了(知识)。**此种借由发问与回答找出真理的过程,始见于西方哲学初始阶段苏格拉底所采用**

的方法,一般称其为辩证法(dialectic)。对黑格尔来说,"绝对"就依循这种方式,通过不断地自我发现或自我展示认识自己。

历史就是宇宙过程

我们还需留意另一个观念,因为马克思曾多次加以运用。我之前曾说,倘若学习成功,知识就是其结果。然而在开始学习之前,抑或学习失败,心智面对的对象仍是迷雾一团——通常还是有威胁的一团,因为我们原本就对无知之物感到恐惧。**这被称为异化(alienation)——乃是我们面对陌生、无法领悟、另类、奇怪的事物时产生的一种感觉**。我们将会在下面再度碰上。同时它提醒了我们,绝对心智了解自身的整个宇宙过程尚未完成。更令人惊讶的是,这个宇宙过程发生在人类历史之中,事实上,严格地讲它就是人类历史。

因此,历史至关重要。如今我们已能看出,它就是黑格尔哲学的核心。黑格尔撰述历史哲学,原因就在于借历代人类事务的走势,详细解释"绝对"的自我实现是怎么一回事。黑格尔的《历史哲学》(*Lectures on the Philosophy of World History*)一书①读来不难,尽管有许多偏见及错误,仍然值得一读,然而此际我们无需阐述其内容。在此,真正需要注明的是他在该书开头所断言的,"世界历史展现给我们的是一个合理的过程",以及"世界历史就是自由意识的进步",并且,欲得到自由,国家乃是必需的,因此,"国家是存在于'地球'上的'神圣的观念'"。②

不用说,关于黑格尔的历史哲学,值得叙述之处还有许多(就如许多业已提及之处),然而,现在到了前进至马克思的时候了。

10.2 马克思

重点在于改变世界

在本书中,笔者已对历史之活动——历史(甲)和历史之记载——历史(乙)进行了区分。本章,我们则讨论第三个方面:**将历史(甲)、历史(乙)视为一个整体的历史哲学**。马克思(1818—1883年)在这三方面均做出了巨大贡献。同时,他的影响还远远没有结束。

不像我们曾见到的其他思想家,马克思是一个活动家。终其一生,他皆如他早年所说:"哲学家们只是用不同的方式**解释**世界,而问题在于**改变**世界。"③三十岁之前,他就已经不再研究哲学,而致力于经济学、历史以及政治学。他的观点可视为下列观点之混合体:德国唯心主义哲学,法国理性主义和社会主义,以及英国政治经济学。因此,历史哲学并非他的

---

① Hegel(1975;also in 1956).
② Hegel(1956),pp.9, 19, 39.
③ 'Theses on Feuerbach'(1845), in Marx(1975). p.423.

主要关切。在他努力解释并改变世界的双重企图下,他发展而成的思想,可能构成了如今唯一值得严肃看待且博大精深的历史哲学。这并不是因为它被普遍接受,只是大多数马克思主义的批评者没有能与之较量的理论。(他们有人说:"我们并不需要一套历史哲学。"马克思主义者则反驳说:"酸葡萄心理。")

历史哲学的五个问题

马克思的历史哲学回答了五大问题:

(1)**历史的内容是什么**?它的组成元素是什么?其中哪些较为重要?各部分之间是什么关系?

(2)**历史是如何运行的**?这个过程的机制是什么?(与黑格尔一样,马克思视历史犹如一个过程。)它的驱动力由何者形成?其中各个部分又如何相互作用?发展是如何发生的?

(3)**历史走向何处**?事件进程的目标何在?它的意义是什么?

(4)**我们站在历史中的何处**?我们如何涉入其中?在历史的视野下,我们又如何了解我们自己?

(5)**我们该做些什么**?如果重点在于改变世界,我们又当如何去做?我们所扮演的角色,又能赋予我们生命何样的意义?

正如先前所见,以上大部分问题,亦可由黑格尔哲学来回答。那么,马克思是否只是在重复先辈所为?并非如此。马克思是一个与先辈完全不同的人,他有不同的生活与宗旨。他深受当时的人们、思想和事件的影响,这些全是五十年前的黑格尔所不知的。马克思年轻时,就曾经明确地批判与否定黑格尔。然而,马克思的思想中保留了很多黑格尔的思想。在很长的时间里,他一直是"这位大哲学家虔信的、始终如一的、钦佩不已的追随者"。[①]

对黑格尔的诘难

他与黑格尔的不同之处是什么?首先是宗教。对马克思而言,宗教的意义不大。他来自犹太家庭,虽然他与他的父亲均曾受洗为基督徒。然而,他的父亲海因里希(Heinrich)拥有温文尔雅的灵魂,深信启蒙时代人性本善的思想与理性论辩的力量。马克思虽素来不持乐观精神,然而却与其父同样相信冷静的理性和进步信念。这在本质上是 18 世纪的态度,加上他的犀利头脑和敏锐才智,才使他虽处身于浪漫主义和民族主义的时代,却不受它们那些含混不清的观念——神秘、超自然、非理性——的丝毫影响。马克思大约是在 1836 年至 1841 年接触黑格尔学说,那时他在柏林大学研习法律、哲学和历史。他埋首于黑格尔著作之

---

① Berlin(1948),p.60.

中,虽然被其深深吸引,却对唯心主义含混不清的观念有所诟病。解药来自两个方面。一是1842年他成为政治新闻记者,于是对黑格尔的法哲学进行仔细检验。结果,他发现"法的关系正像国家的形式一样",并非是"人类精神的一般发展"的一部分(对黑格尔的挖苦),毋宁说"它们根源于物质的生活关系……"①就在此时(1842—1843),历史唯物主义的种子已经植入他的脑海之中。我们将在后面简要地介绍这个观念。

费尔巴哈的影响

在他处于赞赏与嫌恶的矛盾之中时,第二个解药来了。这就是费尔巴哈(Ludwig Feuerbach)。费尔巴哈是无神论者,1841年出版了《基督教的本质》(*The Essence of Christianity*)一书,1843年则出版了《哲学改革论纲》(*Preliminary Theses for the Reform of Philosophy*),马克思曾受邀评论后者。费尔巴哈传递的信息很简单:"上帝的意识就是人的自我意识,对上帝的认识就是人对自己的认识。"因为神学(对神的研究)研究人类学(对人的研究)。简单地说,他只是重复反宗教的旧学说,亦即人依自己的形象创造了神。公元前6世纪时,塞诺芬尼(Xenophanes)就曾提出此说,并附加阐述,倘若牛或马有手,它们描绘的神的形象就同于牛或马。总而言之,这个观念成为马克思和他的新黑格尔主义(neo-Hegelian)同僚——包括他后来的好友和合作人恩格斯(Friedrich Engels)的启示。马克思声称:"你们只有通过火流(德文费尔巴哈的字面意思)才能走向真理和自由,其他的路是没有的。"②尤其是,费尔巴哈试图扭转黑格尔将人与上帝混为一谈的错误。马克思写道:"它满足了……将哲学的视角从天上拉回人间,我们获得了真理毫不掩饰的、纯粹的、鲜明的形式。"③恩格斯回忆费氏的影响时说:"它恢复了唯物主义的王位。自然界是不依赖任何哲学而存在的。自然界就是我们人本身即自然界的产物赖以生长的基础。……那时大家都很兴奋:我们都一下子成了费尔巴哈派了。"④

"一切批判的前提"

然而,马克思认为费尔巴哈对黑格尔的批判仍嫌不足,费氏只是以一组理念取代另一组理念。真正需要的是行动而非思想,不是解释世界而是去改变世界。说"唯心主义发展了**能动的**方面,但只是抽象地发展了"是正确的,但是黑格尔谈论的只是理念的进步,而不是把它当作"人的感性活动,当作实践去理解"。⑤黑格尔哲学所描述的思想发展,是经由辩证过程而通往真理,而这是既抽象(见他的《逻辑学》[*Logic*]一书),又漫长(可见他的历史哲学)的

---

① See Marx(1975),p.425.
② Marx(1975),p.434.
③ Quoted in Walker(1978),p.74.
④ Ibid.
⑤ See 'Theses on Feuerbach'(1845),in Marx(1975),p.421.

过程。马克思则有意用人类感性实践的发展取代这种思想发展——日常生活的实际的严酷的生活条件,尤其是穷人的。因此,推翻宗教,就必须推翻受宗教庇护与支持的人类社会习俗和法律。所以他写道:

> **宗教里的**苦难既是现实的苦难的**表现**,又是对这种现实的苦难的抗议。宗教是被压迫生灵的叹息,是无情世界的心境,正像它是无精神活力的制度的精神一样,宗教是人民的**鸦片**。于是,对天国的批判变成对尘世的批判,**对宗教的批判**变成**对法的批判,对神学的批判**变成**对政治的批判**。①

无产阶级

政治批判的主要关切对象是一般平民,马克思指出他们的生活状况:"人们被侮辱、被奴役、被遗弃和被蔑视、一个法国人对草拟中的养犬税发出的呼声,再恰当不过地刻画了这种关系,他说:'可怜的狗啊!人家要把你们当人看哪!'"②马克思的社会觉醒来得突然,但并非出于他和贫民的交往(后来他流亡时始有交往),而是来自他对法国社会主义学者的研读和他对法国大革命的研究。③ 然而,与其说马克思将他的理论和希望寄托在平民身上,不如说是工业无产阶级身上。他曾写道(1843—1844):"德国无产阶级只是通过兴起的**工业运动**才开始形成;因为组成无产阶级的不是**自然形成的**而是**人工制造的**贫民……"让他感触良深的并非是那些可怜群众的苦难(贫穷不是新鲜事),而是他们在社会中没有地位。他描述无产阶级表明"一切等级的解体……无产阶级宣告**迄今为止的世界制度的解体**,只不过是揭示自己本身的存在的秘密,因为它就**是**这个世界制度的**实际解体**。无产阶级要求否定私有财产,只不过是把社会已经提升**为无产阶级**的原则的东西,提升为**社会的原则**……"④声称没有财产的无产阶级的产生,就是社会结构的瓦解、所有维系社会的纽带的消融的结果,或许看似夸张。然而,若自恩格斯在1844年对英国工人阶级的描述来看,就不是那么夸张。恩格斯说:即使是中世纪,"农奴的生存有封建的社会制度来保障,在那种社会制度下每个人都有他一定的位置;自由工人却一点保障都没有,因为他只是在资产阶级需要他的时候才会在社会上有一定的位置,否则就没有人理会,似乎世界上根本就没有这个人。"⑤

总而言之,**对马克思而言,无产阶级就是工业社会的劳工阶级,他们既无财产,也无社会地位**。韦伯提到的三个社会支柱:财富、声望、权力,无产阶级却完全没有其中的两个。马克思则向他们保证第三个。他期望德国哲学家能与德国工人阶级合作,以结束他所见到的

---

① See Introduction to 'A Contribution to the Critique of Hegel's Philosophy of Right' (1843 – 1844) in Marx(1975), pp. 244 – 245.
② Marx(1975), p.251.
③ See McLellan(1976), pp.96 – 97.
④ Marx(1975), p.256.
⑤ Engels(1969), p.212.

(1843)仍存在于德国的中世纪情况。"哲学把无产阶级当作自己的**物质**武器,同样,无产阶级也把哲学当作自己的**精神**武器……"然而马克思将这希望寄于法国人,他的结论是这样的:"**一切内在条件一旦成熟,德国的复活日就会由高卢雄鸡的高鸣来宣布**。"①

1848年和《共产党宣言》

不到五年,即1848年2月,法军向巴黎市民开火,于是巴黎掀起革命,法国国王(路易·菲利普)退位,流亡英国,法国亦宣布成立第二共和国。高卢雄鸡再次报晓欢呼。但是它是否正是德意志期待的信号?说真的,还挺像,因为革命立刻传播到整个欧洲。马克思和恩格斯二人对此事颇有预见性,他们投身其中,二人合撰一篇马克思主义经典文献——《共产党宣言》。1848年2月24日这篇文章在伦敦出版,同一天,路易·菲利普逃离巴黎。就形式和宗旨而言,此文不过是政治宣传手册,目的是迎合当时的实际情况,然而其中却包含了许多马克思的历史哲学。(吊诡之处乃是1848年革命期间很少有人阅读它,此文的真正影响始于1870年代。)它以一个正在进行的时刻作为开端说:"一个幽灵,共产主义的幽灵,在欧洲游荡。"此文撰于革命前夕,不可能有比这更及时的了。

马克思颇为正确地预见了革命的到来;他对胜利的革命的预言则是错误的。1849年年末,所有革命均告失败。其实,关于1847年的欧洲政治经济形势,马克思的评估惊人地正确。如果我们置身于当年,必然能领悟他从中得出的理论性结论。此后,终其一生,虽然历史形势与他的预期差别越来越大,不幸的是,他丝毫没有修正他的理论。② 而且,直到列宁(马克思过世前13年出生)出现之前,马克思主义始终没有因革命的实际目的而有所调整。如今,列宁那伟大的七十年实验亦告失败,以致人们必须思考,共产主义究竟有没有前途。另一方面,我们必须承认,该宣言中曾提出的对资本主义的许多真相的认识,即使在一个半世纪之后,依然影响深远。没有资本家对资本主义的胜利的赞赏能比马克思在宣言开端描述的那般动人,而他进一步列举资本主义对传统社会的毁灭性后果时,也毫不夸张。今天,我们甚至可以对资本主义提出更严厉的控诉,比如说毫无顾忌地摧毁地球上的不可再生资源,及其对空气、海洋、土地以及臭氧层的污染,还有不停地为世界上许多政府提供屠戮本国或他国人民的工具的上亿美元的军火交易。当然,许多共产党政府同样有这样的罪行,可是,共产党政府的倒台,却未导致这些罪行的中止。

马克思对第一个问题的回答

现在,让我们从马克思主义的历史转向马克思的历史哲学。我们依循先前列举的问题来进行。

---

① See Marx(1975),p.257.
② But see pp.243-244 below.

(1) **历史的内容是什么?** "至今一切社会的历史都是阶级斗争的历史。"①线索就在他的阐述(先前曾引述)中。他认为生存的物质条件就是黑格尔所谓的"市民社会"。而且,"对市民社会的解剖……应该到政治经济学中去寻求"。② 我们必须借政治经济学(political economy),亦即今日之经济学,来探究问题。显然,人类必有物质需求——食物、住所、衣服,而这些需利用若干工具始能获得。**这些工具,马克思称之为"生产所需的物质力量"。基本上包括土地、器具、原料,还有劳动力。**必需品的生产,是在组织化的社会中进行的,其中最值得思考的,就是这些必备的土地、器具、原料是在谁的手中,谁有权使用。(这些东西非免费可得。我们可设想,即使是最为原始的社群,亦会珍惜他们或他们部落的粗糙工具,以及属于他们的狩猎、采集领域。)这种财产关系问题非常重要,然而财产关系并非一成不变,当生产方式有所改变时,财产关系亦随之改变,比如说新土地、新原料、新器具和新技术的引入。随着经济基础复杂化,必然涉及越来越精专的技艺、技术、科学等,于是财产关系问题随之出现,**即谁拥有或有权使用这些事物,这就是所谓的"生产关系"。**对所有权和使用权的考虑产生了**阶级,亦即以不同方式与这些经济基础关联的各个群体,但主要与财产有关。**马克思的下列陈述,意义就在于此,他说:"这些生产关系的总和构成社会的经济结构,真正的基础……"③社会的经济基础,人们有时称之为"**下层结构**",它与社会的"**上层结构**"不同,后者指一个社会的体制和观念。在此基础上,马克思说"有法律的和政治的上层建筑竖立其上",并有一定的社会意识形式与之相适应。④ 黑格尔认为人类事务的首要基础是思想,马克思则相反,坚持经济(满足我们的物质需求)能"制约整个社会生活、政治生活和精神生活的过程"。他以他最具挑战性的风格说:"不是人们的意识决定人们的存在,相反,是人们的社会存在决定人们的意识。"⑤**马克思心目中的历史元素是什么、其中又以何者更重要,而其间的关系又如何,关于这些问题,此际我们已经有了答案。这就是历史唯物主义理论。**

对第二个问题的回答

(2) **历史是如何运行的?** 当经济进程有所发展,继而超过社会安排,尤其是关于财产的安排,后者就成为前者发展的障碍。马克思说:"社会的物质生产力发展到一定阶段,便同它们一直在其中运动的现存生产关系或财产关系(这只是生产关系的法律用语)发生矛盾。"⑥凡有新的威胁到既有的生产方式的发明出现时,就会出现上述状况。由于已将大量资本投注于旧方式之上,于是其拥有者面对这些将使既有方式过时的新发明时,或不加重视,或将

---

① See *The Manifesto of the Communist Party*, in Marx(1973a), p.67.
② See Preface to 'A Contribution to the Critique of Political Economy', in Marx(1975), p.425.
③ Ibid.
④ Ibid.
⑤ Ibid.
⑥ Ibid.

它收买予以销毁。(这种做法在工业革命初期比今日流行。)那就是财产关系与生产力之间的冲突。再者,还有另一种冲突方式,也就是阶级斗争。其中,工人有更完善的组织,更能察觉他所处的形势,他们代表的是生产力的发展,而雇主则代表既有的固定不变的生产关系。(马克思此处的描述仍是他那个时代的资本主义,而非今日。)

现在,我们就可见到马克思源自黑格尔的另一个独特观念。**借由矛盾对立而产生进步的观念,即辩证法。**先前检视黑格尔的思想时,笔者描述它犹如华尔兹的舞步。事情经常如此,比如一旦我想到某个独特观念,我会在朋友面前阐述,抑或根据现实来加以验证,结果发现它并不令人满意,不太合适。而反面见解似乎自有其理。于是通过细心思考或讨论,我们通常就能获得更令人满意的观念。这个观念能囊括正反两面的真理,却又超越二者。黑格尔相信思想就是以此前进走向真理的。德文称它为 aufheben,它有双重意义,一面是消除或废除(否定面),一面是超前或超越(肯定面)。黑格尔和马克思就以其兼具这两重含义,在技术层面加以运用。二人均认为进步出自矛盾对立。然而黑格尔认为历史中重要的乃是思想的进步,马克思则认为历史进程展示的是物质的进步。就二人而言,**"扬弃"(Aufhebung,强调该词的超越性,借由矛盾对立而获得进步)就是历史的动力**,不过一人认为是思想,一人认为是物质。从上述就可知一种有活力的哲学,如黑格尔哲学,对一位思想家,如马克思,是多么有用。马克思的主要关切是历史变迁,更不用说革命了。

以上所述可回答我们提出的历史中的动力、元素间的互动,以及发展方式等问题。**就马克思来说,历史的进步是因物质矛盾被解决而取得的。**

对第三个问题的回答

(3)**历史走向何处?** 在《共产党宣言》中,马克思这样写道:"过去的一切运动都是少数人的或者为少数谋利益的运动。无产阶级的运动是绝大多数人的,为绝大多数人谋利益的独立的运动。"① 中产阶级(抑或资本家)统治下的社会,就会造成这种由被剥削者组成的庞大阶级。工业的进步将他们聚集在越来越大的工厂,越来越大的城市。于是他们开始因遭受剥削而觉醒,也因而有了组织。他们将起身反抗剥削。然而欲达此目的,首先得变更并摧毁所有的社会体制——法律的、政治的、宗教的,以上三者会联手压迫他们。马克思这样说:"无产阶级,现今社会的最下层,如果不炸毁构成官方社会的整个上层,就不能抬起头来,挺起胸来。"②

中产阶级无法也不能指望逃脱他们的宿命,由于早期形式的剥削至少还能"勉强维持它的奴隶奴隶般的生存条件……社会再不能在资产阶级的统治下生存下去了……资产阶级首先生产的是它自身的掘墓人。资产阶级的灭亡和无产阶级的胜利是同样不可避免的"。③

---

① Marx(1973a),p.78.
② Ibid.
③ Ibid.,p.79.

接着又会发生何事？在《共产党宣言》中，马克思则为创造一个新的无财产、无阶级的共产主义社会的必要措施勾勒出纲领：废除私有财产、征收高额累进税，信贷、运输、交通的中央化，普及义务教育等等。① 中产阶级政权的倒台，在马克思嘴里就是"人类社会史前时期"的结束。② 以后就无需以政府作为权力工具，因为阶级消失后，就无需进行阶级压迫。"代替那存在着阶级和阶级对立的资产阶级旧社会的，将是这样一个联合体，在那里，每个人的自由发展是一切人的自由发展的条件。"③随着阶级对立的消失，对女性的压迫和战争亦随之消失。"民族内部的阶级对立一消失，民族之间的敌对关系就会随之消失。"④

再者，人与工作之间的关系也会发生重大变化。马克思曾斥责资本主义制度的一个重要缺陷，即他所谓的劳动工人的"异化"。无产阶级的工作性质和工作环境给他们造成伤害的是四种隔离，即将他与产品（此乃雇主所有）、其他人（指社会群体）、工作满足感（就好像是为自己的家和花园做了些有益工作时获得的那种满足感）、他的本性，亦即人性相隔离。这种异化，部分来自劳动分工，即将人的一生固定在一项工作（抑或一条生产线上，一项工作的某一部分）上的东西。这样的工作使许多人感到无聊，使他们感觉灵魂受到伤害。马克思指出，在这种制度下，一个人：

> 是一个猎人、渔夫或牧人，或者是一个批判的批判者，只要他不想失去生活资料，他就始终应该是这样的人。而在共产主义社会里……社会调节着整个生产，因而使我有可能随我自己的心愿今天干这事，明天干那事，上午打猎，下午捕鱼，傍晚从事畜牧，晚饭后从事批判……⑤

实际上，马克思并未思考如何建设革命后的社会。他瞩目的只是实现革命。1917年11月，俄国布尔什维克几乎滴血不流地夺得政权，旋即面对如何建设共产主义社会的难题。此时，马克思能给予的帮助很少。然而对马克思来说，这样的社会就是历史的目的。

对第四个问题的回答

(4) 我们站在历史中的何处？我们站在不可避免的无产阶级革命前夜。如果你已经是一位劳动工人，是无产阶级的一分子，你应当加入"工人的越来越大的联合……无产者组织成阶级，从而组织成为政党……"⑥倘若你还不是无产阶级的一员，你很快也会成为其中的一员："以前的中间等级的下层，即小工业家、小商人和小食利者，手工业者和农民——所有

---

① Ibid.，pp. 86 – 87.
② Preface to *A Contribution...* in Marx(1975)，p. 426.
③ See *Manifesto* in Marx(1973a)，p. 87.
④ Ibid.，p. 85.
⑤ See *The German Ideology*(1846)in Marx(1977)，p. 169. The *German Ideology* gives a fuller account of Marxs historical materialism, but I have normally used the *Manifesto*, which is much more accessible.
⑥ The *Manifesto*, in Marx(1973a)，p. 76.

这些阶级都降落到无产阶级的队伍里来了……"①然而这些沦落分子,至少能"为无产阶级注入新鲜血液,并且是开明而较进步的新成分"。此外,一旦斗争加剧,若干中产阶级也会自动放弃原来的阵营,加入即将获胜的无产阶级一边,尤其是那些认识到工人阶级必然获胜的开明人士。②

对第五个问题的回答

(5)**我们该做些什么**?马克思唯独没有确切地回答这个问题。一方面,因为一个人的信念是由经济史的进程塑造的:"当一个人的物质生存条件,抑或他的社会关系或社会生活有所改变时,人的意识随之改变……统治阶级的思想在每一时代都是占统治地位的思想。"③另一方面,无产阶级的知识分子领导人从何而来(可考虑布尔什维克的例子)?除非原来不是无产阶级的人,超越(由经济来决定的)自身阶级的观念,并支持劳动工人的诉求。如先前所见,马克思在《共产党宣言》中曾预言了这件事。但是他本人的思想是否前后一致?严格地说,如果历史由其物质基础来决定,如果是人们的"社会存在决定了人的意识",那么询问**我们**该做些什么,根本没有意义。如果我们的思想与行为早就被决定了,那么我们就没有选择可言。有人则(引述马克思其他文章)辩称,不该将马克思视为如此严格的决定论者。他认为在我们的社会经济基础上,我们的思想受到**影响**,而非由其决定。此说遂能解释何以许多非无产阶级人士能变成竭诚的共产主义者,事实上,是他们领导了这一个半世纪以来的事业。然而,这种向常识做出的让步,给他的很多追随者诉诸的经济决定论理论的优雅单纯性造成了很大的破坏。

马克思与历史

或许,不论是就150年来的历史,抑或就历史研究,此处并非探究马克思的持续影响的场所。笔者在此仅限于提出少数简短评论。

首先,就马克思的历史发展理论来说,他并非一般想象中的那样教条化,抑或像他的许多追随者变成的那样教条化。比如说,他在晚年就严肃思考俄国是否能跳过资本主义阶段(原本认为是必要的阶段),直接发生革命,直接从农村公社进入共产主义社会。他在1877年致俄国朋友的一封信中说:"我得出了这样一个结论:如果俄国继续走它在1861年开始走的道路,那它将会失去当时历史所能提供给一个民族的最好的机会",即逃脱资本主义。他还坚信,凡运用他的理论的人,都必须评估历史形势。倘若一个人运用的是"一般历史哲学

---

① The *Manifesto*, in Marx(1973a), p. 75.
② Ibid., p. 77.
③ Ibid., p. 85.

理论,它的最大长处就在于它是超历史的",那么,他就无从了解事件何以会发生。①

其次,就事件过程来说,很可惜的是,在费尔巴哈的影响下,马克思运用无神论作为理论的精髓,结果促成极度暴力、血腥的冲突,并在他的追随者与宗教信仰者之间筑起一道恐惧和误会的高墙。其实,如俄国(1918—1921)、西班牙(1936—1939)、中国(1927—1949),及亚洲、非洲、美洲其他许多地区的令人恐惧的内战,原本都可避免。西方与东方冷战(1947—1989年)期间的敌视亦然。就马克思的政治与哲学目的而言,有必要攻讦黑格尔的唯心主义哲学,但坚持好斗的无神论对于他的立论实无必要,这对他本人的和工人阶级的事业造成了不可言喻的伤害。

第三,就历史研究方面来说,笔者欲说明两点。一是在《共产党宣言》及《德意志意识形态》两书的开端,马克思对资本主义的发展有精辟的记述。**他的整个理论基于历史过程和经济的根本重要性两个概念**,因此激起了人们对经济史与社会史的积极研究,我们从中皆有所获益。虽然在许多细节上有误,但这无关紧要,马克思的思想促成了史学的大丰收。②

另一个则是马克思与历史(乙)的问题,如我们先前所说,马克思本人在这方面并不缺乏历史意识,但是他的很多追随者缺乏这种意识并造成不幸后果。马克思所写的皆受限于当时能获得的知识(他有时亦承认这一事实,就如先前所举俄国事例)。他所描述的资本主义,抑或工业、政治、经济形式,皆是他所属时代的形式。当他作出概括时,例如"至今一切社会的历史都是阶级斗争的历史",他已经是超越了他的知识。至于他在政治哲学及经济哲学上关于往昔及未来的概括,则是基于当时的条件。这样做,不免有些愚昧,然而可以谅解。不可原谅的则是许多人从此将他的作品奉为圣经,并且依据他所写的对往昔和未来持有一些扭曲的观点。如果他们受过历史教育(或者,最该责备的情况是,他们并没有忽略这样的教育),他们只会紧握马克思的作品,一如能紧握住的其他历史文献,将之置于其本身所处的环境之下,根据作者在写作时的所知来诠释原著。无人能预见未来,也无人能确知往昔,太多事物并非我们能够得见。在其时代知识的限制之下,马克思已是相当杰出,然而他毕竟不是超人。

10.3 神话与真相

"真理是什么东西?"彼拉多当年玩世不恭地取笑说,他提这个问题是不指望得到答案的。

培根:《论文集》

---

① Letter to the editor of *Otyecestvenniye Zapisky* in Marx and Engels (1934), pp. 353 – 355. See also Marx (1977), pp. 576 – 584.

② See, for example, Hobsbawm, 'Karl Marx's Contribution to Historiography', in Blackburn (1972); also Iggers, 'Marxism and Modern Social History', in Iggrs (1975); and Kaye (1984).

流行故事

什么是神话?《简明牛津英文字典》(*Shorter Oxford English Dictionary*)提供下列答案:"纯属虚构的叙事,通常涉及超自然的人物、行动或事件,体现一些关于自然或历史现象的流行观点。"该字典尽职地给出了字词的一般用意,然而将上述定义运用于所有神话,则远远不够。许多神话涉及人间(非超自然)的人物,而且不少人物并非"纯属虚构",而是包含某些真理。在现实中,学者的一大难题就是在每件事上分辨真相与虚假。关于**神话**的总体研究,非本书关切所在。我们留心的只是和历史相关的神话,也就是那些体现流行观点的对历史现象的叙述。

乍看之下,我们或许以为它们是儿时从保姆处听到的关于具有无比威力的天神、英雄和怪兽的故事,但是本书与它们无关。然而,我们又必须承认,古希腊神话(因奥维德的《变形记》[*Metamorphoses*]一书而普及,儿童随手可获的删掉猥亵字句的版本很多)两千年以来始终是欧洲人的心灵装饰之一。整部欧洲艺术史或文学史,更是这些神话活跃在人心之中的见证。谁能忘记珀修斯(Perseus)斩杀戈耳贡(Gorgon)解救被铁链锁在岩石上的少女安德洛墨达(Andromeda)的故事?抑或伊阿宋和阿尔戈号上的英雄(the Argonauts)、忒修斯(Theseus)和米诺陶(Minotaur)、俄耳甫斯(Orpheus)和欧律狄刻(Eurydice)、赫拉克勒斯(Hercules)的功绩等等?其实如我们所见,马克思又何尝不是这些永远迷人的故事的一位始料未及的见证人。①

神话时代的魔力

不论是否是虚构的,神话的特征一直盘踞在我们的脑海中。凯利(Kelley)曾就这种联系指出:"历史研究,其实就像人的境况对绘画的影响,无法完全使自身脱离非理性和潜意识……"②人类学家就明白,每个社会,不论原始或非常进步,都有自身所属的强有力的神话。我们或许可这样定义,**神话就是大众现在仍在利用的关于往昔的记载**。真理问题则与之无关,因为神话诉诸的是想象而非智慧,所以自有其力量。和古代民族一样,现代国家也有自身的神话——为现实目的而存在的大众对往昔的信仰。例如,五月花号上的旅客(对美国人来说)、海军掌控海洋(对英国人来说)、大革命(对法国人来说)、比利王与博因河战役(对北爱尔兰的新教徒来说)等等,还有很多很多。于是,人们提出一个疑问:如果与真理无关,人们何以又如此紧握这些神话?为了解现代神话,考察古老社会如希腊或美洲土著的神话,实有帮助。关于往昔的神话,对现世非常重要。大多数较早的社会对历史所知不多。在某种意义上,当时的人们惧怕甚至排斥历史,因为它涉及超出事物的神圣秩序的变化。③ 可是他们的神话一样关乎往

---

① See above, ch. 1, p. 11.
② Kelley (1991), p. 3.
③ See Eliade (1968) and (1989).

昔,通常是**创世的时代(亦即神与人同行,人亦可与鸟兽交谈之时)**——这是一个神圣的时代,没有延续到人类正常生活的"**亵渎**"时代。关于这个时代,神话并非**我们认为的那样**,是虚假的。它们讲述的是绝对真理,叙述的是神圣的历史——也就是未来各世代的标准模式。① 这样的时代,散发着《圣经》神话中伊甸园的芬芳,澳大利亚土著则称之为"梦幻时代",因为我们现今只能在梦中造访。然而,我们只能安身于世俗时代。纵然我们精心完善细节丰富且有连续性的历史,可是在推算岁月时,仍然以一些神话或半神话的事件为基准,如出走埃及之于犹太历法、耶稣诞生之于基督徒、穆罕默德从麦加出走至麦地那之于穆斯林。

神话的功能

神话和历史的一个不同之处是神话充满意义,但很少包含甚至不包含(历史)事实,而被认为是事实的历史,对我们而言可能毫无意义。神话的意义又是什么?它或可被用来传达社会价值或支撑权威(如国王和教士的权威),阐释某些自然现象,为若干礼仪习俗或宗教仪式带来价值与权威,抑或使某些看似非理性、不可理解的事物得到辩护。如今,除了阐释自然现象外,现代神话仍然具备其他功能。这些皆是社会学方面的功能。许多神话还具有心理学功能,可以缓解紧张与压力,此即所谓的"净化(catharsis)",抑或满足愿望或营造某种理想的情绪状态——就是白日梦或幻想。② 除了上述功能之外,还可加上巴特(Roland Barthes)的灼见,即神话是一种沟通模式,是一种语言或元语言(metalanguage),后者是讨论语言的语言。③ 将神话视为一种思想表述,列维—施特劳斯(Lévi-Strauss)在数本著述中均曾予以彻底探讨。④ 在信徒的眼中,不论神话具有什么功能,它都非常重要;它们几乎总是暗含某种评价,展示人们是如何思考他们生活于其中的世界的。它们通常就是柯林伍德所谓的"封存的历史(encapsulated history)"。

历史神话

作为神话的历史,历来是历史学家质疑的东西。就如同一个人生命中在记忆里挥之不去的某段插曲,群体(尤其是民族)似乎也为公共生活中的重要插曲留下了传统记载。⑤ 这些记载有助于激起和指导人们的行动。(试想在战争期间,人们是如何被号召起来模仿先辈们的英勇行为的。)这种版本的历史扮演的角色,不异于原始民族的神话。历史的社会功能非仅限于教育与学术。作为神话的历史,富于意义却弱于事实(但是绝少虚假),

---

① Eliade(1968),p. 23. Cf. Christian use of the New Testament.
② See,for example,Kirk(1970;1974).
③ See 'Myth To-day', in Barthes(1973),pp. 109, 115.
④ Lévi-Strauss(1969—1981).
⑤ See discussion on pp. 4 – 5 and 45 above.

对历史学家来说是不幸的。历史学家的职责就在于确立历史真相。那么关于真相,我们又能说些什么?

历史中的真相

据说,神话通过重大谎言来宣布更大的真相。① 历史学家究竟有无可能在避免虚构与幻想的同时,说出等量的真相呢? 或许不能,除非他们述说的真相如神话般具有重要而丰富的意义。

真相是什么? **字典(《简明牛津英文字典》)**上的回答是符合实际、符合事实。在我们谈及历史真相之前,这种说法似乎就足够了。一份历史记载必须符合哪些事实? 历史真实又是什么? 此刻我们立即面临一个难题,并非历史方面的难题,而是逻辑方面的难题。倘若我说"猫躺在垫子上",我就可以用感官来验证这个命题,用眼光检验,是否真有一只猫躺在垫子上。我们看另一个陈述:"布鲁图斯刺杀了恺撒。"无疑,在两千多年前,真相曾一度与陈述一致,如今却不能肯定。我们关于布鲁图斯刺杀恺撒的信念来自各种证据,由于证据如此确凿,以至于无人怀疑。然而我们的信念却无法借由感官验证。如果有人告诉我"恺撒刺杀了布鲁图斯",我可能予以驳斥,指其不真。然而我却无法**指出**真相来证明我的看法,而他若说猫不在垫子上,我就可以如此做。为了验证,我必诉诸所有称职的历史学家的共同信念,这个信念立足于若干证据。总之,"恺撒刺杀了布鲁图斯"抑或"布鲁图斯刺杀了恺撒"孰真孰假,取决于何者符合历史学家的信念。因此,我们是借思想来验证思想,而非借现场的实际情况(如在猫的例子中)来验证。

这种说法难道不是看起来无法令人满意? 哲学家奥斯汀(J. L. Austin)如是说:"当一个陈述真实时,**必然**有使其为真的一种事务状态,这种事务状态是与关于它的真实陈述**完全**区别开来的;同样必然的是,我们只能**使用**词语去**描述**那种事务状态(幸运的话就与之一致,否则就不同)。"② 关于历史真相的难题,就是**存在**一个使真实陈述为真的事务状况,然而我们目前所有的,只是关于这一状况的文字叙述——就是历史学家根据证据谨慎思考得出的判断。然而这还是幸运的情况,在许多情况中,我们并非如此幸运,经常欠缺足够证据来确保一个公认的判断。如果往昔真的存在一个事务状况足以确定目前的陈述孰真孰假,我们必须承认,除非借由现存证据并据其做出判断,否则就无法接近当时的状况。关于一个历史叙述(抑或其背后的思想)的真实性,我们的衡量标准只能是另一系列的叙述(或其背后的思想或判断)。

一致还是符合?

上述结论将我们带入另一个特殊的地方。在哲学中,真理有两个通常的定义。一个立

---

① Lewis(1976),p.121.
② Austin(1970),p.123.

基于**真理符合论**(correspondence theory),就是说一个陈述若与事实(实际)相符合,就是真理。另一个则立基于**一致论**(coherence theory),倘若一个陈述能与其他业已确定为真的陈述一致,这个陈述就是真理。怪异的是,不论一个人如何钟意于符合论观点,亦即是奥斯汀所提出的,可是在历史陈述中人们却只能被迫同意一致论观点。并没有一个与这个陈述呼应的事务状况或现实存在。

现在,除了我们对将一致论作为真理检验标准会产生的自然偏见外,还有更深一层的困难。凡是陈述,必借文字表述。而每一位历史学家均明白,他必须就任何一组文字出现的时空背景和形势、就发言人(或作者)的意图和基本假设等去理解。假如有人有意将18世纪中国北京的某个人就当时国家政治形势呈给皇帝的报告,与20世纪后期美国的某个人就同一主题以英文为他的学生撰述的关于同样主题的报告作比较,他是否能确信考虑了所有必要的语言、地域、时代、意图、文化等等的差异?他是否能确定二者之间一致或不一致的程度?

再者,人们必须记住,只因为缺乏证据,我们仍然永远无法了解大部分的往昔。如果我们能比目前所知多一些了解,我们会不会发现我们关于一致性的判断(因而是关于真相的判断)当有所修改?

还有,美国哲学家丹托指出,直到时间终结之前,我们无法给予任何事件完整的叙述。这并非因为缺乏证据(我们先前的观点),而是因为我们对事件的所有后果尚无法把握,而这些后果乃是完整描述中的一部分。以上两个反对意见均不致对真实的符合论观点有所损害(只要人们能够使用这个理论研究历史),只是为历史真相的一致论观点带来难题。

如此看来,我们能做到的最佳程度,就是将较理想的观点(真理的符合理论)用于现有的证据。当我们开始从证据进行推论时,我们所思所论的乃是往昔是什么(因此,不是现在)。这样,我们就不能运用符合理论,只能运用一致性理论。只能说,历史中的真相是我们追求的目标。它就好像是罗盘上的磁针指向北极,我们则是以前的航海家,几乎不敢奢望有朝一日能抵达那里。

> 它是指引迷舟的一颗恒星,
> 你可量它多高,它所值却无穷。

10.4 意义

> 夏日娇花虽然只有一荣一枯,
> 但却为夏日奉出鲜艳与芳菲。
>
> 莎士比亚:《十四行诗》之九十四

"意义"的意义

先前已说过,神话根深蒂固地盘踞在崇信者的头脑中。我们也说过,它足以令人坚信的吸引力与真相没有关系。因此,当代历史神话更是历史学家的大难题。神话的力量来自意义而非真相。然而,不论追究真相之心如何急切,历史学家能忽略意义吗?(在第2章中)我们已知背景如何带来历史意义。然而意义究竟是什么?

"意义"是最复杂的观念之一,曾引发大量哲学讨论。我们暂且绕着这块沼泽的边缘走走看。"意思(mean)"是一个动词,常见用法是指"表示"(to signify:红灯表示停下!)或指"用意"(to intend:"你这是什么用意?""现在当如何做,你意向如何?")。历史学家与其他人一样,当他阅读或写作时,经常是两种含意都用。然而这个词还有第三种用法,它虽难以捉摸,可是此际我们不得不加以考虑。有时,我们会谈及一种有意义的经验或关系。偶尔我们也会问起生命或宇宙有何意义。我们也会发现曾经一度非常喜爱的活动,却已变得索然无味(meaningless)。这又是何种意义?当缺乏意义时,我们又为何感到忧心?就是因为第三种用法,才促使我去思考历史*中*的意义,或历史*自身*的意义。以上范例给我们提供的线索如下,**凡有生机的、丰富的、积极的东西,就使我们觉得有意义;从另一方面来说,凡是抑郁的、令人沮丧的、否定的东西,我们就觉得没有意义。**

历史中的意义

让我们看看关于历史中的意义的若干范例,是否能为这类(也许就是最重要的一类)意义提供更深入的线索。

(1)作为神话的历史　前一节对此已有所讨论。它的重要性就在于它会为我们的现世提供一个和往昔(不像原始民族的"梦幻时代"或"创世时代")的链接。就原始民族而言,神话代表一种永恒的生活模式,对我们而言,往昔则是生活的早期阶段。

(2)作为神圣的历史　此乃《圣经》或犹太—基督教观点中的历史。它们坚持上帝在历史中昭示了自我。它与作为神话之历史不同,在后者之中,历史真相乃居首要地位。前者重视的则是事件中显现的天启或上帝的意旨。《旧约》教义的主要特质如下:

(a)创世之初上帝并非只是创造了宇宙而已,他无时无刻不在维持着宇宙,并使他的意旨得以贯彻。
(b)上帝会将意旨昭告以色列人,但是他们背叛了上帝,于是遭到了道德审判。
(c)上帝不仅仅是以色列人的部族神祇,而且是所有民族的上帝,而他赋予以色列人的旨意则是传达信息。
(d)基于上述理由,确立历史事实和做出正确的历史诠释都是非常重要的。

因此,在西方文明中,历史研究就十分重要,而又多立基于犹太人与基督徒的宗教文化之上。倘若说作为神话的历史曾任人扭曲、捏造,作为神圣的历史则要求以严肃的态度来追求真相。这个观点在赋予历史以深奥意义上,可能甚于任何其他观点。

(3)作为传统的历史　传统也有特殊权威。该词本身就表示将值得保存的事物传递

(给下一代)。有位现代哲学家曾批驳说,人们过分专注于变化,而不留心"我们居于其中的传统……因此,从历史演变经验出发的观点始终具有着成为歪曲东西的危险,因为这种观点忽视了稳定事物的隐蔽性"。① 为政治传统辩白的著名范例,就是柏克撰于1790年的《法国革命论》(*Reflections on the Revolution in France*)。他指出,凡暂时握有权力的人,"总是不了解他们从先人那里得到了什么,或应当留给后代些什么……整个福祉的环链将因此中断……人将变得如夏日的蚊蝇一般"。② 许多其他事物能够在世代之间提供一种传承的感觉,如家庭、一栋房屋、一本书,或一件艺术品,抑或如下棋、板球等游戏。在任何情况下,人们对传承的觉察总能添加意义。

(4) **作为偶然的历史** 然而,有些人认为历史一点意义都没有。治欧洲史的费希尔曾如此写道,他在历史中看不出任何情节、韵律,或既有模式:"历史不可概括,历史学家只有一条安全守则,即在人类命运发展之中,历史学家所见的推手唯有偶然与无法预见的事件。"③ 我们还记得,对吉本而言,历史不过就是"人类罪行、蠢事与不幸的记录"。④ 我们也曾见到实证主义者的信念:历史是一门科学,可循普遍法则和坚实的事实来了解。即使是伯里这样少数严肃对待历史哲学的英国历史学家,也不得不承认,历史是由"偶发和无可预知事物"主导的。另一位历史学家这样描述伯里:

> 他可以解释首相何以凑巧正在街道上漫步,也可以用科学法则解释屋顶上某片瓦因何松动,以致在何时滑落,但是他却无法解释两者的交会,也就是首相为何正巧在那里被滑落的瓦片砸死,而二者的**交会**正是故事中最重要的成分。⑤

柯林伍德在《历史的观念》一书中也提出同样的观点。⑥ 人若依循伯里和费希尔的理念,必定以为人类事务的进程主要受制于机遇。这样,我们又如何能从中找到意义?⑦

(5) **作为叙事的历史** 纵或许多历史著作不是以叙事形式撰成的,然而毕竟历史在根本上具有叙事的特质。利科辩称,"即使是最远离叙事形式"的历史著作,"终究仍受制于我们叙事式的解读"。它仍涉及"我们领会一个故事的基本能力"。原因就在于解读历史或领悟故事需要同样的**"认知行动(cognitive operation)",就是理解事物的方式**。⑧ 奥拉夫森曾析论说:"就历史整体而言,核心观念仍是叙事。"先前就曾提过,他认为"行动的理性结构就是叙事的结构"。⑨ 诚如有些人所坚持的,叙事与行动**同时**存在,而非出现于其后。我们向

---

① Gadamer(1979), pp. xiii – xiv.
② E. Burke(1910), pp. 91–92.
③ Fisher(1936), Preface.
④ Gibbon(1910), vol. I, ch. 3, p. 77.
⑤ Butterfield, 'God in History', in McIntire(1977), p. 198. See also bury, 'Cleopatra's Nose' (1916) in Bury(1930).
⑥ See Collingweed(1961), pp. 149–151.
⑦ For my own view of chance, see ch. 8, pp. 205, 210 above.
⑧ Ricoeur(1984), vol. I, p. 91.
⑨ See Olafson(1979), pp. 133, 151.

自己述说故事,以便赋予行动以意义。① 因此,加诸事件的历史叙事,就是在述说它们的意义——不论是否出自当事人。

(6)作为结构的历史 这个观点大体上与作为叙事的历史相反。它更多来自社会科学和年鉴学派的历史学家。他们的说法通常涉及横向的观点,而非叙事所带有的纵向观点:他们所看到的,并非事务在时间中的连续发生,而是众多事务状态的同时存在。然而,作为结构的历史观所涉及的不止于此。它是一个重大的主题,笔者就曾为历史中的结构撰有专著。② 在字典中其定义如下:"**结构:有组织的实体,抑或是相互相关的部分或元素的结合体。**"一个明显的类比就是人体。若为正确的结构性历史,需满足下列三个条件:**一是主题应该是一个一致的整体;二是所有的部分都应该加以描述,而不只是历史学家觉得方便的那部分;三是每一个部分与其他部分的联系应该清楚**。若心怀此念,则任何既定历史部分,均可能被视为一个结构。在这个观点中,历史的意义就是它乃为一个完整的结构。作为叙事的历史从历史内部予历史以意义。作为结构的历史,则从历史外部予历史以意义。我们记得巴特曾说,结构性历史的基调就是可理解性。③

(7)作为进化的历史 进化(evolution)一词的意义就是铺开(unrolling)或展开(unfolding)。然而,**此处笔者所理解的进化,乃是指高级生命形式是从低级形式逐渐发展而来的学说**。生物学界及历史学界使用这种理念由来已久,然而它的近代形式来自达尔文及其《物种起源》一书(1859年)。撇开生物不谈,历史能否显示出这种定义的进化观念,仍然没有定论。相关解答似乎是指人类在生物界的进化,从类人猿出现直到四五万年前人类出现,历经四五千万年。从此以后,即使有生理的变化,也是少之又少,然而社会从较单纯形式到复杂的形式,则已获得相当的进化。于是出现两个问题。一是在所有情况下,这一过程是否都会经历相同的阶段,抑或在某些情况下,若干阶段被省略或跳过?二是这一历程是否所有社会均不可避免,抑或有的曾经历停滞、退化或毁灭性的崩溃?对许多人而言,不论是将人类整体,抑或单一民族的历史视为进化过程,就是赋予他们的历史以意义。但是人们需要谨慎考虑他们信仰的是什么类型的进化论。

(8)历史有注定的未来 虽然历史这门学科是追溯往昔,可是我们也不能忘记未来的重要性。不少人曾经相信(如今一些人仍是)未来早已注定,所有的一切都会奔向一个不可避免的结局。它有两个根源。一是《圣经》,尤其是《旧约》中的先知和《启示录》(是异象而非预言)。另一个则是德国哲学,尤以马克思和恩格斯最为著名。虽然这些观点形成于达尔文著作之前,他们却乐于见到达尔文在生物学领域提出的理论,认为这是历史进化理念得到的支援。④ 1888年,恩格斯这样写道:"阶级斗争的历史包括有一系列发展阶

---

① See D. Carr(1986a),p.125 and Dennett(1991),pp.412-418. Also see above,ch.4,pp.86-87
② See Stanford(1990).
③ See above,ch.4,p.93.
④ See above,pp.240-241.

段。"恩格斯继续说:"这一思想对于历史学必定会起到像达尔文学说对生物学所起的那样的作用……"① 诚如先前所见,在马克思主义的理论中,未来已经确定,就是共产主义的胜利。

(9)历史有开放的未来 许多人心怀此念,不论历经多少痛苦与折磨,人类终将获得幸福的结局。可是也有人驳斥此念。就他们看来,这种光明的固定结局削减了我们的自由,就像在慈爱而严格的保姆束缚下的儿童,这个保姆经常被称为上帝、历史、命运或绝对。另一种反对观点则认为这样会贬抑历史事件的重要性。如果未来已注定,我们反抗或屈服都无关紧要,又何需作出努力?倘若我们的行动对历史前途没有影响,我们必定丧失所有的尊严。美国《独立宣言》和法国《人权宣言》的起草者,深信自己的努力正在创造一个更好的社会、更好的世界。他们不会期盼一个神秘而无形的力量越俎代庖。关于历史必有开放的未来的观点,如前文所见,波普尔极力维护。② 严格地说,他并未**证明**历史有未定的结局,只是指出对立理论的祸害,并说服我们相信这一点。就这方面来说,他的信念可以说是我们无法**得知**真相。因此,凡是相信历史的未来并非是被决定的,而是依赖于人们的努力的人,从历史中找到的意义实与持相反见解的人大异其趣。

结 论

我们是否可从我们讨论的"意义"一词的众多意义中找到共同点?若有,可能就是所谓的"关联(connection)"。我们能找到某个意义(第三种用法上的意义),那是因为我们觉得,它在智识上、精神上、情感上与我们某些深层的核心事物有关联。关联也是在其他两种用法(常见用法)中的"意义"的特质。象征与现实相关,意图则与行动相关。笔者的结论是,"**意义**"就是一种对重要关联的认知。

笔者无法认同人们经常引述的人类学家格尔茨(Clifford Geertz)对"意义"的定义:**我相信……人是悬在由他自己所编织的意义之网中的动物,我认为文化就是这些意义之网……对文化的分析是……一种探求意义的解释科学。**③ 不论就人类学家或历史学家而言,我都不认为文化(如格尔茨所主张的)是一种符号学(Semiotics,**研究符号的理论**)概念。在文化中寻获的意义(格尔茨所说的"意义之网")实能将人与人相连。然而,我不相信一部历史或一个人的生命,完全是由人类与自我之间的沟通所组成,抑或就是吉本所说的"罪行、蠢事和不幸"。因为就特质来说,意义通常指向自身以外的事物(正如 C-A-T 指你腿上的猫科动物)。那么人类的历史指向的又是"其他的"什么呢?如果链条一端是我们称之为意义的某个人的精神,那么另一端是何人或何物?

---

① Preface to the English edition of the *Manifesto of the Communist Party*(1888),in Marx and Engels(1969),p.46.
② See above,p.228.
③ Geertz(1975),p.5.

10.5 其他相关主题

意义与历史的各种关系,是一个复杂的问题,需要更多的思考。鲍斯玛(William Bouwsma)的论文《从思想史到意义史》(*From History of Ideas to History of Meaning*)是一个好的开端。该文被收入拉布(Rabb)和洛特伯格(Rotberg)合编的书中(1982)。

共产主义遭遇的失败,使马克思主义遭到质疑。其实,马克思主义远非全盘均不足信,我们可以以更少的偏见重新检视马克思的思想。作为历史学家或先知,他距离永不犯错还很远,但至少他对19世纪40年代欧洲及欧洲人心智的了解无人能及。再者,后世对马克思的理解与曲解,让我们对过去150年学到很多东西。关于这方面可参阅卡弗(Carver,1992)、格雷厄姆(Graham,1992)、柯拉柯夫斯基(Kolakowski,1981)等人的著作。

第三,我们至今没有很好地解读黑格尔,纵然1945年波普尔在《开放社会及其敌人》一书中,试图贬抑他。有人曾说,理念并不对奉行它的人负责。纵然,唯物主义、功利主义(utilitarianism)、经验主义这些启蒙时代留下的传统,主导了当代人们的思想与生活,可是我们之中还有许多人仍然关切我们承袭自法国大革命、浪漫主义的关于自由与自然(如今称之为"环境")的主题。在这方面,黑格尔的理解与马克思的不同。更进一步的讨论可参阅泰勒(Charles Taylor,1979)的大作。

结　语

本章试图将历史视为一个整体,从各方面的观点来看它会有什么意义。尤其是,我们已经看到对现实或形而上学的不同的信念,是如何影响人们对历史的理解的。这些不同信念包括历史主义、实证主义、唯心主义、唯物主义。

意义(及它本身的含意)这个难题,首先来自它与神话(充满意义)和神话显而易见的敌人——历史真相的关系。还有一些其他可能的历史意义,我们业已有所描述,并以试图发现"意义"那难以捉摸但是重要的第三个意义(比如说"生命的意义"中的"意义"一词)结束。作为整体的历史是否具有这样的意义?

延伸阅读

Berlin 1948;1980　　　　　　Marwick 1989

Bury 1930　　　　　　　　　Marx and Engels 1969

Gardiner 1959　　　　　　　 Marx 1973a;1975;1977

Hegel 1956
Hughes 1959
Iggers 1975;1983
McLellan 1976
Mandelbaum 1971

Meyerhoff 1959
Stern 1970
Taylor, C. H. 1979
Walker 1978
Walsh 1958

参考文献

标在出版社后的年份是供读者查阅的版次：若此年份与初版的时间有异，则将初版年份另附于各条书目后的括弧内。

Acton, Lord, 1960. 'Inaugural Lecture on the Study of History' delivered at Cambridge (June 1895), in *Lectures on Modern History*, Fontana
Acton, Lord, 1970. 'Letter to the Contributors to the *Cambridge Modern History*' (1898) in Stern
Anderson, M. S., 1979. *Historians and Eighteenth-Century Europe 1715–1789*, Clarendon Press
Anglo-Saxon Chronicle, 1953. tr. and intro. by G. N. Garmonsway, Dent/Everyman
Aristotle, 1965. 'On the Art of Poetry', in *Classical Literary Criticism*, tr. T. S. Dorsch, Penguin
Ash, Timothy Garton, 1990. *We, The People: The Revolution of '89 Witnessed in Warsaw, Budapest, Berlin and Prague*, Granta-Penguin
Atkinson, R. F., 1978. *Knowledge and Explanation in History: An Introduction to the Philosophy of History*, Macmillan
Auerbach, Erich, 1968. *Mimesis: The Representation of Reality in Western Literature*, tr. Willard R. Trask, Princeton University Press (1957; 1946)
Augustine of Hippo, 1907. *Confessions*, tr. E. B. Pusey, Dent/Everyman; also tr. Henry Chadwick, Oxford University Press, 1991 (AD 397)
Austin, J. L., 1970. *Philosophical Papers*, Oxford University Press (1961)
Ayer, A. J., 1956. *The Problem of Knowledge*, Penguin
Bann, Stephen, 1990. *The Inventions of History: Essays on the Representation of the Past*, Manchester University Press
Barnes, Harry Elmer, 1962. *A History of Historical Writing*, Dover Publications (1937)
Baron, H., 1966. *The Crisis of the Early Italian Renaissance*, Princeton University Press
Barthes, Roland, 1970. 'Historical Discourse' in Lane
Barthes, Roland, 1973. *Mythologies*, selected and translated by Annette Lavers, Paladin
Barthes, Roland, *Image-Music-Text* 1984. essays sel. and tr. by Stephen Heath, Fontana/Flamingo (1977)
Bauman, Zygmunt, 1978. *Hermeneutics and Social Sciences: Approaches to Understanding*, Hutchinson

Bendix, Reinhard, 1967. 'The Comparative Analysis of Historical Change' in Burns and Saul
Benson, Lee, and Strout, Cushing, 1965. 'Causation and the American Civil War: Two Appraisals' (1960), in Nadel
Berlin, Isaiah, 1948. *Karl Marx: His Life and Environment*, Oxford University Press (1939)
Berlin, Isaiah, 1980. *Vico and Herder: Two Studies in the History of Ideas*, Chatto and Windus (1976)
Blackburn, Robin (ed.), 1972. *Ideology in Social Science: Readings in Critical Social Theory*, Fontana/Collins.
The Blackwell Dictionary of Historians, see Cannon (1988)
Bloch, Marc, 1949. *Strange Defeat: A Statement of Evidence*, tr. Gerard Hopkins, Oxford University Press
Bloch, Marc, 1954. *The Historian's Craft*, tr. Peter Putnam, Manchester University Press.
Bloch, Marc, 1967. 'A Contribution towards a Comparative History of European Societies' (1928), in *Land and Work in Medieval Europe*, Routledge and Kegan Paul
Boardman, John et al., 1986 *The Oxford History of the Classical World*, Oxford University Press
Bock, Kenneth, 1979. 'Theories of Progress, Development and Evolution' (1978), in Bottomore and Nisbet
Bottomore, T. B., 1971. *Sociology: A Guide to Problems and Literature* (rev. edn), George Allen and Unwin
Bottomore, Tom, and Nisbet, Robert, (eds), 1979. *A History of Sociological Analysis*, Heinemann
Bouwsma, William J., 1982. 'Intellectual History in the 1980s: From History of Ideas to History of Meaning', in Rabb and Rotberg
Braudel, Fernand, 1975. *The Mediterranean and the Mediterranean World in the Age of Philip II*, 2 vols, tr. Siân Reynolds, Fontana/Collins (1949)
Braudel, Fernand, 1980. *On History*, tr. Sarah Matthews, Weidenfeld and Nicolson (1969)
Braudel, Fernand, 1981-4. *Civilization and Capitalism 15th–18th Century*, 3 vols, Collins (1979)
Buckle, Henry T., 1903. *The History of Civilization in England*, 2 vols, Grant Richards, (1857–61)
Burckhardt, Jacob, 1945. *The Civilization of the Renaissance in Italy*, Phaidon (1860)
Burke, Edmund, 1910. *Reflections on the French Revolution and Other Essays*, Dent/Everyman (1790)
Burke, Peter, 1969. *The Renaissance Sense of the Past*, Edward Arnold
Burke, Peter, 1974. *Tradition and Innovation in Renaissance Italy: A Sociological Approach*, Fontana (1972)
Burke, Peter, 1980. *Sociology and History*, George Allen and Unwin
Burke, Peter, 1990. *The French Historical Revolution: The 'Annales' School, 1929–89*, Polity Press
Burke, Peter, (ed.), 1991. *New Perspectives on Historical Writing*, Polity Press
Burke, Peter, 1992. *History and Social Theory*, Polity Press
Burns, Tom, and Saul, S. B. (eds.), 1967. *Social Theory and Economic Change*, Tavistock Publications
Burrow, John, 1981. *A Liberal Descent: Victorian Historians and the English Past*, Cambridge University Press

Bury, J. B., 1903. 'The Science of History', Inaugural Lecture at Cambridge, repr. in Stern (1970), and in Bury (1930)
Bury, J. B., 1916. 'Cleopatra's Nose', in Bury (1930)
Bury, J. B., 1924. *The Idea of Progress: An Inquiry into its Origin and Growth*, Macmillan (1920)
Bury, J. B., 1930. *Selected Essays*, ed. Harold Temperley, Cambridge University Press
Butterfield, Herbert, 1950. *The Whig Interpretation of History*, G. Bell (1931)
Butterfield, Herbert, 1951. *History and Human Relations*, Collins
Butterfield, Herbert, 1957a. *George III and the Historians*, Collins
Butterfield, Herbert, 1957b. *The Origins of Modern Science, 1300–1800*, G. Bell (1949)
Butterfield, Herbert, 1960. *Man on His Past: The Study of the History of Historical Scholarship*, Beacon Press (1955)
Butterfield, Herbert, 1968. 'Narrative History and the Spadework Behind it', *History*, 53, no. 178
Butterfield, Herbert, 1977. 'God in History' (1958), in McIntire
Canary, Robert H. and Kozicki, Henry, (eds), 1978. *The Writing of History: Literary Form and Historical Understanding*, University of Wisconsin Press
Cannon, John (ed.), 1980. *The Historian at Work*, George Allen and Unwin
Cannon, John et al. (eds), 1988. *The Blackwell Dictionary of Historians* Blackwell
Carbonell, Charles-Olivier, 1976. *Histoire et historiens: une mutation idéologique des historiens français, 1865–1885* Privat
Carlyle, Thomas, 1893. *Oliver Cromwell's Letters and Speeches with Elucidations*, Chapman and Hall
Carlyle, Thomas, 1899. 'On History' (1830), in *Selected Essays*, T. Nelson (n. d.) and in *Critical and Miscellaneous Essays*, vol. II, Chapman and Hall
Carr, David, 1986 a. 'Narrative and the Real World', *History and Theory*, vol. 25
Carr, David, 1986 b. *Time, Narrative and History*, Indiana University Press
Carr, E. H., 1964. *What is History?* Penguin (1961)
Carroll, Noël, 1990. 'Interpretation, History and Narrative', *The Monist*, 73, no. 2 (April)
Carver, Terrell, 1992, *The Cambridge Companion to Marx*, Cambridge University Press
Chatman, Seymour, 1980. *Story and Discourse: Narrative Structure in Fiction and Film*, Cornell University Press
Cherry, Colin, 1966. *On Human Communication*, MIT Press
Chisholm, Roderick M., 1966. *Theory of Knowledge*, Prentice-Hall
Cipolla, Carlo M., 1970. *European Culture and Overseas Expansion*, Penguin
Cipolla, Carlo M., 1991. *Between History and Economics: An Introduction to Economic History*, Blackwell
Clark, G. Kitson, 1965. *The Making of Victorian England*, Methuen (1962)
Clark, G. Kitson, 1967. *The Critical Historian*, Heinemann
Clark, Stuart, 1990. 'The "Annales" Historians', in Skinner
Clive, John, 1990. *Not by Fact Alone: Essays on the Writing and Reading of History*, Collins Harvill (1989)
Coe, Michael D., 1971. *The Maya*, Penguin (1966)
Cohn, Norman, 1962. *The Pursuit of the Millennium*, Heinemann/Mercury (1957)
Cohn, Norman, 1993. *Cosmos, Chaos and the World to Come: The Ancient Roots of Apocalyptic Faith*, Yale University Press
Collingwood, R. G., 1940. *An Essay on Metaphysics*, Clarendon Press
Collingwood, R. G., 1961. *The Idea of History*, Oxford University Press (1946)
Comparative Studies in Society and History, 1958 (Cambridge University Press)

Cornford, F. M., *see* Plato (1941)
Coser, L. A., and Rosenberg, B. (eds), 1969. *Sociological Theory: A Book of Readings*, Macmillan (New York), 3rd edn. (1957)
Dalzell, Charles (ed.), 1976. *The Future of History*, Vanderbilt University Press
Danto, Arthur C., 1965 *Analytical Philosophy of History*, Cambridge University Press
Danto, Arthur C., 1968. *Analytical Philosophy of Knowledge*, Cambridge University Press
Davis, Natalie Zemon, 1975. *Society and Culture in Early Modern France*, Duckworth
Dawkins, Richard, 1983. *The Extended Phenotype: The Gene as the Unit of Selection*, Oxford University Press
Dawkins, Richard, 1991. *The Blind Watchmaker*, Penguin (1986)
Dawkins, Richard, 1989. *The Selfish Gene*, Oxford University Press (1986)
Denley, Peter, and Hopkin, Deian (eds), 1987. *History and Computing*, Manchester University Press
Dennett, Daniel C., 1991. *Consciousness Explained*, Little, Brown
Dilthey, Wilhelm, 1959. 'The Dream' (1903), in Meyerhoff
Dilthey, Wilhelm, 1976. *Selected Writings*, ed. H. P. Rickman, Cambridge University Press
Douglas, David C., 1943. *English Scholars 1660–1730*, Eyre and Spottiswoode (1939)
Drake, Michael (ed.), 1973. *Applied Historical Studies: An Introductory Reader*, Methuen/Open University
Dray, W. H., 1957. *Laws and Explanations in History*, Oxford University Press
Dray, William H., 1959. ' "Explaining What" in History', in Gardiner (ed.), 1959
Dray, William H., 1964. *Philosophy of History*, Prentice-Hall
Dray, William H. (ed.), 1966. *Philosophical Analysis and History*, Harper and Row
Dray, William H., 1974. 'The Historical Explanation of Actions Reconsidered' (1963) in Gardiner (ed.), 1974
Dray, William H., 1980. *Perspectives on History*, Routledge and Kegan Paul
Duby, Pierre, 1985. 'Ideologies in Social History' (1974), in Le Goff and Nora
Eagleton, Terry, 1983. *Literary Theory: An Introduction*, Blackwell
Eliade, Mircea, 1968. *Myths, Dreams and Mysteries: The Encounter between Contemporary Faith and Archaic Reality*, tr. Philip Mairet, Collins/Fontana (1957)
Eliade, Mircea, 1989. *The Myth of the Eternal Return, or Cosmos and History*, tr. Willard R. Trask, Arkana (1954)
Elliott, J. H., 1986. *The Count-Duke of Olivares: The Stateman in an Age of Decline*, Yale University Press
Elton, G. R., 1969. *The Practice of History*, Fontana/Collins (1967)
Elton, G. R., 1970. *Political History: Principles and Practice*, Allen Lane, Penguin Press
Elton, G. R., 1983, in Fogel and Elton
Elton, G. R., 1991. *Return to Essentials: Some Reflections on the Present State of Historical Study*, Cambridge University Press
Engels, Frederick, 1969. *The Condition of the Working Class in England*, Panther/Granada (1845; English translation 1892)
Engerman, Stanley L., 1977. 'Recent Developments in American Economic History', *Social Science History*, 2, no. 1
Evans, R. J. W., 1984. *The Making of the Habsburg Monarchy 1550–1700: An Interpretation*, Clarendon Press (1979)

Febvre, Lucien, 1962. *Le Problème de l'incroyance au XVIe siècle: La religion de Rabelais* (L'Évolution de l'humanité), Albin Michel
Fehrenbacher, Don E., 1963. 'Disunion and Reunion', in Higham (ed.), 1953
Fejtö, François, 1974. *A History of the People's Democracies*, tr. Daniel Weissbort, Penguin (1969)
Ferguson, Wallace K., 1948. *The Renaissance in Historical Thought: Five Centuries of Interpretation*, Houghton Mifflin
Ferro, Marc, 1984. *The Use and Abuse of History – or How the Past is Taught*, Routledge and Kegan Paul (1981)
Finberg, H. P. R. (ed.), 1965. *Approaches to History: A Symposium*, Routledge and Kegan Paul (1962)
Firth, C. H., 1962. *Cromwell's Army*, Methuen (1902)
Fischer, D. H., 1989. *Albion's Seed: Four British Folkways in America*, Oxford University Press (New York)
Fisher, H. A. L., 1936. *A History of Europe*, Edward Arnold
Fletcher, Anthony, 1968. *Tudor Rebellions*, Longman
Flinn, M. W., and Smout, T. C. (eds), 1974. *Essays in Social History*, Clarendon Press
Floud, Roderick (ed.), 1974. *Essays in Quantitative Economic History*, Clarendon Press
Floud, Roderick, 1979. *An Introduction to Quantitative Methods for Historians*, Methuen (1973)
Fogel, R. W., and Elton, G. R., 1983. *Which Road to the Past?: Two Views of History*, Yale University Press
Foucault, Michel, 1970. *The Order of Things: An Archaeology of the Human Sciences*, Tavistock Publications (1966)
Frye, Northrop, 1971. *Anatomy of Criticism: Four Essays*, Princeton University Press (1957)
Fueter, Eduard, 1936. *Geschichte der Neueren Historiographie*, Oldenbourg (Munich)
Furet, François, 1981. *Interpreting the French Revolution*, Cambridge University Press. (ET of *Penser la Révolution Française*, 1978)
Gadamer, Hans-Georg, 1979. *Truth and Method*, tr. William Glen-Doepel, Sheed and Ward (1965, German 2nd edn)
Gallie, W. B., 1964. *Philosophy and the Historical Understanding*, Chatto and Windus
Gardiner, Patrick, 1952. *The Nature of Historical Explanation*, Oxford University Press
Gardiner, Patrick (ed.), 1959. *Theories of History*, The Free Press
Gardiner, Patrick (ed.), 1974. *The Philosophy of History*, Oxford University Press
Gay, Peter, 1975. *Style in History*, Jonathan Cape
Geertz, Clifford, 1975. *The Interpretation of Cultures*, Hutchinson (1973)
Gender and History, 1989 – (Blackwell)
Geyl, Pieter, 1962. *Debates with Historians*, Collins/Fontana (1955)
Geyl, Pieter, 1965. *Napoleon: For and Against*, tr. Olive Renier, Penguin (1949)
Gibbon, Edward, 1910. *The Decline and Fall of the Roman Empire*, 6 vols, Dent/Everyman (1776–88)
Gibbon, Edward, 1911. *Autobiography*, Dent/Everyman (1796)
Giddens, Anthony, 1976. *New Rules of Sociological Method: A Positive Critique of Interpretative Sociologies*, Hutchinson
Gilbert, Felix and Graubard, S. R., (eds), 1972. *Historical Studies To-day*, W. W. Norton and Co.
Goldstein, Leon, 1976. *Historical Knowing*, University of Texas Press
Goubert, Pierre, 1968. *Cent Mille provinciaux au XVIIe siècle: Beauvais et le Beauvaisis de 1600 à 1730*, Flammarion (1960)

Gould, Stephen Jay, 1988. *Time's Arrow, Time's Cycle: Myth and Metaphor in the Discovery of Geological Time*, Penguin (1987)
Gould, Stephen Jay, 1991. *Wonderful Life: The Burgess Shale and the Nature of History*, Penguin (1989)
Graham, Keith, 1992. *Karl Marx, Our Contemporary*, Harvester-Wheatsheaf
Griffin, Jasper, 1986. 'Greek Myth and Hesiod', in Boardman et al.
Hale, J. R., 1971. *Renaissance Europe 1480–1520*, Fontana/Collins
Haley, Arthur, 1976. *Roots*, Doubleday
Hamlyn, D. W., 1971. *The Theory of Knowledge*, Macmillan
Hampson, Norman, 1968. *The Enlightenment*, Penguin
Hanson, Norwood Russell, 1965. *Patterns of Discovery: An Enquiry into the Conceptual Foundations of Science*, Cambridge University Press (1958)
Hart, H. L. A., and Honoré, A. M., 1959. *Causation in the Law*, Clarendon Press
Harte, N. B., 1971. *The Study of Economic History: Collected Inaugural Lectures 1893–1970*, Cass
Hawking, Stephen, 1990. *A Brief History of Time: From the Big Bang to Black Holes*, Bantam Books (1988)
Hegel, G. W. F., 1956. *The Philosophy of History*, tr. J. Sibree, Dover Publications (1831); also published as *Lectures on the Philosophy of World History*, Cambridge University Press (1975)
Hegel, G. W. F., 1967. *Philosophy of Right*, tr. T. M. Knox, Oxford University Press (1821)
Hempel, Carl Gustav, 1959. 'The Function of General Laws in History' (1942) in Gardiner (ed.), 1959
Henige, David, 1982. *Oral Historiography*, Longman
Herodotus, 1954. *The Histories*, tr. Aubrey de Sélincourt, Penguin
Hexter, J. H., 1972. *The History Primer*, Allen Lane, Penguin Press
Hexter, J. H., 1979. *On Historians: A Scrutiny of Some of the Makers of Modern History*, Collins
Higham, John (ed.), 1963. *The Reconstruction of American History*, Hutchinson (1962)
Higham, John, 1965. *History*, Prentice-Hall
Hill, A. O., and Hill, B. H., 1980. 'Marc Bloch and Comparative History', *American Historical Review*, 85, no. 4
Hill, Christopher, 1975. *The World Turned Upside Down*, Penguin (1972)
History and Computing, 1989– (Oxford University Press)
Hobsbawm, Eric J., 1972. 'Karl Marx's Contribution to Historiography' (1968), in Blackburn
Hobsbawm, Eric J., 1974. 'From Social History to the History of Society', (1971) in Flinn and Smout
Hobsbawm, Eric J. and Ranger, Terence (eds), 1984. *The Invention of Tradition*, Cambridge University Press (1983)
Hofstadter, Richard, 1970. *The Progressive Historians: Turner, Beard, Parrington*, Vintage Books (1968)
Holborn, Hajo, 1972. *History and the Humanities*, Doubleday
Hoskins, W. G., 1955. *The Making of the English Landscape*, Hodder and Stoughton
Hoskins, W. G., 1959. *Local History in England*, Longman
Hughes, H. Stuart, 1959. *Consciousness and Society: the Orientation of European Social Thought 1890–1930*, MacGibbon and Kee
Hume, David, 1975. *An Enquiry concerning Human Understanding*, ed. L. A. Selby-Bigge, Clarendon Press (1748)

Iggers, Georg G. 1975. *New Directions in European Historiography*, Wesleyan University Press

Iggers, Georg G., 1983. *The German Conception of History: The National Tradition of Historical Thought from Herder to the Present*, Wesleyan University Press (1968)

Iggers, Georg G., and Parker, Harold T., 1980. *International Handbook of Historical Studies: Contemporary Research and Theory*, Methuen

Jäckel, Eberhard, 1981. *Hitler's World View: A Blueprint for Power*, Harvard University Press (1969)

Jenkins, Keith, 1991. *Re-Thinking History*, Routledge

Joinville, John, Lord of, 1908. *Chronicle of the Crusade of St. Lewis*, Dent/Everyman (1309)

Jones, Gareth Stedman, 1972. 'History: The Poverty of Empiricism', in Blackburn

Kann, Robert A., 1968. *The Problem of Restoration: A Study in Comparative Political History*, University of California Press

Kant, Immanuel, 1956. *Critique of Practical Reason*, tr. L. W. Beck, Bobbs-Merrill (1788)

Kant, Immanuel, 1963. *Critique of Pure Reason*, tr. Norman Kemp Smith, Macmillan (1781)

Kant, Immanuel, 1977. 'Idea for a Universal History with a Cosmopolitan Purpose', (1784), in Reiss

Kaye, Harvey J., 1984. *The British Marxist Historians: An Introductory Analysis*, Polity Press/Blackwell

Keegan, John, 1978. *The Face of Battle*, Penguin (1976)

Kelley, Donald R. (ed.), 1991. *Versions of History from Antiquity to Enlightenment*, Yale University Press

Kennedy, Paul, 1989. *The Rise and Fall of the Great Powers: Economic Change and Military Conflict from 1500 to 2000*, Fontana/Collins (1988)

Kenyon, John, 1983. *The History Men: the Historical Profession in England since the Renaissance*, Weidenfeld and Nicolson

Kermode, Frank, 1967. *The Sense of an Ending: Studies in the Theory of Fiction*, Oxford University Press (New York)

Kirk, G. S., 1970. *Myth: Its Meaning and Functions in Ancient and Other Cultures*, Cambridge University Press

Kirk, G. S., 1974. *The Nature of Greek Myths*, Penguin

Kolakowski, Leszek, 1981. *Main Currents of Marxism*, 3 vols, Oxford University Press (1978)

Körner, Stefan, 1955. *Kant*, Penguin

Kuhn, Thomas, 1970. *The Structure of Scientific Revolutions*, University of Chicago Press (1966)

Lane, Michael (ed.), 1970. *Structuralism*, Jonathan Cape

Langlois, C. V., and Seignobos, C., 1898. *Introduction to the Study of History*, tr. G. G. Berry, Duckworth

Le Goff, Jacques, 1980. *Time, Work and Culture in the Middle Ages*, tr. Arthur Goldhammer, University of Chicago Press

Le Goff, Jacques, 1988. *Medieval Civilization, 400–1500*, tr. Julia Barrow, (1964)

Le Goff, Jacques, and Nora, Pierre (eds), 1985. *Constructing the Past: Essays in Historical Methodology*, Cambridge University Press

Le Roy Ladurie, Emmanuel, 1978. *Montaillou: Cathars and Catholics in a French Village 1294–1324*, tr. Barbara Bray, Scolar Press (1975)

Le Roy Ladurie, Emmanuel, 1979. *The Territory of the Historian*, tr. Ben and Siân Reynolds, Harvester Press (1973)

Le Roy Ladurie, Emmanuel, 1980. *Carnival: A People's Uprising at Romans 1579–1580*, tr. Mary Feeney, Scolar Press (1979)

Le Roy Ladurie, Emmanuel, 1981. *The Mind and Method of the Historian*, tr. Ben and Siân Reynolds, Harvester Press (1978)
Levine, Joseph M., 1987. *Humanism and History: Origins of Modern English Historiography*, Cornell University Press
Lévi-Strauss, Claude, 1969–81. *Mythologiques: Introduction to the Study of Mythology*, tr. John and Doreen Weightman, 4 vols, Jonathan Cape
Lewis, I. M., 1976. *Social Anthropology in Perspective: The Relevance of Social Anthropology*, Penguin
Lipset, S. M., and Hofstadter, R. (eds), 1968. *Sociology and History: Methods*, Basic Books
Lloyd, Christopher, 1993. *The Structures of History*, Blackwell
Lloyd-Jones, Hugh, et al. (eds), 1981. *History and Imagination: Essays in honour of H. R. Trevor-Roper*, Duckworth
Löwith, Karl, 1967. *Meaning in History*, University of Chicago Press/Phoenix Books (1949)
Lukes, Steven, 1973. 'Methodological Individualism Reconsidered' (1968), in Ryan (ed.), 1973
Macaulay, Lord, 1931. *The History of England from the Accession of James II*, 5 vols, Oxford University Press
McCullagh, C. Behan, 1984. *Justifying Historical Descriptions*, Cambridge University Press
McIntire, C. T. (ed.), 1977. *God, History and the Historians: An Anthology of Modern Christian Views of History*, Oxford University Press (New York)
MacIntyre, Alasdair, 1981. *After Virtue: A Study in Moral Theory*, Duckworth
MacIntyre, Alasdair, 1988. *Whose Justice, Which Rationality?* Duckworth
McLellan, David, 1976. *Karl Marx: His Life and Thought*, Paladin (1973)
McPherson, James M., 1990. *Battle Cry of Freedom: The American Civil War*, Penguin (1988)
MacRae, Donald G., 1974. *Weber*, Fontana/Collins
Maitland, Frederick William, 1960a. *Domesday Book and Beyond: Three Essays in the Early History of England*, Fontana/Collins (1897)
Maitland, Frederick William, 1960b. *Frederick William Maitland, Historian: Selections from his Writings*, ed. Robert Livingston Schuyler, University of Chicago Press
Mandelbaum, Maurice, 1971. *History, Man and Reason: A Study in Nineteenth-Century Thought* Johns Hopkins University Press
Mandelbaum, Maurice, 1973. 'Societal Facts', in Ryan (ed.), 1973
Mandelbaum, Maurice, 1977. *The Anatomy of Historical Knowledge*, Johns Hopkins University Press
Mandrou, Robert, 1978. *From Humanism to Science 1480–1700*, (Pelican History of European Thought, vol. III), tr. Brian Pearce, Penguin (1973)
Manuel, Frank E., 1965. *Shapes of Philosophical History*, George Allen and Unwin
Marrou, Henri-Irénée, 1966. *The Meaning of History*, Helicon Press (1954)
Marsh, Robert M., 1967. *Comparative Sociology: A Codification of Cross-Societal Analysis*, Harcourt, Brace and World
Martin, Rex, 1977. *Historical Explanation: Re-enactment and Practical Inference*, Cornell University Press
Marwick, Arthur, 1989. *The Nature of History*, Macmillan (1970)
Marx, Karl, 1973a. *The Revolutions of 1848*, ed. David Fernbach, Penguin
Marx, Karl, 1973b. *Surveys from Exile*, ed. David Fernbach, Penguin
Marx, Karl, 1975. *Early Writings*, Penguin
Marx, Karl, 1976. *Capital: A Critique of Political Economy*, Vol. I, tr. Ben Fowkes, Penguin

Marx, Karl, 1977. *Selected Writings*, ed. David McLellan, Oxford University Press
Marx, Karl, and Engels, Friedrich, 1934. *Correspondence 1846–1895*, and ed. V. Adoratsky, Lawrence and Wishart
Marx, Karl, and Engels, Friedrich, 1969. *Basic Writings on Politics and Philosophy*, ed. Lewis Feuer, Collins/Fontana
Meiland, Jack W., 1965. *Scepticism and Historical Knowledge* Random House
Meinecke, Friedrich, 1963. *The German Catastrophe*, Beacon Press, (1946)
Meyerhoff, Hans (ed.), 1959. *The Philosophy of History in our Time*, Doubleday
Mill, John Stuart, 1973. *A System of Logic*, in *Collected Works of John Stuart Mill*, vol. VII, University of Toronto Press (1843)
Mink, Louis O., 1966. 'The Autonomy of Historical Understanding' (1965), in Dray (ed.), 1966
Mink, Louis O., 1978. 'Narrative Form as a Cognitive Instrument', in Canary and Kozicki
Momigliano, Arnaldo, 1966. *Studies in Historiography*, Weidenfeld and Nicolson
Moore, Barrington, 1969. *Social Origins of Dictatorship and Democracy: Lord and Peasant in the Making of the Modern World*, Penguin (1966)
Mousnier, Roland, 1973. *The Assassination of Henry IV: The Tyrannicide Problem and the Consolidation of the French Absolute Monarchy in the Early 17th Century*, Faber (1964)
Munz, Peter, 1977. *The Shapes of Time: A New Look at the Philosophy of History*, Wesleyan University Press
Nadel, George H. (ed.), 1965. *Studies in the Philosophy of History: Selected Essays from* History and Theory *(vols I–IV)*, Harper Torchbooks
Nagel, Thomas, 1979. *Mortal Questions*, Cambridge University Press
Nagel, Thomas, 1986. *The View From Nowhere*, Oxford University Press (New York)
Namier, Sir Lewis, 1961. *England in the Age of the American Revolution*, Macmillan (1930)
Namier, Sir Lewis, 1965. *The Structure of Politics at the Accession of George III*, Macmillan (1929)
Nietzsche, Friedrich, 1957. *The Use and Abuse of History*, tr. Adrian Collins, 2nd edn, Bobbs-Merrill (1874)
Nisbet, Robert A., 1969. *Social Change and History: Aspects of the Western Theory of Development*, Oxford University Press (New York)
Nisbet, Robert, 1980. *History of the Idea of Progress*, Heinemann
Norman, Andrew, 1991. 'Telling It Like It Was: Historical Narratives on their own Terms', *History and Theory*, 30, no.2
Novick, Peter 1988. *That Noble Dream: The 'Objectivity Question' and the American Historical Profession*, Cambridge University Press
Oakeshott, Michael, 1933. *Experience and Its Modes*, Cambridge University Press
Oakeshott, Michael, 1967. *Rationalism in Politics, and other Essays*, Methuen (1962)
Oakeshott, Michael, 1983. *On History and other Essays*, Blackwell
O'Hear, Anthony, 1988. *The Element of Fire: Science, Art and the Human World*, Routledge
Olafson, Frederick, A., 1979. *The Dialectic of Action: A Philosophical Interpretation of History and the Humanities*, University of Chicago Press
Oral History, 1970 – (University of Essex)
Oral History Review 1966 – (Oral History Association, Los Angeles)

Parker, Christopher, 1990. *The English Historical Tradition since 1850*, John Donald
Parker, Geoffrey, 1979. *The Dutch Revolt*, Penguin (1977)
Perrot, Michelle, (ed.), 1992. *Writing Women's History*, Blackwell (1984)
Perrot, Michelle, and Duby, Georges, 1990. *Histoire des femmes*, Plon (ET 1992. *A History of Women in the West*, Belknap Press)
Pitcher, George, (ed.), 1964. *Truth*, Prentice-Hall
Plato, 1941. *The Republic of Plato*, tr. Francis Cornford, Clarendon Press
Plato, 1965. *Timaeus*, tr. H. D. P. Lee, Penguin
Plumb, J. H. 1973. *The Death of the Past*, Penguin (1969)
Plutarch, 1910. *Lives*, Dent/Everyman
Pocock, J. G. A., 1971. *Politics, Language and Time: Essays on Political Thought and History*, Methuen
Pocock, J. G. A., 1975. *The Machiavellian Moment: Florentine Political Thought and the Atlantic Republican Tradition*, Princeton University Press
Pollard, Sidney, 1971. *The Idea of Progress: History and Society*, Penguin (1968)
Pompa, Leon, 1990. *Human Nature and Historical Knowledge: Hume, Hegel and Vico*, Cambridge University Press
Popper, Karl R., 1959. 'Prediction and Prophecy in the Social Sciences' (1948), in Gardiner; also in Popper (1969)
Popper, Karl R., 1961. *The Poverty of Historicism*, Routledge and Kegan Paul (1944–5)
Popper, Karl R., 1962. *The Open Society and its Enemies*, Routledge and Kegan Paul (1945)
Popper, Karl R., 1969. *Conjectures and Refutations: The Growth of Scientific Knowledge*, Routledge and Kegan Paul (1963)
Popper, Karl R., 1972a. *The Logic of Scientific Discovery*, Hutchinson (1959)
Popper, Karl R., 1972b. *Objective Knowledge: An Evolutionary Approach* Clarendon Press
Powicke, F. M. 1955. *Modern Historians and the Study of History: Essays and Papers*, Odhams
Prawer, S. S., 1978. *Karl Marx and World Literature*, Oxford University Press (1976)
Prins, Gwyn, 1991. 'Oral History', in P. Burke (ed.), 1991
Putnam, Hilary, 1979. *Meaning and the Moral Sciences*, Routledge and Kegan Paul (1978)
Putnam, Hilary, 1981. *Reason, Truth and History*, Cambridge University Press
Rabb, Theodore K., and Rotberg, Robert (eds), 1982. *The New History: The 1980s and Beyond*, Princeton University Press
Ranke, Leopold von, 1970. Preface to *Histories of the Latin and Germanic Nations* (1824), in Stern
Ranke, Leopold von, 1973. *The Theory and Practice of History*, tr. Wilma A. Iggers, Bobbs-Merrill
Reeves, Marjorie, 1969. *The Influence of Prophecy in the Late Middle Ages: A Study in Joachimism*, Clarendon Press
Reeves, Marjorie, 1976. *Joachim of Fiore and the Prophetic Future*, SPCK
Reiss, Hans (ed.) 1977. *Kant's Political Writings*, Cambridge University Press (1970)
Renier, G. J., 1965 *History: Its Purpose and Method*, George Allen and Unwin (1950)
Ricoeur, Paul, 1984–5. *Time and Narrative*, tr. K. McLaughlin and D. Pellauer, 2 vols, University of Chicago Press (1983–4)

Rigby, S. H., 1987. *Marxism and History: A Critical Introduction*, Manchester University Press
Rigney, Ann 1990. *The Rhetoric of Historical Representation: Three Narrative Histories of the French Revolution*, Cambridge University Press
Roberts, David D., 1987. *Benedetto Croce and the Uses of Historicism*, University of California Press
Robinson, James Harvey 1965. *The New History: Essays Illustrating the Modern Historical Outlook*, Free Press (1912)
Rogers, Alan 1977. *Approaches to Local History*, Longman
Rorty, Richard, et al. (eds), 1984. *Philosophy in History: Essays on the Historiography of Philosophy*, Cambridge University Press
Ross, Charles, 1975. *Edward IV*, Book Club Associates/Eyre Methuen (1974)
Ruben, David-Hillel, 1990. *Explaining Explanation*, Routledge
Runciman, Steven, 1965. *A History of the Crusades*, Penguin (1951–4)
Russell, Bertrand, 1978. *Autobiography*, George Allen and Unwin (1967–9)
Russell, Conrad, 1990. *The Causes of the English Civil War*, Clarendon Press
Ryan, Alan, 1970. *The Philosophy of the Social Sciences*, Macmillan
Ryan, Alan (ed.), 1973. *The Philosophy of Social Explanation*, Oxford University Press
Sacks, David Harris, 1991. *The Widening Gate: Bristol and the Atlantic Economy 1450–1700*, University of California Press
Samuel, Raphael, and Thompson, Paul, (eds), 1990. *The Myths We Live By*, Routledge
Saul, S. B., 1969. *The Myth of the Great Depression*, Macmillan
Schutz, Alfred, 1972. *The Phenomenology of the Social World*, tr. George Walsh and Frederick Lehnert, Heinemann (1932; English translation 1967)
Seddon, Keith, 1987. *Time: A Philosophical Treatment*, Croom Helm
Seldon, Anthony (ed.), 1988. *Contemporary History: Practice and Method*, Blackwell
Seldon, Anthony, and Pappworth, Joanna, 1983. *By Word of Mouth: 'Élite' Oral History*, Methuen
Sellar, W. C. and Yeatman, R. J., 1931. *1066 and All That: A Memorable History of England*, Methuen (1930)
Shafer, R. J., 1974. *A Guide to Historical Method*, Dorsey Press (1969)
Shapiro, Barbara J., 1983. *Probability and Certainty in Seventeenth-Century England*, Princeton University Press
Skinner, Quentin, 1974. ' "Social Meaning" and the Explanation of Social Action' (1972) in Gardiner (ed.), 1974
Skinner, Quentin (ed.), 1990. *The Return of Grand Theory in the Human Sciences*, Cambridge University Press (1985)
Skocpol, Theda (ed.), 1984. *Vision and Method in Historical Sociology*, Cambridge University Press
Spengler, Oswald, 1932. *The Decline of the West*, 2 vols, George Allen and Unwin (1918–22)
Stanford, Michael, 1962. 'The Raleghs Take to the Sea', *The Mariners' Mirror* (Cambridge University Press), 48, no. 1
Stanford, Michael, 1990. *The Nature of Historical Knowledge*, Blackwell (1986)
Stern, Fritz, (ed.), 1970. *The Varieties of History: From Voltaire to the Present*, Macmillan (1956)
Stoianovich, Traian, 1976. *French Historical Method: The 'Annales' Paradigm*, Cornell University Press
Stone, Lawrence, 1972. *The Causes of the English Revolution, 1529–1642*, Routledge and Kegan Paul

Stone, Lawrence, 1987. *The Past and the Present Revisited*, Routledge and Kegan Paul
Strassburg, Gottfried von, 1960. *Tristan*, tr. A. T. Hatton, Penguin
Strawson, P. F., 1950. 'Truth', in Pitcher (ed.)
Strawson, P. F., 1985. 'Causation and Explanation' in Vermazen and Hintikka
Stubbs, William, 1906. *Lectures on Early English History*, ed. Arthur Hassall, Longmans, Green
Sutherland, Lucy S. (ed.), 1966. *Studies in History: British Academy Lectures*, Oxford University Press
Taylor, A. E., 1928. *A Commentary on Plato's Timaeus*, Oxford University Press
Taylor, A. J. P., 1964. *The Origins of the Second World War*, Penguin (1961)
Taylor, Charles H., 1979. *Hegel and Modern Society*, Cambridge University Press
Taylor, Charles H., 1984. 'Philosophy and Its History' in Rorty et al.
Temin, Peter (ed.), 1973. *New Economic History: Selected Readings*, Penguin
Thomas, Keith, 1978. *Religion and the Decline of Magic: Studies in Popular Beliefs in Sixteenth- and Seventeenth-century England*, Peregrine/Penguin (1971)
Thompson, Edward P., 1968. *The Making of the English Working Class*, Penguin (1963)
Thompson, J. W., 1942. *A History of Historical Writing*, 2 vols Macmillan (New York)
Thompson, Paul, 1988. *The Voice of the Past: Oral History*, Oxford University Press (1978)
Thucydides, 1954. *History of the Peloponnesian War*, tr. Rex Warner, Penguin
Tosh, John, 1984. *The Pursuit of History: Aims, Methods and New Directions in the Study of Modern History*, Longman
Toynbee, Arnold, 1934–61. *A Study of History*, Oxford University Press
Trevor-Roper, Hugh R., 1962. *The Last Days of Hitler*, Pan (1947)
Trevor-Roper, Hugh R., 1967. *Religion, the Reformation and Social Change and Other Essays*, Macmillan
Trevor-Roper, Hugh R., 1981. 'History and Imagination' in Lloyd-Jones et al.
Trompf, G. W., 1979. *The Idea of Historical Recurrence in Western Thought: From Antiquity to the Reformation*, University of California Press
Vandecasteele-Schweitzer, Sylvie, and Voldman, Danièle, 1992. 'The Oral Sources for Women's History', in Perrot (ed.), 1992
Van der Dussen, W. J., and Rubinoff, L., (eds), 1991. *Objectivity, Method and Point of View: Essays in the Philosophy of History*, E. J. Brill (Leiden)
Vansina, Jan, 1973. *Oral Tradition: A Study in Historical Methodology*, Penguin (1961)
Vansina, Jan, 1985. *Oral Tradition as History*, University of Wisconsin Press
Vermazen, Bruce and Hintikka, Merrill B. (eds), 1985. *Essays on Davidson: Actions and Events*, Clarendon Press
Veyne, Paul, 1984. *Writing History: An Essay on Epistemology*, tr. Mina Moore-Rinvolucri, Wesleyan University Press (1971)
Vico, Giambattista, 1970. *The New Science of Giambattista Vico*, tr. T. H. Bergin and M. H. Fisch, abridged 3rd edn of 1744, Cornell University Press (1961)
Wainwright, F. T., 1962. *Archaelogy and Place-Names in History: An Essay on Problems of Co-ordination*, Routledge and Kegan Paul
Walker, Angus, 1978. *Marx: His Theory and its Context: Politics as Economics*, Longman
Walsh, Kevin, 1992. *The Representation of the Past: Museums and heritage in the post-modern world*, Routledge
Walsh, W. H. 1958. *An Introduction to Philosophy of History*, Hutchinson

Watkins, J. W. N., 1973. 'Ideal Types and Historical Explanation' (1953) in Ryan
Watson, James D., 1970. *The Double Helix: A Personal Account of the Discovery of the Structure of DNA*, Penguin (1968)
Weber, Max, 1949. *The Methodology of the Social Sciences*, tr. and ed. Shils, Edward A. Shils and Henry A. Finch, Free Press
Weber, Max, 1964. *The Theory of Social and Economic Organization*, ed. Talcott Parsons, Free Press (1947)
Weisman, Richard, 1984. *Witchcraft, Magic and Religion in 17th-century Massachusetts*, University of Massachusetts Press
White, Alan R. (ed.), 1968. *The Philosophy of Action*, Oxford University Press
White, Hayden, 1973. *Metahistory: The Historical Imagination in Nineteenth-Century Europe* Johns Hopkins University Press
White, Hayden, 1975. 'Historicism, History and the Figurative Imagination', *History and Theory*, Beiheft 14
White, Hayden, 1978a. *Tropics of Discourse: Essays in Cultural Criticism*, Johns Hopkins University Press
White, Hayden, 1978b. 'The Historical Text as Literary Artifact', in Canary and Kozicki
White, Hayden, 1987. *The Content of the Form: Narrative Discourse and Historical Representation*, Johns Hopkins University Press
White, Morton 1965. *Foundations of Historical Knowledge*, Harper and Row
Whitrow, G. J., 1972. *What is Time?* Thames and Hudson
Wilson, Bryan R. (ed.), 1970. *Rationality*, Blackwell
Winch, Peter, 1958. *The Idea of a Social Science and Its Relations to Philosophy*, Routledge and Kegan Paul
Wittgenstein, Ludwig, 1968. *Philosophical Investigations*, tr. G. E. M. Anscombe, Blackwell (1953)
Woodham-Smith, Cecil, 1953. *The Reason Why*, Constable
Woodward, E. L., 1966. 'Some Considerations on the Present State of Historical Studies' (1950) in Sutherland
Wright, G. H. von, 1971. *Explanation and Understanding*, Routledge and Kegan Paul
Wrigley, E. A. (ed.), 1966. *An Introduction to English Historical Demography from the Sixteenth to the Nineteenth Century*, Weidenfeld and Nicolson
Wrigley, E. A., 1969. *Population and History*, Weidenfeld and Nicolson
Wrigley, E. A., and Schofield, R. S., 1981. *The Population History of England 1541–1871: A Reconstruction*, Edward Arnold
Zeldin, Theodore, 1973–7. *France 1848–1945*, 2 vols, Oxford University Press

出版后记

历史学家的技艺

写出一部发人深思、令人回味的历史著作,对历史学家来说,绝非易事。放眼望去,很多历史著作读起来都枯燥无味,味同嚼蜡,晦涩朦胧,难以理解。史学理论又是历史学科中最难的分支之一,因此,写出一部结构严谨、文笔上乘、条理清晰的可读性史学理论著作更是难上加难。英国历史学家和哲学家迈克尔·斯坦福克服了上述困难,用令人愉快、浅显易懂、妙趣横生、富有哲理性的语言写出了一部史学理论的经典教材——《历史研究导论》。

斯坦福先生同时拥有历史学与哲学双学位,并且在历史学和哲学方面都有建树。他长期执教于西英格兰大学,担任该校资深历史讲师多年,直到1983年退休。他毕生致力于历史学和哲学两个学科的研究和著述,同时还不时发表历史学和哲学方面的论文和书评,退休之后仍然笔耕不辍。《历史研究导论》便是他退休后撰写的历史著作之一。本书是斯坦福先生总结数十年的研究成果和教学经验,献给广大治史之人、青年学者和普通读者的大礼。问世以来,本书一直颇受欢迎,多次再版,这在史学界实属罕见。

《历史研究导论》通过历史学的概念、理论,和方法论及人们在严谨地历史研究中遇到的所有问题来指引人们。读史之人,阅读此书,可在此后的治史和求学生涯中少走很多弯路。致力于其他社会科学之人,也能在阅读此书后获得研究方法和思维方式,进而在此后的研究和求学中获得事半功倍的效果。从这方面来说,本书本身已经超越了历史著述的性质。由于所受教育的缘故,作者浑然天成般地将历史和哲学巧妙地结合起来,论述了历史哲学的研究现状,并指出了历史学家和哲学家各自面临的困境和难题,及其改进方法。促使历史和哲学互相了解,并使两者都能从对方有所学习,也是斯坦福先生撰述本书目的之一。

本书不仅仅对研究社会科学的人,而且对受过各等教育的人来说,都是非常有用的。读完此书,人们就可以自如地处理他们面对的所有素材了。斯坦福融会贯通地研究了历史研究和社会科学研究的性质、意义、重要性和利用情况。他在论述不同的人对同一个信息的不同诠释方式时表现出来的清晰条理和聪明才智,使任何想要从中获取灵感和信息的人受益颇多,年轻人的推断和分析能力也能因此得到很大的提高。这本书发人深思,更重要的是,它让人们兴趣盎然地进行思考。

本书区分了作为行动的历史和作为论述的历史,并用生动形象和通俗易懂的语言阐明了理解和行动之间重要的相互作用。作者的论述囊括了历史的性质,行动和意义的难题,人们的历史观,作为论述、叙述和知识的历史,证据、因果关系和事件的利用情况,史学理论,以及当代的众多史学理论观点和史学思想流派等内容。

历史是由人创造的，很多历史学家在撰写历史著作时忽略了人在历史中的作用。在本书中，斯坦福不仅详细论述了人在历史中的地位和作用，而且把人的想象在历史中扮演的作用作为一个重要的主题来论述。他认为，人们的想象在历史变迁中发挥了非常重要的作用，而历史学家的想象则能洞悉变迁的幕后动力。在此，斯坦福先生向读者展示了他作为历史学家的技艺。

本书以"作为行动的历史"，"作为观念的历史"，"作为论述的历史"，"作为事件的历史"等等，作为各章的主题。这是所有专职的和业余的历史学家、历史老师、及想要理解和诠释自己生平的普通人必须拥有的技艺。斯坦福用通俗易懂的语言帮助读者从哲学方面和历史方面解读历史，从而揭开这个技艺的神秘面纱。他用真实生活中的历史性例子来阐述他所论述的具体问题、概念和观点等，这充分展示了他的史学技艺。

斯坦福先生的写作风格也使本书增色不少。他以生动有趣的写作风格撰述，用精彩的语言表达枯燥的史学理论，大大增加了本书的可读性。把黑格尔的哲学思想描述为华尔兹的舞步，更是作者写作风格的经典呈现。如果所有的历史著作都是用斯坦福先生这样的写作风格撰述而成，历史著作读起来也就不那么枯燥乏味了。显然，不是所有的历史学家都拥有这样的修养和技艺。

服务热线：133 – 6631 – 2326 139 – 1140 – 1220

读者服务：reader@ hinabook.com

后浪出版咨询（北京）有限责任公司
2012 年 6 月

图书在版编目(CIP)数据

历史研究导论 /（英）斯坦福著；刘世安译.——北京：世界图书出版公司北京公司，2011.11
书名原文：A Companion to the Study of History
ISBN 978-7-5100-4047-4

Ⅰ.①历… Ⅱ.①斯… ②刘… Ⅲ.①史学－研究方法 Ⅳ.①K061

中国版本图书馆 CIP 数据核字(2011)第 216452 号

Michael Stanford
A Companion to the Study of History
ISBN：0-631-18159-8
Copyright © 2009 by John Wiley & Sons Limited
All Rights Reserved. Authorised translation from the English language edition published by Blackwell Publishing Limited. Responsibility for the accuracy of the translation rests sorely with Beijing World Publishing Corporation and is not the responsibility of Blackwell Publishing Limited. No part of this book may be reproduced in any form without the written permission of the original copyright holder, Blackwell Publishing Limited.

本书中文译稿简体版权由台湾城邦文化事业股份有限公司（麦田出版事业部）授权，限在中国大陆地区出版发行。

北京市版权局著作权合同登记 图字 01-2009-3572

历史研究导论

著　者：（英）迈克尔·斯坦福	译　者：刘世安	丛 书 名：大学堂	筹划出版：银杏树下
出版统筹：吴兴元	责任编辑：张　鹏	营销推广：ONEBOOK	装帧制造：墨白空间

出　　版　世界图书出版公司北京公司
出 版 人　张跃明
发　　行　世界图书出版公司北京公司（北京朝内大街137号　邮编100010）
销　　售　各地新华书店
印　　刷　北京鹏润伟业印刷有限公司（北京市大兴长子营镇李家务村委会南200米　邮编102615）
（如存在文字不清、漏印、缺页、倒页、脱页等印装质量问题，请与承印厂联系调换。联系电话：010－80261198）

开　　本　787×1092 毫米　1/16
印　　张　18.5　插页 4
字　　数　403 千
版　　次　2012 年 9 月第 1 版
印　　次　2012 年 9 月第 1 次印刷

读者服务：reader@hinabook.com　139-1140-1220
投稿服务：onebook@hinabook.com　133-6631-2326
购书服务：buy@hinabook.com　133-6657-3072
网上订购：www.hinabook.com　（后浪官网）

ISBN 978-7-5100-4047-4 / C·187　　　　　　　　　　　　　　　　　　定　价：46.00 元

后浪出版咨询（北京）有限公司常年法律顾问：北京大成律师事务所　周天晖 copyright@hinabook.com

版权所有　翻印必究

中国近代史（第6版）

著　　者：（美）徐中约
译　　者：朱庆葆　计秋枫
审校者：茅家琦　钱乘旦
审订者：徐中约
书　　号：978-7-5062-8712-8
出版时间：2008.01
定　　价：66.00元

英语世界及海外华人社会最畅销的中国近代史巨作
1970年面世，次年获得美国加州共和奖（Commonwealth Prize）
1978年，牛津大学出版社五百周年社庆文告公布的数十名著之一

本书自1970年面世后五次修订，销售数十万册，为欧美及东南亚等地中国近代史研究的权威著作及最畅销的学术教科书，是一本极具深远影响的经典力作。

本书自清朝立国起，下迄21世纪，缕述四百年来中国近代社会之巨变。然作者明确指出，这段艰难的历程并非如大多西方汉学家所言，是一段西方因素不断输入而中国仅仅被动回应的历史。作者拈出"政府的政策和制度"、"反对外来因素的民族或种族抗争"以及"在新的天地里寻求一条求生之道"三条线索，作为推动近代中国发展的三股最重要动力，并通过对近代中国内部社会动荡的描摹，向世界讲述了"一个古老的儒家帝国经无比艰难，蜕变为一个近代民族国家"的历史。

徐中约虽身处欧美学界，想通过本书表达的却是"以中国人的身份对近代中国发展进程的看法"，但这种表达不囿于任何一家学说、一种主义，开出一种折衷调和的历史观。作者以超越意识形态、阶级、党派、种族和文化的眼光，怀抱对各色历史人物的宽容、同情、善意之心，能够公平公正、客观冷静地看待历史事件的发生。并且参考了巨量不同语种的档案文献及研究著述，以跨学科的方法写就这部描述近四百年中华民族之挣扎历程的史学巨著。

"近代中国历史的特征并非是一种对西方的被动反应，而是一场中国人应付内外挑战的主动奋斗，他们力图更新并改造国家，使之从一个落后的儒家普世帝国，转变为一个在国际大家庭中拥有正当席位的近代民族国家。

"历经的每一阶段都是艰难的拼搏，有成功，也有失败，但他们加到一起，对中国重现青春活力做出了贡献。"

——徐中约

现代世界史
（插图修订第10版·上下册）

大学堂 011—02

著　者：（美）R.R.帕尔默　乔·科尔顿　劳埃德·克莱默
译　者：孙福生　陈敦全　周鸿临等
推荐者：罗荣渠　何兆武　刘北成
书　号：978-7-5062-9536-9
出版时间：2010.11　　　　　定价：128.00元

美国寿命最长　读者最多　影响最大的世界史读物
世界现代史领域的殿堂级学术教科书
全世界几代学人透过他的眼睛看历史

自1950年初版以来，帕尔默等人所著的《现代世界史》便一直被誉为一部殿堂级的历史学术教科书，并被广泛采用作教材。在近60年的时间里，本书作者不断修订，如今已出至第10版，其销量在同类作品中一直名列前茅，是半个多世纪以来美国世界史教科书中寿命最长、读者最多、影响最大的一部。

本书内容丰富、领域宽广，以洋洋百余万文字阐述了现代欧洲的崛起这一世界性的事件。在作者笔下，曾经默默无闻的欧洲（或曰西方），在从16世纪初至今的五百多年里，逐渐创造出了一个辐射全球的政治、经济、军事、科技诸方面的世界体系。

作为一部将传统叙事与结构分析相结合的作品，作者在以政治和制度的演变为主线的同时，对于社会史、文化史、宗教史诸方面也作了简洁而生动的阐释。全书贯穿了作者的人文关怀和现实情怀，思想的火花与睿智的表达时时可见，使得阅读本书成为一次美妙的思想之旅。

1987年被《纽约时报》评为"所有时代所有学科中的19部经典教科书之一"
1996年被《华盛顿邮报》誉为"第一部晋身教科书荣誉殿堂的作品"
2002年被美国历史学会（AHA）评为"教科书的黄金标本"

《现代世界史》不是现代化理论的图解，而是一部出色的历史叙事。历史总是比理论更丰富生动。……读者不难发现，该书既长于联系和比较，铺张了宏大视野，又洞幽烛微，揭示历史细节中的奥妙。
——刘北成，清华大学历史系教授

帕尔默现代世界史丛书（1—5）

（第一册）
《欧洲崛起：现代世界的入口》
书号：978-7-5100-2313-2
定价：28.00元

（第二册）
《启蒙到大革命：理性与激情》
书号：978-7-5100-2311-8
定价：28.00元

（第三册）
《工业革命：变革世界的引擎》
书号：978-7-5100-2314-9
定价：35.00元

（第四册）
《两次世界大战：西方的没落？》
书号：978-7-5100-2318-7
定价：28.00元

（第五册）
《冷战到全球化：意识形态的终结？》
书号：978-7-5100-2319-4
定价：35.00元